AF750223

LE CONTRÔLE PARLEMENTAIRE DE L'ACTION GOUVERNEMENTALE EN AFRIQUE NOIRE FRANCOPHONE

LE CONTRÔLE PARLEMENTAIRE DE L'ACTION GOUVERNEMENTALE EN AFRIQUE NOIRE FRANCOPHONE

Bréhima Noumoussa Diallo

LE CONTRÔLE PARLEMENTAIRE DE L'ACTION GOUVERNEMENTALE EN AFRIQUE NOIRE FRANCOPHONE

Les exemples du Bénin, du Mali et du Sénégal

Préface du Pr Meïsssa Diakhaté

Sénégal
L'Harmattan

Édité en collaboration avec le CERACLE

CERACLE
Constitution - Administration
Finances - Légistique

Centre de Recherche, d'Expertise et de Formation sur les Institutions constitutionnelles, les Administrations publiques, la Gouvernance financière et la Légistique en Afrique

www.ceracle.com

© L'Harmattan-Sénégal, 2024
10 VDN, Sicap Amitié 3, Lotissement Cité Police, DAKAR

senharmattan@gmail.com / senlibrairie@gmail.com

ISBN : 978-2-336-40963-4
EAN : 9782336409634

SOMMAIRE

À ma très chère regrettée fille Maïmouna DIALLO dite « La vieille », je te dédie cet ouvrage pour tes marques d'affection, d'attention, de soutien et surtout de considération en mon égard. J'aurais tant voulu que tu me lises, mais Allah SWT en a décidé autrement.

LISTE DES SIGLES ET ABRÉVIATIONS

ADEMA-PASJ	:	Alliance pour la Démocratie au Mali - Parti africain pour la Solidarité et la Justice
ADP	:	Alliance démocratique pour la Paix
AFSP	:	Association française de Science politique
AJDA	:	Actualité juridique de Droit Administratif
Al.	:	et les autres
APM	:	Alliance pour le Mali
ASMA	:	Alliance pour la solidarité au Mali
ATT	:	Amadou Toumani TOURE
BDIA	:	Bloc pour la démocratie et l'intégration africaine
BPN	:	Bureau politique national
CADHP	:	Cour africaine des Droits de l'Homme et des Peuples
CC	:	Conseil constitutionnel
CDS	:	Convention sociale-démocrate
CEAN	:	Centre d'Étude d'Afrique noire
CEDEAO	:	Communauté économique des États de l'Afrique de l'Ouest
CENA	:	Commission électorale nationale autonome
CMDT	:	Compagnie malienne pour le Développement du Textile
CMLN	:	Conseil militaire de Libération nationale
CM/UEMOA	:	Commission de l'UEMAO
CNID-FYT	:	Congrès national d'Initiative démocratique - *Faso yiriwaton* (en bambara)

CNRDRE	:	Comité national pour le Redressement de la Démocratie et la Restauration de l'État
CNSP	:	Comité national de Salut du Peuple
CNT	:	Conseil national de Transition
CPE	:	Contrat Première Embauche
CREDILA	:	Centre de Recherche, d'Étude et de Documentation sur les Institutions et les Législations africaines
CTSP	:	Comité de Transition pour le Salut du Peuple
DGD	:	Direction générale des Douanes
DGI	:	Direction générale des Impôts
Dir.	:	Sous la direction de
DNTCP	:	Direction nationale du Trésor et de la Comptabilité publique
Ed.	:	Edition
HCJ	:	Haute Cour de Justice
IBK	:	Ibrahim Boubacar KEITA
Ibid.		*Ibidem*
IDEA	:	International Institute for Democracy and Electoral Assistance
IEP	:	Institut d'Études politiques
LGDJ	:	Librairie générale de Droit et de Jurisprudence
LO	:	Loi organique
M.	:	Monsieur
MIC	:	Mission d'Information parlementaire
MIRIA	:	Mouvement pour l'indépendance, la renaissance et l'intégration africaine
Mme	:	Madame
MNLA	:	Mouvement national de libération de l'Azawad
MPR	:	Mouvement patriotique pour le Renouveau
N°	:	Numéro
Op. cit.	:	*Opere citatum*
P.	:	Page
PAG	:	Plan d'Action du Gouvernement
PASTEF	:	Patriotes africains du Sénégal pour le Travail, l'Éthique et la Fraternité
PDCI	:	Parti démocratique de Côte d'Ivoire
PDLI	:	Programme décennal de Lutte contre les Inondations
PDS	:	Parti démocratique sénégalais
PIDCP	:	Pacte international relatif aux Droits civils et politiques
PMDR	:	Parti malien pour la Démocratie et la Révolution
PNUD	:	Programme des Nations-Unies pour le Développement
PP.	:	Page … à la page …
PS	:	Parti socialiste

PSP	:	Parti de la solidarité et du progrès
PUF	:	Presses universitaires de France
RI	:	Règlement intérieur
RDP	:	Rassemblement pour la Démocratie et le Progrès
RDP	:	Revue du Droit public et de la Science politique en France et à l'étranger
Rec.	:	Recueil
Res.	:	Résolution
RFDC	:	Revue française de Droit constitutionnel
RFSP	:	Revue française de Science politique
RPM	:	Rassemblement pour le Mali
SADI	:	Solidarité africaine pour la Démocratie et l'Indépendance
SCRP	:	Stratégie de Croissance pour la Réduction de la Pauvreté
UDD	:	Union pour la Démocratie et le Développement
UDPM	:	Union démocratique du Peuple malien
URD	:	Union pour la République et la Démocratie
US-RDA	:	Union soudanaise-Rassemblement démocratique
Vol.	:	Volume
VRD	:	Vigilance républicaine et démocratique

PRÉFACE

Un bon ouvrage est déjà l'aboutissement d'efforts consentis avec générosité et intelligence. Mais un bel ouvrage serait plutôt la marque de fabrique d'un esprit élaboré, structuré et pétillant de science. C'est le moins que l'on puisse témoigner après avoir exploré l'éclairante contribution du Dr Bréhima Noumoussa DIALLO au droit parlementaire africain ou, serait-on tenté de dire, à la théorie générale du droit constitutionnel.

Cela est d'autant plus fondé que nous sommes en présence d'une réflexion qui met en mouvement le renouveau démocratique en Afrique subsaharienne francophone. Certes, l'expression démocratique suppose une tripartition du pouvoir étatique, mais un fonctionnement régulier et équilibré des institutions est une donnée fondamentale de la réalité des régimes politiques contemporains.

En effet, élus pour exprimer l'intérêt général, les députés représentent le Peuple dans son entièreté et sont prémunis des aléas néfastes du mandat impératif. Le Parlement leur offre le cadre idéalement opportun pour porter les préoccupations de leurs concitoyens qu'ils représentent en dehors ou au sein de l'Hémicycle.

A cet égard, le Parlement demeure objectivement l'antre de représentativité, par excellence, où souffle l'esprit démocratique des Nations. Il incarne la matrice politique et juridique qui cimente les fondamentaux d'une République. Son rôle crucial dans l'organisation sociétale lui vaut une place essentielle dans la configuration de l'État de droit. En effet, le Parlement irradie le domaine matériel des autres pouvoirs par l'octroi de moyens indispensables à leur fonctionnement.

En contrepartie, le Parlement détient, parallèlement au pouvoir de voter la loi, un pouvoir de contrôler de l'action gouvernementale par le biais de plusieurs instruments informatifs qui sont mis à la disposition des parlementaires. Il s'agit de questions écrites et orales, de missions d'information et d'études, d'enquêtes, d'auditions, d'interpellations, de pétitions ou simplement à travers l'élaboration d'un rapport d'information et de résolution, sans forcément déboucher sur des sanctions. Ce type de contrôle, qui revêt un caractère public, a la particularité de permettre d'exercer une certaine pression sur le Gouvernement. Il s'y ajoute des mécanismes de sanction par le biais de de moyens d'actions réciproques tels que la motion de censure et le vote de confiance. La sanction qui en résulterait s'analyse dans le fait que ce contrôle a pour finalité de mettre en jeu la responsabilité du Gouvernement.

Tout bien considéré, le contrôle parlementaire relève de la manifestation de la séparation des pouvoirs. Il permet également de déterminer l'identité du Parlement face à l'Exécutif, chargé de mettre en œuvre les politiques publiques. Ainsi, les parlementaires de toute obédience politique doivent inscrire leur action dans une logique constructive pour exercer un contrôle objectif dans le sens de l'intérêt général.

Pourtant, le Parlement semble perdre une portion importante de son éclat que lui confère son prestigieux statut au rang des Institutions de la République. Même si sur le plan textuel le Parlement est nanti de prérogatives substantielles en matière de contrôle, il n'en demeure pas moins que l'Exécutif est pratiquement libre de ses actes. Les rares initiatives en matière de sanction parlementaire sont dans la plupart des cas anéanties sous l'effet du fait majoritaire. Autant dire tout bonnement que le pouvoir législatif est réduit à sa plus simple expression. De facto, le système de présidence « intégrale » en honneur dans plusieurs États de l'Afrique subsaharienne francophone constitue un frein rédhibitoire à la réalisation du contre-pouvoir parlementaire.

Sous cet angle de vue, l'image que reflète le Parlement, peu enviable il faut le reconnaître, est loin d'être appréciée par les citoyens pourvoyeurs de mandats. Il est épisodiquement désacralisé et son image fatalement écornée.

L'espoir proviendrait du changement de paradigme consécutif à l'avènement du nouveau cadre harmonisé des finances publiques adossé sur la quête de performance. A cet effet, il est consacré un élargissement du pouvoir de contrôle des organismes publics à travers l'évaluation des politiques publiques. De nos jours, il parait que l'Institution parlementaire est beaucoup plus attendue sur sa capacité à évaluer les politiques publiques et à contrôler l'Exécutif que sur sa propension à uniquement légiférer.

En dernière analyse, il importe de s'interroger sur la légitimité du contrôle parlementaire, surtout dans les États où le Parlement n'est pas enclin, au nom de la séparation des pouvoirs, à se soumettre aux contrôles administratifs ou juridictionnels extérieurs institués. Cette résistance à la reddition des comptes, corrélée à la soustraction au régime de déclaration de patrimoine et d'intérêts ainsi qu'à l'absence d'un Code de déontologie parlementaire, déteint manifestement sur la crédibilité même du contrôle parlementaire appliqué à l'Exécutif.

Pr Meïssa DIAKHATE

Agrégé des Facultés de Droit

Expert/Consultant parlementaire

INTRODUCTION GÉNÉRALE

« *La confiance n'exclut pas le contrôle* »[1]. Ce dicton peut être appliqué à l'étude théorique et méthodique des relations entre les organes de l'État en Afrique subsaharienne francophone. Dans la description des rapports entre les trois pouvoirs de l'État que sont le pouvoir législatif, le pouvoir exécutif et le pouvoir judiciaire[2], MONTESQUIEU a théorisé que, même si ces trois pouvoirs[3] doivent être exercés par trois organes distincts les uns des autres, ils devaient aller de concert[4]. Cette nécessaire collaboration entre les pouvoirs doit se conjuguer dans les démocraties contemporaines, notamment africaines, avec un contrôle du pouvoir législatif sur le pouvoir exécutif[5].

---

[1] Vladimir LENINE, homme d'État russe, né le 10 avril 1870 à Simbirsk et mort le 21 janvier 1924 à Vichnie Gorki.

[2] MONTESQUIEU, *De l'esprit des lois*, Paris, Gallimard, 1995, p. 72.

[3] Montesquieu est considéré comme étant le véritable père de la théorie de la séparation des pouvoirs pour en avoir donné sa formulation actuelle et sa systématisation. Pour lui, il doit exister une collaboration entre les trois pouvoirs avec pour principal objectif la modération du pouvoir politique et la garantie de la liberté politique. La séparation des pouvoirs est, en effet, un principe de technique constitutionnelle destinée à éviter le despotisme et à garantir la liberté.

[4] EISENMANN (Ch.), « L'esprit des lois et la séparation des pouvoirs », *in Mélanges en l'honneur de Carré de MALBERG*, Paris, Sirey, 1933, pp. 163-192.

[5] SOMA KABORE (V.), « Le contrôle parlementaire du pouvoir exécutif en Afrique subsaharienne », *in Annales Africaines*, n° 3, Vol. 2, Nouvelle Série, 2015, p. 281.

Dans cette perspective, comme dans tout régime démocratique, le Parlement des États africains est chargé de contrôler l'action du Gouvernement. La Constitution, qui investit l'Assemblée nationale de ce pouvoir de contrôle, oblige le Gouvernement à expliquer et à justifier son action devant les représentants de la nation[6]. Au Mali, la Constitution du 25 février 1992 avait expressément consacré le rôle de contrôle de l'action de l'Exécutif exercé par le Parlement. Le titre VI de la même Constitution précisait les rapports entre le Gouvernement et l'Assemblée nationale. Toutefois, avec l'entrée en vigueur de la Constitution du 22 juillet 2023, marquant la naissance de la IVe République, le contrôle parlementaire de l'action gouvernementale disparaît quasiment au Mali. En outre, l'article 87 du Règlement intérieur du 13 octobre 2016 sur l'institution parlementaire énonce : « *En sessions ordinaires comme en sessions extraordinaires, l'Assemblée nationale contrôle l'action du Gouvernement aux moyens des questions écrites, de l'interpellation, des enquêtes et des missions parlementaires* ».

Troisième Institution de la République du Mali, dans l'ordre d'énumération établi par la Constitution du 22 juillet 2023, le Parlement apparaît comme l'une des plus importantes fondations du système institutionnel et démocratique. Son importance tient « *au fait qu'il est en partie issu du suffrage universel, mais également aux prérogatives qui lui sont conférées par la loi fondamentale ainsi qu'aux rapports qu'il entretient avec les autres institutions. Si l'essentiel de ses attributions comme celles de légiférer, de "contrôler" l'action gouvernementale sont exercées dans ses rapports avec le Gouvernement, le Parlement n'en a pas moins des prérogatives qui le mettent en rapport avec d'autres institutions de la République* »[7].

Cette fonction de « *contrôle* », bien qu'affaibli sous la IVe République, est pourtant considérée, à juste titre, comme l'une des

---

[6] ADELOUI (A. J.), « Le Parlement dans le régime politique béninois », *in Actes du colloque international sur la Constitution béninoise organisé par l'Association béninoise de droit constitutionnel*, 7-11 août 2012, p. 14.

[7] MOULAYE (Z.), KEITA (A.), *L'Assemblée nationale du Mali sous la 5e Législature (édit. Actualisée par Dr Salabary DOUMBIA)*, Bamako, Fondation Friedrich-Ebert-Stiftung, 2015, p. 19. L'article 36 de la Constitution malienne du 22 juillet 2023 dispose : « *Les institutions de la République sont : le Président de la République ; le Gouvernement ; le Parlement ; la Cour suprême ; la Cour constitutionnelle ; la Cour des comptes ; le Conseil économique, social, environnemental et culturel* ».

missions essentielles du Parlement et un élément catalyseur du jeu démocratique[8]. Sous l'empire de la Constitution de la IIIe République, le contrôle permettait de rendre l'Exécutif comptable de ses actions et d'assurer l'application efficace et effective des politiques par ce dernier. Le contrôle parlementaire était alors perçu comme un indicateur de bonne gouvernance. Toutefois, avec l'adoption de la nouvelle Constitution, les différents niveaux de contrôle ont affaibli la place du Parlement dans le fonctionnement des institutions et dans la vie démocratique qui permettait à celui-ci d'assurer le nécessaire encadrement de l'action gouvernementale.

L'analyse conceptuelle est une démarche théorique essentielle dans toutes les branches des sciences sociales[9]. En définitive, elle permet donc de définir et d'identifier ce dont on parle, de répondre à la question de savoir si la manière dont sont les choses, données dans un vocabulaire[10], rend vraie une explication donnée dans un autre vocabulaire.

I. Définitions des termes du sujet

Pour une meilleure compréhension du sujet, il importe de clarifier et de définir le contrôle parlementaire (A), le Parlement (B), l'action gouvernementale (C) et les éléments historiques du contrôle parlementaire de l'action gouvernementale au Mali (D).

A. Le contrôle parlementaire

Historiquement, la fonction première des Assemblées parlementaires est de contrôler l'action gouvernementale[11]. Le contrôle trouve son origine dans le « *pouvoir de la bourse* », à savoir, dans les Parlements

---

[8] N'GUESSAN (K.), « Les moyens parlementaires de contrôle de l'action gouvernementale dont les moyens d'interpellation dans l'espace francophone », *in Rapport de la commission des affaires parlementaires de l'Assemblée parlementaire de la francophonie*, Suisse, Juillet 2015, p. 4.

[9] MAUSS (M.) cité par ONDO (T.), *Le droit parlementaire gabonais*, Paris, L'Harmattan, 2008, p. 7.

[10] TIERCELIN (Cl.), « La métaphysique et l'analyse conceptuelle », *Revue de Métaphysique et de Morale*, n° 36, 2002, pp. 529-554.

[11] ROSEN (M. W.), *Contrôle parlementaire de l'action gouvernementale épicentre de la démocratie représentative congolaise*, Paris, Edilivre, 2019, p. 3.

anglais, le pouvoir d'attribuer des moyens financiers à la monarchie pour rendre la Justice et mener des guerres[12]. Ainsi, contrôler, c'est vérifier, inspecter de façon attentive la régularité par exemple d'un acte, d'une action, c'est avoir la maîtrise de la situation dans un secteur, c'est exercer une autorité, un pouvoir, etc. Il existe plusieurs mécanismes prévus pour l'exercice du contrôle de l'action gouvernementale. Le contrôle est traditionnellement défini comme « *l'action politique qu'exerce un Parlement sur le Gouvernement et que sanctionnent les procédures par lesquelles ce Parlement lui exprime leur confiance ou la lui retire* »[13].

A partir de ce postulat, on peut dire que le contrôle parlementaire a pour finalité *« de garantir la transparence et l'ouverture des actions du Gouvernement. Ainsi, le Parlement peut faire la lumière sur les opérations de l'organe Exécutif en fournissant un espace public où les politiques et les actions de l'Exécutif sont débattues, passées au crible et livrées à l'opinion publique »*[14] pour le responsabiliser.

L'Exécutif peut désigner, d'une part, le pouvoir qui applique les lois de manière générale, selon Montesquieu. Sa fonction dont les contours demeurent flous[15] se traduit par l'exercice de plusieurs compétences parmi lesquelles le pouvoir règlementaire et la nomination aux emplois civils et militaires[16]. L'Exécutif désigne, d'autre part, les organes de ce pouvoir[17]. Il peut s'agir du chef de l'État et du Gouvernement lorsqu'il s'agit d'un Exécutif dualiste ou bicéphale[18]. Il est utilisé pour désigner l'organe titulaire du pouvoir législatif, qui est selon Montesquieu, celui qui fait les lois. Le contrôle de l'organe législatif sur le pouvoir exécutif

---

[12] PALONEN (K.), « Une histoire conceptuelle du Parlement », *in Traité d'études parlementaires*, Bruxelles, Bruylant, 2018, p. 70.

[13] AVRIL (P.), « Renforcer le Parlement : qu'est-ce à dire ? », *Le renouveau du parlement, Pouvoirs*, n° 146, 1er janvier - 31 mars 2013, p. 17.

[14] N'GUESSAN (K.), « Les moyens parlementaires de contrôle de l'action gouvernementale dont les moyens d'interpellation dans l'espace francophone », *op. cit.*, p. 4.

[15] LE DIVELLEC (A.), « L'articulation des pouvoirs dans les démocraties parlementaires européennes : fusion et migration », *in Pouvoirs*, n° 143, 2012, pp. 123-140.

[16] DE VILLIERS (M.), LE DIVELLEC (A.), *Dictionnaire de droit constitutionnel*, Paris, Dalloz, 2013, p. 270.

[17] DUHAMEL (O.), MENY (Y.), *Dictionnaire constitutionnel*, Paris, PUF, 1992, p. 428.

[18] GICQUEL (J.), GICQUEL (J.-E.), *Droit constitutionnel et institutions politiques*, Paris, LGDJ, 2014, p. 561.

est un élément essentiel du jeu démocratique[19] et constitue l'une des propriétés essentielles des régimes semi-présidentiels. C'est même la fonction principale des Parlements contemporains, compte tenu de l'emprise qu'exercent les Gouvernements sur la fonction de production normative[20].

En règle générale, le contrôle peut être défini comme « *la vérification de la conformité à une norme, d'une décision, d'une situation ou d'un comportement* »[21]. Il vise à assurer que l'Exécutif exerce effectivement les fonctions qui lui sont dévolues conformément à la volonté du peuple, dans le respect des droits et libertés fondamentaux, et des principes qui encadrent l'exercice desdites fonctions. Grosso modo, le contrôle parlementaire peut être entendu par l'ensemble des moyens permettant au Parlement de se faire une opinion sur l'action gouvernementale. C'est pourquoi il existe toute une série de techniques d'informations. En dehors de sa fonction d'édiction des lois, le Parlement exerce une fonction de surveillance de l'action politique et administrative de l'Exécutif[22].

La notion de contrôle[23] parlementaire fait partie de ces sujets en apparence trop évidents, mais flous. Elle n'a jamais fait l'objet d'une délimitation univoque et les auteurs peuvent diverger sur la façon de l'appréhender [24]. Mais, la question de son efficacité en Afrique subsaharienne francophone se pose avec acuité, compte tenu notamment

---

[19] ARDANT (Ph.), MATHIEU (B.), *Institutions politiques et droit constitutionnel*, Paris, LGDJ, 2013, p. 575.

[20] RENARD (J.G.), POPOVIC (M.), LARENG (P.) « Les activités de contrôle du pouvoir exécutif », *in Actes du séminaire régional sur le travail parlementaire*, Cotonou, 5-6 juin 2012, p. 9.

[21] CORNU (G.), *Vocabulaire juridique*, Paris, PUF, 2011, p. 263.

[22] DUHAMEL (O.), MENY (Y.), *Dictionnaire constitutionnel*, *op. cit.*, p. 229.

[23] L'étendue du pouvoir de contrôle de l'Exécutif par le Parlement est ainsi l'un des principaux critères sur lesquels est fondée la dichotomie entre régimes parlementaire et présidentiel. Le terme de dichotomie est emprunté à la botanique et est doté d'une signification très parlante : un mode de division des rameaux à partir d'une même tige. La tige est le régime représentatif dans le sens général, et tel, historiquement, qu'il apparaît en Angleterre à la suite de la Glorieuse Révolution de 1688 et qu'il est codifié, jusqu'à un certain point, par le *Bill of Rights* de 1689 et *Act of Settlement* de 1701, LAUVAUX (Ph.), « Le contrôle, source du régime parlementaire, priorité du régime présidentiel », *in Pouvoirs,* n° 134, 2010, p. 24.

[24] LE DIVELLEC (A.), « Des effets du contrôle parlementaire », *in Pouvoirs,* n° 134, 2010, p. 125.

du fait que l'Exécutif dispose, presque, toujours d'une Majorité parlementaire qui lui est politiquement acquise.

Le célèbre CHATEAUBRIAND notait déjà au début du 19e siècle que « *renoncer à la majorité c'est vouloir marcher sans pieds, voler sans ailes ; c'est briser le grand ressort du Gouvernement représentatif* »[25]. On s'aperçoit dès lors que le premier devoir de la Majorité est de permettre au Gouvernement qu'elle a mis en place de gouverner.

Le contrôle parlementaire est le corollaire du principe de responsabilité des agents publics : en démocratie, ceux-ci doivent rendre compte de leurs actes et de leur gestion devant le Peuple et ses représentants. Les premières formes du contrôle sont apparues sous l'Antiquité, grecque et romaine, et font même apparaître des mécanismes de mise en jeu de la responsabilité des gouvernants[26]. A ce titre, la Déclaration du 26 août 1789 consacre le principe du consentement des citoyens à l'impôt[27] en même temps que celui de la responsabilité des gouvernants, proclamant le droit de la société de « *demander des comptes* » à tout agent public de son administration. Dès lors, les textes constitutionnels prévoiront, de façon plus ou moins explicite le principe d'un contrôle parlementaire sur les gouvernants et l'administration, et encadreront, avec des degrés de précision variables, les modalités de ce contrôle. Mais force est de constater que, en la matière, la pratique des mécanismes s'écarte souvent de la théorie et des principes constitutionnels édictés.

On appelle contrôle parlementaire, l'ensemble des procédures et moyens dont disposent les parlementaires pour analyser, surveiller, discuter et vérifier l'activité du Gouvernement. Agissant au nom et dans l'intérêt du peuple, le Parlement peut ainsi s'assurer que la politique et l'action du Gouvernement sont efficaces et adaptées aux attentes des citoyens. Avec le pouvoir législatif, le contrôle parlementaire est l'une des deux fonctions essentielles du Parlement. Naguère axé sur l'activité gouvernementale proprement dite, le contrôle tend à prendre plus de

---

[25] DE CHATEAUBRIAND (R. V.), *De la monarchie selon la Charte*, Chap. IX, Paris, Le Normand, 1816, p. 11.

[26] TURK (P.), *Le droit parlementaire en France*, *op. cit.*, p. 31.

[27] SAOUDI (M.), « Le consentement de l'impôt en Afrique. Quelle compétence du Parlement à l'ère de l'administration fiscale numérique ? », *in Actes du colloque international,* Bénin, 23 au 26 septembre 2019, pp. 115-150.

champ pour s'intéresser à l'efficacité des politiques publiques dans leur ensemble (et non pas simplement l'action du Gouvernement dans tel ou tel domaine) ; ce qui peut amener les Assemblées à s'interroger sur les dispositifs législatifs qu'elles ont elles-mêmes adoptés. Au contrôle classique s'ajoute désormais un effort d'évaluation[28].

Le contrôle et l'obligation de rendre compte sont des dimensions cruciales des mandats démocratiques complémentaires du Gouvernement et du Parlement[29]. Les rôles distincts et séparés du Parlement et du Gouvernement doivent être bien compris. Les Gouvernements fournissent des services aux citoyens ; les Parlements amènent les Gouvernements à répondre de leurs actes en les interpellant et en demandant des explications sur leurs actions et leurs politiques, ainsi qu'en formulant des recommandations de changement[30].

Un contrôle efficace entraîne deux résultats positifs : l'amélioration des procédures et l'amélioration des politiques. En effet, un contrôle efficace associe un plus grand nombre de personnes au processus de décision de manière à ce que les décisions prises reflètent mieux les intérêts de l'ensemble de la société. Il améliore l'exercice public de la responsabilité et la transparence, et réduit la corruption tout en renforçant la légitimité du Parlement en tant qu'institution réactive, inclusive et représentative[31].

Il existe, par ailleurs, une relation étroite entre un contrôle efficace et le développement économique et humain : la formulation des politiques et des lois s'en trouve renforcée et la gouvernance devient plus effective grâce au travail de révision et d'amendement. Comme l'a affirmé Philippe SEGUIN, « *Le Parlement contrôle l'activité législative du Gouvernement* »[32]. Le pouvoir législatif prescrit les règles et donne

---

[28] DELCAMP (A.), « La perception du contrôle parlementaire : comment le rendre plus attractif ? », *in Pouvoirs*, n° 134, 2010, pp. 109-122.

[29] BAGAYOKO (S.), « L'exercice de la fonction parlementaire pendant la deuxième Législature de la Troisième République au Mali (1997-2002) : entre rupture et consolidation », *in Revue africaine de Sciences politiques et sociales*, n° 15, décembre 2017, p. 189.

[30] Lire : Union interparlementaire, *Rapport parlementaire mondial*, 2017, p. 2.

[31] VANDENDRIESSCHE (X.), « Le Parlement entre déclin et modernité », *in Pouvoirs*, n° 99, 2001, pp. 59-70.

[32] Cité par DE MONTCHALIN (A.), SAINT-MARTIN (L.), « Le cercle : point de vue », *Tribune* du 15 novembre 2017.

mandat à l'Exécutif de les mettre en œuvre, et l'Exécutif lui est subordonné et lui rend des comptes.

Il est important de définir le Parlement en tant qu'organe chargé de contrôler le pouvoir exécutif.

B. Le Parlement

Dans toutes les sociétés africaines, en tout lieu et à toute époque ont existé des structures délibératives au sein des clans, des familles, des villages, des royaumes et des Empires pour prendre des décisions[33]. Dans la même veine, dans tout État aspirant à un fonctionnement démocratique, l'application du principe de séparation des pouvoirs implique la spécialisation des fonctions de l'État et leur exercice par différents organes indépendants, mais qui se font mutuellement contrepoids[34]. Au cœur des théories de la démocratie et de la séparation des pouvoirs nait la réflexion sur l'existence et les conditions d'exercice de la fonction de contrôle parlementaire de l'Assemblée nationale. Le Parlement signifie littéralement « *lieu où l'on parle* »[35], un espace où l'on prend la parole, il peut être défini comme une « *institution représentative et délibérative* »[36].

Pour les juristes en général, le Parlement désigne une institution représentative par sa composition, délibérative[37] par son mode de travail[38]. Les parlementaires de tous les pays parlent un langage relativement similaire, indépendamment de leur langage « *naturel* », de leurs conceptions du Parlement et de leurs traditions parlementaires.

---

[33] BATHILY (N. A.), *L'éveil des Parlements africains*, Paris, Karthala, 2020, p. 33.

[34] TURK (P.), *Le contrôle parlementaire en France*, Paris, LGDJ, 2011, p. 20.

[35] TURPIN (D.), *Droit constitutionnel*, Paris, PUF, 2007, p. 627.

[36] DE VILLIERS (M.), LE DIVELLEC (A.), *Dictionnaire de droit constitutionnel*, *op. cit.*, p. 270.

[37] Le terme d'assemblée délibérative fut également utilisé par opposition à une tendance consistant à réduire le Parlement à un simple instrument accordant sa confiance au Gouvernement, au sein duquel serait employée une rhétorique épidictique plus que délibérative. Voir PALONEN (K.), « Une histoire conceptuelle du Parlement », *in Traité d'études parlementaires*, Bruxelles, Bruylant, 2018, p. 81.

[38] ABANE ENGOLO (P. E.), « Le temps de travail des parlementaires en Afrique », *in Actes du colloque international*, Bénin, 23 au 26 septembre 2019, p. 185.

Armel LE DIVELLEC affirme que le Parlement est l'une des institutions centrales des régimes constitutionnels libéraux et, aujourd'hui, démocratiques. Il est et a toujours été un objet essentiel du droit constitutionnel moderne. Pour autant, la place qui lui est assignée tant dans le droit positif que dans la science du droit constitutionnel est marquée du sceau de l'ambiguïté. De nombreuses incertitudes conceptuelles et zones d'ombre continuent de le caractériser dans ces deux acceptions du droit constitutionnel. Elles se prolongent encore si l'on inclut à l'analyse les conceptions des acteurs du système constitutionnel (gouvernement-juge constitutionnel citoyen). En clair, la manière de penser le Parlement en droit constitutionnel est moins simple que ne pourrait le laisser penser le fait qu'il se situe évidemment au cœur de cette discipline dont l'objet principal est d'étudier l'encadrement du pouvoir politique[39].

Les politistes conçoivent le Parlement comme un organe représentatif au même titre que le Président de la République, autre organe de l'État issu du suffrage universel.

En tout état de cause, on peut retenir, à partir de la théorie de la séparation des pouvoirs telle que conçue notamment par les philosophes John LOCKE et MONTESQUIEU, que le Parlement apparaît comme le titulaire du pouvoir législatif. En droit constitutionnel, l'institution parlementaire est ramenée, parfois abusivement, à la puissance de faire les lois. A vrai dire, son rôle est à la fois moindre et plus large. Pour Kari PALONEN, le terme Parlement renvoie à « *un espace où l'on prend la parole* »[40]. On retrouve, d'ailleurs, cette idée dans l'italien médiéval *parlare* ou le français parler. En France, à partir du XIIe siècle, on commence à designer certaines réunions ou assemblées en recourant au terme latin *parlamentum* ou *parliamentum*. A travers le vocabulaire et les modes de conceptualisation relatifs au Parlement, ce dernier renvoie à un idéaltype d'action politique, plus ou moins lié historiquement à l'institution parlementaire. A l'origine, les États africains, notamment ceux de l'Afrique noire francophone, ont tous importé le régime

---

[39] LE DIVELLEC (A.), « Le Parlement en droit constitutionnel », *in Traité d'études parlementaires*, Bruxelles, Bruylant, 2018, p. 140.

[40] PALONEN (K.), « Une histoire conceptuelle du Parlement », *in Traité d'études parlementaires*, Bruxelles, Bruylant, 2018, p. 66.

représentatif des démocraties occidentales [41]. Ce phénomène s'est accentué surtout après le renouveau démocratique à partir des années 1990 marqué par l'adoption de Constitutions écrites garantissant la séparation des pouvoirs et le retour à la démocratie libérale.

Du point de vue notionnel, le Parlement, encore appelé Assemblée parlementaire, tribune privilégiée ou « *chambre d'enregistrement* », est une institution représentative et délibérative[42]. Mais, cette définition ne semble pas restituer substantiellement la notion de Parlement quant à son rôle. En fait, il s'avère que les caractères collégial et délibératif ne sont pas le propre du Parlement seul. Patrick Edgard ABANE ENGOLO nous réconforte sur ce point, lorsqu'il considère le Parlement comme une institution[43]. Ce statut d'institution provient de ce qu'il représente une confiance légitime placée en lui.

Le Parlement à l'instar des formes d'État peut être organisé en deux chambres : une chambre basse et une chambre haute. On parle alors, de Parlement bicaméral ou de bicaméralisme. Le Parlement peut également être compose d'une seule chambre. Dans ce cas de figure, il est appelé Parlement monocaméral ou monocaméralisme. Au Mali, depuis l'indépendance, le Parlement était monocaméral, c'est-à-dire composé de la seule Assemblée nationale. Toutefois, avec l'adoption du projet de Constitution le 18 juin 2023, suivie de sa promulgation par le Président de Transition le 22 juillet 2023, le Parlement est désormais bicaméral de par sa composition en deux chambres : Assemblée nationale et Sénat.

Le Parlement est le symbole par excellence de la démocratie représentative. Pourtant, *« les Assemblées ne sont toujours pas devenues des instruments de dialogue et de participation auxquels aspirent les populations. Des facteurs multiples aussi bien endogènes qu'exogènes, liés essentiellement à la rationalisation excessive du parlementarisme emprunté aux régimes politiques occidentaux, au recours par les Exécutifs à des moyens de pression variés pour confiner le Parlement dans son rôle de soutien et de consultation expliquent pourquoi les réformes entreprises au début des années 1990 n'ont pas entraîné une*

---

[41] DU BOIS DE GAUDUSSON (J.), « Le mimétisme postcolonial, et après ? », La démocratie en Afrique, *in Pouvoirs*, n° 129, 2009, pp. 45-55.

[42] *Ibid.*, p. 186.

[43] *Ibid.*, p. 186.

véritable réhabilitation des Assemblées parlementaires dans chacun des pays étudiés »[44].

Après avoir défini le Parlement, il nous revient, à présent, de clarifier l'expression « *action gouvernementale* ».

C. L'action gouvernementale

Dans un sens général, le terme Gouvernement renvoie à un système constitutionnel dans son ensemble. Le Gouvernement désigne la branche dite « *exécutive* » du pouvoir politique. En régime parlementaire, le Gouvernement est l'ensemble collégial de ministres placé sous l'autorité d'un Premier Ministre ou d'un Président du conseil, ou d'un chancelier : la terminologie varie d'une Constitution à l'autre. Il représente ce que Benjamin CONSTANT appelait le « *pouvoir ministériel* », par opposition au chef de l'État. La distinction chef de l'État et Gouvernement (responsable devant le Parlement) est un élément d'identification de ce type de régime.

Le terme *« Gouvernement »* est également utilisé en régime présidentiel pour désigner l'Exécutif américain, alors même que cet Exécutif est tout entier confié au président, et qu'il n'y a ni collégialité ni solidarité entre « *secrétaires* » qui lui sont strictement subordonnés. L'usage est plutôt de parler d'administration suivie du nom du président[45]. Par Gouvernement, en somme, il faut entendre un corps politique, collégial et solidaire, représentant l'État et agissant au nom et pour le compte de celui-ci. Il est chargé de gérer quotidiennement les affaires de l'État dont il répond. Il est le plus souvent dirigé par un Premier Ministre.

Le mot « *action* » vient du latin « *actio* », qui signifie la faculté d'agir. L'action peut se définir comme une opération d'une personne tendant à la réalisation d'un résultat de cette opération. En termes clairs, l'action est une opération d'une personne quelconque qui provoque une transformation produisant un effet qui influence. C'est aussi le résultat

---

[44] SOMALI (K.), *Le Parlement dans le nouveau constitutionnalisme en Afrique. Essai d'analyse comparée à partir des exemples du Bénin, du Burkina Faso et du Togo*, Thèse de doctorat en droit public, Université de Lille 2, 2008 (résumé, 4e de couverture).

[45] DE VILLIERS (M.), LE DIVELLEC (A.), *Dictionnaire du Droit constitutionnel*, *op. cit.*, p. 172-173.

de cette opération. L'action gouvernementale s'entend de l'ensemble des activités que le Gouvernement est emmené à conduire dans le cadre de sa politique générale. Sous la conduite du Premier Ministre, le Gouvernement détermine et conduit la politique de la nation[46]. Il dispose de l'administration et de la force armée. Le terme Gouvernement peut aussi désigner le groupe de personnes dont la fonction principale consiste à assurer l'avenir d'une société politique, donc d'un pays[47]. En effet, l'action gouvernementale étant largement secrète, l'information parlementaire est d'une grande nécessité afin que les représentants du Peuple puissent apprécier à leur juste valeur les gestes du Gouvernement ainsi que leur cohérence. Le Parlement doit donc connaître le détail du contenu et des motifs des mesures prises par le Gouvernement.

Le Gouvernement est la deuxième composante de l'Exécutif[48]. On peut faire à ce niveau deux types de distinctions importantes. La première distinction porte sur l'origine du Gouvernement et sur la manière dont ses titulaires accèdent à cette position et sont susceptibles d'en être écartés. De nos jours, coexistent plusieurs modes d'accès à la fonction gouvernementale. Si la légitimité théocratique, c'est-à-dire issue du pouvoir religieux, tend à disparaître, si l'hérédité dynastique constitue plus un mode de désignation du chef de l'État que de véritables gouvernants, on observe que les gouvernants contemporains accèdent au pouvoir soit à travers un processus partisan, en particulier dans les pays à parti unique, soit à travers des élections ouvertes et pluralistes, à l'occasion desquelles plusieurs équipes ou plusieurs majorités s'affrontent pour l'exercice du pouvoir[49].

La seconde distinction tend, dans les régimes fondés sur la désignation des Gouvernements par l'élection, à reconnaître, d'un côté, les régimes

---

[46] TURK (P.), *Le contrôle parlementaire en France*, *op. cit.*, p. 113.

[47] SINDJOUN (L.), « Le Gouvernement de transition : éléments pour une théorie politico-constitutionnelle de l'État en crise ou en reconstruction », *in Démocratie et liberté : tension, dialogue, confrontation : Mélanges dédiés en l'honneur de Slobodan Milacic*, Bruxelles, Bruylant, 2008, pp. 967-1011.

[48] SOMA-KABORE (V.), « Le contrôle parlementaire du pouvoir exécutif en Afrique subsaharienne », *op. cit.*, p. 290.

[49] CARCASONNE (G.), « La place de l'opposition : le syndrome français », *in Pouvoirs*, n° 85, 1998, p. 75.

présidentiels et, de l'autre, les régimes parlementaires[50]. Dans le premier cas, dont le modèle est fourni par les États-Unis, il y a confusion entre la fonction de chef de l'État et la fonction de principal responsable du Gouvernement, avec cette particularité que l'équipe gouvernementale n'est pas considérée comme responsable devant le Parlement. Dans le second cas, le plus répandu, repris pour l'essentiel du système britannique né dans la première moitié du XVIIIe siècle, l'équipe gouvernementale se distingue du chef de l'État. La règle d'or d'un tel régime implique que le Gouvernement ne peut gouverner qu'avec la confiance du Parlement ou, plus exactement, de la chambre élue au suffrage universel direct chargée d'exprimer la volonté populaire. Comme le rappelle Hans KELSEN, « *la lutte qui fut menée à la fin du 18e et au début du 19e siècle contre l'autocratie fut pour l'essentiel une lutte pour le parlementarisme* »[51].

Le Gouvernement représentatif a généré des attentes qui sont celles que la démocratie a entraînées dans son sillage : la participation populaire, par sa représentation, à la formation de la volonté de l'État[52].

Aussi faut-il remarquer que *« du point de vue fonctionnel, l'Exécutif renvoie justement à la fonction exécutrice de l'État, c'est-à-dire l'exécution des lois considérée par la doctrine classique de la séparation des pouvoirs comme une fonction seconde de l'État par rapport à celle d'édicter les lois. Sous l'angle organique, il désigne l'organe, ou l'ensemble d'organes qui exercent la fonction exécutrice de l'État. L'Exécutif peut être moniste, c'est-à-dire confié à un seul homme qui est à la fois chef du Gouvernement et Président de la République, ou dualiste, confié à la fois à un chef de l'État et un Gouvernement. Il peut même, dans de rares cas, être confié à un petit groupe de personnes, à l'instar du Conseil fédéral suisse »*[53].

---

[50] DELVOLVE (P.), LESGUILLONS (H.), *Le contrôle parlementaire sur la politique économique et budgétaire*, Paris, PUF, 1964, 250 p.

[51] KELSEN (H.), *La démocratie ; sa nature, sa valeur*, Paris, Economica, 1988, (1929), p. 37.

[52] BAUME (S.), « Le Parlement face à ses adversaires. La réplique allemande au désenchantement démocratique dans l'entre-deux-guerres », *in RFSP*, n° 6, Vol. 56, 2006, pp. 985-998.

[53] MOMO (C. F.), ERIC-ADOL GATSI (T.), « L'Exécutif dualiste dans les régimes politiques des États d'Afrique noire francophone », *in Les Annales de droit*, n° 14, 2020, p. 121.

Le rôle du Gouvernement est énoncé à l'article 76 de la Constitution malienne du 22 juillet 2023. Ce dernier « *conduit la politique de la Nation déterminée par le Président de la République* ». Les missions ainsi attribuées au Gouvernement se traduisent par des pouvoirs d'orientations[54], d'élaboration des normes, de donner des instructions, d'appliquer ses décisions et de sanctionner, le cas échéant, ceux qui, placés sous son autorité, manquent à leur devoir d'obéissance. Le rôle du Premier Ministre est donc étroitement lié à celui du Président mais également à celui du Parlement. Le Gouvernement partage avec le Parlement le pouvoir normatif. C'est à lui qu'incombe la compétence de prendre des actes réglementaires en vertu de l'article 121 de la Constitution[55].

Il convient d'analyser les éléments historiques du contrôle parlementaire de l'action gouvernementale.

D. Les éléments historiques du contrôle parlementaire

Il apparaît qu'avant d'aborder les problèmes du contrôle parlementaire de l'action gouvernementale, il importe d'examiner l'évolution de ce contrôle fondé sur les données précoloniales et qui, en tant qu'héritage, pèsera à coup sûr sur l'organisation et le fonctionnement de l'État postcolonial.

Au Mali, l'on peut se permettre d'affirmer que le contrôle parlementaire de l'action gouvernementale remonte à la période précoloniale. C'est l'occasion de rappeler ici que l'Empire du Mali s'était doté en 1236, à la suite de la victoire du Mandé (Soundjata) sur le Sosso (Soumangourou Kanté), d'une Loi fondamentale appelée « *Serment ou Charte du Mandé* ». C'était à l'occasion d'une assemblée du peuple[56]

---

[54] VERPEAUX (M.), *Droit constitutionnel*, Paris, Dalloz, 2020, p. 167.

[55] L'article 121 de la Constitution malienne du 22 juillet 2023 dispose : *« Le Gouvernement peut, pour l'exécution de son plan d'action, demander au Parlement l'autorisation de prendre par ordonnance, pendant un délai limité, des mesures qui sont normalement du domaine de la loi. Les ordonnances sont prises en Conseil des Ministres, après avis de la Cour suprême. Elles en vigueur dès leur adoption, mais deviennent caduques si le projet de loi de ratification n'est pas déposé devant le Parlement avant la date fixée par la loi d'habilitation. A l'expiration du délai mentionné au premier alinéa du présent article, les ordonnances ne peuvent plus être modifiées que par la loi dans les matières qui sont du domaine législatif »*.

[56] Une sorte de Conférence nationale.

tenue sur un plateau dénommé *Kuru Kanfuga*[57]. Cette Loi fondamentale est antérieure de sept siècles (1236-1948) à la Déclaration universelle des Droits de l'Homme adoptée à Paris et de cinq siècles et demi (1236-1789) à la Déclaration des Droits de l'Homme et du Citoyen adoptée en France, pour rompre avec la royauté absolue de droit divin. Pour les Français, il s'agissait de droits innés (homme) et de droits acquis (citoyens).

La Loi fondamentale promulguée par l'empire mandingue représentait à la fois une Déclaration des Droits de l'homme et une Constitution. Améliorée et précisée, elle contenait des textes juridiques qui définissaient les institutions de l'État de l'époque sans oublier leurs relations organiques. N'est-ce pas cela une Constitution comme en témoigne la présente disposition :

> « Le Mandé fut fondé sur l'entente et la concorde, la liberté et la fraternité. Cela signifie qu'il ne saurait y avoir de discrimination ethnique ou sociale du Mandé (…). Par conséquent, les Enfants de Sanéné et de Kontron font à l'adresse des douze parties du Mandé et au nom du Monde tout entier, la proclamation suivante :
>
> Les enfants de Sanéné et de Kontron déclarent :
>
> - Chacun dispose désormais de sa personne ;
> - Chacun est libre de ses actes, dans le respect des "interdits", des lois de sa patrie » [58].

Cette Charte comporte en l'occurrence les dispositions suivantes dont il est utile de tisser des liens avec l'esprit du contrôle de l'action des décideurs dans toute société :

> « Les représentants du Mandé et leurs alliés réunis en 1236 à Kuru Kanfuga (actuel cercle de Kangaba en République du Mali), après l'historique bataille de Kirina, ont adopté la Charte suivante pour régir l'organisation sociale du grand ensemble mandingue :
>
> Article 1er : La société du grand Mandé est divisée en seize (16) porteurs de carquois, cinq (5) classes de marabout, quatre (4) classes de Nyamakala. Chacun de ces groupes a une activité et un rôle spécifiques.

---

[57] Sur ce point, on pense inévitablement à l'Agora de la Grèce Antique.

[58] NIANE (D-T.), cité par SOW (A-S.), *L'État démocratique républicain, La problématique de sa construction au Mali*, Grandvaux, 2008, p. 23.

Article 2 : Les Nyamakala se doivent de dire la vérité aux chefs, d'être leurs conseillers et de défendre par le verbe, les règles établies et l'ordre sur l'ensemble du royaume.

Article 7 : Il est établi entre les Mandenka le Sanankunya (cousinage à plaisantérie) et le Tanamayoya (forme de totémisme). En conséquence, aucun différend né entre ces groupes ne doit dégénérer, le respect de l'autre étant la règle. Entre beaux-frères et belles sœurs, entre grands-parents et petits-enfants, la tolérance et le chahut doivent être le principe.

Article 8 : La famille Keita est désignée famille régnante sur l'Empire.

Article 12 : La succession étant patrilinéaire, ne donnez jamais le pouvoir à un fils tant qu'un seul de ses pères vit ! Ne donnez jamais le pouvoir à un mineur parce qu'il possède des liens !

Article 14 : N'offensez jamais les femmes, nos mères !

Article 42 : Dans les grandes assemblées, contentez-vous de vos légitimes représentants et tolérez-vous les uns et les autres !

Article 43 : Balla Fasséké est désigné grand chef des cérémonies et médiateur principal du Mandé. Il est autorisé à plaisanter avec toutes les tribus, en priorité avec la famille royale »[59].

Des valeurs telles la tolérance, le respect des uns et des autres, la liberté des opinions, l'encadrement de la succession, la représentativité des couches de la société à Kuru Kanfuga corroborent l'esprit et les principes qui caractérisent le contrôle parlementaire de l'action gouvernementale dans les sociétés modernes.

Après avoir défini les termes du sujet, il importe de délimiter le champ de l'étude.

---

[59] Charte du Mandé ou Charte de Kuru Kanfuga, cité par SOW (A-S.), *L'État démocratique …*, *op. cit.*, p. 24.

II. La délimitation du sujet

La délimitation de l'étude à un espace géographique est une nécessité scientifique. Elle permet de recueillir des renseignements détaillés sur le cadre de l'étude, à des fins d'analyse toute aussi précise, qui aboutit à des résultats objectifs et vérifiables. Avec la fonction législative, la fonction de contrôle de l'action gouvernementale est une des fonctions essentielles d'un Parlement. L'institution parlementaire exerce le contrôle par des moyens variés : tantôt le Parlement s'informe sur l'action gouvernementale, tantôt il l'oriente et lui donne des autorisations d'agir, tantôt il tient entre ses mains l'existence même du Gouvernement[60]. En somme, le Parlement vote la loi. Il contrôle l'action du Gouvernement. Il évalue les politiques publiques.

Au Bénin où la Constitution du 11 décembre 1990 prévoit un régime présidentiel, ce sont principalement les articles 71, 73, 89 et 113 de ladite Constitution et le Règlement intérieur de l'Assemblée nationale qui traitent du contrôle de l'action gouvernementale par le Parlement. Au Sénégal, la Constitution de 2001 aborde en ses articles 81 et 85 la question du contrôle parlementaire de l'action gouvernementale. Au Mali, le contrôle parlementaire de l'action gouvernementale était bien réel sous la IIIe République. Toutefois, il s'est considérablement affaibli depuis l'adoption de la Constitution de la IVe République.

La présente étude s'inscrit dans la volonté d'analyser l'effectivité du contrôle de l'action gouvernementale par l'organe législatif. Dans un régime démocratique[61], le contrôle parlementaire contribue à réduire la corruption en mettant en évidence l'importance des outils de contrôle, des conditions propices et des facteurs contextuels. Dans le cadre de notre étude, nous avons jugé utile de circonscrire le champ de notre analyse de la période des indépendances des États objets de cette étude à nos jours.

Le but de cette thèse est de déterminer s'il existe, en pratique, un contrôle de l'action gouvernementale exercé par le Parlement. Elle se focalisera sur les États du Bénin, du Mali et du Sénégal, mais avec

---

60 *Rapport de synthèse de l'Assemblée parlementaire de la Francophonie*, XXXIe session, Bruxelles, du 6 au 9 juillet 2005, p. 4.

61 GUEYE (B.), « La démocratie en Afrique : succès et résistances », *in Pouvoirs*, n° 129, 2009, pp. 5-26 ; voir également, SOMA (A.), « Réflexion sur le changement insurrectionnel au Burkina Faso », *in Revue CAMES/SJP*, n° 001, 2015, p. 1614.

quelques ouvertures sur des exemples d'autres Parlements des États africains de tradition juridique française ou d'ailleurs.

L'Afrique francophone désigne tous les États d'Afrique ayant la langue française en partage. Plus peuplée et plus grande que les États-Unis d'Amérique, l'Afrique francophone présente la particularité d'être l'une des plus grandes zones linguistiques contiguës au monde.

La francophonie désigne la communauté des personnes physiques ou morales qui utilisent, totalement ou partiellement, le français comme langue-maternelle, d'usage administratif, d'enseignement ou choisie. On parle souvent de francophonie avec un « *f* » minuscule pour désigner les locuteurs de français, celle-ci peut alors être totale ou partielle, et de Francophonie avec un « *F* » majuscule pour figurer le dispositif international organisant les relations entre les pays francophones autour, en particulier de l'Organisation internationale de la Francophonie.

Dans cette optique, notre choix a été adossé sur trois États de l'espace francophone d'Afrique noire. Ces États ont des systèmes ayant des similitudes qui peuvent être intéressantes dans le cadre de cette étude.

Une étude globalisante, prenant en compte tous les États étant hors d'atteinte, nous avons décidé de circonscrire nos recherches au cadre territorial et constitutionnel de trois États : le Bénin, le Mali et le Sénégal. Ces trois États ont en commun d'être des anciennes colonies de la France dont ils puisent un important corpus de leur droit positif.

Le Bénin est classé *« parmi les rares États africains à système compétitif en raison du cadre "multipartisan" dans lequel il évolue. Jadis champion africain de l'instabilité et des coups d'État, le Bénin a connu de 1971 à 1990 une période révolutionnaire, sous la direction de militaires tentés par le marxisme-léninisme. La vague de contestation des années 1990, encouragée par la chute du mur de Berlin puis par le discours de La Baule, emporta un régime qui n'était socialiste que de nom. Ce pays est reconnu aujourd'hui, suivant la formule célèbre du professeur Gérard CONAC, comme "l'exemple d'une mutation complète acquise de manière consensuelle" ou encore "d'une révolution pacifique" pour avoir fait tourner le vent de l'histoire et réussi sa transition démocratique par une conférence nationale modèle en 1990* »[62].

Le Sénégal est souvent cité comme un exemple de démocratie apaisée en Afrique subsaharienne francophone. Le Parlement apparaît dans l'échiquier politique sénégalais comme le moyen de mettre en œuvre l'idée de représentation du Peuple dans l'exercice du pouvoir politique[63]. Nonobstant la suppression du poste de Premier Ministre le 19 mai 2019, le Constituant sénégalais s'est livré, avec cette réforme, une fois de plus à son jeu favori de « *yo-yo constitutionnel* », de remises en cause et de restaurations périodiques des institutions.

Au Mali, il importe d'étudier les mécanismes de la surveillance parlementaire mis en place par la Constitution du 22 juillet 2023 pour consolider et sauvegarder la démocratie. A coup sûr, le contrôle parlementaire vise à assurer que l'Exécutif, en l'espèce le Gouvernement, exerce effectivement les fonctions qui lui sont dévolues conformément à la volonté du Peuple dans le respect des droits et libertés fondamentaux[64]. La IIIe République malienne avait instauré un régime semi-présidentiel[65] repris sous une autre forme par la IVe République avec une pratique hyper déséquilibrée au profit du Président de la République. L'organisation politique est l'objet de l'équilibre établi par la Constitution entre les trois pouvoirs. Le Président de la République partage le pouvoir exécutif avec le Gouvernement et dispose outre le pouvoir de dissolution de l'Assemblée nationale. Le Gouvernement est chargé de conduire la politique de la Nation. Il est responsable devant le Parlement.

Par ailleurs, le choix des États de l'Afrique noire francophone comme terrain d'étude comparée sur le contrôle parlementaire de l'action gouvernementale se justifie à cause de la ressemblance de la philosophie

---

[62] SOMALI (K.), *Le Parlement dans le nouveau constitutionnalisme en Afrique* ... *op. cit.*, p. 29.

[63] SOKOME (S.), *La responsabilité politique du Gouvernement devant le Parlement en France, en Allemagne et au Sénégal*, Paris, Edilivre, 2020, p. 13.

[64] SOMA/KABORE (V.), « Le contrôle parlementaire du pouvoir exécutif en Afrique subsaharienne », *op. cit.*, pp. 281-304.

[65] Le régime semi-présidentiel est autrement qualifié de mixte, combinant des éléments empruntés au régime parlementaire et ceux empruntés au régime présidentiel. L'expression de régime semi-présidentiel est un régime représentatif qui rassemble des caractéristiques du régime parlementaire et du régime présidentiel, raison pour laquelle il est parfois désigné sous le terme de régime mixte.

parlementaire adoptée dans cet espace géographique. Depuis les indépendances, les débats relatifs aux Parlements africains sont dominés par les accusations de mimétisme ou de chambre d'enregistrement[66]. Cette vision est étendue à l'ensemble de la construction du droit et de l'ingénierie juridique en Afrique. Dans beaucoup de pays du continent, que les institutions soient inspirées du modèle britannique ou français, la vie politique tourne souvent, voire exclusivement, autour du chef de l'État et de son entourage proche.

III. L'intérêt du sujet

Si l'étude des Parlements d'Afrique est un sujet particulièrement intéressant, c'est parce qu'elle permet de mettre le doigt sur les pratiques. Les institutions, bien qu'héritées souvent de la période coloniale, sont encore récentes et malléables, et chaque nouvelle génération de leaders apporte ses innovations pour le meilleur et pour le pire[67].

Le contrôle parlementaire exercé sur l'action gouvernementale peut conditionner l'équilibre institutionnel et la garantie de la protection des libertés des citoyens contre l'abus de pouvoir. Ce contrôle est, sans nul doute, une fonction essentielle de tout Parlement africain à côté des fonctions classiques de consentement à l'impôt et d'élaboration des lois, exercées au nom du Peuple souverain. Le contrôle des Assemblées demeure une exigence essentielle de la démocratie parlementaire[68].

Le Maître de Vienne, Hans KELSEN, semble avoir raison d'associer la démocratie au parlementarisme, c'est-à-dire un régime au sein duquel le pouvoir exécutif est soumis au contrôle du Parlement, de l'Opposition et de l'opinion publique tout entière[69]. Bien qu'il soit le cœur de la démocratie, le Parlement, en Afrique noire francophone, fait l'objet de

---

[66] Le terme de chambre d'enregistrement désigne une chambre parlementaire sans influence notable sur la vie politique. L'expression est informelle et péjorative. L'Assemblée (le pouvoir législatif) se contente alors de valider, d'enregistrer les lois décidées par l'Exécutif, le plus souvent dû à une absence de véritables prérogatives *de facto* ou à un noyautage de l'assemblée par l'Exécutif, l'Opposition est dès lors muselée ou inexistante. Ce cas est souvent considéré comme anti-démocratique, du fait que la séparation des pouvoirs n'est plus assurée.

[67] BATHILY (N. A.), *L'éveil des Parlements africains*, Paris, Karthala, 2020, p. 141.

[68] TURK (P.), *Le contrôle parlementaire en France*, *op. cit.*, p. 15.

[69] KELSEN (H.), *La démocratie, sa nature, sa valeur*, *op. cit.*, p. 51.

peu d'intérêt au niveau des chercheurs. L'attention est plutôt focalisée sur le pouvoir exécutif ou plus précisément sur son incarnation que constitue le Président de la République, à en croire Théodore HOLO[70]. Le Président de la République qui est qualifié de Chef de l'État, est l'astre autour duquel gravitent les satellites que sont devenus les pouvoirs législatif et judiciaire. Dans les régimes parlementaires, le contrôle exercé par la majorité ne revêt pas la même forme que le contrôle exercé par l'Opposition. Si la majorité recherche la collaboration avec le Gouvernement, l'Opposition recherche sa critique publique et, si possible, sa sanction[71].

Il importe de dire ici que le sujet revêt à la fois un intérêt théorique et pratique. On le sait, sur le plan théorique, se pencher sur le contrôle parlementaire de l'Exécutif permettra de mieux connaître les outils de cette surveillance parlementaire que les États du Bénin, du Mali et du Sénégal, dans leur quête de démocratie, ont mis en place dans leur système politique. L'objectif recherché sur le plan théorique est d'améliorer et de rendre plus transparente la gestion des affaires publiques en situant les dérives de la politique de la Nation définie soit par le Gouvernement, soit par le Chef de l'État. En effet, le contrôle parlementaire constitue une garantie et une arme efficace pour la sauvegarde de l'intérêt populaire à la disposition des élus pleinement protégés[72].

En pratique, le contrôle parlementaire de l'action gouvernementale dans les États du Bénin, du Mali et du Sénégal peut consolider la démocratie et renforcer l'État de droit. Nous tenterons d'analyser de manière approfondie l'effectivité et l'efficacité du contrôle parlementaire de l'action gouvernementale dans la mesure où il n'est pas rare d'observer que le pouvoir n'arrête pas le pouvoir[73], la séparation des pouvoirs solennellement consacrée dans la Constitution demeure

---

[70] HOLO (Th.), « Le Parlement : le cœur de la démocratie », *op. cit.*, p. 27.

[71] LE DIVELLEC (A.), *Le Gouvernement parlementaire en Allemagne*, Paris, LGDJ, 2004, 612 p.

[72] Sur cette protection, voir l'article 60 de la Constitution malienne du 25 février 1992.

[73] SOMA (A.), « Le Peuple comme contre-pouvoir en Afrique », *RDP*, n° 130, 2014, p. 1019.

purement théorique[74]. Certains parlements africains peinent encore à se voir conférés les pouvoirs juridiques de contrôle, tandis que d'autres parviennent à améliorer sans cesse les effets de leur action en la matière ; ce qui explique, bien entendu, les différences entre les Parlements en Afrique subsaharienne francophone.

Cette étude tente d'analyser, dans les États témoins retenus, quelques caractéristiques du contrôle parlementaire : ses outils, ses modalités et ses acteurs. Elle vise à recenser leurs ressemblances et dissonances, leur effectivité et leur effectivité et leur efficacité. Une telle analyse va nous permettre de vérifier si ces États présentent des caractéristiques communes du contrôle de l'action gouvernementale. Une analyse des textes révèle l'affirmation et, de fait, l'existence constitutionnelle et législative du contrôle parlementaire de l'action gouvernementale par les Parlements de ces États d'Afrique noire francophone. Aussi, une comparaison de ces textes et de la doctrine montre que les outils du contrôle sont quasiment inefficaces dans les États considérés. Quant à la mise en œuvre effective du droit, elle souffre de nombreuses difficultés non exclusivement juridiques.

Ce sujet est d'une actualité permanente, s'il s'avère que la consolidation de la démocratie est un combat continu que mènent les États concernés par notre analyse depuis leur accession à l'indépendance à nos jours. De ce point de vue, le contrôle parlementaire est un outil indispensable à cette quête permanente de consolidation des acquis démocratiques en Afrique noire francophone[75]. Il devient l'un des paramètres du jeu démocratique consigné dans la Constitution. Le contrôle parlementaire n'est pas seulement conçu comme un droit d'encadrement de l'activité gouvernementale par l'Assemblée nationale, ou comme un pouvoir de sanction de celle-ci, mais comme un travail de régulation et d'orientation[76]. En outre, les sciences sociales et juridiques continuent de s'intéresser aux Parlements, c'est aussi parce qu'il s'y passe toujours des choses en dépit de l'ancienneté de ces institutions et

---

[74] GUEYE (B.), « La démocratie en Afrique : succès et résistances », *op. cit.*, pp. 5-26 ; voir également SOMA (A.), « Réflexion sur le changement insurrectionnel au Burkina », *op. cit.*, p. 1614.

[75] SOMA KABORE (V.), « Le contrôle parlementaire du pouvoir exécutif en Afrique subsaharienne », *op. cit.*, p. 285.

[76] TURK (P.), *Le contrôle parlementaire en France*, *op. cit.*, p. 15.

de la routinisation des comportements [77]. En droit, l'analyse des différentes procédures de contrôle parlementaire de l'action gouvernementale constitue une solide tradition qui fut comme mise entre parenthèse entre les années 1950 et 1980.

L'intérêt de l'étude du contrôle parlementaire de l'action gouvernementale observable chez la doctrine tient à deux facteurs essentiels. L'un est lié à l'histoire constitutionnelle des États, témoin de la construction et de la déconstruction des Parlements, de l'ajustement de leur pratique pour se rapprocher ou se démarquer de tel ou tel autre modèle. Le second facteur est relatif à la survenance des crises des Parlements de plus ou moins grande envergure, qui amènent à se questionner sur l'utilité du contrôle parlementaire de l'action gouvernementale.

Les Parlements peuvent représenter un des éléments importants des systèmes politiques contemporains. Dans bien de pays, ils ne sont certes plus aussi déterminants qu'ils l'étaient au moment de la démocratisation des régimes mais ils restent des lieux centraux, offrant un aperçu condensé de l'état d'une démocratie ou de la santé d'une majorité[78]. De ce point de vue, l'étude du Parlement est, par exemple, indispensable à l'analyse d'un changement de régime constitutionnel[79]. Il existe, par conséquent, un enjeu démocratique. Travailler sur le Parlement, c'est poser un diagnostic, parfois implicite, sur les forces et faiblesses, passées ou actuelles, d'une démocratie afin d'en définir la problématique.

IV. La problématique du sujet

Le contrôle de l'Exécutif en Afrique noire francophone n'est pas une entreprise aisée, eu égard au passé des pouvoirs exécutifs qui n'accordent que très peu de place au partage du pouvoir[80]. Des études montrent que plus un pays est démocratique, plus grand est le nombre d'outils de

---

[77] ROZENBERG (O.), THIERS (E.), (dir.), « Du Parlement », *in Traité d'études parlementaires*, Bruxelles, Bruylant, 2018, p. 45.

[78] MOMO (C. F.), ERIC-ADOL GATSI (T.), « L'exécutif dualiste dans les régimes politiques des États d'Afrique noire francophone », *op. cit.*, p. 121..

[79] ROZENBERG (O.), THIERS (E.), (dir.), « Du Parlement », *op. cit.*, p. 44.

[80] THIAM (K.), *Le contrôle de l'Exécutif dans la création de l'État de droit en Afrique francophone*, Thèse de doctorat en Droit public, Université de Bordeaux, 2018, p. 30.

contrôle dont dispose le Parlement, et plus un État est démocratique, plus importantes sont les possibilités de contrôle[81] parlementaire et plus bas est son niveau de corruption. Malgré ces affirmations qui ressortent d'un nombre limité d'études, il faut se demander si la présence d'un grand nombre d'outils de contrôle parlementaire est suffisante pour garantir que les activités de contrôle soient menées efficacement. La réflexion est d'autant plus indispensable que la problématique de l'effectivité du contrôle parlementaire est dominée par les facteurs contextuels. Ces derniers sont essentiels pour déterminer les activités de contrôle sont effectuées efficacement, comment elles sont menées et dans quelle mesure.

Notre analyse portera sur la responsabilité politique du Gouvernement devant l'Assemblée nationale. Dans une telle configuration, il semble légitime de soulever la problématique centrale comme suit : Quels sont alors les mécanismes de contrôle parlementaire de l'action gouvernementale au Bénin, au Mali et au Sénégal ? Ces mécanismes, permettent-ils effectivement au Parlement politiquement soumis à l'Exécutif de surveiller efficacement l'action de ce dernier ? Le Parlement, exerce-t-il réellement un contrôle efficace sur un Exécutif dont le chef est susceptible d'être également celui du parti de la majorité de cette Assemblée parlementaire ?

Toute la problématique des rapports entre le Parlement et l'Exécutif s'inscrit, en effet, dans l'antinomie inhérente au contrôle parlementaire qui exige simultanément le respect des prérogatives de l'Exécutif et l'autorité du jugement porté sur son action.

V. La méthodologie

La méthodologie rappelle le cadre opératoire construit, les matériels humains, techniques et financiers, ainsi que les instruments d'analyse du sujet. Selon le dictionnaire de la langue française, la méthode est un

---

[81] Etymologiquement, le mot « *contrôle* » est constitué par la contraction de deux racines « *contre* » et « *rôle* ». Cette dernière racine issue de la langue allemande qui signifie dans son sens originel « r*ouleau* ». Elle a été par la suite introduite dans l'ancien droit français avec le sens de « *feuille* » ou « *ensemble* » sur lesquelles se lisaient ou des comptes ou des instructions, WOLF (P.), *Le contrôle et les moyens d'organisation dans l'économie contemporaine*, Thèse de doctorat, Paris, 1930, p. 8.

ensemble ordonné de manière logique de principes, de règles, d'étapes, qui constitue un moyen pour parvenir à un résultat[82].

Le Parlement est souvent qualifié de branche législative du pouvoir. Dans le modèle de séparation des pouvoirs tel que théorisé par John LOCKE, les pouvoirs législatif et exécutif doivent être indépendants. A ce titre, le Parlement doit prescrire les règles et donner mandat à l'Exécutif de les mettre en œuvre et de lui rendre compte. En effet, le Parlement en tant qu'institution représentant le peuple, est appelé à veiller à ce que l'application des politiques publiques reflète les besoins du Peuple et y réponde. Le Parlement est aussi interpellé à faire en sorte que les politiques arrêtées soient correctement exécutées pour les citoyens auxquels elles sont destinées. C'est le sens du contrôle parlementaire de l'action gouvernementale.

Mais le Parlement est un objet complexe[83] qui ne peut être cerné de manière satisfaisante à travers le prisme étroit d'une seule discipline, quelle qu'elle soit. Pour combler les déficits scientifiques, seule l'analyse comparative permet, dans un premier temps, de tester la validité empirique de nos hypothèses de recherche, puis, dans un second temps, de saisir la variation des indicateurs explicatifs d'un pays à l'autre et de l'expliquer. Certes, une approche monographique peut aussi le permettre. Cependant, son pouvoir d'explication et de généralisation est plus réduit dans la mesure où une telle analyse ne permet pas de séparer l'influence des facteurs explicatifs nationaux. Ainsi, si notre approche comparative n'a rien de nouveau, au regard de la multitude d'analyses comparatives présentée par Angela Maria TACEA[84], elle tentera d'étudier le rôle du Parlement malien dans le contrôle de l'action gouvernementale. L'intérêt de la démarche comparative n'est plus à démontrer, car la connaissance de ses vertus potentielles s'avère difficilement contestable tant celles-ci

---

82 DUBOIS (J.), *Dictionnaire usuel en langue française*, Paris, 2017, 1496 p.

83 GICQUEL (J.), GICQUEL (J.-E.), *Droit constitutionnel et institutions politiques, op. cit.*, p. 694.

84 TACEA (A. M.), *Des Gouvernements sous le regard de leur Parlement. La participation des Parlements français, italien et britannique à l'élaboration et au contrôle des politiques européennes de justice et de sécurité intérieure*, Paris, LGDJ, 2020, p. 72.

semblent évidentes : connaissance de l'autre, mise en perspective de soi et leçon de relativité[85].

Notre approche méthodologique est celle du Droit constitutionnel combinée avec celle de science politique ou du moins relève du domaine du Droit constitutionnel. Le Droit constitutionnel est la partie du droit public qui s'occupe de l'organisation et du fonctionnement des institutions politiques d'un pays et ayant pour source principale la Constitution. Il conditionne le fonctionnement du régime parlementaire c'est-à-dire la responsabilité du Gouvernement devant le Parlement. Cette responsabilité en Droit constitutionnel désigne très largement la perte du pouvoir. Il peut s'agir de la démission des Gouvernements quand ils perdent l'accord du Parlement sur leur politique ou programme ou encore d'une contrainte à la démission exercée par les députés sur le pouvoir exécutif ; ce qui suppose un retrait de la confiance par les membres du Parlement.

Le thème que nous avons choisi d'analyser pose un problème de droit constitutionnel.

Dans le souci d'appréhender le contrôle sous ses divers aspects ainsi que les obstacles inhérents à un tel contrôle, notre analyse se structurera autour de deux grands pôles. Nous présenterons dans un premier temps, les mécanismes du contrôle parlementaire (Première Partie) et, dans un second temps, les défis liés à l'effectivité du contrôle parlementaire de l'action gouvernementale (Deuxième Partie).

---

[85] SOMALI (K.), *Le Parlement dans le nouveau constitutionnalisme en Afrique ..., op. cit.*,p. 17.

PREMIÈRE PARTIE

LES MÉCANISMES DU CONTRÔLE PARLEMENTAIRE

INTRODUCTION

« *Gloire aux pays où l'on parle, honte aux pays où l'on se tait* »[86]. Malgré les apparences[87], cette profession de foi de l'homme d'État français surnommé « *Le Tigre* » traduit l'importance que revêt pour la démocratie le Parlement. La mission de contrôle de l'action gouvernementale est une des fonctions essentielles d'un Parlement[88]. L'institution parlementaire exerce le contrôle par des moyens variés : tantôt le Parlement s'informe sur l'action gouvernementale, tantôt il l'oriente et lui donne des autorisations d'agir, tantôt il tient entre ses mains l'existence même du Gouvernement. Dans les régimes démocratiques, le contrôle parlementaire peut aussi être institué pour permettre au Parlement d'exercer un suivi de la mise en œuvre des politiques publiques. A cet effet, le Parlement des États du Bénin, du Mali et du Sénégal peut interpeller le Gouvernement sur l'application de leurs politiques. Cette fonction de contrôle permet de consolider la démocratie

[86] Discours de CLEMENCEAU (G.), à la Chambre des députés, le 4 juin 1888.

[87] Plus que de la liberté de parole en général, le député visait la liberté de débattre au sein du Parlement. Il affirme encore que « *l'honneur de la République est dans la libre parole avec ses risques et ses inconvénients* ».

[88] Le terme « *Parlement* » a pu revêtir historiquement des sens multiples à propos desquels, il est possible de consulter : MONTEAGLE (B.), « Parlements, histoire », *Encylopoedia universalis*, *www.universalis.fr/encyclopedie/parlements-histoire/Le Grand Robert de la langue française*, version numérique, consulté le 02 février 2022.

en fournissant un espace public où les citoyens sont informés sur l'exercice de la gouvernance.

Abordant la question de la mission parlementaire, Michel AMELLER considérait que « *c'est à l'étendue de leurs moyens que se mesure aujourd'hui la force des assemblées parlementaires, il y a des belles espérances car les assemblées ont des nouvelles responsabilités, parmi lesquelles le contrôle de l'action du Gouvernement et l'évaluation des politiques publiques* »[89]. On s'aperçoit dès lors qu'en Afrique noire francophone, la mission de contrôle de l'action gouvernementale vise à amener le Gouvernement à rendre effectivement compte au Parlement[90]. Si le Parlement exprime la volonté générale lorsqu'il vote la loi ; et lorsque la mission principale du Gouvernement est de l'exécuter, il est logique que le Parlement dispose des moyens de contrôler l'action du Gouvernement[91]. Le contrôle parlementaire s'étend du simple droit à l'information sur l'action gouvernementale jusqu'à la mise en cause de la responsabilité politique collective.

Sous l'angle des mécanismes du contrôle parlementaire, des principes découlent pour assurer un contrôle effectif de l'action gouvernementale (Titre 1) et des limites à ces principes de contrôle (Titre 2).

---

[89] AMELLER (M.), *Les questions, instrument du contrôle parlementaire*, Paris, LGDJ, 1964, p. 9.

[90] Lire : *le Rapport sur le plan stratégique 2015-2025 pour le développement institutionnel de l'Assemblée nationale du Mali*, décembre 2014, p. 3.

[91] GELARD (P.), MEUNIER (J.), *Institutions politiques et droit constitutionnel*, Paris, Montchrestien, 2001, p. 309.

TITRE 1

LES PRINCIPES DU CONTRÔLE PARLEMENTAIRE

Dans les États d'Afrique subsaharienne francophone, le principe du contrôle de l'action gouvernementale par le Parlement est posé comme instrument de régulation sociale et politique[92]. Le Parlement a le pouvoir de superviser le Gouvernement à travers des moyens prévus par la Constitution, les textes règlementaires et les procédures internes du Parlement[93]. Comme bien d'autres principes, il devient l'un des indicateurs du jeu démocratique consigné dans les Constitutions respectives des États sous étude. Le contrôle parlementaire est, en outre, crucial pour endiguer tout excès de la part du Gouvernement. C'est à ce titre que le contrôle parlementaire a une fonction à caractère englobant[94].

---

92 AKINDES (F.), TOPANOU (V.), « Le contrôle parlementaire de l'action gouvernementale en République du Bénin : Une lecture sociologique », *in Démocratie, gouvernance et droits de l'homme Document du programme*, n° 18 Octobre 2005, pp. 1-48.

93 Voir ROSEN (M. W.), *Contrôle parlementaire de l'action gouvernementale épicentre de la démocratie représentative congolaise*, Paris, Edilivre, 2019, p. 4.

94 THIERS (E.), « Le contrôle parlementaire et ses limites juridiques : un pouvoir presque sans entraves », *in Pouvoirs*, n° 134, 2010, p. 74.

Par le contrôle, le Parlement peut montrer que, loin de toujours faire prévaloir des considérations d'ordre politique, il participe aussi au respect des strictes exigences de l'État de droit[95]. Il s'agit, en effet, d'une des deux grandes tâches du Parlement en Afrique noire francophone qui peut prendre elle-même deux formes : d'une part, le contrôle sanctionnateur qui, comme son nom l'indique, peut aboutir à la sanction du Gouvernement, c'est-à-dire à le renverser ; d'autre part, le contrôle non sanctionnateur, appelé encore contrôle d'information, qui ne peut pas aboutir au renversement du Gouvernement, mais qui vise à obtenir des explications sur sa politique[96]. Comme le soulignait Obou OURAGA, au-delà des pressions que le Parlement peut exercer sur le Gouvernement à travers la loi, notamment le vote de la loi de finances ou la saisine du juge constitutionnel en vue du contrôle de la constitutionnalité des lois, il dispose également d'autres moyens de contrôle tels que la procédure d'information et de contrôle ; la mise en jeu de la responsabilité des membres de l'Exécutif[97].

Il existe toute une série de techniques, d'informations et de contrôle qui n'entraîne pas le départ du Gouvernement : c'est le contrôle-information (Chapitre 1). En revanche, un Gouvernement qui n'aurait plus la confiance du Parlement doit démissionner : c'est le contrôle-sanction (Chapitre 2).

---

[95] BALLADUR (E.), *Une Vᵉ République plus démocratique*, Paris, Fayard, 2007, p. 114 ; voir également BERGOUGNOUS (G.), « L'initiative parlementaire entre affirmation d'une fonction tribunicienne et recherche de la sécurité juridique », *in Revue de droit constitutionnel appliqué*, n° 1, Janvier-Mars 2010, pp. 47-49.

[96] CONSTANTINESCO (V.), PIERRE-CAPS (S.), *Droit constitutionnel*, Paris, PUF, 2004, p. 448.

[97] OURAGA (O.), *Droit constitutionnel et science politique*, Abidjan, ABC, 2007, p. 245.

CHAPITRE 1

LE CONTRÔLE PARLEMENTAIRE, UN CONTRÔLE-INFORMATION

Le contrôle-information est le contrôle parlementaire normal du Parlement[98]. En théorie constitutionnelle, ce contrôle devrait revêtir d'autant plus d'importance en situation de parlementarisme majoritaire si, du moins, l'on se réfère à l'exemple du Royaume-Uni, qui est le lieu par excellence où le Gouvernement annonce sa politique et s'en explique[99]. Les différents niveaux de contrôle accroissent la place du Parlement dans les institutions et dans la vie démocratique, et permet à celui-ci d'assurer un encadrement strict de l'action gouvernementale. Dans les États du Bénin, du Mali et du Sénégal, une lecture combinée des dispositions constitutionnelles révèle que le contrôle non sanctionnateur est exercé par une chambre unique du Parlement[100].

Nous aborderons, dans une première partie, la procédure d'information et de contrôle du Parlement (Section 1), et, dans une seconde partie, le domaine du contrôle (Section 2).

---

[98] CONSTANTINESCO (V.), PIERRE-CAPS (S.), *Droit constitutionnel*, Paris, PUF, 2004, p. 448 ; voir aussi GELARD (P.), MEUNIER (J.), *Institutions politiques et droit constitutionnel*, Paris, Montchrestien, 2001, p. 303.

[99] CONSTANTINESCO (V.), PIERRE-CAPS (S.), *Ibid.*, p. 448.

[100] Article 55 de la Constitution du Sénégal.

Section 1

La procédure d'information et de contrôle du Parlement

Le contrôle du Gouvernement forme, avec l'exercice du pouvoir législatif, une des deux fonctions essentielles du Parlement en Afrique noire francophone [101]. Autrefois axé sur l'activité gouvernementale proprement dite, le contrôle tend à prendre plus de champ, pour notamment s'intéresser à l'efficacité des politiques publiques [102] dans leur ensemble[103]. Les moyens d'exercice du contrôle parlementaire sont de plusieurs ordres. Il y a les questions écrites, celles orales et les questions d'actualité[104].

En la matière, ces moyens d'information qualifiés d'origine constitutionnelle sont relatifs aux questions des parlementaires (Paragraphe 1) et aux commissions d'enquête (Paragraphe 2).

Paragraphe 1

Les questions parlementaires

Les questions parlementaires sont définies comme l'acte par lequel un membre d'une Assemblée demande à un ministre des explications sur un point déterminé de sa politique[105]. Procédé traditionnel d'information des parlementaires, les questions des parlementaires s'analysent en des

---

[101] OURAGA (O.), *Droit constitutionnel et science politique*, Abidjan, ABC, 2010, p. 245.

[102] BOUSSAGUET (L.), et *al. Dictionnaire des politiques publiques*, Presses de Science Po, 2010, p. 420.

[103] BACHSCHMIDT (P.), « La diversification des méthodes du contrôle parlementaire », *in Revue de Droit constitutionnel appliqué*, n° 3, 2014, p. 320.

[104] KAKESA MALUNDANGOU (R.), « Le contrôle parlementaire comme vecteur de bonne gouvernance des finances publiques, outil de lutte contre l'impunité et d'adhésion populaire du citoyen à l'impôt en République Démocratique du Congo », *in International Journal of Innovation and Applied Studies*, Juillet 2017, n° 4, pp. 1210-1220.

[105] AMELLER (M.), *Les questions, instrument du contrôle parlementaire*, *op. cit.*, p. 9.

initiatives que prennent les députés de demander au Gouvernement, des informations ou des explications.

Les questions parlementaires, qu'elles soient écrites (A) ou orales (B), les réponses y afférentes ne donnent pas lieu à un vote.

A. Les questions écrites

Le droit d'interroger le Gouvernement est une prérogative parlementaire traditionnelle[106]. Prévue par les Règlements intérieurs des Assemblées nationales des États africains, la procédure des questions écrites constitue une prérogative individuelle des députés. Il est important de rappeler qu'il est question d'une technique inventée sous la IIIe République française et reprise sous la IVe République[107]. On notera qu'elles sont introduites en Afrique avec les premières Constitutions nées des indépendances qui elles-mêmes tirent leur source de la Constitution française de 1958[108].

Deux types de questions écrites peuvent être distingués : les questions écrites avec débat (1) et les questions écrites sans débat (2).

1. Les questions écrites avec débat

L'information est une condition essentielle au contrôle du Parlement sur le pouvoir exécutif, car aucun contrôle efficace ne peut s'exercer si les parlementaires ignorent les projets et les intentions du Gouvernement[109].

---

[106] AVRIL (P.), GICQUEL (J.), GICQUEL (J. E.), *Droit parlementaire*, Paris, LGDJ, 5e éd., 2014, p. 346.

[107] DUVERGER (M.), « La République parlementaire : stabilité », *in Les Constitutions de la France*, Paris, PUF, Que sais-je ?, 2004, pp. 73-97.

[108] En France, certains auteurs estiment que la technique des questions est introduite à la suite de l'adoption d'une résolution du 30 juin 1909 déposée au nom de la commission des règlements par Monsieur DE PRESSENSE lors de la séance du 17 mai 1909. Voir ARNAUD (M.), *Les présidents de l'Assemblée nationale sous la Cinquième République*, *op. cit.*, p. 251. Mais, en réalité, il faut remonter au projet de résolution du 23 juin 1898 de Monsieur GRAUX pour trouver l'acte fondateur de la procédure des questions écrites.

SOMALI (K.), *Le Parlement dans le nouveau constitutionnalisme en Afrique ...*, *op. cit.*, note n° 1, p. 170.

[109] HOLO (Th.), « Le Parlement : le cœur de la démocratie », *in Actes du colloque international,* Bénin, 23 au 26 septembre 2019, pp. 27-56.

Les questions écrites doivent être sommairement rédigées et se limiter aux éléments strictement indispensables à la compréhension de la question. Elles ne doivent contenir aucune imputation d'ordre personnel à l'égard de tiers nommément désignés. En outre, le principe de séparation des pouvoirs et d'irresponsabilité du chef de l'État interdit à l'auteur d'une question écrite de mettre en cause les actes du Président de la République. La procédure des questions permet au Parlement d'interroger le Gouvernement[110] ou les ministres sur des problèmes techniques ou particuliers ou sur des questions de politique générale et de ne pas être dépendant de leur bonne volonté en matière d'information[111].

Au Bénin, tout député qui désire poser une question écrite à un ministre en remet le texte au Président de l'Assemblée nationale qui le transmet au Président de la République, dans les huit jours. Les questions doivent être sommairement rédigées et ne contenir aucune imputation d'ordre personnel ou à l'égard de tiers nommément désignés[112]. Elles ne peuvent être posées que par un seul député à un seul ministre.

La procédure des questions écrites et orales ne s'applique, en principe, qu'aux questions dont les auteurs estiment qu'elles présentent un intérêt général justifiant a publicité que comporte ladite procédure[113]. Les questions sont inscrites sur les rôles spéciaux au fur et à mesure de leur dépôt. Toute question écrite peut être transformée, à tout moment, à la demande de son auteur en question orale[114].

Au Sénégal, en application de l'article 95 du Règlement intérieur de l'Assemblée nationale, les questions écrites sont notifiées au Président de la République ou au Gouvernement, publiées au Journal officiel des débats et affichées. Les réponses des ministres doivent être publiées dans le mois suivant la publication des questions. Ce délai ne comporte aucune interruption. Faute par le ministre concerné d'avoir répondu dans les délais prévus ci-dessus, la question écrite est transformée automatiquement en question orale. Les questions écrites permettent aux

---

[110] Voir CHANTEBOUT (B.), *Droit constitutionnel*, Paris, Sirey, 2014, p. 567.

[111] ARDANT (Ph.), MATHIEU (B.), *Institutions politiques et droit constitutionnel*, *op. cit.*, p. 464.

[112] Article 111 du Règlement intérieur de l'Assemblée nationale du Bénin.

[113] *Ibid.*

[114] *Ibid.*

parlementaires des États concernés par notre étude *« d'interroger individuellement le Gouvernement dans l'objectif de clarifier ou de discuter en vue d'obtenir des renseignements détaillés, longs ou techniques concernant sur des aspects ponctuels de sa politique »*[115]. Il est important de préciser que, bien qu'elles ne soient pas suivies de sanction, même si une question peut déboucher sur une interpellation en cas de réponse non satisfaisante, les questions constituent un moyen important d'interpellation du Gouvernement.

Au Mali, aux termes de l'article 127 de la Constitution du 22 juillet 2023, « *...Les membres du Parlement peuvent poser des questions écrites aux ministres qui sont tenus d'y répondre dans les quinze jours suivant la date de leur réception. Les questions et les réponses sont publiées au Journal officiel...* ». La finalité des questions est d'exercer une action constante et permanente de pression et de surveillance dans l'exercice de la fonction politique. L'Assemblée nationale peut poser régulièrement des questions écrites au Gouvernement pour lui demander, par exemple, des comptes[116]. Et celui-ci est, toutefois, tenu d'apporter des réponses[117]. Ces réponses peuvent être à la disposition non seulement de l'auteur de la question, mais aussi, et surtout, de tous les parlementaires ; le cas le plus évident est celui des questions orales nécessitant une réponse orale. Comme l'écrit, René DOSIERE, les questions écrites, d'une manière générale, contribuent davantage à l'information du public qu'au contrôle de l'action gouvernementale. Elles sont fréquemment utilisées pour obtenir une interprétation d'une loi ou d'un texte réglementaire, ce qui conduit à s'interroger sur l'autorité juridique des réponses apportées[118].

---

[115] NGUESSAN (K.), *Les moyens parlementaires de contrôle de l'action gouvernementale dont les moyens d'interpellation dans l'espace francophone*, *op. cit.*, p. 8.

[116] LOADA (A. M. G.), « Le contrôle de l'action gouvernementale », *in Communication donnée devant l'Assemblée nationale du Burkina Faso,* 10 septembre 2002.

[117] *« Certes, la question ne doit pas se transformer en une interpellation, mais elle ne saurait être totalement négligée. Si l'on veut tirer de ce procédé le meilleur parti possible en instaurant un dialogue fécond entre le Gouvernement et le Parlement, il faut accorder aux auteurs des questions la faculté de répliquer et de demander des explications supplémentaires si les réponses apportées par les ministres leur paraissent insuffisantes ».* SOMALI (K.), *Le Parlement dans le nouveau constitutionnalisme en Afrique ...*, *op. cit.*, p. 341.

[118] DOSIERE (R.), « Le contrôle ordinaire », *in Pouvoirs*, n° 134, 2010, pp. 37-46.

Que ce soit au Bénin, au Mali ou au Sénégal, les questions restent un moyen d'information limité. Les ministres donnent rarement une information complète sur les problèmes soulevés par les députés dans leurs questions. C'est pour cela qu'une information satisfaisante des députés nécessite un contrôle parlementaire plus exceptionnel.

En plus des questions écrites avec débat, il y a aussi des questions écrites sans débat.

2. Les questions écrites sans débat

Prévues par les Règlements intérieurs[119] des Assemblées nationales des pays étudiés, les questions écrites sont loin de connaître la même publicité que les questions orales. On sait, en effet, que ces dernières sont télévisées. Une analyse de la presse quotidienne nous démontre que celle-ci ne fait pas souvent écho dans ses colonnes aux questions écrites[120]. Les questions écrites sont l'un des mécanismes d'information, d'évaluation et de contrôle dont disposent les députés à l'égard du Gouvernement. C'est, d'ailleurs, à ce titre qu'elles sont prévues par le Règlement intérieur de l'Assemblée nationale du Sénégal qui dispose d'emblée que « *les députés peuvent poser des questions écrites aux membres du Gouvernement qui sont tenus d'y répondre* »[121]. Le dépôt des questions écrites peut se faire par voie dématérialisée, permettant leur mise en ligne hebdomadaire sur le site de l'Assemblée nationale. Enfin, questions et réponses sont l'objet d'une publication au journal officiel. Toutefois, en pratique, il souffre d'un dysfonctionnement : le non-respect des délais de réponse par les ministres et, dans certains cas, l'absence pure et simple de réponse à la question.

Au Sénégal, le Règlement intérieur de l'Assemblée nationale interprète substantiellement les missions constitutionnelles du Parlement, telles que définies par la Constitution de 2001. En faisant une analyse du nouveau Règlement intérieur, on se rend compte que le travail au sein de l'Assemblée a été amélioré. Les questions écrites et orales interviennent désormais un jour par semaine pendant la première session et un jour par

---

[119] Article 111 du Règlement intérieur de l'Assemblée nationale du Bénin.

[120] CHAMPAGNE, (M.), « Les questions écrites dans le processus parlementaire », *in Politique*, n° 1, 1982, p. 151.

[121] Article 92 du Règlement intérieur de l'Assemblée nationale du Sénégal.

mois pendant la session budgétaire[122]. Quant aux questions écrites, elles seront retransmises en direct à la radio. Comme on le voit, les missions de contrôle de l'action gouvernementale se trouvent, ainsi, considérablement renforcées. Selon Michel AMELLER, les questions écrites, par nature, ne diffèrent pas des demandes de renseignements adressées directement par un parlementaire à un ministre. Avec les réponses qui leur sont faites, elles pourraient s'analyser en un simple échange de correspondance bénéficiant d'une publicité particulièrement étendue[123]. Cette publicité présente le double avantage de faire savoir aux électeurs que leurs préoccupations ne sont pas méconnues et d'obliger l'administration à prendre ouvertement position.

Les questions écrites sont inscrites sur des rôles spéciaux au fur et à mesure de leur dépôt. Toute question écrite peut être transformée en question orale.

B. Les questions orales

Les questions orales sont soumises aux mêmes conditions de présentation et de recevabilité que les questions écrites. Elles doivent être présentées suivant un délai avant la séance prévue. Une question parlementaire est par définition une demande d'information. Les questions sont inscrites sur un rôle spécial au fur et à mesure de leur dépôt[124]. Le droit d'interroger le Gouvernement en séance a été consacré par les Constitutions des États de l'Afrique noire francophone[125] et particulièrement ceux faisant l'objet de la présente analyse.

Les questions peuvent être posées sous la forme de questions orales avec débat (1) ou de questions orales sans débat (2), conformément aux dispositions de l'article 113 de la Constitution béninoise du 11 décembre 1990.

1. Les questions orales avec débat

Dans les États de l'Afrique noire francophone, les questions orales ont une assise juridique. Elles sont prévues par les articles 106 et suivants du

---

[122] Journal officiel de la République du Sénégal, n° 6053 du 29 juin 2002.

[123] AMELLER (M.), *Les questions, instrument du contrôle parlementaire, op. cit.*, p. 9.

[124] Article 89 du Règlement Intérieur de l'Assemblée nationale du Mali.

[125] Article 84 de la Constitution du Bénin du 11 décembre 1990.

Règlement intérieur de l'Assemblée nationale béninoise, 89 du Règlement intérieur de l'Assemblée nationale malienne et 92 du Règlement intérieur de l'Assemblée nationale sénégalaise. Plus ponctuellement, des questions orales avec débat peuvent être programmées par la Conférence des présidents, dont les conditions de recevabilité sont les mêmes que pour les questions sans débat. Conformément à ces textes, les questions orales sont posées par les députés au Gouvernement soit sur la politique générale qui est menée dans le pays, soit sur les dossiers ou affaires relevant d'un département ministériel donné[126]. Les questions orales, contrairement à leur nom, sont posées par écrit au Gouvernement qui y répond oralement[127].

La question orale avec débat est appelée par le Président de l'Assemblée nationale qui peut fixer le temps de parole imparti à son auteur. Le ministre compétent y répond ou peut différer cette réponse en annonçant pour l'un des deux jours suivants de séance plénière une communication du Gouvernement avec débat sur le même sujet. Cette annonce interrompt le débat sur la question orale[128]. La communication du Gouvernement est inscrite d'office en tête de l'ordre du jour de la séance choisie par le Gouvernement. Après la réponse du ministre, le Président donne la parole aux orateurs inscrits. L'auteur de la question a la priorité d'intervention. Après l'audition du dernier orateur, le Président passe à la suite de l'ordre du jour.

Si les questions orales avec débat semblent tomber en désuétude devant les Parlements africains, elles continuent à être pratiquées au niveau de certaines chambres. La question orale qui emporte débat se présente comme un « *avatar de l'interpellation mais dépourvue de vote en permettant à plusieurs orateurs d'intervenir dans le débat. Elle se présente comme une procédure lourde, par conséquent grande consommatrice de temps. La difficulté majeure étant de trouver une formule qui permette d'instaurer un véritable dialogue au lieu d'une*

---

[126] SOMALI (K.), *Le Parlement dans le nouveau constitutionnalisme en Afrique ..., op. cit.*, 171.

[127] SOMA/KABORE (V.), « Le contrôle parlementaire du pouvoir exécutif en Afrique subsaharienne », *op. cit.*, p. 302.

[128] Article 108, al. 1 et 2 du Règlement intérieur de l'Assemblée nationale du Bénin.

juxtaposition de monologues qui sont la plaie des assemblées parlementaires »[129].

Il est intéressant de signaler, comme on le constate, la procédure des questions orales consomme beaucoup plus de temps[130]. Dans nombre de Parlements de l'Afrique noire francophone, la séance des questions est l'événement médiatique marquant de l'ordre du jour parlementaire ; celle-ci est retransmise dans son ensemble ou en partie. Les questions des parlementaires constituent l'outil de contrôle le plus répandu. Les questions visent à clarifier ou à discuter les politiques du Gouvernement, et peuvent déboucher sur une interpellation si la réponse n'est pas satisfaisante. Pour exercer un contrôle approprié sur l'Exécutif, les membres du Parlement doivent disposer des informations nécessaires sur les politiques de l'Exécutif et de ses ministères.

L'analyse des questions orales avec débat est complétée par celle des questions orales sans débat.

2. Les questions orales sans débat

Bien que prévues par les Règlements intérieurs des Assemblées nationales des trois pays, les questions orales sans débat mettent en jeu deux personnes, l'orateur de la question et le ministre compétent. En effet, la question orale sans débat est exposée souverainement par son auteur[131]. Le ministre compétent y répond. Les questions orales sans débat permettent un dialogue entre le parlementaire et le ministre dont il souhaite obtenir des informations relevant de son administration[132]. Mais les questions d'ordre personnel ou particulier doivent être traitées par correspondance ou contact direct entre les députés et les ministres intéressés[133].

Au Mali, la question du contrôle par voie orale est indiquée à l'article 127 de la Constitution du 22 juillet 2023 qui précise : « ... *Les membres du Parlement peuvent poser aux ministres des questions orales et des*

---

129 ADELOUI (A. J.), « Le Parlement dans le régime politique béninois », *op. cit.*, p. 15.

130 CHAMPAGNE (M.), « Les questions écrites dans le processus parlementaire », *in Revue Politique*, n° 2, 1982, p. 143-152, *www.erudit.org*, consulté le 24 février 2021.

131 Article 109 du Règlement intérieur de l'Assemblée nationale du Bénin.

132 SALAMI (I.D.), GANDONOU (D. O. M.), *Droit constitutionnel et institutions du Bénin*, Cotonou, CEDAT, 2014, p. 330.

133 Article 111 du Règlement intérieur de l'Assemblée nationale du Bénin.

questions d'actualité selon les modalités déterminées par le Règlement intérieur de chaque chambre ». Lorsqu'un parlementaire veut poser une question orale à un membre du Gouvernement, en application de l'article 89 du Règlement intérieur, il la remet par écrit au Président de l'Assemblée nationale qui la communique, à son tour, au ministre concerné. Inscrite prioritairement au cours de la première séance de chaque plénière, la question orale est discutée dans un débat qui ne peut pas durer plus de 90 minutes selon la répartition du temps de parole effectuée par la Conférence des Présidents entre le ministre et l'auteur de la question. Si le ministre auquel la question a été posée s'absente trois fois de suite aux séances plénières, l'auteur de la question orale peut la transformer immédiatement, au cours de la troisième séance, en interpellation du Gouvernement[134].

Au Bénin, la question orale avec débat[135] est appelée par le Président qui peut fixer le temps de parole imparti à son auteur. Le ministre compétent y répond. Il peut différer cette réponse en annonçant pour l'un des deux jours suivants de séance plénière une communication du Gouvernement avec débat sur le même sujet. Cette annonce interrompt le débat sur la question orale. La communication du Gouvernement est inscrite d'office en tête de l'ordre du jour de la séance choisie par le gouvernement. Après la réponse du ministre, le Président donne la parole aux orateurs inscrits. L'auteur de la question a priorité d'intervention. Après l'audition du dernier orateur, le Président passe à la suite de l'ordre du jour. Le parlementaire peut répliquer pour deux minutes. Ainsi, les parlementaires contrôlent eux-mêmes à titre personnel par les questions qu'ils peuvent poser. Ces questions sont diverses : questions écrites, questions orales avec ou sans débat, les interpellations du Gouvernement qui résultent non de la Constitution, mais d'un Règlement intérieur[136]. Les questions orales déposées depuis plus de six mois sans être inscrites à l'ordre du jour sont déclarées caduques à l'ouverture de la session ordinaire suivante.

La possibilité de remplacement est systématiquement proposée en cas d'empêchement afin d'éviter, dans toute la mesure du possible, le retrait

---

[134] MOULAYE (Z.), KEITA (A.), *L'Assemblée nationale du Mali sous la 5ème Législature*, *op. cit.*, p. 113.

[135] Article 113 de la Constitution béninoise du 11 décembre 1990.

[136] PEZ (T.), « Le contrôle parlementaire de l'Administration : les éléments du contrôle », *in Le contrôle parlementaire de l'Administration*, Paris, Dalloz, 2010, p. 39.

de la question de l'ordre du jour ; ce qui non seulement désorganise la séance du jour, mais également les suivantes. En effet, une question retirée de l'ordre du jour dans un délai trop court avant la séance plénière ne peut être remplacée par une autre question orale et, de ce fait, des créneaux disponibles sont perdus.

Au Sénégal, sous réserve des dispositions relatives aux questions d'actualité, l'inscription des questions orales à l'ordre du jour de la séance qui leur est réservée est décidée par la Conférence des Présidents[137]. Les questions orales provenant de la transformation des questions écrites bénéficient d'une priorité d'inscription [138]. Les questions orales déposées depuis plus de six mois sans être inscrites à l'ordre du jour sont déclarées caduques à l'ouverture de la session ordinaire suivante. Mais à l'instar des questions écrites, il est possible de poser à nouveau une question orale qui est frappée de caducité. Les questions ne sont pas des moyens du contrôle parlementaire non sanctionnateur, la vie parlementaire en Afrique noire francophone en offre d'autres, qui s'expriment principalement par les commissions parlementaires.

Le contrôle parlementaire de l'action gouvernementale, opéré au travers des questions, est un principe dorénavant stabilisé dans les textes constitutionnels africains[139]. Pour exercer une surveillance des activités gouvernementales par le truchement des questions orales, les Parlements concourent au procédé des séances spécialisées[140]. Les séances plénières représentent, à la lumière du droit comparé, le droit commun du contrôle politique dès lors que toutes les Assemblées parlementaires instituées au sein des États sont intégrées dans notre champ de réflexion.

L'article 92, dernier alinéa dispose que *« pendant la session ordinaire unique : un jour, au moins, par quinzaine déterminée à l'avance est réservé aux questions orales ; un jour, au moins, par semaine est réservé*

---

[137] DIAKHATE (M.), *Les lois au Sénégal*, Dakar, volume 1. *La procédure législative*, Dakar, CREDILA, 2020, p. 188.

[138] Article 93 du Règlement intérieur de l'Assemblée nationale du Sénégal.

[139] Lire en ce sens, DU BOIS DE GAUDUSSIN (J.), CONAC (G.), DESOUCHES (Ch.), *Les constitutions africaines publiées en langue française*, Tome 2, Bruxelles, Bruylant, 1998, 458 p.

[140] EMMANUEL ADOUKI (D. E.), MOUSSOUNDA MOUTOUNOU (S.), « A quoi servent les questions orales au Gouvernement ? », *in Annales de l'Université Marien N'Gouabi*, Vol. 19, n° 1, 2019, p. 11.

aux questions d'actualité ; un jour, au moins, par mois est réservé aux questions d'actualité au Gouvernement ». Cet agenda n'a jamais été suivi à la lettre. En prenant comme période de référence la première session unique de la XIVe en cours au Sénégal (mi-octobre 2022 au 30 juin 2023), on compte seulement une séance de questions orales et une autre de questions d'actualité. La cause est-elle liée à la réticence parlementaire ou à la frilosité parlementaire ? Dans tous les cas, cet exemple est suffisamment révélateur des difficultés rencontrées dans la mobilisation des mécanismes de contrôle quotidien de l'action gouvernementale.

En plus des questions écrites et orales, les Parlements africains mettent en place des commissions en vue de s'informer sur les activités gouvernementales.

Paragraphe 2

Le contrôle par les commissions parlementaires

Il importe de dire ici que les commissions parlementaires peuvent être classées en deux catégories : les commissions parlementaires générales (A) et les commissions parlementaires spéciales (B).

A. Les commissions générales

Une commission générale est un organe purement technique créé au sein de l'institution pour l'étude des affaires dont elle est saisie. On peut également l'appeler commission de législation parce qu'elle a pour rôle essentiel l'étude des projets ou propositions de loi. La notion de contrôle est au cœur même du fonctionnement de l'État[141]. Ce contrôle effectué par les commissions permanentes a un impact réel sur l'état du droit.

Il est donc loisible d'analyser successivement les conditions de création des commissions parlementaires (1) et leurs attributions (2).

---

[141] VALLET (E.), « Les commissions d'enquête parlementaires sous la Cinquième République », *op. cit.*, pp. 249-250.

1. Les conditions de création des commissions générales

Dans les trois pays d'Afrique noire, qui font objet de notre étude, les Assemblées parlementaires *« sont habilitées à créer des commissions d'enquête et de contrôle chargées de recueillir des éléments d'information sur les faits déterminés »*[142]. Au Bénin, le Parlement exerce un contrôle sur l'Exécutif par le moyen d'auditions devant les commissions[143]. Chaque année, après l'élection du bureau définitif, l'Assemblée nationale constitue onze commissions générales de douze membres au Mali[144], cinq au Bénin[145] et onze membres au Sénégal[146] constituées au prorata et à la taille des groupes politiques.

L'article 128 de la Constitution de 2023 donne une précision particulière pour ce qui est du Mali à propos de la création des commissions. Le Parlement devenant désormais bicaméral, « *Chaque membre du Parlement peut désigner en son sein des commissions d'enquête dont les pouvoirs et les modalités d'organisation et de fonctionnement sont fixés par son Règlement intérieur. Toutefois, il ne peut être créé de commissions d'enquête lorsque les faits ont donné lieu à des poursuites judiciaires et aussi longtemps que ces poursuites sont en cours. Si une commission a déjà été créée, sa mission prend fin dès l'ouverture d'une information judiciaire relative aux faits qui ont motivé sa création* ». Ces commissions sont généralement appelées commissions générales.

Pour recueillir des informations, les commissions procèdent à l'audition des membres du gouvernement, y compris le Premier Ministre dans le cas du Mali. En revanche, au Bénin et au Sénégal[147], vu la nature

---

[142] SOMALI (K.), *Le Parlement dans le nouveau constitutionnalisme en Afrique ..., op. cit.*, p. 342.

[143] Article 114 du Règlement intérieur de l'Assemblée nationale du Bénin.

[144] Article 28 du Règlement intérieur de l'Assemblée nationale du Mali.

[145] Article du Règlement intérieur de l'Assemblée nationale du Bénin.

[146] Article 24 du Règlement intérieur de l'Assemblée nationale du Sénégal.

[147] Au Sénégal, à la suite de la Loi constitutionnelle n° 2019-10 du 04 mai 2019 portant révision de la Constitution de 2001 (adoptée largement par l'Assemblée nationale avec 124 voix « pour », 7 « contre » et 7 « abstentions »), le Président Macky SALL a supprimé le poste de Premier Ministre au Sénégal et par décret n° 2019-904 du 14 mai 2019 portant promulgation de ladite loi. Le poste de Premier Ministre est restauré de nouveau par la loi n° 2021-41 du 20 décembre 2021 portant révision de la Constitution.

du régime politique mis en œuvre dans ces pays, il n'y a pas de Premier Ministre. Les commissions permanentes sont créées au sein de chaque Assemblée nationale. En dehors de leur rôle dans la préparation des textes législatifs, elles interviennent pour contrôler l'activité du Gouvernement en fournissant au Parlement les informations nécessaires sur les activités gouvernementales dont la gestion est sujette à caution[148].

Les commissions spéciales d'enquête peuvent être éventuellement créées au sein de l'Assemblée nationale [149]. Toutefois, au Bénin, l'Assemblée nationale peut en créer autant qu'elle le juge nécessaire, soit pour contrôler l'action du Gouvernement, soit pour contrôler celle du Président de l'Assemblée lui-même. L'article 29 du Règlement intérieur de l'Assemblée nationale du Bénin dispose que chaque commission doit comporter au moins treize députés, tandis que l'article 31 du même Règlement intérieur précise que c'est à chaque groupe parlementaire que revient la charge de présenter au bureau la liste de ses candidats aux différentes commissions. Chaque groupe parlementaire doit veiller à ce que cette liste soit proportionnelle à la représentation des groupes politiques au sein de l'Assemblée. Par ailleurs, pour les députés non-inscrits, ils doivent présenter eux-mêmes et directement au Bureau leur candidature à la commission de leur choix[150].

Considérées comme un instrument indispensable du contrôle parlementaire [151], les commissions d'enquête parlementaire sont des organes du travail parlementaire qui ont un objet essentiellement technique[152].

Historiquement, la pratique parlementaire africaine a toujours attaché une très grande importance aux commissions permanentes [153]. Elles

---

[148] SOMA/KABORE (V.), « Le contrôle parlementaire du pouvoir exécutif en Afrique subsaharienne », *op. cit.*, p. 303.

[149] Article 88 du Règlement intérieur de l'Assemblée nationale du Mali.

[150] AKINDES (F.), TOPANOU (V.), *Le contrôle parlementaire de l'action gouvernementale en République du Bénin : une lecture sociologique*, Cotonou, Démocratie, gouvernance et droits de l'homme, Document du programme, n° 18, Octobre 2005, p. 12.

[151] DESANDRE (J.), « Les commissions d'enquête ou de contrôle : secret ou publicité des travaux ? », *in Pouvoirs*, n° 34, 1985, p. 51.

[152] AVRIL (P.) GICQUEL (J.), GICQUEL (J. E.), *Droit parlementaire*, *op. cit.*, p. 123.

[153] DE VILLIERS (M.), LE DIVELLEC (A.), *Dictionnaire du droit constitutionnel*, *op. cit.*, pp. 54 et s.

peuvent procéder à des auditions de membres du Gouvernement ou de personnalités [154]. Elisabeth VALLET explique, fort justement, ce mécanisme en ces termes : « *les commissions d'enquête parlementaire sont formées pour recueillir des éléments d'informations soit sur des faits déterminés, soit sur la gestion des services publics ou des entreprises nationales en vue de soumettre leurs conclusions à l'Assemblée qui les a créées* » [155]. Ainsi que le relève Alain DELCAMP, la commission d'enquête, organe emblématique et symbolique, ne représente plus l'arme ultime dont pouvaient rêver les parlementaires. Il est parfois tout aussi facile, sauf circonstance exceptionnelle, d'obtenir les renseignements demandés ou de dénoncer des abus par des voies moins solennelles, telles que les protéiformes missions d'information[156]. En réalité, les commissions d'enquête parlementaires n'ont, en Afrique noire francophone, pas d'autre rôle que celui de rassembler suffisamment d'informations pour analyser objectivement les faits et apprécier leurs causes afin, éventuellement, d'être en mesure de proposer les solutions permettant d'en éviter le renouvellement.

Au total, les dispositions du Règlement intérieur de l'Assemblée nationale du Mali relatives aux attributions des commissions parlementaires prohibent expressément la création d'une commission d'enquête lorsque les faits ont donné lieu à des poursuites judiciaires et aussi longtemps que ces poursuites sont en cours. C'est pourquoi le dernier alinéa de l'article 88 dudit Règlement précise : « *Il ne peut être créé de commissions (...) d'enquête quand les faits ont donné lieu à des poursuites judiciaires aussi longtemps que ces poursuites sont en cours. Si une commission a déjà été créée, sa mission prend fin dès l'ouverture d'une information judiciaire relative aux faits qui ont motivé sa création* » [157]. Mais, il faut relever que les commissions d'enquête constituent le stade ultime du contrôle parlementaire ; c'est pourquoi

---

[154] GELARD (P.) MEUNIER (J.), *Institutions Politiques et Droit Constitutionnel*, Paris, Montchrestien, 1999, p. 205.

[155] VALLET (E.), « Les commissions d'enquête parlementaires sous la cinquième République », *in RFDC*, n° 54, Avril-Juin 2003, p. 250.

[156] DELCAMP (A.), « La perception du contrôle parlementaire ..., *op. cit.*,pp. 109-122.

[157] Article 88 du Règlement intérieur de l'Assemblée nationale du Mali.

elles sont enserrées dans des règles formellement strictes. Pour autant, ces restrictions demeurent l'exception[158].

Au-delà des conditions de création des différentes commissions, il convient de s'intéresser aussi aux domaines de compétences desdites commissions.

2. Les compétence des commissions générales

Le Parlement contrôle l'action du gouvernement par l'intermédiaire des commissions permanentes qui auditionnent les membres de l'Exécutif, et qui peuvent mettre en place des missions d'information sur des sujets précis. Le droit d'enquête des Assemblées permet un contrôle politique du gouvernement et, plus largement, leur permet de s'informer sur toute matière qui les intéresse. Les commissions peuvent procéder a des auditions et peuvent aussi confier à un ou plusieurs de ses membres une mission d'information temporaire portant notamment sur les conditions d'application d'une législation. Plus spécifiquement, ce rôle est dévolu aux commissions permanentes qui peuvent créer des missions d'information confiées a un ou plusieurs de leurs membres[159].

Le Gouvernement répond aux remarques, observations ou critiques des parlementaires et prend position sur les propositions. C'est ainsi qu'au Mali, sur l'initiative du Président de l'Assemblée nationale ou de l'une de ses commissions, l'Assemblée nationale peut charger un ou plusieurs de ses membres d'une mission de renseignement[160]. A titre illustratif, le 1er juillet 2014, une commission *ad hoc* mise en place par l'Assemblée nationale chargée d'examiner la possibilité d'une mise en accusation de l'ancien Président de la République du Mali, Amadou Toumani TOURE (ATT), pour haute trahison. En l'espèce, il lui était reproché d'avoir occasionné la débâcle de l'Armée lors de la rébellion touarègue de 2012 qui a précipité l'occupation des trois régions du Nord du pays par les rebelles et leurs alliés djihadistes. La commission d'enquête parlementaire, après cinq mois de travaux, a finalement conclu, le mardi 13 décembre 2014 lors de sa plénière, qu'aucune preuve

---

[158] THIERS (E.), « Le contrôle parlementaire et ses limites juridiques … », *op. cit.*, p. 78.

[159] DESANDRE (J.), *Les commissions parlementaires d'enquête et de contrôle en droit français*, La Documentation française, NED, 1976, p. 147.

[160] Article 87 du Règlement intérieur de l'Assemblée nationale du Mali.

matérielle n'existait contre l'ancien Président ATT, qui ne sera donc pas poursuivi.

En 2019 au Sénégal, l'affaire dite des « *94 milliards* » a été l'occasion pour l'Assemblée nationale de mettre en œuvre son pouvoir de contrôle de l'action gouvernementale. La commission d'enquête parlementaire, guidée dans ses travaux par la clarté de la commande reçue de l'Assemblée nationale, objet de la résolution[161] n° 01/2019 en date du 15 février 2019, a été mue par le seul souci d'éclairer la lanterne des Sénégalais par la manifestation de la vérité relative à l'existence d'un possible détournement de deniers publics ou non. Conformément au calendrier validé, la commission d'enquête parlementaire a auditionné trente-et-une personnes parmi lesquelles les héritiers, les fonctionnaires impliqués et toutes personnes associées, de près ou de loin, à ce dossier. Toutes les auditions qui ont démarré le 27 mai 2019 pour se terminer le 11 juillet 2019 (soit plus de 40 heures) sont enregistrées et tenues sous le secret de l'instruction du dossier. Le député Ousmane SONKO et son associé Monsieur Ismaïla BA, gérant cumulatif des Cabinets ATLAS et MERCALEX, n'ont pas été déférés aux convocations. La commission d'enquête parlementaire a également pu relever, des auditions des héritiers et de celles du sieur Mame Cheikh MBAYE, disposait, selon les informations fournies par l'ancien gouverneur de la région de Dakar et Monsieur Meissa chef de bureau des domaines de Ngor Almadies, ? d'un acte sous seing privé daté du 10 juin 2016 authentifié par acte notarié de Maître Ndèye Licka BA prouvant que SOFICO était subrogée dans les droits des héritiers.

Après près de trois mois de travaux constitués essentiellement de revue documentaire et d'auditions, la commission d'enquête parlementaire a apporté des réponses à toutes les questions posées[162]. Elle est parvenue à quatre conclusions dont une *« absence de détournement de deniers publics et inexistence d'un quelconque comportement*

---

[161] Marcel PRELOT définit la résolution parlementaire comme « une motion votée par l'une seulement des deux chambres et non promulguée », cité par de CAQUERAY (S.), *Le Conseil constitutionnel et les règlements des assemblées*, Paris, Economica, 2001, p. 324.

[162] *Rapport de la Commission d'enquête parlementaire portant sur les faits, évènements et actes relatifs au titre foncier n°1451/R et ayant abouti à l'affaire dite « affaire des 94 milliards (Résumé)*, Assemblée nationale du Sénégal, XIIIe Législature, 20 p.

répréhensible de Monsieur Mamadou Mamour DIALLO [163] *; existence de dysfonctionnements dans l'organisation des services de l'État en matière d'expropriation »*[164] *; violation de la loi par le Député Ousmane SONKO qui a joué un rôle d'intermédiaire pour le compte de certains des héritiers, en utilisant des prête-noms »*[165].

La commission d'enquête parlementaire a émis le vœu de revoir les dispositions du Règlement intérieur de l'Assemblée nationale en vue de contraindre toute personne convoquée par une commission d'enquête parlementaire à comparaître devant elle. Celui-ci consistait à prévoir des sanctions d'autant plus que les personnes concernées pour le cas d'espèce sont à l'origine de la création de cette commission d'enquête parlementaire.

Tout compte fait, les commissions d'enquête ont non seulement permis aux Assemblées des trois pays de remplir avec efficacité leur mission de contrôle et d'alerte du Gouvernement comme de l'opinion publique, mais elles ont aussi, la plupart du temps, permis de trouver des réponses non partisanes aux problèmes qu'elles identifient. Elles ont la possibilité d'examiner les suites à donner aux rapports d'information, après un délai déterminé. L'enquête permet de vérifier certains faits relevant d'un domaine dans lequel l'Assemblée peut exercer sa fonction de contrôle et d'information. Elle est réalisée par une commission désignée à cette fin qui tient ses séances en principe en public. La commission peut prononcer un huis-clos[166].

En dehors des commissions générales ou permanentes, le Parlement peut créer des commissions d'enquête parlementaires spéciales ou ponctuelles.

B. Les commissions d'enquête spéciales

Dans les pays démocratiques, les Parlements sont des organismes aux fonctions multiples et fonctionnellement adaptables. Ces fonctions découlent, d'un côté, des relations entre le Législatif et l'Exécutif et, de

---

163 Lire la Conclusion n° 1 de la Résolution n° 01/2019 du 15 février 2019.

164 Conclusion n° 3 de la Résolution précitée.

165 Conclusion n° 4 de la Résolution précitée.

166 DURVIAUX (A. L.), *Droit constitutionnel et institutions politiques*, *op. cit.*, p. 125.

l'autre, entre le Législatif et le Peuple, et elles contribuent, en retour, à façonner ces relations[167].

Dans cette logique, nous analyserons, d'une part, les conditions de création des commissions (1) et, d'autre part, les missions desdites commissions (2).

1. La mise en place des commissions spéciales

Les commissions d'enquête constituent un instrument classique du contrôle de l'action gouvernementale aux mains des parlementaires. Leurs règles de création répondent, toutefois, à des conditions très précises qui en limitent le nombre. Ici, on peut comprendre que la majorité parlementaire peut avoir le dernier mot.

Le Parlement peut créer des commissions d'enquête parlementaires spéciales, sur la base d'une résolution de l'Assemblée concernée, chargées de recueillir des éléments d'informations sur des faits déterminés ou sur la gestion administrative, financière[168] ou de services publics ou d'entreprises publiques. C'est une commission parlementaire temporaire ou *ad hoc* créée par un Parlement aux fins de participer aux missions de contrôle et d'évaluation du pouvoir exécutif et de son administration. Dans certains pays, la minorité parlementaire détient le droit d'en obtenir la création[169]. Dans d'autres, où elles sont mentionnées dans la Constitution[170], elles sont créées par le vote d'une proposition de résolution spéciale de l'Assemblée nationale ou bien sur demande d'un groupe d'opposition ou minoritaire à laquelle trois cinquièmes des députés peuvent s'opposer[171].

Au Mali, ce sont des structures mises en place au sein du Parlement et ayant pour rôle de préparer la délibération d'un texte de loi en plénière

---

[167] NORTON (Ph.), « La nature du contrôle parlementaire », *in Pouvoirs*, n° 134, 2010, p. 5.

[168] SOMA/KABORE (V.), « Le contrôle parlementaire du pouvoir exécutif en Afrique subsaharienne », *op. cit.*, p. 303.

[169] Lire par exemple l'article 44 de la Loi fondamentale allemande.

[170] Article 51, al. 2 de la Constitution française de 1958.

[171] DE VILLIERS (M.), LE DIVELLEC (A.), *Dictionnaire de droit constitutionnel, op. cit.*, p. 54.

ou d'assurer une fonction de contrôle politique ou de contrôle interne[172]. Il convient de distinguer, ici, les commissions générales ou commissions de législation qui sont des organes purement techniques créés au sein de l'institution parlementaire pour l'analyse des affaires dont elles sont saisies, des commissions spéciales d'enquête ou d'informations qui sont mises en place par le Parlement à l'occasion d'une enquête sur un objet précis. Elles sont créées par une délibération[173].

La création d'une commission d'enquête parlementaire relève exclusivement de l'initiative parlementaire. Celle-ci doit prendre la forme du dépôt, par un ou plusieurs députés, d'une proposition de résolution tendant à la création d'une telle commission. Mais, la proposition de résolution doit seulement exposer les motifs de la demande et déterminer l'objet de l'enquête [174]. Prévues par les Règlements intérieurs des Parlements africains, les commissions spéciales d'enquête sont créées pour contrôler une activité du Gouvernement qui ne paraît pas clairement gérée. Ainsi, on dénombre de 1992 à 2018, soit en vingt-six ans de Législature, quatorze commissions parlementaires d'information au Mali et douze commissions au Bénin de 1991 à 2001[175].

Dans son célèbre article paru en 2010 et intitulé « *Le contrôle ordinaire* », René DOSIERE s'interroge avec pertinence quant à la présence de plus en plus systématique d'un membre de l'Opposition dans les procédures de contrôle que constituent les missions d'information ; pour positive qu'elle soit, cette présence ne s'est pas encore traduite par des contrôles plus accrus[176]. De notre point de vue, pour être réellement mis en pratique, le contrôle parlementaire de l'action gouvernementale

---

[172] On peut distinguer l'institution des commissions d'enquête de l'enquête proprement dite. Ainsi, il fut décidé d'instituer une commission d'enquête pour éclairer les dysfonctionnements dans les enquêtes sur la débâcle de l'Armée malienne lors de la visite de l'ancien Premier Ministre, Moussa MARA à Kidal.

[173] Lire la Délibération n° 241 du 27 décembre 2012.

[174] RADOUANI (R.), *Le Règlement intérieur de la Chambre des représentants au Maroc : approche comparée droit franco-marocain*, Thèse de doctorat, Université de Perpignan Via Domitia, p. 229.

[175] ADELOUI (A. J.), « Le Parlement dans le régime politique béninois », *op. cit.*, p. 17.

[176] DOSIERE (R.), « Le contrôle ordinaire », *Le contrôle parlementaire*, *in Pouvoirs*, n° 134, Septembre 2010, p. 44.

doit devenir une volonté de la majorité et ne pas être réservé à l'Opposition.

Un coup d'œil aux trois pays étudiés dans le cadre de notre analyse révèle que les commissions sont les chevilles ouvrières des Assemblées législatives qui répondent à une nécessité pratique qui est d'assurer, en comité restreint, la préparation minutieuse, consignée dans les rapports, des débats devant avoir lieu en séance plénière[177]. La commission est « *maîtresse de ses travaux* »[178].

Il est important de souligner que l'inscription dans les commissions permanentes est obligatoire pour tous les députés à l'exception des membres du bureau. Comme on peut l'observer à la suite de Arsène-Joël ADELOUI, « *un député ne peut appartenir qu'à une seule commission compétente* »[179]. Les commissions ne peuvent siéger en même temps que l'Assemblée plénière, sauf cas d'urgence. La présence aux réunions des parlementaires est obligatoire. L'information est une condition essentielle du contrôle parlementaire de l'action gouvernementale, car aucun contrôle efficace ne peut s'exercer si les parlementaires ignorent les informations sur les projets et les intentions du pouvoir exécutif. Pour ce faire, les commissions ont des compétences spécifiques.

La recherche et la collecte des informations relèvent de la compétence des commissions parlementaires.

2. Les compétences des commissions spéciales

Apparues en même temps que le régime parlementaire sous la monarchie de juillet, les commissions d'enquête ont été rapidement considérées comme un instrument indispensable du contrôle parlementaire[180]. Comme le relève Yédoh Sébastien LATH, le Parlement contrôle l'action du Gouvernement à travers plusieurs mécanismes[181].

---

[177] AMELLER (M.), BERGOUGNOUS (G.), *L'Assemblée nationale*, Paris, PUF, 2e éd., Que sais-je ?, Juillet 2000, p. 49.

[178] GICQUEL (J.), GICQUEL (J. E.), *Droit constitutionnel et institutions politiques*, *op. cit.*, p. 684.

[179] ADELOUI (A. J.), « Le Parlement dans le régime politique béninois », *op. cit.*, p. 11.

[180] DESANDRE (J.), « Les commissions d'enquête ou de contrôle : secret et publicité des travaux ? », *in Pouvoirs*, n° 34, 1985, pp. 51-66.

[181] LATH (Y. S.), *Droit constitutionnel : Théorie générale du Droit Constitutionnel. Systèmes Politiques Contemporains*, Abidjan, ABC, 2020 p. 153.

Presque toutes les Législatures démocratiques dépendent de commissions pour mener leurs affaires. Les commissions sont de petits groupes de législateurs auxquels on demande (soit de façon temporaire, soit de façon permanente) d'examiner des questions de plus près que l'Assemblée toute entière ne peut raisonnablement le faire.

Les Parlements africains sont structurés en bureau de l'Assemblée, groupes politiques, commissions permanentes, conférence des présidents, commissions d'enquête et délégations parlementaires[182]. L'investigation est une technique collective de contrôle et les Parlements y recourent grâce aux commissions parlementaires. Ainsi, les ministres peuvent demander à être entendus par une commission parlementaire et ils peuvent également l'être à la demande du Président de la commission. Dans certains régimes, le Parlement peut créer des commissions d'enquête parlementaires ponctuelles sur la base d'une résolution de l'Assemblée concernée, chargées de recueillir des éléments d'informations sur des faits déterminés.

Au Bénin, la pratique des commissions d'enquête parlementaire a été constitutionnalisée[183]. Aux termes de l'article 113 de la Constitution qui dispose : « *Le Gouvernement est tenu de fournir à l'Assemblée nationale toutes les explications qui lui seront demandées sur sa gestion et sur ses activités* ». Le droit d'enquête, issu de la tradition du parlementarisme, est un instrument important de contrôle du Parlement sur le Gouvernement[184]. Les commissions d'enquête, comme leur nom l'indique, sont destinées à fournir des informations à l'Assemblée nationale qui a été à l'origine de leur création[185]. A ce titre, elles peuvent procéder à l'examen de documents et tenir des auditions[186]. En tant que telles, elles sont appréhendées comme les instruments privilégiés du

---

[182] MADISTIN (S.), *Les attributions du Parlement dans une société démocratique*, CRESFED, Juillet 2013, p. 32.

[183] Article 113 de la Constitution du 11 décembre 1990.

[184] POPTCHEVA (E.-M.), *Commissions d'enquête et commissions spéciales du Parlement européen*, Parlement Européen, PE, 2016, p. 18.

[185] La dénomination de chaque commission reflète son domaine de compétence, mais pour plus de précisions, l'article 29 du R Règlement intérieur indique les attributions, les modalités d'organisation et de fonctionnement des commissions, qui sont, à leur tour, définies par les articles 32 à 35 du Règlement intérieur.

[186] GAUDEMET (Y.), *Droit parlementaire*, Paris, Economica, 1996, p. 32.

contrôle parlementaire [187]. Ces commissions d'enquête [188] permettent d'exercer un véritable contrôle sur l'Exécutif, bien que leur mission initiale soit plus générale puisqu'elles sont créées pour recueillir des éléments d'information, soit sur des faits déterminés, soit sur la gestion administrative, financière, ou technique des services publics ou d'entreprises nationales.

Les commissions spéciales répondent à des préoccupations ponctuelles [189]. Temporaire pour cette raison, la mission de ces commissions se termine lorsque le but pour lequel elles ont été formées est atteint ou achevé. Il est vrai que certaines Constitutions des États de l'Afrique noire francophone ne mentionnent que deux types de commissions temporaires : les commissions spéciales et les commissions mixtes paritaires. Elles ont une finalité commune : le travail législatif. A côté de ces commissions législatives, il en existe d'autres davantage orientées vers le contrôle parlementaire[190]. Bien que les rapports entre le Parlement et l'Exécutif doivent s'analyser en termes de complémentarité et non en termes de concurrence[191], le contrôle parlementaire s'avère nécessaire [192] où ce contrôle est un moyen de modération du présidentialisme.

---

[187] ADELOUI (A. J.), « Le Parlement dans le régime politique béninois », *op. cit.*, p. 17.

[188] DELCAMP (A.), « La perception du contrôle parlementaire …, *op. cit.*, pp. 109-122.

[189] *« Par ailleurs, les réunions des commissions et la présentation des rapports de commissions en séance plénière sont des occasions où les débats occupent une place importante. En effet, lors de la présentation des projets de loi par le Gouvernement, tant les parlementaires en groupe parlementaire que pris individuellement, ont la possibilité d'interpeller le Gouvernement, non seulement sur la matière sur la quelle porte le projet de loi mais sur d'autres sujets d'intérêt national. Par ailleurs, certains parlements offrent la possibilité aux autres parlementaires non membres de la Commission saisie au fond de participer aux débats. Tel est le cas en Côte d'Ivoire où le Règlement de l'Assemblée nationale qui dispose en son article 53 : "Tout député a le droit d'assister aux réunions des Commissions et de participer à leurs débats ; toutefois, seuls les membres de la Commission ont le droit de participer au vote ". »* (NGUESSAN (K.), « Les moyens parlementaires de contrôle de l'action gouvernementale dont les moyens d'interpellation dans l'espace francophone », *op. cit.*, p. 9).

[190] JAN (P.), *Les assemblées parlementaires françaises*, Paris, La Documentation Française, 2005, p. 66.

[191] LE BRIS (C.), « Le droit de regard du Parlement français sur la norme supranationale en formation », *in RDP*, n° 4, Juillet-Août 2012, pp. 947-986.

[192] DJEDJRO (F. M.), *Droit constitutionnel*, *op. cit.*, p. 394.

Plus spécifiquement, l'article 49 de la loi n° 2002-20 du 15 mai 2002 portant Règlement intérieur de l'Assemblée nationale du Sénégal, modifiée, aménage d'autres commissions *ad hoc* pouvant être mises œuvre par les commissions permanentes. Selon les indications de cet article, les commissions permanentes *« peuvent confier à un ou plusieurs membres des missions d'information ou d'étude. La mission d'information porte sur un objet donné et vise à apporter aux députés des réponses à des problèmes qui les préoccupent dans l'exercice de leurs activités. La mission d'étude vise à étudier un problème présentant un intérêt majeur, dont la compréhension par les députés peut les aider à rendre leur travail plus performant. Ces missions d'information ou d'étude peuvent être communes à plusieurs commissions ».*

C'est à ces fins que le Bureau de l'Assemblée nationale a institué, lors de sa réunion du 15 septembre 2020, une Mission d'Information parlementaire (MIP) sur le dossier des inondations[193] consécutivement aux fortes pluies qui se sont abattues dans le courant du mois de septembre 2020, causant des inondations, sans précédent, avec des conséquences de grande ampleur, dans la quasi-totalité du pays, lesquelles ont soulevé des vagues d'interrogations sur l'efficacité du Programme décennal de Lutte contre les Inondations (PDLI) au bout de huit ans de mise en œuvre. C'était un exercice qui rentre pleinement dans le cadre du contrôle de l'action du Gouvernement, A l'issue de la Mission, onze (11) recommandations générales ci-après ont été formulées.

> « R1 : Le Sénégal, dans une logique d'anticipation, devrait renforcer les capacités de prévision de l'ANACIM en la dotant d'équipements performants (radar et calculatrice de grande puissance) pour réduire les marges d'erreurs en matière de prévisions. R2 : Les alertes de l'ANACIM devraient donner lieu à des réponses plus appropriées par les autorités compétentes, notamment en direction des populations des zones sensibles. R3 : Tenant compte de la période humide actuelle au Sénégal et l'identification de 401 sites endémiques répartis sur le territoire national, l'actualisation du PDLI s'impose. Il devra impliquer les collectivités territoriales et tous les acteurs associés et

---

[193]Pour rappel, la séance du vendredi 23 juillet 2010 de la première session extraordinaire 2010 avait été consacrée à la même problématique des inondations : *« Question au Gouvernement sur le Programme de Lutte contre les Inondations. Ministre de l'Intérieur, Ministre de l'Urbanisme, de l'Habitat, de la Construction et de l'Hydraulique »*, XIe Législature, Journal des Débats, Compte rendu *in-extenso*, 185 p.

tenir compte des spécificités des zones. R4 : La mission recommande fortement d'harmoniser une appellation uniforme du PDLI ; R5 : Il faut alléger les procédures de lotissement et encourager la planification de l'urbanisation. A cet effet, il devient urgent de réfléchir et de concevoir un type d'habitat adapté en zone rurale. Les cases en banco ont souffert des fortes pluies et de la foudre notamment dans les régions centre, est et sud du pays. La déconcentration des procédures de lotissement devra être envisagée de même que les normes d'aménagement urbain. R6 : Renforcer des dotations de paratonnerres sur l'ensemble du territoire et veiller à leur qualité et fonctionnalité ; R7 : Doter toutes les communes de Plans Directeurs d'Urbanisme, de Plans d'Urbanisme de Détail et de Plans Directeurs d'Assainissement ; R8 : Accorder une place importante au volet restructuration et relogement au même titre que les autres composantes ; R9 : Renforcer les mesures de contrôle contre l'occupation anarchique des bas-fonds, des lacs et des voies d'eaux (Marigot de Mbao, lac Wourouwaye, Guinaw rails Saint Louis) ; R10 : Désigner les acteurs responsables de la maintenance et du suivi des ouvrages ; R11 : La mission propose de mener un audit institutionnel pour la définition de l'ancrage de la gouvernance de la lutte contre les inondations, l'identification des acteurs, le mode de coordination, l'organisation et le fonctionnement de l'ONAS et le type de prise en charge de l'assainissement des eaux usées et des eaux pluviales »[194].

En Afrique noire francophone, l'expérience montre que le succès de l'enquête dépend pour une large part des moyens d'investigation dont dispose la commission. Dans les États où le pouvoir d'enquête est assez développé, les commissions disposent de moyens très efficaces qui leur permettent de mener à bien leurs investigations[195]. Ainsi, le Règlement intérieur offrirait un ensemble de moyens mieux adaptés à la diversité des domaines du contrôle parlementaire, et la décision d'une Assemblée de constituer une commission d'enquête ou bien une commission d'information ou d'étude ou de contrôle emporterait le choix entre publicité et secret. Il faut cependant éviter que les commissions d'enquête ou de contrôle ne se substituent à l'Exécutif ou à l'Administration comme

[194] *Rapport final de la Mission d'Information parlementaire sur le dossier des inondations*, Assemblée nationale du Sénégal, XIIIe Législature, pp. 281-282.

[195] DESANDRE (J.), « Les commissions d'enquête ou de contrôle : secret ou publicité des travaux », *in Pouvoirs*, n° 34, 1985, pp. 51-66.

ce fut le cas en France sous les IIIe et Iv^e Républiques dans le cadre du parlementarisme absolu avec les conséquences fâcheuses[196].

Pour conclure sur les commissions de contrôle parlementaire, il s'impose de signaler que les rapports des différentes commissions parlementaires sont le principal outil permettant de formuler des recommandations au pouvoir exécutif. Ces recommandations permettent aussi aux commissions non seulement de choisir son programme de travail, mais aussi, et surtout, d'organiser les auditions dans le cadre du contrôle-information.

Une partie importante des activités parlementaires a lieu aujourd'hui dans les commissions plutôt que dans la chambre à laquelle elles appartiennent.

SECTION 2

LES DOMAINES DE CONTRÔLE

Organes de travail essentiels de l'Assemblée nationale, les commissions permanentes ont une double fonction : celle de préparer le débat législatif en séance publique et celle d'informer l'Assemblée et de contrôler le Gouvernement. Cependant, leur organisation traduit une certaine forme d'équilibre des pouvoirs. Au Sénégal, aux termes de l'article 24 du Règlement intérieur, il est prévu, au début de chaque Législature et à la première session ordinaire de l'année et après l'installation du bureau définitif, que l'Assemblée nationale constitue onze (11) commissions permanentes[197]. Le travail des commissions représente la « *face cachée* » du travail parlementaire par rapport au

---

[196] Le parlementarisme en France, conséquence de la crise du 16 mai 1877 a fait du Parlement, l'institution clé du jeu politique. Le dérèglement institutionnel va donc entraîner une instabilité institutionnelle. De Thiers à Lebrun, dernier Président du Conseil sous la IIIe République c'est-à-dire de 1871 à 1940, 104 Gouvernements se sont succédé avec une durée moyenne de 7 à 8 mois. Sous la IVe République, pas moins de 24 Gouvernements se sont succédé pendant les 12 années qu'a duré le régime ; Voir dans ce sens SOULIER (A.), *L'instabilité ministérielle sous la Troisième République*, Paris, Sirey, 1939, p. 23.

[197] Lire l'article 24 du Règlement intérieur de l'Assemblée nationale de 2018, article 62 de la Constitution du Sénégal de 2001, modifiée.

déroulement de la séance publique qui en constitue la partie la plus visible.

Parallèlement à cette fonction, les commissions permanentes ont une mission non seulement de contrôle des textes (Paragraphe 1) mais aussi du contrôle budgétaire et de l'évaluation des politiques publiques (Paragraphe 2).

Paragraphe 1

Le contrôle des textes

Dans une société démocratique, il faut un réseau normatif adapté aux besoins ne laissant aucune place à l'arbitraire ou à la possibilité aux gouvernants de détourner à leur profit la volonté générale. Cette protection, comme le relève Yves GUCHET, « *résulte d'une particularité du droit selon laquelle les actes administratifs et parmi eux ceux émanant du pouvoir réglementaire exercé à l'échelle nationale, c'est-à-dire par le Président de la République et du Premier Ministre, peuvent faire l'objet d'un recours pour excès de pouvoir* »[198].

Pour assurer une amélioration des conditions d'application des lois, un contrôle de l'application des lois est nécessaire. Une évaluation par le Parlement de la législation s'avère indispensable non seulement pour remédier au déficit d'exécution des lois, mais aussi pour mesurer leurs résultats par rapport aux objectifs qu'elles poursuivent.

En démocratie, le contrôle parlementaire est multiforme. Mais l'on peut différencier les types de contrôle, selon qu'ils mettent ou non en jeu la responsabilité politique du Gouvernement pouvant aboutir à sa démission[199]. Le premier contrôle porte sur l'application de la législation en général : c'est un contrôle quantitatif (A), le second, qui porte, au contraire, sur les lois particulières : c'est le contrôle qualitatif (B).

---

[198] Lire également GUCHET (Y.), *Droit parlementaire*, *op. cit.*, p. 138.

[199] TURK (P.), *Le contrôle parlementaire en France*, *op. cit.*, p. 20.

A. Le contrôle quantitatif portant sur l'application des lois

Un tel contrôle invite le Parlement à veiller sur l'amélioration de l'application des lois votées (1) et au juge de contrôler le Règlement intérieur (2).

1. Le rôle du Parlement dans l'application des lois votées

Une lecture croisée des Règlements intérieurs des Assemblées nationales permet de se rendre compte que les parlementaires des États du Bénin, du Mali et du Sénégal examinent avec attention l'application des lois qu'ils ont votées. C'est à ce titre qu'une commission de l'Assemblée nationale peut établir un rapport sur la mise en application d'une loi après son entrée en vigueur. La complexité croissante des lois les rend de plus en plus tributaires de textes réglementaires d'application. Les députés suivent donc avec attention l'application des lois qu'ils votent afin d'éviter, notamment, que le défaut de publication des textes d'application fasse échec aux décisions qu'ils ont prises. Le suivi général de l'application des lois par les commissions permanentes, s'est révélé indispensable en raison de l'émotion croissante suscitée par les retards accusés pour élaborer et publier les textes réglementaires. Le Parlement contrôle l'action législative du Gouvernement, à en croire Philippe SEGUIN, ancien Président de l'Assemblée nationale française. Même si les attributions du pouvoir législatif sont peu nombreuses, du moins, elles semblent limitées, sous-entendant l'hégémonie du pouvoir exécutif dans le visage politique actuel[200].

La fonction législative consiste non seulement à adopter leurs propres textes de loi, mais aussi et surtout à modifier, approuver ou rejeter les textes proposés par le pouvoir exécutif et les applique. Aux termes de l'article 120 de la Constitution de 2023, il est disposé que « *les membres du Parlement et le Gouvernement ont le droit d'amendement qui s'exerce en séance ou en commission selon les conditions fixées par les Règlements intérieurs des chambres. Après l'ouverture du débat, le Gouvernement peut s'opposer à l'examen de tout amendement qui ne lui aurait pas été antérieurement soumis* ».

---

[200] Sénat (France), *Guide pratique de la communication parlementaire*, Paris, 2008, p. 16.

Si en théorie ces pouvoirs sont et doivent demeurer distincts, force est de constater que dans la pratique, cette séparation pourrait ne pas être entièrement effective. A titre d'exemple, en rupture avec la tradition, le Parlement n'a plus la maîtrise absolue de la procédure législative. Actuellement, le pouvoir exécutif est à l'origine de beaucoup de lois promulguées, il est ainsi un organe important en terme législatif.

De fait, on peut nourrir l'impression que le législateur africain vote trop de lois qui ne permettent pas d'en assurer la qualité, alors qu'en réalité la production législative du pouvoir exécutif reste dans les normes de la simple régularité. Il sied plutôt de reconnaître que, dans le contexte actuel du Mali, de nombreuses lois mériteraient d'être actualisées voire réactualisées pour les adapter au vécu quotidien ; d'où la nécessité d'un travail d'évaluation et de contrôle de l'applicabilité des lois. Un cadre de réflexion, à cet effet, pourrait être mis en place ; c'est la condition de l'amélioration de la fonction législative du Parlement et d'une plus grande confiance des citoyens. Il se dégage, à cet effet, une perspective d'un pouvoir d'évaluation de l'action gouvernementale, de l'application et l'applicabilité des lois qui s'ajouteraient au pouvoir traditionnel de contrôle de l'action du pouvoir exécutif dans les pays concernés par notre étude. Autant dire que le contrôle de l'application des lois constitue un deuxième volet spécifique du contrôle parlementaire technique, sur lequel certains Parlements consentent des efforts particuliers. La préoccupation est légitime car la loi, une fois votée, doit être mise en œuvre par le biais des textes d'application dont le contenu et les délais de publication sont de nature à affecter la portée même du travail effectué par le législateur. Ainsi, le contrôle de l'application des lois constitue ni plus ni moins un prolongement du pouvoir législatif imparti aux Parlements en Afrique noire francophone[201].

2. L'épineuse question de la prorogation du mandat des députes

Au Mali, le feuilleton de la prorogation du mandat des députés révèle un revirement jurisprudentiel spectaculaire de la Cour constitutionnelle

---

[201] A titre d'illustration, cette fonction est clairement identifiée, par exemple, au Burkina Faso qui reconnaît au Parlement, à l'occasion d'une interpellation relative aux décrets d'application, la possibilité de formuler des recommandations pour obtenir un point sur la mise en œuvre de ces textes. En Guinée, le contrôle de l'application des lois relève plus particulièrement de la commission de la législation.

dans deux avis successifs. Dans l'avis[202] en date du 12 septembre 2018, le juge constitutionnel refuse de proroger le mandat des députés de l'Assemblée nationale, après s'être déclaré compétent sur le fondement de sa fonction de régulation du fonctionnement des institutions et de l'activité des pouvoirs publics[203].

Le juge constitutionnel malien a eu l'occasion de rappeler que la loi électorale fixe la durée du mandat des députés à cinq ans. Et que « *l'Assemblée nationale se renouvelle intégralement à l'expiration de son mandat* ». Dans son délibéré, le juge malien en tire la conclusion que « *la prorogation du mandat de député n'étant pas prévue par aucune disposition constitutionnelle ou législative, il y a lieu de s'en tenir aux dispositions sus référencées* ». Mais, dans le deuxième avis[204] en date du 12 octobre 2018, rendu près d'un mois après le premier, le juge émet un avis favorable à la demande de prorogation formulée par le requérant. Et il précise que ladite prorogation doit intervenir au moyen d'une loi organique. Le juge constitutionnel saisit par le Président du Parlement qui sollicite la prorogation de la durée du mandat des députés pour le premier semestre de l'année 2019, au motif que « *des difficultés sérieuses, consécutives à une situation exceptionnelle* » compromettent le respect des dispositions de l'article 167 de la loi électorale. Il constate que le mandat des députés prend fin le 31 décembre 2018, date portant convocation du corps électoral, qu'il doit tenir compte du « *caractère de force majeure des difficultés entravant le respect scrupuleux des dispositions constitutionnelles et légales sus référencées* » ainsi que « *la nécessité d'assurer le fonctionnement régulier de l'Assemblée nationale* »[205].

Cette prorogation de 6 mois est suivie d'une seconde prorogation décidée en juin 2019 jusqu'au 02 mai 2020. Il convient de noter ici que la prorogation du mandat des députés, longtemps occultée par la doctrine malienne, constitue donc une question cruciale qui relève « *du temps de*

---

[202] Avis n° 2018-CCM du 12 septembre 2018, Cour constitutionnelle du Mali.

[203] FAVOREU (L.), « Le Conseil constitutionnel, régulateur de l'activité normative des pouvoirs publics », *in La Constitution et son juge*, Economica, 2014, pp. 57-132 ; voir aussi HOLO (Th.), « Emergence de la justice constitutionnelle », *in Pouvoirs*, n° 129, Avril 2009, pp. 101-114.

[204] Avis n° 2018-02-CCM du 12 octobre 2018, Cour constitutionnelle du Mali.

[205] *www.sbdcbf.net/wp-content/uploads/2022/04/RRC-N°-19-Mars-2022*, consulté le 16 août 2023.

démocratie qui doit être reconsidérée ». Cependant, quelles que soient les résolutions prises, il y a lieu de se souvenir des sages préceptes de Jean-Jacques ROUSSEAU qui exigeait que le mandat des représentants soit « *fixe et périodique, que rien ne puisse abolir ni proroger* »[206].

Au Bénin, la Cour constitutionnelle s'est montrée plus exigeante. Elle a estimé que « *même si la Constitution a prévu les modalités de sa propre révision, la détermination du peuple béninois à créer un État de droit et de démocratie pluraliste, la sauvegarde de la sécurité juridique et de la cohésion nationale commandent que toute révision tienne compte des idéaux qui ont présidé à l'adoption de la Constitution du 11 décembre 1990, notamment le consensus national, principe à valeur constitutionnelle* ». Par cet argument, la Cour n'a pas hésité à invalider la révision constitutionnelle d'initiative parlementaire adoptée pour porter de quatre ans à cinq ans la durée du mandat parlementaire avec effet rétroactif pour la Législature en cours (DCC 06-074 du 08 juillet 2006).

En droit sénégalais, la jurisprudence du conseil constitutionnel est constante sur la question. Le principe de l'injusticiabilite de la loi constitutionnelle empêche le juge de se prononcer sur la faisabilité ou non d'une prorogation du mandat des députes, acteurs des lois régissant les situations juridiques. Par exemple dans sa décision 92/2005 du 18 janvier 2006 po18 janvier 2006 relative à la prorogation du mandat des députes, le Conseil considère « *que la compétence du Conseil constitutionnel est strictement délimitée par la Constitution et la loi organique sur le Conseil constitutionnel ; que le Conseil ne saurait être appelé à se prononcer dans d'autres cas que ceux limitativement prévus par ces textes ; que le Conseil constitutionnel ne tient ni des articles 74 et 103 de la Constitution ni d'aucune disposition de la loi organique le pouvoir de statuer sur une révision constitutionnelle* ».

En plus du contrôle quantitatif portant sur l'application des lois, il y a aussi le contrôle qualitatif des lois particulières.

---

[206] STRICHER (D.), *La durée des mandats politiques, approche institutionnelle et comparative*, Thèse de doctorat en Droit Public, Université de Lorraine, 2015, p. 187.

B. Le contrôle qualitatif portant sur des lois particulières

Il y a lieu de distinguer les lois ordinaires (1) des celles qualifiées ici de lois particulières (2).

1. Le cas des lois ordinaires

A la différence du contrôle général exercé par les commissions permanentes, le contrôle portant sur les lois particulières s'intéresse uniquement au suivi de l'application de certaines lois qui, pour une raison ou une autre, ont retenu l'attention des parlementaires[207]. Ce contrôle, qui s'exerce par voie de questions parlementaires, ne porte donc pas sur l'état général de l'application de toute la législation votée au cours d'une année[208]. L'expression par excellence de la compétence législative du Parlement qu'est la loi se subdivise en lois ordinaires et en lois particulières. Sur le plan institutionnel, la loi ordinaire peut se définir comme un texte normatif adopté par le Parlement, promulgué par le Président de la République après la reconnaissance de sa conformité à la Constitution par la juridiction constitutionnelle et fixant les règles et principes fondamentaux dans les domaines délimités par la Loi fondamentale. Expression de la volonté générale et conforme à la Constitution, la loi ordinaire a vocation à énoncer des règles et doit avoir une portée générale et impersonnelle ; elle est adoptée par une majorité simple des députés présents à la séance, donc différente de la majorité requise pour l'ouverture de la séance[209].

2. Le cas des lois dites particulières

On entend par lois particulières, les lois constitutionnelles, les lois organiques, les lois de finances, les lois de programmation, les lois autorisant la ratification des traités et les lois d'habilitation[210]. Les lois constitutionnelles portent sur la révision de la Constitution selon la procédure déterminée par la Constitution elle-même. L'initiative de la

---

[207] MIABOULA-MILANDOU (A.), « Les moyens d'action du Parlement à l'égard de la loi votée », *in RFDC*, n° 33, 1998, p. 43.

[208] *Ibid.*

[209] HOLO (Th.), « Emergence de la justice constitutionnelle », *op. cit.*, p. 44.

[210] *Ibid.*

révision appartient concurremment au Président de la République et aux membres du Parlement. Le projet ou la proposition de loi constitutionnelle doit être voté dans les mêmes termes par l'Assemblée nationale. Dans certains États africains[211], les projets et propositions de lois constitutionnelles ne sont soumis au vote de l'Assemblée nationale qu'après avis de la Haute juridiction constitutionnelle. Si le juge constitutionnel sénégalais s'interdit de contrôler la conformité des lois portant révision de la Constitution adoptées par l'Assemblée nationale, ses homologues béninois et malien acceptent de vérifier les lois constitutionnelles avant leur promulgation.

Les lois organiques précisent et complètent certaines dispositions de la Constitution, autrement dit, les modalités d'organisation et de fonctionnement des pouvoirs publics dans les cas prévus par la Loi fondamentale du 22 juillet 2023. Les projets ou propositions de loi organique sont soumis à une procédure particulière d'adoption. Les lois auxquelles la Constitution confère le caractère de lois organiques, hormis la loi de finances, sont votées et modifiées dans les conditions ci-après: le projet ou la proposition de loi n'est soumis à la délibération et au vote de l'Assemblée nationale qu'à l'expiration d'un délai de quinze jours après son dépôt ; les lois organiques ne peuvent être promulguées qu'après déclaration par le juge constitutionnel de leur conformité à la Constitution ; il ne peut être présenté aucun amendement ou article additionnel tendant à introduire dans le projet ou la proposition des dispositions ne revêtant pas le caractère organique.

Les lois de finances comportant trois catégories : la loi des finances initiale, la loi de finances rectificative et la loi de règlement.

La loi des finances est à l'initiative exclusive du Gouvernement qui détermine et met en œuvre la politique de la Nation. Les lois de programmation, qui déterminent les objectifs de l'action de l'État dans un domaine précis, en sont une autre catégorie de lois particulières votées par le Parlement. Toutefois, les crédits correspondants ne sont ouverts que par une loi de finances votée pour chaque exercice budgétaire[212].

---

211 C'est le cas notamment en République centrafricaine.

212 HOLO (Th.), « Le Parlement : le cœur de la démocratie », *op. cit.*, p. 46.

Les lois d'autorisation de ratification votées par les parlementaires qui permettent au Président de la République de ratifier les traités et accords dans des domaines prévus par la Loi fondamentale du pays.

Enfin, les lois d'habilitation Constituant une autre catégorie de lois particulières votées par le Parlement, ayant pour objet d'autoriser le Président de la République à prendre, par voie d'ordonnances, des mesures qui relèvent normalement du domaine de la loi en vue de l'exécution du programme d'action du Gouvernement.

En conclusion, on retiendra que la fonction législative et la fonction de contrôle de l'action gouvernementale, loin de s'opposer, demeurent complémentaires.

Paragraphe 2

Le contrôle du budget et l'évaluation des politiques publiques

En application du principe du consentement parlementaire à l'impôt énoncé dans la Déclaration des Droits de l'Homme et du Citoyen de 1789, conquis par les révolutionnaires et déjà mis en œuvre par plusieurs Constitutions africaines, le Parlement doit voter le budget préparé par le ministre des finances, puis en contrôler l'exécution[213]. L'évaluation des politiques publiques par le Parlement en Afrique constitue une préoccupation assez récente partagée par tous les pays étudiés[214]. Plus que la reconnaissance d'une prérogative traditionnelle de tout Parlement, c'est bel et bien une invitation à l'action.

Nous analyserons, d'une part, le contrôle spécifique portant sur l'exécution du budget (A) et, d'autre part, le contrôle de l'évaluation des politiques publiques (B).

---

[213] TÜRK (P.), *Le contrôle parlementaire en France*, *op. cit.*, p. 44.

[214] GREGOIR (S.), « L'évaluation des politiques publiques : qui et comment ? », *in Revue Economie et Prévision*, 2014/1, n° 204-205, pp. 211-224.

A. Le contrôle spécifique de l'exécution du budget

Le rôle du Parlement dans le processus budgétaire n'est pas des moindres. Une plus forte implication du Parlement dans le processus budgétaire, comme le relève l'ancien Secrétaire général des Parlements francophones d'Afrique, Anders JOHNSSON, « *est un gage d'une meilleure politique économique nationale, d'une plus grande transparence de l'action gouvernementale et d'un consensus national renforcé* »[215]. Le budget n'est pas une activité ponctuelle, mais un proccssus qui s'étend sur l'ensemble de l'année. Il est donc souhaitable que le Parlement reçoive régulièrement des informations sur l'exécution du budget et sur l'état des recettes et des dépenses par rapport au budget initial[216].

Ce mécanisme est très souvent utilisé au Bénin et au Mali (1). Il peut également demander à l'organe de contrôle juridictionnel de l'État, par exemple, la Cour des Comptes[217], d'approfondir l'examen de questions précises : c'est le mécanisme mis en œuvre au Sénégal (2).

1. Le contrôle de l'exécution du budget au Bénin et au Mali

Le Parlement exerce un contrôle sur l'exécution du budget et de toutes les dépenses publiques par la loi de règlement. Par les mécanismes d'information parlementaire, les députés peuvent adresser au chef du Gouvernement et aux ministres des questions orales ou écrites relatives aux affaires de leur ressort. En effectuant le contrôle sur l'exécution du budget, les membres des commissions techniques constituées par l'Assemblée nationale peuvent interpeller le Gouvernement pour des

---

[215] JOHNSSON (A. B.), « Avant-propos », *Rapport du séminaire régional pour les Parlements francophones d'Afrique*, in « Le Parlement et le processus budgétaire, notamment dans une perspective d'équité entre hommes et femmes », Bamako, 1er-3 novembre 2001, p. 3.

[216] Lire le *Rapport général sur les travaux du séminaire sur Le Parlement et le processus budgétaire, notamment dans une perspective d'équité entre hommes et femmes »,* Bamako, 1er au 3 novembre 2001, p. 22.

[217] La Cour des Comptes intervient dans le contrôle de l'exécution du budget dans certains pays africains francophones, qu'elle soit rattachée aux pouvoirs exécutif, législatif ou judiciaire, l'essentiel est qu'elle dispose d'une large indépendance et d'une réelle autonomie ainsi que de moyens suffisants pour accomplir ses missions.

affaires de toute nature. Le contrôle parlementaire peut d'abord intervenir en cours d'exécution de la loi de finances par le biais de questions posées par les parlementaires ou de commissions d'enquête, même si la création de ces dernières être strictement encadrée.

Mais, l'essentiel du travail de contrôle est effectué par les commissions des finances des Assemblées. Le contrôle peut aussi s'effectuer postérieurement à l'exécution du budget-programme[218] au travers du vote de la loi de règlement qui permet aux parlementaires de contrôler l'exécution dudit budget-programme initial et des éventuels collectifs budgétaires de l'année précédente.

Au Mali, les opérations d'exécution du budget-programme de l'État sont soumises à un triple contrôle administratif, juridictionnel et parlementaire qui constitue à la fois le dispositif du contrôle interne et du contrôle externe de la dépense publique. Le budget-programme est défini comme un « *modèle de présentation des crédits budgétaires consistant à regrouper les actions d'un même ministère par programme en rapprochant pour chacun d'eux les crédits de toutes natures et les résultats physiques ou financiers attendus, le tout étant complété par une projection indicative portant sur plusieurs années* »[219]. Pour ASKIM, le budget-programme est un mode de gestion de la dépense publique qui a pour but de favoriser l'efficacité de la dépense publique[220].

Au Bénin, l'exécution des lois de finances interpelle le Parlement qui doit exercer un droit de regard sur l'utilisation des ressources et sur la concordance des dépenses effectuées avec les autorisations budgétaires accordées. En effet, le vote d'une loi de règlement requiert au préalable la contribution de la commission des finances qui prend l'initiative et de

---

[218] La réforme du budget-programmes au Mali a été impulsée par l'Assemblée nationale bien avant les directives communautaires de l'UEMOA. En effet, sur initiative de l'Assemblée nationale du Mali, le Gouvernement s'est engagé depuis 1994 dans un processus de réforme du budget en mode programmes. Ce processus a été conduit par le Ministère de l'Economie et des Finances. L'expérimentation de l'approche du budget programmes au Mali a commencé en 1998, mais elle a été instituée en 2013 à travers la Loi n° 2013-028 du 11 juillet 2013 modifiée relative aux lois de finances.

[219] SIDIBE (M.), THERA (S.), « Le budget-programme : qu'en est-il au Mali ? Cas des départements ministériels », *in Revue Internationale des Sciences de Gestion*, Vol. 4, n° 3, 2021, pp. 143-160.

[220] ASKIM (J.) « An Adaptive Model of Bureaucratic Politics », *in American Political Science Review*, 79, 2007, pp. 755-774.

la chambre des comptes de la Cour suprême qui le concrétise. Il appartient à la chambre des comptes d'établir le rapport et la déclaration générale de conformité entre les comptes individuels des comptables et les comptes généraux de l'État[221]. Là, on s'aperçoit que la Cour des Comptes du Bénin a pour rôle de contrôler de la bonne gestion des finances publiques de l'État. Elle vérifie les comptes et contrôle la gestion des entreprises publiques et organismes à participation financière ou bénéficiant des fonds publics. Médé NICAISE estime que « *le contrôle se fonde sur le souci de la régularité et du besoin de transparence des finances publiques* »[222]. Ce qu'il faudrait ajouter ici, c'est que la commission des finances peut compléter son information en adressant à la chambre des comptes un questionnaire lui demandant de développer certains thèmes abordés dans son rapport ou d'en traiter de nouveaux. La loi de règlement apparaît comme un des maillons essentiels de la bonne gouvernance qui permet aux citoyens de connaître les efforts faits pour améliorer leur niveau de vie en leur donnant surtout l'occasion d'apprécier la réalisation des programmes politiques des plus hautes autorités politiques[223]. Elle est intimement liée à la reddition des comptes, une notion essentielle de la gestion transparente des finances publiques[224]. Aux termes de l'article 79 de la Constitution du 11 décembre 1990, le Parlement reçoit le spectre pour voter la loi et consentir l'impôt. Mais, la Constitution lui confère bien au-delà de cela.

---

[221] ADELOUI (A. J.), « Le Parlement dans le régime politique béninois », *op. cit.*, p. 18.

[222] MEDE (N.) cité par Denagnon Marcellin TOBOSSI, *Contribution à l'effectivité du contrôle juridictionnel sur les finances de l'Assemblée nationale*, Mémoire, 2008.

[223] Le nouveau cadre harmonisé du contrôle parlementaire de l'action gouvernementale est constitué en fait d'une directive faîtière, la directive n° 02/2009/CM/UEMOA portant code de transparence dans la gestion des finances publiques au sein de l'Union Economique et Monétaire Ouest Africain (UEMOA) et les sept autres directives qui traitent chacune des aspects techniques auxquels se réfère leur objet respectif. Le code de transparence est un véritable socle de la promotion de la bonne gouvernance, en général, qui aborde des domaines très variés. Il consacre les principes fondamentaux devant régir la gestion des finances publiques dans un État de droit : la légalité, la transparence, le contrôle démocratique et la responsabilité. Pour ce faire, le code de transparence exige des acteurs de la gestion publique, notamment de la gestion des finances publiques, des obligations en matière de transparence, d'information, d'intégrité. Il accorde, en outre, une place de choix aux citoyens, en leur permettant d'exercer leur droit de regard sur la gestion publique, en général, et d'examiner un débat public sur la gestion des finances publiques.

[224] AKAKPO (M. B.), « Loi de règlement et bonne gouvernance au Bénin, *in La Nation*, n° 3738 du 11 mai 2005.

Le contrôle parlementaire est un contrôle politique institué[225] par la Constitution et le Règlement intérieur de l'Assemblée nationale, par la loi organique relative aux lois de finances et par les directives communautaires.

En application de l'article 47 de la loi organique relative aux lois des finances, le Parlement a pour mission, entre autres, de contrôler l'exécution de la loi des finances. Ce contrôle se fait en cours d'exécution ou *a posteriori*[226]. Le premier type de contrôle s'effectue par le biais des commissions d'enquête parlementaire et des questions écrites ou orales à l'endroit de l'Exécutif. Ces commissions sont chargées du suivi et du contrôle de l'exécution des lois de finances et doivent procéder à l'évaluation de toute question relative aux finances publiques. A cet effet, elles procèdent à toutes investigations sur pièces et sur place, et à toutes auditions qu'elles jugent utiles. L'article 119 du Règlement intérieur de l'Assemblée nationale pose les modalités d'exercice du contrôle parlementaire en cours d'exécution du budget. Le contrôle *a posteriori* est exercé essentiellement par le biais de la loi de règlement. Il permet de constater le montant des encaissements en matière de recettes et de dépenses effectuées en une année. En cas de doute sur une information, le Parlement peut demander à la juridiction des comptes toute enquête aux fins de confirmer ou d'infirmer ses doutes sur la transparence dans la gestion[227].

Donc, le contrôle budgétaire est le principal instrument qui permet aux commissions chargées d'un domaine ministériel d'évaluer les programmes gouvernementaux. Alors que le contrôle des commissions s'exerce essentiellement, comme on l'a vu, sur la loi de finances et les comptes publics, les enquêtes peuvent aller jusqu'à mettre en cause la pertinence même d'une politique.

Le contrôle de l'exécution du budget par l'Assemblée nationale du Sénégal permettra de faire une incursion dans le droit comparé africain.

---

225 HOUILLON (Ph.), « Le contrôle extraordinaire du Parlement », *in Pouvoirs*, n° 134, 2010, pp. 59-69.

226 KABAKA (P. I.), « Le contrôle non juridictionnel de l'exécution des dépenses publiques et du budget de l'État », article publié sur *https://hal.archives-ouvertes.fr/hal-01283785 le 8 mars 2016*, consulté le 18 septembre 2021.

227 BELLO (S.), « Le système de contrôle de la gestion des finances publiques au Bénin », *www.nomos-elibrary.de/agb* et consulté le 18 septembre 2021, p. 446.

2. Le contrôle de l'exécution du budget par le Parlement sénégalais

Dans toute démocratie établie, le Parlement est censé contrôler l'exécution du budget de l'État via la loi de règlement. Celle-ci est l'un des trois types de lois de finances (initiale, rectificative) qui, à la fin de chaque exercice, permet d'arrêter le montant effectif des dépenses et des recettes de l'État et le résultat financier qui en découle. Autrement dit, c'est un bilan qui permet aux parlementaires d'apprécier la conformité de l'exécution au projet budgétaire qu'ils ont voté initialement. La mise en œuvre des directives de 2009 de l'Union Economique et Monétaire Ouest Africaine (UEMOA) en matière de gestion des finances publiques présente de nouveaux enjeux pour les Parlements de la région.

La Directive n° 06/2009/CM/UEMOA sur les lois de finances établit de nouvelles règles pour l'élaboration, l'exécution et le contrôle des budgets nationaux, avec pour objectif une meilleure efficacité des dépenses publiques et des politiques publiques y afférentes. Cette notion d'efficacité devient cruciale, étant donné l'importance que cette directive accorde aux résultats attendus de la mobilisation et de l'utilisation des ressources financières plutôt qu'à leur affectation quantitative[228]. Les nouvelles directives entendent renforcer le contrôle des dépenses publiques par les Parlements et l'information des représentations nationales, en introduisant des innovations importantes et en passant de budgets de moyens à des budgets de résultats. Elles introduisent également de profonds changements[229] dans l'élaboration, l'exécution, le

---

[228] Lire *le Rapport de l'atelier du Pôle-Stratégie de développement et finances publiques intégré,* Centre régional du PNUD à Dakar, *www.the-pole.org,* consulté le 18 septembre 2021 à 9h 37 mn.

[229] L'article 58 de la Directive n° 06/2009/CM/UEMOA en date du 26 juin 2009 introduit de profonds changements, en ces termes : « *Le projet de loi de finances de l'année, y compris le rapport et les annexes explicatives prévus à l'article 46 de la présente Directive, est déposé sur le bureau du Parlement au plus tard le jour de l'ouverture de la session budgétaire. Lorsque le projet de loi de finances a été déposé dans les délais sur le bureau du Parlement, il doit être adopté au plus tard à la date de clôture de la session budgétaire. A défaut, il peut être mis en vigueur par ordonnance. Lorsque le projet de loi de finances n'a pu être déposé en temps utile pour que le Parlement dispose avant la fin de la session ordinaire de l'entier délai prévu à l'alinéa précédent, celle-ci est, immédiatement et de plein droit, suivie d'une session extraordinaire dont la durée est au plus égale au temps nécessaire pour parfaire ledit délai. Si à l'expiration de ce délai, le projet de loi de finances n'est pas adopté, il est mis en vigueur par ordonnance. Dans la*

suivi et le contrôle du budget de l'État. En outre, l'article 74 de la directive précitée précise que « *le Gouvernement transmet trimestriellement au Parlement, à titre d'information, des rapports sur l'exécution du budget et l'application du texte de la loi de finances* »[230].

Au Sénégal, ce contrôle externe regroupe un contrôle juridictionnel[231] mené par la Cour des Comptes et un contrôle politique de l'Assemblée nationale. Elle exerce à la fois un contrôle de gestion et un contrôle juridictionnel sur les comptes de l'État, des collectivités locales, des agences de développement et des établissements publics. Le contrôle parlementaire s'exerce tant en cours qu'après l'exécution des lois de finances.

En outre, les parlementaires eux-mêmes peuvent adresser au Gouvernement des demandes d'explication qui peuvent prendre la forme de questions écrites ou orales[232]. Les outils externes de contrôle sont

---

mesure où, compte tenu de la procédure prévue à l'alinéa précédent, le projet de loi de finances n'a pu être voté avant le début de l'année financière, le Gouvernement est autorisé, conformément aux dispositions constitutionnelles en vigueur, à continuer de percevoir les impôts et à reprendre en dépenses le budget de l'année précédente par douzièmes provisoires ».

[230] Directive n° 06/2009/CM/UEMOA sur les lois de finances du 26 juin 2009.

[231] Le contrôle juridictionnel de l'exécution du budget permet à la Cour d'exercer une panoplie de contrôle. La Cour doit vérifier l'exactitude, la fiabilité et l'exhaustivité des états financiers de tous les pouvoirs publics, en s'assurant de la conformité des opérations comptables à la réglementation sur la comptabilité publique. Dans le cadre de la mise en œuvre de ce contrôle, la Cour exerce une mission juridictionnelle à l'égard des comptables publics et des ordonnateurs, qui tous devraient être tenus responsables sur leurs propres deniers, sauf décharge au cas où leur responsabilité ne serait pas retenue.

[232] En cas de malversation ou de corruption constatée, la Cour dénonce les faits au pouvoir judiciaire qui a la charge de donner une suite aux faits dénoncés : - contrôle de légalité: la Cour devrait vérifier la conformité des dépenses et des recettes publiques par rapport à la loi budgétaire et, sauf pour les dépenses de personnel et un certain nombre de dépenses répétitives, exercer un certain contrôle de légalité par le biais du visa préalable des ordonnances de dépenses; - contrôle du bon emploi des deniers publics : une Cour moderne, au service de la bonne gouvernance, se doit de procéder au contrôle du bon emploi des deniers publics par référence à trois concepts :

- L'économie, qui vérifie si les ressources utilisées l'ont été au meilleur coût, tant d'un point de vue qualitatif que quantitatif ;
- L'efficacité, qui donne la mesure dans laquelle les objectifs et les finalités assignés sont atteints ;
- L'efficience, qui mesure si les moyens mis en œuvre ont été utilisés de manière optimale pour atteindre le résultat obtenu. Ce contrôle *a posteriori* se fait sur l'initiative

conçus pour accentuer la responsabilisation du Gouvernement et pour fonctionner à l'extérieur du Parlement et du processus politique qui s'y déroule[233]. Partant, après l'exécution du budget, le contrôle parlementaire s'exerce, lors de l'examen de la loi de règlement.

Toutefois, ce contrôle *a posteriori* manque souvent d'effectivité au Sénégal à cause du non-respect du principe du « *chainage vertueux* » dans la procédure budgétaire. A titre d'illustration, le projet de loi de finances de l'année 2016 a été déposé au bureau du Parlement, alors que la loi de règlement de l'année 2013 n'avait pas été préalablement votée. Or, les règles communautaires en la matière imposent que le projet de loi de règlement afférent au budget de l'année n-1 soit déposé au plus tard le 31 décembre de l'année n+1. Des nouvelles réformes du cadre parlementaire pourraient être envisagées en matière de contrôle budgétaire qui permettra de rationaliser le contrôle parlementaire par le rôle évaluateur[234] qui est dévolue à l'institution.

Au-delà du contrôle de l'exécution du budget, le Parlement évalue les politiques publiques.

B. Le contrôle de l'évaluation des politiques publiques

En Afrique noire francophone, le Parlement joue un rôle très important dans l'évaluation des politiques publiques. Dans l'appréciation

---

de la Cour elle-même ou à la demande du Parlement. La Cour des Comptes a pour mission principale de s'assurer du bon emploi de l'argent public et d'en informer les citoyens. Juridiction indépendante, elle se situe à équidistance du Parlement et du Gouvernement. La Cour juge les comptes des comptables publics. Sa compétence s'exerce sur environ un millier de comptes. Historiquement, il s'agit d'une des premières missions de la juridiction. Elle peut conduire à mettre en jeu la responsabilité personnelle et pécuniaire d'un comptable public (ou d'un comptable de fait, c'est-à-dire une personne qui manipule de l'argent public sans en avoir le droit) si un déficit ou un manquement ont été constatés, si une recette n'a pas été recouvrée ou si une dépense a été irrégulièrement payée.

233 IMBEAU (L. M.) STAPENHURST (R.), *Le contrôle parlementaire des finances publiques dans les pays de la francophonie*, Laval, Presses de l'Université Laval, collection *Démocratie et Institutions Parlementaires*, 2019, p. 11.

234 MEDE (N.), « La nouvelle gestion budgétaire : l'expérience des budgets de programme au Bénin », *in Afrilex*, n° 4, 2004, 31 p.

des politiques publiques, l'évaluation reçoit une place centrale[235] en Afrique noire francophone. A ce niveau, se pose la question des méthodes d'analyse utiles pour isoler et quantifier les changements induits par les politiques publiques auprès de la société civile.

Le Parlement des États de l'Afrique noire francophone effectue une évaluation laborieuse des politiques publiques (1) en dépit des lacunes liées aux mécanismes d'évaluation (2).

1. Une plus-value du nouveau cadre harmonisé des finances publiques

L'évaluation des politiques publiques fait désormais partie des thèmes obligés de toute réflexion sur la réforme de l'État et la modernisation de l'action publique. Mieux gérer l'argent public et rendre des comptes sur son utilisation sont des impératifs peu contestables en période de rigueur budgétaire, dans une société où les exigences de transparence se font plus pressantes. Pour contribuer réellement à l'amélioration de la gouvernance publique, l'évaluation ne peut cependant pas se contenter de mesurer les coûts et les effets des politiques, elle doit aussi viser à en éclairer les enjeux, la logique et les mécanismes afin de permettre à tous d'en devenir les acteurs informés et responsables[236].

Assurément, l'évaluation des politiques publiques est l'une des innovations majeures qui structurent le nouveau cadre harmonisé des finances publiques de l'UEMOA. A la faveur du changement de paradigme, les Constitutions ont enrichi les Parlements d'un nouveau et non des moindres, en l'occurrence celui d'évaluer des politiques publiques. En ce sens, la Constitution malienne du 22 juillet 2023 élargit le champ d'intervention de l'institution en disposant, en son article 94 alinéa 2, que *« le Parlement vote la loi et concourt à l'évaluation des politiques publiques »*. En écho, l'article 157 de nouvelle Constitution ajoute que *« la Cour des Comptes assiste le Parlement dans le contrôle de l'exécution des lois de finances et l'évaluation des politiques publiques »*. Au Sénégal, la rédaction de l'article 59 issue de la réforme

---

[235] DUPART (J. P.), « Le contrôle parlementaire de l'Administration : présentation générale », *in Le contrôle parlementaire de l'Administration*, Paris, Dalloz, 2010, p. 31.

[236] PERRET (B.), « L'évaluation des politiques publiques », *in Regards croisés sur l'économie*, n° 18, 2016, p. 45.

constitutionnelle de 2016[237] introduit de nouvelles prescriptions dans les pouvoirs de l'Assemblée nationale. Désormais, en plus de voter, seule, la loi et de contrôler l'action du Gouvernement, elle *« évalue les politiques publiques »*.

Ce nouvel édifice du contrôle parlementaire est également visible dans les textes de réception du droit communautaire (loi organique n° 2013-14 du 27 septembre 2013 relative aux lois de finances du Bénin, loi n° 2013-028 du 11 juillet 2013 relative aux Lois de finances du Mali, loi organique n° 2020-07 du 26 février 2020 abrogeant et remplaçant la loi organique n° 2011-15 du 08 juillet 2011 relative aux lois de finances, modifiée par la loi organique n° 2016-34 du 23 décembre 2016 du Sénégal).

L'évaluation peut être comprise comme « *une démarche méthodique visant à mesurer les résultats d'une activité en vue d'en accroitre l'efficacité* » [238]. Il sied de faire une distinction entre contrôle et évaluation. Le contrôle vérifie l'application tandis que l'évaluation explore les effets. L'évaluation réfère à des résultats, normes prédéterminés et poursuivis. A partir de 2007, les dirigeants réformistes des États du Bénin, du Mali et du Sénégal ont entrepris de renforcer la qualité de la gouvernance et de la gestion publique en mettant en place un système d'évaluation des politiques publiques. Les politiques et programmes nationaux n'avaient souvent que peu d'impact sur les résultats en matière de développement ; les systèmes existants de suivi et d'évaluation des initiatives gouvernementales étaient en outre essentiellement impulsés par les bailleurs de fonds et conçus pour répondre à leurs besoins. Compte tenu de l'inefficacité et de l'inefficience qui prévalaient au sein de l'Administration en Afrique noire francophone, l'idée d'une évaluation n'a bénéficié à l'origine que d'un faible soutien politique.

Dans un État de droit, la loi est le principal régulateur de la vie sociale, voire idéalisée. La finalité de l'évaluation des politiques publiques est de renseigner les pouvoirs publics sur l'impact des efforts déployés pour

---

[237] Loi constitutionnelle n° 2016-10 du 5 avril 2016 portant révision de la Constitution du Sénégal.

[238] RANGEON (F.), « La notion d'évaluation », *in* RANGEON F. et *al., L'évaluation dans l'administration*, Paris, PUF, 1993, p. 11.

soutenir la croissance et lutter contre la pauvreté[239]. Au Mali, les évaluations se font de façon éparse et non systématique et cela malgré l'existence de la fonction d'évaluation de politiques publiques parmi les missions principales de certaines structures et institutions du pays. A titre illustratif, le pouvoir exécutif n'est pas doté, pour le moment, d'une structure responsable de l'évaluation en son sein. Il est toutefois prévu, avec la mise en place du budget-programme en 2018, de procéder annuellement à l'évaluation des performances des projets et des programmes et de faire de même à la fin leur durée de vie (entre 5 et 7 ans). Pour l'instant, la répartition de ces activités d'évaluation n'est pas officielle, cependant le contrôle financier a déjà développé des outils pour assurer des évaluations rapides des projets. Il est à préciser que cette évaluation ne concernera que l'atteinte des objectifs opérationnels. Au Mali, les activités d'évaluation ne sont donc pas coordonnées au niveau du Gouvernement. Elles sont menées en fonction des besoins des départements et des partenaires[240]. Il faut noter que *« l'apport de la Section des comptes et éventuellement d'autres organismes de contrôle de l'État ne doit pas s'opposer à la création d'un office d'évaluation des politiques publiques au sein du Parlement notamment dans une perspective d'équité entre hommes et femmes. Cet office, comme le souligne Monsieur Lahaou TOURE devrait pouvoir vérifier l'efficacité de la dépense publique par rapport à ses objectifs initiaux »*.

Sur ce dernier point précis, il n'est pas inutile de rappeler la Section des Comptes est récemment élevée au rang de Haute Juridiction financière dénommée « *Cour des Comptes* » (Chapitre IV de la Constitution malienne du 22 juillet 2023). Finalement, le Mali se conforme aux exigences communautaires posées dans l'Avis n° 01/2003 du 18 mars 2003 de la Cour de Justice de l'UEMOA relatif à la création d'une Cour des Comptes au Mali. La Cour rappelait prestement que :

> « Les États [membres] ont le devoir de veiller à ce qu'une norme de droit national incompatible avec une norme de droit communautaire qui répond aux engagements qu'ils ont pris, ne puisse pas être valablement opposée à celle-ci. Cette obligation est le corollaire de la supériorité de la norme communautaire sur la norme interne. Ainsi le

---

[239] Rapport sur l'évaluation des politiques et des institutions en Afrique : comprendre le rapport CPIA en cinq graphiques, 12 août 2020.

[240] Lire le *Rapport de* l'Association pour la promotion de l'évaluation au Mali – APEM, 2017.

juge national, en présence d'une contrariété entre le droit communautaire et une règle de droit interne, devra faire prévaloir le premier sur la seconde en appliquant l'un et en écartant l'autre. »

En conclusion, la Cour était d'avis que :

« Le Traité de l'UEMOA consacre la primauté de la législation communautaire sur celle des États membres ; - à ce titre la Directive n°02/2000/CM/UEMOA du 29 juin 2000 portant adoption du Code de transparence dans la gestion des finances publiques au sein de l'UEMOA, doit, dès son entrée en vigueur, être pleinement appliquée en République du Mali ; - il appartient donc à l'État malien de prendre toutes les dispositions nécessaires à l'application de cette directive en la transposant immédiatement dans son droit positif interne, le délai de transposition prévu étant épuisé, au risque d'encourir un recours en manquement ».

C'est du côté de l'administration qu'il convient de regarder pour trouver la présence de structures d'évaluation. Certains services administratifs sont dotés de telles structures. Comme exemple il est possible de citer l'Agence nationale d'Évaluation des Hôpitaux, les services de l'environnement, de la santé, de l'éducation, du développement rural. Mais c'est aux termes de l'article 2 de la loi 2012-009 du 8 février 2012 que le Parlement malien s'est vu doter de compétences dans le domaine de l'évaluation. Cet article instituant le Vérificateur général du Mali, précise que ce dernier « *peut évaluer, à la demande du Président de la République, du Gouvernement ou du Parlement, les politiques publiques en vue de leur proposer les mesures et actions propres à assurer une meilleure adéquation du coût et du rendement des services publics* »[241], à rendre plus pertinent l'emploi des ressources publiques et d'une façon générale, à garantir le fonctionnement régulier des organismes et structures publics. Le Parlement a donc acquis la compétence de mandater lui-même des évaluations.

En dépit de l'élaboration laborieuse des politiques publiques, des insuffisances demeurent dans cette évaluation.

---

[241] Article 2 de la loi n° 2012-009 du 8 février 2012.

2. Les lacunes de l'évaluation des politiques publiques

L'idée d'évaluation est attachée à un idéal démocratique, respectueux des droits du citoyen contribuable. Le juge, notamment administratif, a été aussi un précurseur de la fonction évaluative[242]. L'évaluation des politiques publiques, qui comporte toujours une appréciation sur l'efficacité des actions publiques, ne peut se passer de données permettant, à défaut d'en disposer, de construire des indicateurs de moyens et de résultats significatifs. Ainsi, en ont décidé certains États de l'Afrique noire francophone, qui, à l'image de la France, ont récemment constitutionnalisé l'évaluation par le Parlement[243]. Dans la plupart de ces États, la question de l'efficacité du Parlement se pose avec acuité, qu'il s'agisse de légiférer ou de contrôler l'action du Gouvernement.

L'une des difficultés réside du fait qu'il manque trop souvent aux politiques publiques une définition suffisamment précise des objectifs poursuivis, une absence fréquente d'indicateurs de moyens et de résultats reste à déplorer. Quand ceux-ci sont présentés, les commentaires qui les accompagnent ne permettent, en général, pas d'apprécier leur portée.

Au Bénin, l'organisation actuelle de l'Assemblée nationale ne permet pas aux députés de jouer pleinement leur rôle de contrôle de l'action du Gouvernement. Le dispositif d'information du Parlement en matière de l'évaluation des politiques publiques est quasiment inexistant ce qui empêche le Parlement de disposer des informations justes et à temps. Dès lors, le cadre institutionnel de l'évaluation des politiques publiques doit permettre de promouvoir l'évaluation des politiques publiques et la culture d'apprentissage dans l'Administration publique centrale et déconcentrée ainsi que dans les administrations locales.

L'évaluation est reconnue comme un outil de la réforme de la gestion axée sur les résultats. L'élaboration et l'opérationnalisation d'un dispositif de suivi et d'évaluation cohérent est une exigence pour le financement de tout projet, de tout programme et de toute politique publique sur les ressources intérieures et extérieures accordées à l'État[244].

---

[242] NANAKO (C.), « La fonction parlementaire d'évaluation à la lumière de l'expérience française », *in Actes du colloque international sur Le Parlement en Afrique*, organisé au Bénin, du 23 au 26 septembre 2019, pp. 59-86.

[243] Article 59 de la Constitution du Sénégal.

[244] *Rapport sur la Politique nationale d'Évaluation*, Bénin, 2012-2021, p. 32.

La politique nationale d'évaluation s'inscrit dans le cadre de l'amélioration de la mise en œuvre de la stratégie de croissance pour la réduction de la pauvreté. Ainsi, les mesures de la politique doivent contribuer à renforcer les dispositifs et les structures d'évaluation au Bénin. Les structures d'évaluation sont tenues de réaliser de manière systématique et coordonnée les activités de suivi-évaluation retenues dans le cadre de la SCRP[245].

Le développement du contrôle parlementaire dans certains États africains prend de telles proportions et emporte de telles conséquences qu'il finit par nuire à l'équilibre institutionnel et au bon fonctionnement du régime en place. L'absence de réglementation de ses conditions d'exercice fut une cause directe de l'instabilité gouvernementale qui sévit dans les États considérés. Or, face à un pouvoir exécutif affaibli, et du fait surtout du silence des textes, le Parlement doit, de notre point de vue, disposer de toute la latitude pour développer son contrôle, dont les procédures font l'objet d'une réglementation limitée s'imposant à lui. Celles-ci résultent des règlements intérieurs des Assemblées et surtout de la pratique politique de chaque État.

Au Mali, le rôle et les attributions du Parlement nécessitent d'être renforcés pour répondre aux impératifs de la modernisation qui est l'un des chevaux de bataille du Président de la République. Comme le souligne Digne Elvis TSALISSAN OKOMBI, le fonctionnement du Parlement devra, par conséquent, être adapté aux exigences de notre temps[246]. Les citoyens africains, en général, et maliens, en particulier, aspirent à faire évoluer le Parlement vers un véritable instrument d'évaluation des politiques publiques. Toutefois, le processus d'évaluation des politiques publiques par le Parlement du Mali ne conduit pas une sanction du Gouvernement dans l'hypothèse d'irrégularités graves en termes de l'adoption, de motion de censure suivant la Constitution du 22 juillet 2023.

---

245 *Ibid.*

246 TSALISSAN OKOMBI (D. E.), *Guide des relations Gouvernement-Parlement en République du Congo*, Paris, L'Harmattan, 2017, p. 134.

CHAPITRE 2

LE CONTRÔLE PARLEMENTAIRE, UN CONTRÔLE-SANCTION

Dans les régimes démocratiques des États d'Afrique noire francophone, la fonction de contrôle de l'action gouvernementale reconnue au Parlement résulte de l'application du principe de séparation des pouvoirs qui implique une spécialisation des fonctions de l'État et leur exercice par différents organes, de façon à ce qu'ils se fassent mutuellement contrepoids[247]. Le contrôle parlementaire est, de ce point de vue, envisagé plus largement comme l'ensemble des instruments qui permettent aux Assemblées parlementaires de surveiller l'action gouvernementale et, le cas échéant, de l'Exécutif en actionnant les procédures prévues par la loi fondamentale [248]. Le contrôle des Assemblées demeure une exigence essentielle de la démocratie parlementaire en Afrique noire francophone[249]. En effet, le contrôle-sanction peut être mis en œuvre à travers la mise en jeu de la

[247] SOUMANA (B.), *Le Parlement au Niger*, Thèse de doctorat en droit public, Université de Lyon 2, 2016, 1194 p.

[248] MONGE (P. J.), « Le contrôle parlementaire dans les traités d'Eugène PIERRE : permanence et limites du principe de responsabilité politique », *in* GHEVONTIAN (R.) (dir.), « Eugène Pierre, Précurseur du droit parlementaire contemporain », *in Actes du colloque*, Bruxelles, Bruylant, 2019, p. 186.

[249] MOUSSOUNDA MOUTOUNOU (S.), « Le contrôle parlementaire de l'action gouvernementale », *in Annales de l'Université Marien N'Gouabi*, n° 20, 2020, pp. 115-125.

responsabilité du Gouvernement ou à travers la responsabilité pénale des membres de l'Exécutif[250].

Le contrôle parlementaire s'exerce par la possibilité de mettre en cause non seulement la responsabilité politique du Gouvernement devant le Parlement (Section 1), mais aussi et surtout la responsabilité pénale des membres de l'Exécutif (Section 2).

SECTION 1

LA MISE EN JEU DE LA RESPONSABILITÉ POLITIQUE DU GOUVERNEMENT

« *La toute-puissance du Gouvernement est légitimée par sa responsabilité, sa responsabilité politique avant tout* », écrit le constitutionnaliste [251] . Dans un régime politique démocratique, la responsabilité est le corollaire de l'autorité : elle signifie, pour les gouvernants, de donner raison des actes consumés, pour reprendre la formule du général SEBASTIANI et d'en assurer leurs conséquences devant une institution émanant directement du peuple. Cette notion, clé de voûte du système parlementaire dont la spécialité est justement la responsabilité des ministres devant le Parlement, répond d'une longue évolution. L'engagement de responsabilité n'est pas obligatoire lors de l'entrée en fonction d'un Gouvernement.

La responsabilité du Gouvernement peut être engagée à l'initiative du Parlement à partir de la motion de censure (Paragraphe 1) et par la question de confiance à l'initiative du Premier Ministre[252] (Paragraphe 2).

---

[250] ACQUAVIVA (J. C.), *Droit constitutionnel et institutions politiques*, Paris, Gualino, 18e éd., 2016, p. 214.

[251] COHENDET (A-M.), *Droit constitutionnel*, Paris, LGDJ, 2013, 826 p.

[252] PACTET (P.), MELIN-SOUCRAMANIEN (F.), *Droit constitutionnel*, Paris, Sirey, 2008, p. 469.

Paragraphe 1

La motion de censure

La motion de censure est un mécanisme constitutionnel de mise en jeu de la responsabilité politique du Gouvernement devant la chambre représentative de la population, en l'occurrence l'Assemblée nationale. Elle est une arme permettant aux députés de retirer leur confiance au Gouvernement qui perd ainsi toute légitimité pour conduire la politique de la nation. La Constitution du 25 février 1992 avait prévu deux types de motion de censure : la motion de censure spontanée et la motion de censure provoquée. Toutefois, la possibilité de sanctionner le Gouvernement par voie de motion de censure n'est pas prévue par la Constitution du 22 juillet 2023. La première résultait de la seule initiative des députés (A), la seconde intervenait à l'origine de la décision du Premier Ministre d'engager la responsabilité du Gouvernement devant l'Assemblée nationale sur tout ou partie d'un texte ? (B).

A. La mise en branle de la motion de censure spontanée

Dans la pratique parlementaire africaine, deux motions de censure peuvent être évoquées[253]. La première variante est la motion de censure spontanée par laquelle, en vertu de l'article 49 alinéa 2, l'Assemblée

---

[253] La motion de censure est un mécanisme constitutionnel de mise en jeu de la responsabilité politique du Gouvernement devant la chambre représentative de la population, en l'occurrence l'Assemblée nationale. Elle est une arme permettant aux députés de retirer leur confiance au Gouvernement qui perd ainsi toute légitimité pour conduire la politique de la nation. La motion de censure est largement inspirée de l'expression d'impeachment. Dans le langage juridique, l'impeachment est le nom de la procédure permettant au pouvoir législatif de destituer un haut fonctionnaire d'un gouvernement. La formule nous vient de l'histoire politique de la Grande Bretagne, berceau du régime parlementaire. A l'origine, il était un mécanisme de procédure pénale mettant en jeu la responsabilité pénale d'un titulaire d'un rôle politique donné. C'est, donc, sous la menace d'une mise en accusation devant la *Chambre des Lord* que les ministres ont pris l'habitude de se retirer. *Lord Walpole* fut le Premier Ministre à démissionner suite à une menace d'impeachment en 1742. De nos jours, la motion de censure est l'apanage des régimes parlementaires dont la logique de fonctionnement repose sur une séparation souple des pouvoirs assortis de l'existence de moyens d'actions réciproques entre les deux organes qui expriment la volonté politique de l'État. Elle est, cependant, inexistante dans les régimes présidentiels fondés sur la séparation rigide et l'indépendance organico-fonctionnelle entre l'Exécutif et le Législatif. Le régime politique de la IIIe république du Mali, qui n'entre pas dans ces deux catégories constitutionnelles classiques, peut être qualifié de semi-présidentiel. www.slate.com, consulté le 12 mars 2022.

nationale du Mali met en cause la responsabilité du Gouvernement sur tel aspect de sa politique (1). La seconde variante est appelée motion de censure provoquée, c'est-à-dire celle par laquelle le Parlement met en jeu la responsabilité du Gouvernement (2).

1. Le sens de la motion de censure spontanée

On parle de motion de censure spontanée ou offensive lorsque les parlementaires sont à l'origine de l'initiative. La motion de censure constitue l'arme la plus redoutable d'action du pouvoir législatif sur le pouvoir exécutif lorsqu'elle entraîne la démission immédiate du Gouvernement[254]. Selon Jean-Claude ACQUAVIVA, « *la motion de censure est un texte par lequel l'Assemblée nationale met en cause la responsabilité du Gouvernement* »[255]. En règle générale, une motion de censure est un texte qui critique l'action du Gouvernement et conclut à son renversement[256]. Comme le relève Eric THIERS, « *le pouvoir de contrôler ne doit pas, par une voie détournée, se muer en pouvoir de sanctionner. C'est pourquoi, le Conseil constitutionnel rappelle toujours que les pouvoirs de contrôle des organes parlementaires ont pour objet de permettre à l'Assemblée d'exercer son contrôle sur la politique du Gouvernement* »[257].

Les Constitutions des États sous étude, à l'instar des autres Constitutions de la sous-région ont prévu ce mécanisme parlementaire de contrôle de l'activité gouvernementale[258]. Une motion de censure ne peut être déposée à la période dans laquelle le Président du Parlement assure l'intérim de la présidence de la République. Elle n'est seulement recevable que si elle est signée par un dixième (1/10) des membres de l'Assemblée nationale. La motion n'est discutée que quarante-huit (48) heures après son dépôt, laissant ainsi un délai de réflexion aux députés[259].

---

[254] NIANGALY (A.), « Le contrôle de l'action gouvernementale par l'Assemblée nationale du Mali », *in Vues africaines de droit public et de science politique. A partir des thèses dirigées par le Professeur Ismaila Madior FALL*, Dakar, 2022, p. 520.

[255] ACQUAVIVA (J.-C.), *Droit constitutionnel et institutions politiques*, *op. cit.*, p. 215.

[256] GELARD (P.), MEUNIER (J.), *Institutions politiques et droit constitutionnel*, *op. cit.*, p. 314.

[257] THIERS (E.), « Le contrôle parlementaire et ses limites juridiques ... », *op. cit.*, p. 74.

[258] NIANGALY (A.), « Le contrôle de l'action gouvernementale par l'Assemblée nationale du Mali », *op. cit.*, p. 520.

[259] Article 78 de la Constitution malienne du 25 février 1992.

Seuls sont recensés les votes favorables à la motion de censure qui ne peuvent être adoptés à la majorité des membres composant le Parlement. Lorsque le Parlement adopte une motion de censure, le Premier Ministre doit remettre au Président la démission du Gouvernement. Lorsque la motion de censure est rejetée, les signataires ne peuvent en proposer une nouvelle au cours de la même session. On s'aperçoit sans nul doute, que les parlementaires recourent à la motion de censure pour censurer le Gouvernement dans son ensemble. Dans le schéma normal de fonctionnement d'un régime, l'on sait que le Premier Ministre procède du seul Président de la République et s'il est souhaitable qu'il engage sa responsabilité devant le Parlement, c'est parce qu'il est responsable devant lui et qu'il est bon que le contrat de confiance s'exprime dès le départ. C'est ce que Pierre PACTET qualifie de « *l'obligation de courtoisie* »[260].

La IIIe République du Mali n'a encore connu que cinq dépôts de motion de censure. Les deux premières motions de censure ont été déposées sous le mandat du Président Alpha Oumar KONARE. La première motion avait été déposée par 29 députés de l'Opposition[261] le 23 janvier 1996. Elle avait été motivée par la crise scolaire que traversait le pays. La seconde motion de censure, déposée par 13 députés de l'Opposition dénommée « *Rassemblement des Forces Patriotiques* »[262] le 25 février 1997, était donc l'aboutissement des divergences sur la fixation du calendrier électoral. Toutes les deux motions de censure ont été rejetées.

Ensuite, la troisième motion de censure a été déposée par quinze députés de l'Opposition, le 13 juin 2014, contre le Gouvernement dirigé, à l'époque, par le Premier Ministre Moussa MARA, sous la Ve Législature. Dans les termes très vagues de ladite motion, les députés de l'Opposition reprochaient au Premier Ministre et son Gouvernement d'être incapables de résoudre les problèmes urgents de l'heure. Les opposants affirmaient que le pays s'enfonçait dans une crise économique. Il y a aussi, selon les auteurs de la motion de censure déposée, l'organisation chaotique des épreuves du baccalauréat lors desquelles des

---

[260] *Ibid.*

[261] En 1996, l'Opposition parlementaire était essentiellement constituée par les formations politiques suivantes : BDIA, UDD, CNID, PMDR, PSP et MIRIA.

[262] *Nouvel Horizon*, n° 731, du 22 février 1997.

fraudes ont été relevées. En dernier lieu, le grief de la situation qui prévaut à Kidal où de violents affrontements entre l'Armée malienne et le Mouvement national de Libération de l'Azawad (MNLA) ont éclaté après la visite du Premier Ministre Moussa MARA, le 17 mai 2014.

La quatrième motion de censure a été déposée le 21 décembre 2016 contre le Gouvernement du Premier Ministre Modibo KEITA par le Groupe parlementaire dénommé Vigilance Républicaine et Démocratique (VRD). Les députés de l'Opposition reprochaient au Gouvernement de n'avoir prévu aucune action, du fait que les Maliens de l'extérieur n'ont pas un accès facile et efficace à nos consulats de proximité et ne sont pas traités avec respect et reconnaissance dans leur pays d'accueil. Un autre grief concerne la situation d'insécurité généralisée. Les signataires de cette motion de censure ont émis des critiques acerbes du fait de n'avoir pas songé à la modernisation de nos Forces de Défense et de Sécurité qui est d'une urgence extrême. Enfin, sur le dernier point, l'Opposition critique le Gouvernement d'être incapable d'organiser des élections démocratiques et transparentes et surtout le fait de n'avoir pas amélioré les consultations dans le pays.

Enfin, la cinquième motion de censure a été déposée conjointement le 17 avril 2019 par les députés de l'Opposition et de la majorité contre le Gouvernement de Monsieur le Premier Ministre Soumeylou Boubeye MAÏGA, au centre des crispations depuis plusieurs semaines. Dans le cas d'espèce, les députés lui reprochaient le manque de résultats dans la lutte contre l'insécurité dans le pays, son incapacité à faire face au front social, la grève des enseignants laissant planer le spectre d'une année blanche au Mali, ainsi que son refus de venir à l'Assemblée nationale pour s'expliquer devant les députés, malgré l'appel de plusieurs parlementaires. Pourtant, jusqu'aux derniers instants, des tractations se sont poursuivies dans le camp de Soumeylou Boubeye MAÏGA pour tenter de faire échec à la démarche des députés. Coup de tonnerre, avant le vote de la motion de censure[263], Monsieur MAÏGA a démissionné de ses fonctions de Premier Ministre. Cette motion de censure a été qualifiée

---

[263] Le texte devrait donc être soumis au vote le vendredi 19 avril 2019. Il ne fait l'ombre d'aucun doute que l'ensemble de l'Opposition votera en faveur de la motion de censure, les débats font rage au sein de la Majorité. Les 25 députés issus de l'Alliance pour la solidarité au Mali (ASMA), le parti du Premier Ministre, devraient *a priori* voter « contre ». Mais au sein du Rassemblement Pour le Mali, les prochaines heures vont être riches en débats et tractations.

d'inédite par certains observateurs, car c'est la première fois, au Mali, qu'une motion de censure soit conjointement déposée contre un Premier Ministre.

L'analyse qui peut être faite, ici, est que, dans les différentes procédures de motion de censure qui ont été amorcées, ce sont les députés eux-mêmes qui ont pris l'initiative de censurer l'Exécutif. On imagine bien que ce type de motion de censure, qualifiée d'offensive, est généralement l'œuvre de l'Opposition parlementaire qui entend marquer sa désapprobation totale de la politique du Gouvernement ou de sa gestion d'une question brûlante de l'actualité. En somme, le comportement de l'Opposition peut être qualifié de geste à portée hautement politique, même si l'on regrette du fait que le mécanisme de la motion de censure amorcé à plusieurs reprises au Mali depuis la 1re Législature en 1992, n'a abouti à aucune sanction jusqu'à nos jours.

En droit comparé, les députés sénégalais ont rejeté une motion de censure déposée par l'Opposition en 2012 pour contraindre à la démission le Premier Ministre Abdoul MBAYE. C'est le libellé de la motion de censure reprochait au sieur MBAYE d'avoir blanchi de l'argent de l'ex-Président tchadien, Hissène HABRE, lorsqu'il est arrivé en exil à Dakar en 1990. La motion de censure des députés du Parti démocratique sénégalais (PDS) a donc été approuvée, par 14 députés, loin de la majorité requise qui est de 76 voix. Il faut rappeler ici que l'Assemblée nationale issue des élections législatives de juillet 2012 était dominée par une coalition de partis soutenant le Président Macky SALL. Mais, le texte de la motion de censure du PDS indiquait que Abdoul MBAYE était soupçonné de certaines pratiques de blanchiment d'argent opérées au niveau d'une institution financière installée au Sénégal qu'il a dirigée de 1989 à 1997, et de recel. Devant les députés, il a totalement réfuté toute accusation de blanchiment d'argent et encore plus de recel mais a affirmé qu'il assumait totalement et entièrement l'ouverture du compte d'HABRE après avoir pris toutes les précautions d'usage concernant un ancien chef de l'État et informé les autorités de l'époque. Le Premier Ministre a estimé que la motion de censure n'avait qu'un seul but : détourner l'attention des Sénégalais de la politique d'assainissement en cours des affaires publiques[264].

---

[264] *Jeune Afrique*, n° 2706, 2012.

Auparavant, une motion de censure a été servie, en 1998, au Gouvernement du Premier Ministre Mamadou Lamine LOUM par le Groupe parlementaire *« Démocratie et Liberté »*. Elle faisait suite à la rupture de lien de solidarité entre Djibo Leity KA qui a lu le texte de la motion et sa formation politique le Parti socialiste (PS). Celle-ci forte de sa majorité a fini par repousser la motion de censure.

En 2001, le député Moussa TINE du parti *Jëf Jël* se lança dans l'aventure en déposant une motion de censure contre Mme le Premier Ministre Mame Madior BOYE sur le problème des bons impayés aux paysans. Et cela sans effet quelconque devant une solide majorité parlementaire autour du PDS.

Une cinquième motion de censure est actionnée contre le gouvernement du premier ministre amadou ba 2023. Là encore, la prime majoritaire a eu raison de la témérité du Député Birame Soulèye Diop du Parti des Patriotes africains du Sénégal pour le Travail, l'Ethique et la Fraternité (PASTEF- les Patriotes) et de son Groupe parlementaire[265].

A l'arrivée, de toutes les tentatives de renversement du Gouvernement qui ont été amorcées au Sénégal, une seule d'entre elles a abouti. Ce fut le cas, en 1962, avec le renversement du Gouvernement de Mamadou DIA. Cette motion de censure fut votée non pas à l'Assemblée nationale, mais au domicile du président de l'Institution, Lamine GUEYE[266]. Elle

---

[265] Le Parti PASTEF est récemment dissous à la suite des manifestations de mars 2021 et juin 2002 en rapport avec le dossier judiciaire opposant une masseuse au leader Ousmane SONKO.

[266] *« Le 14 décembre 1962, trente-neuf (39) députés déposent une motion de censure contre le gouvernement. Toutefois, le 17 décembre lors du vote de la motion, le Président DIA fait évacuer l'Assemblée nationale par la garde républicaine et la gendarmerie ; 4 députés seront arrêtés. Précisons d'emblée que même durant cette arrestation, le directeur de la gendarmerie de l'époque le lieutenant Ameth Fall a refusé d'exécuter cet ordre sans réquisition ; "c'est le commandant de la garde républicaine, le commandant Tamsir Bâ qui se chargera de l'exécuter". Ce qui était compréhensible puisque la mise en mouvement de cette dernière n'était pas subordonnée à un formalisme préalable. Mais les militaires sénégalais, bien que visiblement divisés, se rangeront finalement du côté de celui que la Constitution a désigné comme leur chef : le Président de la République. Ainsi, les 4 députés seront libérés par les commandos avec le capitaine Pereira ; et le 17 décembre les parachutistes procéderont à l'arrestation du Président du conseil, mettant définitivement fin à 48 heures de crises qui auraient pu, sans la pondération des FDS, plonger le Sénégal dans le chaos »* (général Cheikh Sène, *L'implication des forces de sécurité et de défense dans le processus de démocratisation de l'État au Sénégal*, Thèse de doctorat), Université Cheikh Anta Diop, 2019, p. 82.

ouvre un feuilleton politico-judiciaire l'arrestation du Président du Conseil, Mamadou DIA, exactement le 17 décembre 1962 pour être jugé devant la Haute Cour de Justice.

Dans le contexte béninois, la réalité est différente. La nature présidentielle du régime politique exclut les moyens d'action réciproques tels que la motion de censure ou la dissolution dans les rapports entre le Législatif et l'Exécutif. Etant donné donc que le Bénin a adopté un régime présidentiel, la question classique de la responsabilité du gouvernement devant l'Assemblée nationale ne saurait être une éventualité constitutionnelle. L'Assemblée nationale détient juste le privilège du contrôle de l'action gouvernementale par les questions orales et écrites, les interpellations et les commissions d'enquête.

En plus de la motion de censure spontanée, le Premier Ministre peut engager la responsabilité gouvernementale à l'occasion de l'examen de tout ou partie d'un texte.

2. La motion de censure provoquée, une initiative de l'exécutif

La motion de censure est dite provoquée lorsque l'initiative échappe aux parlementaires tout en restreignant leur liberté[267]. Autrement dit, elle peut être entendue par une demande déposée par un ou plusieurs parlementaires, tendant à obtenir la condamnation de l'Exécutif par l'Assemblée nationale à laquelle ils appartiennent. En termes clairs, c'est un moyen de contrôle dont dispose le Parlement pour montrer son désaccord envers la politique du Gouvernement, il peut l'amener à démissionner en cas de vote favorable de la motion[268]. Comme tel, cet

---

[267] KABORE (V. S.), « Le contrôle parlementaire du pouvoir exécutif en Afrique subsaharienne », *op. cit.*, p. 296.

[268] Le principe de la confiance de l'Assemblée envers le Gouvernement signifie que ce dernier, étant responsable de son action devant les députés, doit s'assurer de conserver l'appui de l'Assemblée pour continuer à gouverner. Faute de pouvoir conserver cet appui, le Gouvernement est tenu de démissionner ou de dissoudre l'Assemblée nationale. Ce principe semble découler d'une convention constitutionnelle. De l'avis unanime des auteurs, déterminer ce qui constitue une question de confiance ne relève pas de la procédure parlementaire. Ce n'est donc pas une question qui peut être tranchée par la présidence de l'Assemblée, malgré le fait que les cas où la confiance du Parlement envers le Gouvernement pourra être remise en cause se dérouleront dans le contexte du débat parlementaire.

outil peut être un puissant moyen de contrôle de l'action gouvernementale. A l'instar des autres pays de l'Afrique subsaharienne francophone, au Bénin, au Mali et au Sénégal, la mise en jeu de la responsabilité du Gouvernement devant le Parlement est prévue par la Constitution. Au Mali, l'article 78 de la Loi fondamentale disposait : « *le Premier Ministre, peut après délibération du Conseil des ministres, engager la responsabilité du Gouvernement devant l'Assemblée nationale sur le vote d'un texte* ». Dans ce cas, le texte est considéré comme adopté, sauf si une motion de censure, déposée dans les vingt-quatre heures qui suivent, est votée. La motion de censure provoquée est celle qui est exercée sur le fondement de l'article 97 du Règlement intérieur de l'institution parlementaire.

Il s'agit donc plus, dans ce cas, d'une motion de censure spontanée, mais d'une réponse de l'Assemblée nationale à l'intention du Gouvernement de faire adopter un texte de loi. La motion de censure est alors directement provoquée par le pouvoir exécutif, qui invite, en quelque sorte, les membres du Parlement à en déposer une. Mais elle constitue, néanmoins, une sauvegarde pour le Gouvernement, puisque les députés, qui auraient voulu s'abstenir sur le texte proposé, ne pourront exprimer leurs réserves qu'en votant la censure, ce que bien souvent, ils ne feront pas. A titre illustratif, en répondant à l'excès d'instabilité d'un régime, la motion de censure peut, sans doute, favoriser l'excès de stabilité d'un régime en place par le fait même que, au lieu d'inciter le Gouvernement à modifier sa politique, elle entraîne son renversement. Qualifiée « *d'arme suprême* » par l'ancien Président Georges Pompidou, le défaut d'armes intermédiaires que pourraient prévoir les institutions constitue, selon nombre de constitutionnalistes, une des causes de l'impuissance du Parlement[269]. On voit bien que la motion de censure constitue le symbole de la fonction de contrôle par le Parlement. Ce dernier a théoriquement droit de vie ou de mort sur le Gouvernement.

Lorsque le Gouvernement engageait sa responsabilité politique sur un texte, au titre de l'article 78 de la Constitution malienne du 25 février 1992, l'organisation d'un débat parlementaire n'est pas automatique[270]. Ce dernier ne peut avoir lieu que si au moins un dixième des députés

---

[269] VERPEAUX (M.), *Droit constitutionnel français*, Paris, PUF, 2013, p. 385.

[270] NATOLI (F.), « Le recours à l'article 49 al-3 dans le cadre de la réforme des retraites : les limites constitutionnelles à la rationalisation parlementaire », *in Revue des droits de l'homme*, *www.journals.openedition.org*, consulté le 14 février 2022.

parvient à déposer une motion de censure dans les vingt-quatre heures qui suivent la décision du Premier Ministre. Selon Dominique ROUSSEAU, la logique sous-jacente à ce procédé serait strictement celle de « *contraindre la majorité à mettre au service du Gouvernement* »[271] lorsque celle-ci n'existe plus, d'où son caractère fortement anti-démocratique[272].

Aussi, convient-il de le rappeler, depuis le dernier Gouvernement d'ATT, dirigé par Madame CISSE Mariam Kaïdama SIDIBE, l'on n'avait plus assisté à la présentation d'une déclaration de politique générale. Mais sous les transitions, les Premiers ministres Diango SISSOKO et Choguel Kokala MAÏGA ont renoué avec la tradition en passant devant les parlementaires et les membres du Conseil national de transition pour soumettre à leur appréciation la feuille de route et le plan d'action de leur Gouvernement respectif. Cette feuille de route et ce plan d'action renfermaient les grandes actions politiques de la transition, notamment, le calendrier détaillé des élections présidentielles et législatives ainsi que le processus de normalisation du septentrion malien et la sécurité du Mali en général. Une feuille de route couronnée, d'une part, par l'élection d'Ibrahim Boubacar KEÏTA (IBK) à la magistrature suprême et, d'autre part, l'élection de 147 nouveaux députés de l'Assemblée nationale ouvrant ainsi la voie à la Ve Législature. Le 1er Gouvernement du régime d'IBK, dirigé par Monsieur Oumar Tatam LY n'a pas eu l'occasion de faire sa déclaration de politique générale devant l'Assemblée nationale. En revanche, le Premier Ministre Moussa MARA, en acceptant de passer devant le Parlement a annoncé point par point les six axes du programme présidentiel d'IBK pour son quinquennat à la tête du Mali. Aussi, faut-il le signaler, les six axes du programme présidentiel, comme énoncés dans le code d'engagement éthique et de responsabilité, sont soumis à la signature des membres du Gouvernement quelques jours avant la présentation de la déclaration de politique générale portant sur le renforcement des institutions, la sécurité des Maliens, la réconciliation nationale, la remise en l'état de l'école, l'acquisition d'une économie prospère ayant des retombées en termes de création de richesse et d'emploi, de pouvoir d'achat, et une politique de

---

[271] *Ibid.*

[272] ROUSSEAU (D.), « L'article 49 al-3 : un déni de démocratie ? », *in Le Monde*, 12 mai 2016.

développement social au bénéfice de tous[273], notamment les plus faibles et les plus fragiles[274].

A la lumière de l'analyse des différents mécanismes de contrôle ci-dessus évoqués, il ne fait nul doute que les Parlements africains constituent un véritable contrepoids aux pouvoirs de l'Exécutif sous réserve que toutes les attributions légales et réglementaires qui lui sont dévolues, à cet effet, soient effectivement appliquées. La motion de censure et la question de confiance restent de puissants moyens de pression assortis de sanction (démission du Gouvernement) qui, de plus, restent des compétences liées échappant de ce fait au pouvoir discrétionnaire du chef de l'État[275].

Après avoir analysé la mise en branle de la motion de censure, nous analyserons le contrôle du Parlement sur la politique du pouvoir exécutif.

B. Le contrôle sur la politique du gouvernement

Le Parlement est l'institution centrale de la démocratie. A ce titre, il représente la société dans toute sa diversité et incarne la volonté du peuple. Les Parlements ont la charge de concilier les intérêts divergents de différents groupes et communautés de la société et de traduire en politiques les accords qui en résultent[276]. La responsabilité politique n'étant pas une responsabilité personnelle parce que le Gouvernement dans son ensemble doit répondre de la conduite et des choix de chacun de ses membres et des agents de la haute fonction politique placés sous leur autorité. Néanmoins, cette responsabilité collective ne saurait lier le Gouvernement au chef de l'État si le premier est responsable devant l'Assemblée nationale, il ne l'est pas juridiquement à la place du second.

---

[273] NIANGALY (A.), « Le contrôle de l'action gouvernementale par l'Assemblée nationale du Mali », *op. cit.*, p. 522.

[274] MOULAYE (Z.), KEÏTA (A.), *L'Assemblée nationale du Mali sous la Troisième République*, Bamako, Friedrich Ebert Stiffung, 2008, p. 125.

[275] Entre autres, DE BELLESCIZE (R.), *L'essentiel du Droit administratif général*, Paris, Gualino/ Lextenso, 2015-2016, pp. 19 et s.

[276] Lire *le Rapport de l'Union Parlementaire, Journée internationale de la démocratie, Réunion-Débat sur les parlements et les défis auxquels doit faire face la démocratie*, La maison des Parlements, Genève, 15 septembre 2008.

Le contrôle de l'Exécutif par le Parlement est un instrument de lisibilité du Gouvernement malien (1) et se fait de manière tacite au Sénégal (2).

1. Un contrôle de la lisibilité de l'action du Gouvernement

Dans la mesure où c'est le Gouvernement qui engage sa propre responsabilité devant le Parlement, il ne tient qu'à lui de ne l'engager qu'à bon escient. Aussi la procédure d'engagement de la responsabilité du Gouvernement est-elle bien encadrée. Lorsque, par application de la Constitution, le chef du Gouvernement engage la responsabilité du Gouvernement sur son programme ou sur une déclaration de politique générale, il est procédé au débat dans les conditions[277] prévues par le Règlement intérieur de l'Assemblée nationale.

Le dépôt des motions de censure est constaté par la remise au Président de l'Assemblée nationale, au cours d'une séance publique d'un document portant l'intitulé « *Motion de censure* » suivi de la liste des signatures d'au moins un dixième des membres de l'Assemblée nationale[278]. Le Gouvernement est responsable devant l'Assemblée nationale[279]. Il est une institution collégiale et solidaire. La démission ou la cessation des fonctions du Premier Ministre entraîne la démission de l'ensemble des membres du Gouvernement. L'Assemblée nationale, sur le fondement de l'article 78 de la Constitution, peut provoquer la démission du Gouvernement par le vote d'une motion de censure. La motion de censure doit, sous peine d'irrecevabilité, être revêtue de la signature d'un dixième des députés. Le vote de la motion de censure ne peut intervenir que deux jours francs après son dépôt sur le bureau de l'Assemblée. La motion de censure est votée au scrutin public, à la majorité absolue des membres composant l'Assemblée nationale, mais

---

[277] Après audition du chef du Gouvernement, la séance est suspendue pour quarante-huit heures ; - à la reprise, les orateurs qui désirent intervenir se font inscrire à la présidence de l'Assemblée nationale ; - le Président de l'Assemblée nationale convoque à cet effet la Conférence des Présidents pour organiser le débat. Après la clôture de la discussion, la parole peut être accordée pour des explications de vote de cinq minutes ; - le Président met aux voix l'approbation du programme ou de la déclaration de politique générale du Gouvernement ; - le vote est émis à la majorité absolue des membres composant l'Assemblée nationale.

[278] Article 94 du Règlement intérieur de l'Assemblée nationale.

[279] Article 53 de la Constitution précitée.

seuls sont recensés les votes favorables à la motion. La responsabilité politique implique que les actes accomplis dans l'exercice de leurs fonctions gouvernementales sont soumis à un mécanisme d'évaluation.

Si une motion de censure est adoptée, le Premier Ministre remet immédiatement la démission du Gouvernement au Président. Une nouvelle motion de censure ne peut être déposée au cours de la même session. Entre 1990 et 2000, trois motions ont été déposées par l'Opposition, mais aucune n'a été acceptée. De ce fait, le Gouvernement apparaît aujourd'hui davantage responsable devant le chef de l'État que devant l'Assemblée. Aussi, la motion de censure, dont l'initiative procède désormais systématiquement de l'Opposition, est-elle davantage devenue un mode d'interpellation du Gouvernement et de sa majorité qu'un moyen pour les députés maliens de réellement mettre en cause la responsabilité du Gouvernement.

Les groupes parlementaires politiques jouent généralement un rôle de premier plan dans la procédure d'interpellation. Certains Parlements autorisent les groupes politiques à adresser des interpellations et ces groupes peuvent superviser les initiatives individuelles d'interpellation même s'ils ne sont pas autorisés eux-mêmes à les engager. Théoriquement, les groupes parlementaires du parti au pouvoir peuvent présenter une interpellation. Dans la pratique, les interpellations adressées par les partis politiques de l'Opposition sont souvent considérées comme un outil pertinent pour demander des comptes au Gouvernement[280].

En tout état de cause, le contrôle parlementaire de la politique normative doit être renforcé en ce sens qu'il est un pilier des Assemblées délibérantes dans toute démocratie constitutionnelle. En effet, le contrôle du cadre normatif renforcera largement les principes démocratiques et la stabilité des institutions de la République. Les députés sont tenus d'exercer un contrôle approfondi des textes lorsqu'ils mettent en œuvre leurs attributions parlementaires.

Si le contrôle parlementaire peut être un instrument de lisibilité de l'action gouvernementale, cependant, il peut être exercé de façon tacite.

---

[280] YAMAMOTO (H.), *Les outils du contrôle parlementaire*, Genève, Presses centrales SA, 2007, p. 65.

2. Un contrôle politique tacite du Gouvernement au Sénégal

Avant la révision constitutionnelle de 2019, la responsabilité politique du Premier Ministre sénégalais se confondait avec celle du Gouvernement. Cette responsabilité participe à la responsabilité collective des membres de l'équipe gouvernementale. Elle était mise en œuvre par des procédures classiques, dont les modalités ont, cependant, été modifiées avec la loi constitutionnelle de 2019 qui a supprimé le poste de Premier Ministre pour renforcer la stabilité gouvernementale. Cette suppression a rendu difficile, voire impossible, la mise en œuvre de la responsabilité devant l'Assemblée nationale. Au regard de l'article 54 de la loi constitutionnelle 2019 portant modification de la Constitution de 2001, les membres du Gouvernement ne sont responsables que devant le seul Président de la République. Avec la révision constitutionnelle de 2019, le Sénégal semble basculer ainsi dans un « *régime présidentiel caractérisé par un pouvoir exécutif rationalisé* »[281].

Dans le régime présidentiel à l'américaine, le Gouvernement n'existe pas en tant qu'organe institutionnel. Or, selon la loi constitutionnelle, la fonction du Gouvernement demeure consacrée dans la Constitution dans l'article 57 du texte, et le Président joue en quelque sorte le rôle de chef de Gouvernement. On n'est donc pas dans un véritable régime présidentiel. A l'inverse, même si le Gouvernement n'est pas responsable politiquement devant elle, l'Assemblée peut tout de même convoquer les ministres et leur poser des questions. On n'est pas, là non plus, dans un régime présidentiel.

Avec la loi constitutionnelle de 2019, on s'éloigne du régime présidentiel mais aussi du régime parlementaire. On s'achemine vers quelque chose d'inédit. Si le texte est prochainement adopté par l'Assemblée à la majorité des 3/5e, le Président de la République récupérerait plusieurs des attributions initialement dévolues au Premier Ministre ou à son Gouvernement. Ainsi, l'article 50 prévoit que, désormais, le Président de la République « *est détenteur du pouvoir réglementaire et dispose de l'administration* »[282]. De même, l'article 82 permet au Président de la République de saisir l'Assemblée nationale pour qu'elle vote un projet de loi de finances en prenant uniquement en

---

[281] SOUMARE (M.) « Sénégal : la révision constitutionnelle provoquerait un basculement de régime inédit », *www.jeuneafrique.com*, consulté le 12 octobre 2021.

[282] Article 50 de la Constitution sénégalaise de 2001 (modifiée).

compte ses propres amendements. Une prérogative jusque-là réservée au Gouvernement. Le pouvoir exécutif, par l'intermédiaire du Premier Ministre, était responsable politiquement devant l'Assemblée nationale[283]. Le Premier Ministre pouvait engager devant le Parlement la responsabilité collective du Gouvernement. C'est dans cette conception restrictive du régime parlementaire que les Constituants sénégalais avaient pensé le contrôle parlementaire comme « *un corollaire de la responsabilité du Gouvernement* »[284], responsabilité que l'Assemblée nationale pouvait mettre en jeu.

Les membres du Gouvernement sont responsables politiquement devant le Président de la République. Il s'agit là d'une responsabilité tacite, en ce sens qu'elle n'est pas prévue par la Constitution et conjoncturelle puisqu'elle n'existe qu'en concordance des majorités parlementaire et présidentielle.

La confiance du Parlement envers le Gouvernement peut être mise en cause lors d'une question de confiance.

Paragraphe 2

La question de confiance

La responsabilité politique des ministres est engagée de manière officielle devant l'Assemblée nationale. Le Gouvernement est collectivement responsable devant l'Assemblée nationale[285], organe dont il est issu. Il peut engager sa responsabilité de son propre chef devant cet organe en lui posant une question de confiance[286]. L'Assemblée pouvait également, de son propre chef, décider de mettre en jeu la responsabilité

---

[283] Articles 53 et 86 des Constitutions du 22 janvier 2001 et du 5 avril 2016.

[284] SOKOME, *La responsabilité politique du Gouvernement devant le Parlement en France, en Allemagne et au Sénégal*, *op. cit.*, p. 204.

[285] Article 54 de la Constitution malienne du 25 février 1992.

[286] Selon l'article 78 de la Constitution malienne du 25 février 1992 qui dispose : « *Le Premier Ministre peut, après délibération du Conseil des Ministres, engager la responsabilité du Gouvernement devant l'Assemblée nationale sur le vote d'un texte. Dans ce cas, ce texte est considéré comme adopté, sauf si une motion de censure, déposée dans les vingt-quatre heures qui suivent, est votée* ».

du Gouvernement en lui adressant une motion de censure prévue aux articles 78 et suivants de la Constitution malienne du 25 février 1992.

Le principe de la confiance du Parlement envers le Gouvernement signifie que ce dernier étant responsable, en règle générale, de son action devant les parlementaires, doit s'assurer de conserver l'appui du Parlement pour continuer à gouverner. Faute de pouvoir conserver cet appui, le Gouvernement est tenu de démissionner[287] ou de dissoudre[288] le Parlement. Ce principe découle des dispositions constitutionnelles des pays étudiés dans la présente étude. Pour certains auteurs, déterminer ce qui constitue une question de confiance ne relève pas de la procédure parlementaire[289]. Il ne s'agit donc pas d'une question qui peut être tranchée par la présidence du Parlement, malgré le fait que les cas où la confiance du Parlement envers le Gouvernement pourra être remise en cause se dérouleront dans le contexte du débat parlementaire. Pour d'autres, ce n'est pas parce que le Gouvernement est défait sur une motion de censure qu'il a nécessairement perdu la confiance du Parlement. Ce ne sont pas tous les votes qui mettent en jeu la confiance

---

[287] A titre illustratif, on peut souligner que la fin d'un Gouvernement est provoquée soit par sa démission, soit par la mise en cause de sa responsabilité par l'Assemblée nationale. Le Gouvernement prend d'abord fin, traditionnellement, au lendemain d'élections législatives – y compris lorsqu'elles ont été provoquées par la dissolution de l'Assemblée nationale – ou présidentielle. On parle alors de démission de courtoisie. Il prend fin également lors d'une démission collective du Gouvernement. Elle peut être volontaire en cas de désaccord avec le chef de l'État (ex : Jacques CHIRAC en 1976, cas unique à ce jour) ou suscitée par le Président de la République lui-même (ex : Michel ROCARD en 1991), mais uniquement lorsque les deux têtes de l'Exécutif sont issues de la même Majorité politique. Le Premier Ministre est alors, en pratique, responsable devant le chef de l'État. Ce qui n'est pas le cas en cohabitation. Mais la démission d'un Gouvernement est avant tout liée à sa responsabilité politique. Celle-ci peut être engagée selon trois modalités différentes : en posant à l'Assemblée nationale la question de confiance sur une déclaration de politique générale. Si la réponse est négative, le Gouvernement est démis ; l'Assemblée nationale peut elle-même mettre en jeu cette responsabilité du Gouvernement, en votant une motion de censure à la majorité absolue de ses membres, et non des présents. Une seule motion de censure a été votée sous la Ve République, en 1962, mettant fin au Gouvernement Pompidou ; enfin, le Gouvernement peut engager sa responsabilité en application de l'article 49 alinéa 3 (49.3) de la Constitution. Un texte est alors adopté sans vote, sauf si une motion de censure est votée à la majorité absolue des membres de l'Assemblée.

[288] Article 42 de la Constitution malienne du 25 février 1992.

[289] THIERS (E.), « Le contrôle parlementaire et ses limites juridiques …, », *op. cit.*, p. 74.

du Parlement envers l'Exécutif. En outre, ce dernier a la faculté d'interpréter le résultat d'un vote.

Forme supérieure du contrôle parlementaire[290], cette procédure peut être déclenchée aussi bien à l'initiative du Gouvernement (A) qu'à celle du Parlement (B).

A. Un contrôle déclenché à l'initiative de l'Exécutif

Le Gouvernement, par l'intermédiaire du Premier Ministre, pouvait prendre l'initiative de se soumettre volontairement au contrôle de l'Assemblée nationale : c'est la question de confiance de l'Assemblée envers l'Exécutif. Selon l'article 78 alinéa 1 qui dispose :

> « Le Premier Ministre, après délibération du Conseil des ministres, engage devant l'Assemblée nationale la responsabilité du Gouvernement sur son programme ou éventuellement sur une déclaration de politique générale »[291].

Toutefois, avec l'adoption de la nouvelle Constitution, le Premier est désormais responsable devant le Président de la République et non devant le Parlement. Dans ce cas de figure, la technique d'évaluation du plan d'action du Gouvernement par le Parlement ne conduit plus au renversement du Gouvernement par suite d'une question de confiance. L'article 80 de la nouvelle Constitution en dispose clairement :

> « Le Premier Ministre présente devant le Parlement le plan d'action du Gouvernement. La présentation a eu lieu devant chacune des deux chambres 30 jours, au plus, après le discours sur l'état de la Nation du Président de la République. Il est suivi, le cas échéant, de débats assortis de recommandations sans vote ».

Le principe de la confiance du Parlement envers le Gouvernement signifie que ce dernier, étant responsable de son action devant les parlementaires, doit s'assurer de conserver l'appui du Parlement pour continuer à gouverner. Les parlementaires votent pour décider s'ils vont faire ou non confiance au Gouvernement et ce vote se fait au scrutin

---

[290] DUHAMEL (O.), MENY (Y.), *Dictionnaire de droit constitutionnel*, *op. cit.*, p. 229.

[291] Article 78 alinéa1 de la Constitution malienne du 25 février 1992.

public. Cela est dangereux pour le Gouvernement car le vote est acquis à la majorité des suffrages exprimés.

Faute de pouvoir conserver cet appui, l'Exécutif est tenu de démissionner ou de dissoudre le Parlement ; mais ce principe peut découler d'une convention constitutionnelle[292]. Les auteurs s'accordent sur ce point pour la simple raison que, déterminer ce qui constitue une question qui peut être tranchée par la présidence du Parlement malgré le fait que les cas où la confiance du Parlement envers l'Exécutif pourra être remise en cause se dérouleront dans le contexte du débat parlementaire. On pourrait penser que si le Gouvernement veut obtenir la confiance du Parlement sur le programme qu'il va mettre en œuvre, il doit engager sa responsabilité dès qu'il est nommé. Le fait que l'article 78 alinéa 1 soit rédigé à l'indicatif semble confirmer une obligation puisqu'en droit l'indicatif vaut impératif. Cependant l'article n'impose aucun délai. La pratique, toujours favorable au Gouvernement, a débouché sur une simple faculté. Le Gouvernement peut poser la question de confiance quand il le souhaite. Mais, comme il y a un risque, il ne sera guère enclin à le faire. Si des députés sont mécontents de sa politique, il leur faudra donc demander à l'Assemblée nationale de voter une motion de censure.

Au Sénégal, avant la révision constitutionnelle de 2019, le Premier Ministre faisait sa déclaration de politique générale devant l'Assemblée nationale[293]. Cette déclaration est suivie d'un débat qui peut, à la demande du Premier Ministre, donner lieu à un vote de confiance. En cas de vote de confiance, celle-ci est accordée à la majorité absolue des députés. Le chef de l'Exécutif peut également, après délibération du Conseil des ministres, décider de poser la question de confiance sur un programme ou une déclaration de politique générale[294]. Le vote sur la question de confiance ne peut intervenir que deux jours francs après qu'elle a été posée. La confiance est refusée au scrutin public à la majorité absolue des députés, ce qui entraîne la démission collective du Gouvernement.

---

[292] AVRIL (P.), GICQUEL (J.), GICQUEL (J. E.), *Droit parlementaire*, *op. cit.*,p. 326 ; BEAUD (O.), BLANQUER (J.-M.) (dir.), *La responsabilité des gouvernants*, Paris, Descartes et Cie, 1999, 323 p., LAUVAUX (Ph.), *Le parlementarisme*, Paris, PUF, 1987, 127 p.

[293] Article 55 de la Constitution du Sénégal de 2001, modifiée.

[294] Article 86 de la Constitution du Sénégal de 2001 modifiée.

Lorsque le Gouvernement pose une question de confiance sur son programme ou une déclaration de politique générale, en cas de réponse négative à la majorité absolue des suffrages exprimés, le Gouvernement doit démissionner. En effet, le droit parlementaire qualifie cette démarche gouvernementale de « *question de confiance* » et peut, somme toute, se résumer à la question suivante : « *M'aimez-vous encore, soutenez-vous encore ma politique ; si oui, prouvez-le ; si non, je me retirerai avec toutes les conséquences que cette défiance pourrait comporter pour votre propre avenir politique* »[295]. Diversifié dans ses modes d'expression, le contrôle parlementaire peut voir également ses conséquences alourdies : la critique du ministre peut désormais aboutir à sa chute. Comme le démontre Pauline TÜRK, « *certes, la démission du Gouvernement ne résulte pas encore d'un vote négatif obtenu dans le cadre des procédures encore émergentes que sont l'interpellation ou la question de confiance* »[296]. En réalité, la démission est plus souvent la conséquence de pressions croissantes exercée sur le ministère, dont le Président de la République tire les conséquences.

Mais, la responsabilité peut être directe. Le fait pour l'Assemblée nationale d'adopter une motion de censure pourrait signifier un désaveu de la politique du Président de la République comme le laisse penser le texte même de la Constitution française sur la motion qui en 1962, provoque le renversement du Gouvernement POMPIDOU. Cette théorie qui voudrait que le chef de l'État puisse être sanctionné indirectement par un renversement du Gouvernement n'est pourtant pas recevable.

Le contrôle de l'action gouvernementale peut découler non seulement à l'initiative du Premier Ministre, mais aussi à l'initiative des députés.

B. Un contrôle déclenché à l'initiative du Parlement

Le contrôle du Parlement est essentiel dans une démocratie. Il est un des trois aspects de la fonction du Parlement, c'est-à-dire le rôle de législateur, de contrôleur du Gouvernement et d'évaluateur des politiques publiques. Ce contrôle porte sur la politique générale du Gouvernement.

---

295 SOMALI (K.), *Le Parlement dans le nouveau constitutionnalisme en Afrique ..., op. cit.*, p. 181.

296 TÜRK (P.), *Le contrôle parlementaire en France, op. cit.*, p. 49.

En termes clairs, le contrôle comporte traditionnellement, selon Hélène Simonian GINESTE, trois aspects : le contrôle-information, le contrôle surveillance et le contrôle-sanction[297].

Aux termes de l'article 89 du R. I., l'Assemblée nationale peut, sur l'initiative de l'une de ses commissions, charger un ou plusieurs membres d'une mission de renseignement. Encore appelées questions au Gouvernement, les questions d'actualité sont celles relatives à l'actualité et revêtant un caractère général et sont plus vivantes. Elles ont un caractère spontané et ont une particularité de ne pas être déposées préalablement avant l'ouverture de la séance plénière. Le ministre concerné communique le nom du ou des auteurs des questions à répondre. Les questions d'actualité exigent la présence entière des membres de l'Exécutif. C'est la Conférence des Présidents qui fixe la date des questions d'actualité par décision[298]. L'inscription à l'ordre du jour de cette séance est présidée par la Conférence des Présidents ainsi que la répartition du temps de parole entre les différents groupes parlementaires et les députés non-inscrits. Durant les questions d'actualité et les interpellations, le banc du Gouvernement est occupé par le Premier Ministre ou son représentant accompagné du ou des ministres concernés. Il faut aussi ajouter que dans le cadre du contrôle parlementaire de l'action gouvernementale, le débat sur les questions d'actualité et les interpellations est retransmis en direct ou en différé intégral par les médias des États concernés par notre étude. A titre illustratif, l'article 94 du Règlement intérieur de l'Assemblée nationale du Mali dispose : « *Dans le cadre du contrôle parlementaire de l'action gouvernementale, le débat sur les questions orales, d'actualité et les interpellations est retransmis en direct ou en différé intégral par les médias d'État* ». Ce passage du Gouvernement devant l'Assemblée nationale sur les questions d'actualité ou les interpellations constitue, de notre point de vue, une avancée de la pratique démocratique dans la mesure où ces questions permettent la prise en charge des préoccupations nationales par le Gouvernement.

Au Sénégal, les députés peuvent poser, aux membres du Gouvernement, des questions d'actualité nationale ou internationale. Elles doivent non seulement présenter un caractère d'intérêt général,

---

297 GINESTE (H. S.), *Le droit constitutionnel en schémas*, Paris, Ellipses, 2021, p. 365.

298 Article 92 du Règlement intérieur de l'Assemblée nationale du Mali.

mais aussi, et surtout se rapporter à un fait datant de moins d'un mois, au moment de leur dépôt[299]. Les questions d'actualité sont déposées à la présidence de l'Assemblée nationale une heure avant la Conférence des Présidents qui décide de leur inscription à l'ordre du jour de la séance suivante réservée aux questions orales. Les questions d'actualité et les interpellations sont des moyens de contrôle permettant aux parlementaires de demander aux membres du Gouvernement de se justifier sur une question relevant de leurs compétences. On s'aperçoit que le mécanisme d'interpellation s'effectue au moyen d'une requête qui porte sur un fait ou un acte de gestion du Gouvernement. Comme le souligne Sileymane SOKOME, « *la responsabilité politique du Gouvernement permet d'apporter une solution aux conditions susceptibles de survenir entre le Gouvernement et la majorité parlementaire, et donc de ne pas bloquer les institutions* »[300].

La motion de censure spontanée résulte de la seule initiative des députés. Elle se distingue des interpellations, provoquées par un seul parlementaire, car elle doit être le fruit d'une volonté collective, afin de rendre plus difficile le renversement du Gouvernement. La mise en jeu de la responsabilité politique du Gouvernement est une forme du contrôle parlementaire[301]. La responsabilité politique semble avoir acquis le caractère d'une évidence aux yeux d'une grande partie de la doctrine juridique. Éric MILLARD le pense si bien en écrivant que « *toute action politique suppose et appelle une forme de responsabilité* »[302]. Ce mécanisme permet au Gouvernement de lier son destin à celui d'un texte législatif que les parlementaires ne pourront repousser qu'en faisant chuter le Gouvernement. Les Assemblées parlementaires exercent leur contrôle en mettant en jeu les responsabilités. L'hypothèse paraît peu probable mais rien ne l'interdisait dans le texte de l'article 78 de la Constitution malienne de 1992. Rien ne s'oppose, en théorie, à ce que

---

[299] Article 94 du Règlement intérieur de l'Assemblée nationale du Sénégal.

[300] SOKOME (S.), *La responsabilité politique du Gouvernement devant le Parlement en France, en Allemagne et au Sénégal*, *op. cit.*, p. 42.

[301] PEZ (Th.), « Le contrôle parlementaire de l'administration : les éléments de contrôle », *in Le contrôle parlementaire de l'administration*, Paris, Dalloz, 2010, p. 41.

[302] MILLARD (E.), « La signification juridique de la Responsabilité politique », *https://halshs.archives-ouvertes.fr/halshs-00126322/document*, consulté le 24 juin 2021 ; voir également BIDEGARAY (C.), EMERI (Cl.), *La responsabilité politique*, Paris, Dalloz, 1998, 137 p.

cette « *arme absolue* » soit utilisée comme forme ultime du contrôle de l'action gouvernementale. A ce propos, Priscilla Jense MONGE écrit : « *la responsabilité politique des ministres ne connaît aucune limite quant à la reconnaissance de droits de contrôle et de surveillance de l'Exécutif en faveur des Parlements* »[303]. Ici, le contrôle parlementaire désigne ainsi les activités politiques des Assemblées par opposition à leurs activités législatives et recouvre une grande diversité d'opérations, qui vont de la mise en jeu de la responsabilité du Gouvernement aux activités purement informatives[304]. La mise en jeu de la responsabilité apparaît ainsi simplement comme l'une des conséquences du contrôle parlementaire et elle semble même s'imposer comme une fonction essentielle du Parlement en Afrique noire francophone.

Le Parlement peut non seulement mettre en jeu la responsabilité politique du Gouvernement, mais aussi, et surtout, engager la responsabilité pénale des membres de l'Exécutif, même si la question de la responsabilité pénale du Président de la République a longtemps été considérée comme une hypothèse théorique[305].

A côté de la responsabilité politique du Gouvernement est apparue une deuxième catégorie de responsabilité : la responsabilité pénale des membres de l'Exécutif.

SECTION 2

LA RESPONSABILITÉ PÉNALE DES MEMBRES DE L'EXÉCUTIF

La responsabilité pénale des membres de l'Exécutif vise les deux principales composantes que sont le Président de la République et le Gouvernement. Étant donné que les trois pays étudiés sont des Républiques, à la différence des monarchies, le Président de la

---

303 MONGE (P. J.), *Le contrôle parlementaire dans les traités d'Eugène Pierre : permanence et limites du principe de responsabilité politique. Études parlementaires*, Bruxelles, Bruylant, 2019, p. 192.

304 AVRIL (P.), GICQUEL (J.), GICQUEL (J.-E.), *Droit parlementaire, op. cit.* p. 325.

305 ARDANT (Ph.), « Responsabilité politique et pénale des chefs d'État, des chefs de Gouvernement et des ministres », *in Revue Internationale de Droit Comparé*, Vol. 54, n° 2, 2002, p. 469.

République ne jouit pas d'une immunité absolue, mais bénéficie d'un régime dérogatoire au droit commun tant pour les infractions commises dans l'exercice des fonctions présidentielles[306]. Le Premier Ministre peut engager la responsabilité du Gouvernement dans deux hypothèses. La première hypothèse est la question de confiance et la deuxième c'est ce que l'on appelle le vote d'une loi.

Nous analyserons, d'une part, la mise en accusation des membres du Gouvernement (Paragraphe 1) et, d'autre part, le jugement de la Haute Cour de Justice (Paragraphe 2).

Paragraphe 1

La mise en accusation des membres du Gouvernement

Jusqu'à une période récente, le statut pénal du Président de la République n'a guère suscité d'intérêt au sein de la doctrine. Examinée souvent en quelques lignes dans les traités et manuels, la responsabilité présidentielle en matière pénale a été longtemps considérée comme une simple « *hypothèse d'école* »[307]. Dans une démocratie établie et respectable, il peut paraître inconvenant de parler de responsabilité pénale des gouvernants. Si la femme de César doit être au-dessus de toute critique, César lui-même doit encore moins pouvoir être soupçonné[308]. La procédure de mise en accusation des membres du Gouvernement diffère d'un pays à un autre.

---

[306] GUELE ABADA (M.), « La Constitution béninoise du 11 décembre 1990 et la responsabilité pénale des gouvernants », communication donnée au Colloque international sur la Constitution béninoise, Cotonou, 7-11 août 2012, p. 4.

[307] ABLARD (Th.), « Le statut pénal du chef de l'État », *in RFDC*, n° 51, 2002, p. 637 ; voir également, BADINTER (R.), « La responsabilité pénale du Président de la République sous la Ve République », *in Mélanges en l'honneur Patrice GELARD*, 1999, p. 151.

[308] ARDANT (Ph.), « Responsabilité politique et pénale des chefs d'État, des chefs de Gouvernement et des ministres », *in Revue internationale de droit comparé*, Vol. 54, n° 2, Avril-Juin 2002, pp. 465-485.

Nous analyserons, d'une part, le cas béninois (A) et, d'autre part, le type de contrôle qui peut être exercé sur les membres du Gouvernement (B).

A. La responsabilité du chef de l'État au Bénin

La notion de responsabilité découle de l'expression latine « *respondere* » signifiant « *répondre* » ou se porter garant. Elle consiste en « *l'obligation de répondre d'un acte ou d'une activité et d'en assumer les conséquences* »[309]. La notion de responsabilité « *exprime l'idée que toute personne qui pose un acte doit pouvoir en donner les raisons, en répondre devant d'autres et, le cas échéant, en subir les conséquences positives (rétributions) ou négatives (sanctions)* »[310].

La responsabilité pénale du Président de la République est mise en œuvre souvent à la suite d'une infraction à forte dose politique au Bénin (1) et d'une infraction attrape-tout (2).

1. La haute trahison, une infraction à forte odeur politique

La question de la responsabilité est, en droit constitutionnel, une des questions les plus importantes[311]. Contrairement aux autres systèmes constitutionnels, le Constituant béninois a procédé à une définition de la notion de haute trahison. Aux termes de l'article 74 de la Constitution du 11 décembre 1990, il y a haute trahison, « *lorsque le Président de la République a violé son serment, est reconnu auteur, co-auteur ou complice de violations graves et caractérisées des droits de l'homme, de cession d'une partie du territoire national ou d'acte attentatoire au maintien d'un environnement sain, satisfaisant, durable et favorable au développement* »[312]. A vrai dire, des auteurs comme Georges BURDEAU et Michel TROPER réservent une place au concept de la responsabilité et considèrent que la notion de responsabilité politique doit

---

309 DE VILLIERS (M.), *Dictionnaire du droit constitutionnel*, 4e éd., Paris, Armand Colin, 2003, p. 213.

310 MASSINA (P.), « La responsabilité pénale du Chef de l'État africain, l'édifice se fissure », *in Revue Burkinabè de Droit*, n° 53, 2e Semestre 2017, p. 189.

311 CAPITANT (R.), « Régimes parlementaires », *in Mélanges offerts à Carré de Malberg*, Paris, Sirey, 1933, repris dans *Ecrits d'entre-deux-guerres*, Paris, LGDJ, 2004, p. 320.

312 Article 74 de la Constitution du 11 décembre 1990.

être traitée comme un des trois cas de responsabilité pesant sur les gouvernants (responsabilité ministérielle) à côté de la responsabilité civile et pénale[313]. Bref, c'est ce que Olivier BEAUD appelle la « *criminalisation* » [314] de la responsabilité politique, c'est-à-dire un processus par lequel on confie à un régime de responsabilité pénale la charge de sanctionner les « *fautes politiques* » des gouvernants, en entreprenant de les faire entrer dans le cadre des infractions de droit commun existantes[315].

En relation avec ces éléments, la haute trahison est devenue le principal support du mécanisme de mise en jeu de la responsabilité pénale du Président de la République[316]. La responsabilité pénale étant individuelle, le Président peut être poursuivi s'il est auteur, co-auteur ou complice de la commission de l'infraction. Le premier élément de la haute trahison est la violation du serment[317]. Le deuxième élément de la haute trahison est constitué par la violation grave et caractérisée de droits de l'homme, la cession d'une partie du territoire et les atteintes à l'environnement. La haute trahison telle qu'elle est formulée dans cette disposition de la Constitution du Bénin du 11 décembre 1990 apparaît, toutes proportions gardées, comme une infraction politique qui, malgré les efforts de classification, reste confuse et imprécise. Du coup, cette extrême complexité a développé « *un flou artistique* » dans lequel il est très difficile de se retrouver.

Frédéric Joël AIVO considère que « *la question de la responsabilité des gouvernants est une question cruciale dans les régimes démocratiques, non pas toujours du fait de sa constitutionnalisation qui est constante, mais plutôt en raison de l'écart entre le texte et la pratique* »[318]. La Constitution du 11 décembre 1990 ne se limite pas

---

313 BURDEAU (G.), HAMON (F.), TROPER, *Droit constitutionnel*, Paris, LGDJ, 1997, p. 355.

314 BEAUD (O.), cité par GUINCHARD (S.), DEBARD (T.) (dir.), *Lexique des termes juridiques*, 19e éd., Paris, Dalloz, 2011, p. 1359.

315 *Ibid.*

316 AIVO (F. J.) cité par NGUELE ABADA (M.), « La Constitution béninoise du 11 décembre 1990 et la responsabilité pénale des gouvernants », *in Actes du colloque international sur la Constitution béninoise*, 7-11 août 2012, p. 4.

317 CARCASSONNE (G.), *La Constitution*, Paris, Seuil, 7e éd., 2005, p. 313.

318 AIVO (F. J.), « La responsabilité pénale des Gouvernants dans les régimes politiques africains d'influence française », *Afrilex*, Mai 2016. Pour aller plus loin :

seulement à la haute trahison que l'on retrouve dans la plupart des Constitutions africaines à la suite de la fameuse disposition de l'article 68 de la Constitution française de 1958. La Constitution béninoise connaît une petite révolution en ce sens qu'elle met les éléments constitutifs de la haute trahison, fondement de la responsabilité du Président de la République. La haute trahison n'est pas méconnue du droit positif béninois. A titre illustratif, la Constitution béninoise du 26 novembre 1960 la prévoyait en son article 65, de même que la Constitution du 11 janvier 1964. Malgré cette avancée et bien que la Constitution et la loi organique sur la Haute Cour de Justice (HCJ) aient défini la haute trahison, il est difficile d'engager une poursuite de ce chef non pas en raison d'obstacles d'ordre politique, non pas du fait de l'absence dans le droit positif béninois de sanctions applicables, mais en raison du fait que la loi du 9 décembre 1964 portant définition de la haute trahison prise en application des dispositions de l'article 89 de la Constitution du 11 janvier 1964 et qui est toujours en vigueur, ne semble plus en phase avec les dispositions nouvelles de l'article 74 de la Constitution du 11 décembre 1990. Il est donc nécessaire que la haute trahison soit bien définie pour assurer la cohérence entre la loi en vigueur et les dispositions de l'article 74 de la Constitution du 11 décembre 1990.

La responsabilité personnelle du Président de la République est engagée en cas de haute trahison, d'outrage à l'Assemblée, et ou d'atteinte à l'honneur et à la probité. La HCJ est compétente pour juger le Président de la République et les membres du Gouvernement à raison des faits qualifiés de haute trahison, d'infractions commises dans l'exercice ou à l'occasion de l'exercice de leurs fonctions, ainsi que pour juger leurs complices en cas de complot contre la sûreté de l'État[319]. L'analyse qui peut être faite sur ce passage, c'est que la HCJ du Bénin semble être liée par la définition des infractions et la détermination des sanctions résultant des lois pénales en vigueur à l'époque des faits. La décision de poursuite puis la mise en accusation du Président de la

---

CARCASSONNE (G.), « Le Président de la République française et le juge pénal », *in Mélanges en l'honneur du professeur Philippe ARDANT*, Paris, LGDJ, 1999, p. 276 ; ABLARD (Th.), « Le statut pénal du Chef de l'État », *in RFDC*, n° 51, 2002, pp. 637-661 ; CHAGNOLLAUD (D.), « Le Président de la République et la doctrine, à propos de la responsabilité pénale du chef de l'État », *in RDP*, 1999, p. 1676.

[319] Article 136 de la Constitution du Bénin du 11 décembre 1990.

République et des membres du Gouvernement est votée à la majorité des deux tiers des députés composant l'Assemblée nationale.

En République du Bénin, la notion de haute trahison, en plus d'être une infraction à forte odeur politique, elle peut aussi être analysée comme une infraction attrape-tout.

2. La haute trahison, une infraction attrape-tout

Le crime de haute trahison est un crime politique, c'est-à-dire un agissement qui porte directement atteinte à un intérêt ou une prérogative de nature politique, telle une atteinte à l'existence ou à l'organisation de l'État[320]. Aux termes de l'article 75 de la Constitution du Bénin du 11 décembre 1990 précise :

> « Il y a atteinte à l'honneur et à la probité notamment lorsque le comportement personnel du Président de la République est contraire aux bonnes mœurs ou qu'il est reconnu auteur, coauteur ou complice de malversations, de corruption, d'enrichissement illicite »[321].

Une interprétation de cette disposition révèle que l'atteinte à l'honneur et à la probité renvoie au comportement contraire aux bonnes mœurs. Ce qui semble être flou. Comme le soutient parfaitement Marcelin NGUELE ABADA :

> « Un Président qui est amoureux d'une fille devrait se garder des attouchements susceptibles de conduire à des poursuites pour atteinte aux bonnes mœurs. Soyons sérieux, le Constituant a voulu organiser le contrôle de la fonction présidentielle qu'il est allé loin dans les détails parfois inutiles »[322].

La fonction de contrôle apparaît, ainsi, comme la fonction parlementaire par excellence[323] et l'article 75 de la Constitution du Bénin du 11 décembre 1990 entérine bien cette notion de haute trahison. Ici, on voit bien que le contrôle parlementaire est intimement lié à la responsabilité. Il en résulte que le droit de contrôle est aussi

---

320 DESPORTES (F.), LE GUNEHEC (F.), *Droit pénal général,* Paris, Economica, 2e éd., 2003, p. 102.

321 Article 75 de la Constitution précitée.

322 NGUELE ABADA (M.), « La Constitution béninoise du 11 décembre 1990 et la responsabilité pénale des gouvernants », *op. cit.*, p. 6.

323 LAUVAUX (Ph.), « Le contrôle, source du régime parlementaire, priorité du régime présidentiel », *op. cit.*, p. 35.

intrinsèquement lié à la fonction législative du Parlement de telle sorte qu'il n'est pas possible d'établir des hiérarchies dans ses fonctions[324]. Dit autrement, la fonction de contrôle semble n'avoir de raison d'être que parce qu'elle est liée à l'exercice de la fonction législative du Parlement.

Si, au Bénin, *« il est clairement institué une responsabilité de principe du Président de la République devant les juridictions de droit commun pour les actes détachables de sa fonction, la majorité des États africains entretiennent un flou juridique sur la question puisque cette catégorie d'actes est simplement ignorée par les textes. Cette imprécision, qui a également caractérisé le statut pénal du Président de la République en France, a donné lieu à des interprétations divergentes sur fond d'opposition entre partisans et opposants à l'extension de l'irresponsabilité présidentielle à ces actes »*[325].

En tout état de cause, le Constituant béninois a voulu entendre engager ici la responsabilité personnelle du Président de la République sans qu'il soit possible de l'étendre aux membres du Gouvernement. L'article 75 de la Constitution vise des comportements contraires aux bonnes mœurs, sans indiquer les faits susceptibles d'être qualifiés comme tels. Les dispositions dudit article visent, en outre, les faits de malversations, de corruption, d'enrichissement illicite dont se rendrait auteur, coauteur ou complice, le Président de la République. Si les dispositions portant répression de la corruption existent dans le droit positif béninois, il en est autrement pour l'enrichissement illicite et les malversations. Il est donc

---

[324] MONGE (P. J.), « Le contrôle parlementaire dans les traités d'Eugène PIERRE : permanence et limites du principe de responsabilité politique », *in* (Richard GHEVONTIAN (R.) (dir.), *Eugène PIERRE, précurseur du droit parlementaire contemporain,* (Actes du colloque), Bruxelles, Bruylant, 2019, p. 189.

[325] Voir FOYER (J.), « Haute Cour de Justice », *Répertoire de droit pénal*, n° 34, mars 1999, p. 5. Pour cet auteur, *« en tant que personne privée, le Président de la République ne bénéficie d'aucune immunité ni d'aucun privilège de juridiction. Il est pénalement et civilement responsable comme citoyen, des actes commis avant le début de ses fonctions et de ceux commis pendant la durée de ces fonctions dès lors qu'ils en sont détachables »* ; pour les arguments contre, VEDEL (G.), *Le Monde*, 27 août 1998. MOMO (C.F.), ERIC-ADOL GATSI (T.), « L'Exécutif dualiste dans les régimes politiques des États d'Afrique noire francophone », *in Les Annales de droit*, n° 14, 2020, pp. 123-166.

nécessaire de définir ces infractions et de prévoir un régime approprié des sanctions[326].

De nature politique, cette infraction n'est pas reprochable à n'importe qui. En réalité, elle semble être érigée spécifiquement pour réprimer principalement des actes des autorités politiques qui s'avèrent contraires à la Constitution. Concernant le Président de la République et le Premier Ministre, leur catalogue d'incriminations est large : il englobe aussi bien la violation intentionnelle de la Constitution, les violations graves et caractérisées des droits de l'homme, la cession d'une partie du territoire, l'institution légale ou factuelle d'un parti unique, le détournement privé des Forces Armées que toute autre incrimination qui pourrait être déduite de la « *violation intentionnelle de la Constitution* »[327].

B. Le contrôle sur les membres du Gouvernement

Le Parlement exerce un contrôle sur les membres du Gouvernement à travers une panoplie de mécanismes qui varient selon que le contrôle est exercé collectivement sur le Gouvernement (1) ou individuellement sur les autres membres du Gouvernement (2).

1. La responsabilité politique collective du Gouvernement au Mali

Le Premier Ministre est le chef du Gouvernement[328] dans la majorité des régimes politiques des États de l'Afrique noire francophone. C'est le cas au Mali. A ce titre, il dirige et coordonne l'action gouvernementale. Le Gouvernement était donc responsable devant l'Assemblée nationale[329]. Toutefois, avec l'adoption de la nouvelle Constitution, celui-ci est désormais responsable devant le Président de la République, eu égard aux dispositions de l'article 78 de ladite Constitution. Il faut comprendre par la responsabilité du Gouvernement, la responsabilité collective de l'ensemble des membres du Gouvernement devant le

---

[326] NGUELE ABADA (M.), « La Constitution béninoise du 11 décembre 1990 et la responsabilité pénale des gouvernants », *op. cit.*, p. 6.

[327] LOONGYA (N. N.), « La haute trahison en droit constitutionnel congolais », *www.congoforum.be*, consulté le 10 octobre 2021.

[328] Article 55 de la Constitution malienne du 25 février 1992.

[329] Article 54 de la Constitution malienne du 25 février 1992.

Parlement. Afin de bien considérer « *l'invariant majoritaire* » et la domination du Président de la République sur l'ensemble des institutions, le concept de régime semi présidentiel est apparu, sous la plume du doyen Maurice DUVERGER, dans les années 1970[330]. Ce concept repose essentiellement sur deux points : premièrement, l'élection au suffrage universel d'un Président doté de prérogatives constitutionnelles. Deuxièmement, la présence d'un Premier Ministre et d'un Gouvernement responsable devant le Parlement[331]. La responsabilité du Gouvernement est donc un moyen d'action réciproque, relevant de l'initiative du Premier Ministre, pour contraindre la majorité des parlementaires à voter une loi qui lui est précieuse.

Au Mali, dès lors, le Premier Ministre présentait une déclaration de politique générale après sa nomination, mais il n'engageait la responsabilité du Gouvernement que s'il le jugeait opportun au regard de la Constitution de 1992. Mais, un tel mécanisme est repris autrement par la Constitution de 2023. Dans ce sens, l'article 80 de la Constitution du 22 juillet 2023 dispose :

> « Le Premier Ministre présente, devant le Parlement, le plan d'action du Gouvernement. La présentation a lieu devant les deux chambres trente jours, au plus, après le discours sur l'état de la Nation du Président de la République. Elle est suivie le cas échéant, de débats assortis de recommandations sans vote ».

Et dans le cadre de l'ordre constitutionnel de 1992, l'engagement de la responsabilité, on l'a dit, porte sur une déclaration de politique générale[332], même si la terminologie a pu varier. Selon l'article 95 du

---

[330] DUVERGER (M.), *La monarchie républicaine*, Paris, Robert Laffont, 1974, p. 26.

[331] *Ibid.*

[332] Au Mali, de 1992 à 2018, plusieurs Premiers ministres ont présenté leur Déclaration de Politique Générale devant le Parlement. Ainsi, M. Younoussi TOURE nommé par Alpha Oumar KONARE a présenté le « *Programme d'action* » de son Gouvernement devant l'Assemblée nationale le 30 juillet 1992. M. Abdoulaye Sékou SOW, nommé le 12 avril 1993 à la suite de la démission de son prédécesseur, s'est retrouvé devant les députés le 10 mai 1993 pour sa « *Déclaration de Politique Générale* ». Nommé le 02 février 1994, M. Ibrahim Boubacar KEITA, est passé deux fois devant les députés pour une présentation de Déclaration de Politique Générale : le 25 avril 1994 et le 02 décembre 1997. Nommé le 15 février 2000, M. Mandé SIDIBE s'est soumis au « *Grand oral* » de la Déclaration de Politique Générale en se présentant devant le Parlement le 06 mai 2000. M. Modibo KEITA, nommé le 18 mars 2002, cinquième et dernier Premier Ministre du Président Alpha Oumar KONARE, le 05 avril 2002 a présenté au Parlement, la Déclaration de

Règlement intérieur de l'Assemblée nationale du Mali, lorsque, par application de la Constitution, le chef du Gouvernement engageait la responsabilité du pouvoir exécutif sur son programme ou sur une déclaration de politique générale, il est procédé au débat dans les conditions ci-après : après audition du chef du Gouvernement, la séance est suspendue pour quarante-huit heures ; à la reprise, les orateurs qui désirent intervenir se font inscrire à la Présidence de l'Assemblée nationale ; le Président de l'Assemblée nationale convoque à cet effet la conférence des Présidents pour organiser le débat. A la suite de la clôture de la discussion, la parole peut être accordée pour des explications de vote de dix minutes ; le Président met aux voix l'approbation du programme ou de la déclaration de politique générale du Gouvernement ; le vote est émis à la majorité absolue des membres composant l'Assemblée nationale.

Les ministres sont nommés par le chef de l'État sur proposition du Premier Ministre[333]. L'Assemblée nationale peut exercer un contrôle sur les actes posés par les ministres dans l'exercice de leurs fonctions, que ceux-ci soient conformes à leur portefeuille ministériel ou contraires à

Politique Générale de son Gouvernement. M. Ahmed Mohamed Ag HAMANI, nommé le 09 juin 2002 pour diriger un Gouvernement de mission par le Président ATT, a présenté le 17 décembre 2002 la Déclaration de Politique Générale de son Gouvernement à l'Assemblée nationale. Nommé le 29 avril 2004, M. Ousmane Issoufi MAIGA a subi l'épreuve de la Déclaration de Politique Générale le 10 juin 2004. M. Modibo SIDIBE, nommé le 28 septembre 2007, s'est adressé le 17 décembre 2007 au Parlement en présentant sa Déclaration de Politique Générale. Madame CISSE Mariam Khaidame SIDIBE, nommée le 03 avril 2011, première et seule femme désignée Premier Ministre au Mali, le 24 juin 2011 a présenté à l'Assemblée nationale la Déclaration de Politique Générale de son Gouvernement. M. Diango CISSOKO, nommé le 11 décembre 2012 en remplacement du M. Cheick Modibo DIARRA débarqué manu militari de la barque primatoriale, le second chef du Gouvernement de la Transition, a présenté le 30 janvier 2013, une « *Feuille de route* » de l'action gouvernementale. M. Moussa MARA, nommé le 05 avril 2014 à la suite de la démission de M. Oumar Tatam LY, a exposé la Déclaration de Politique Générale de son Gouvernement le 29 avril 2014. M. Modibo KEITA, nommé le 08 janvier 2015, s'est présenté au Parlement pour la Déclaration de Politique Générale, le 08 juin 2015. M. Abdoulaye Idrissa MAIGA, nommé le 08 avril 2017, s'est adressé au Parlement pour la Déclaration de Politique Générale le 12 juin 2017. M. Soumeylou Boubeye MAIGA, nommé le 30 décembre 2017, s'est soumis au « *Grand oral* » pour s'expliquer devant l'Assemblée nationale sur les préoccupations nationales, le 20 avril 2018.

[333] Article 55 de la Constitution malienne du 25 février 1992.

leurs engagements[334]. En ce qui concerne les actes posés par les ministres individuellement, l'Assemblée nationale possède un pouvoir d'enquête qui lui permet de contrôler les actions entreprises par les ministres dans l'exercice de leurs fonctions. La classique distinction doctrinale encore passionnante aujourd'hui entre le programme et la déclaration de politique générale n'est qu'une précieuse pièce inusitée.

L'expression « *Programme du Gouvernement* »[335] semble être réduite depuis 1992, en Afrique noire francophone à une simple prescription constitutionnelle « *qui n'a plus de valeur qu'une épitaphe sur un tombeau* »[336]. Il semblait résulter de cette disposition que le Premier Ministre avait l'obligation d'engager la responsabilité du Gouvernement sur son programme, tandis que l'approbation d'une déclaration de politique générale relevait de son appréciation discrétionnaire, mais cette interprétation a cédé la place à une pratique selon laquelle l'engagement de responsabilité est facultatif et n'intervient pour cette raison que sur une déclaration de politique générale. Il faut noter la différence entre un vote de défiance à l'égard du Gouvernement dans son ensemble et des votes envers des ministres individuels. Lorsque la responsabilité collective du Gouvernement est soulignée, la motion de censure à l'égard de membres individuels est alors interdite.

La responsabilité politique du Gouvernement, comme cela a été mentionné plus haut, est l'obligation pour les membres d'un Gouvernement de quitter leurs fonctions lorsqu'ils n'ont plus la confiance de l'autorité politique devant laquelle ils sont responsables. Il est important de noter que le droit de contrôle existe en raison du principe général de responsabilité, qui trouve son fondement dans le régime parlementaire. De ce point de vue, le droit de contrôle est donc une conséquence du principe de responsabilité des ministres[337]. Le contrôle parlementaire, étant le fait de l'Assemblée elle-même, celui-ci est à la

---

334 SOMA/KABORE (V.), *Le contrôle parlementaire du pouvoir exécutif en Afrique subsaharienne*, *op. cit.*, p. 292.

335 SOMALI (K.), *Le Parlement dans le nouveau constitutionnalisme en Afrique ... op. cit.*, p. 158.

336 *Ibid.*

337 MONGE (P. J.), « Le contrôle parlementaire dans les traités d'Eugène PIERRE : permanence et limites du principe de responsabilité politique », *in* GHEVONTIAN (R.) (dir.), *Eugène Pierre, précurseur du droit parlementaire contemporain,* (Actes du colloque), Bruxelles, Bruylant, 2019, p. 188.

merci du principe majoritaire. Ce faisant, il risque de ne pas déboucher sur des critiques concrètes adressées au Gouvernement [338]. Les Gouvernements béninois et sénégalais sont des Gouvernements présidentiels où le Président de la République est à la fois chef de l'État et chef de l'Exécutif. André MATHIOT est d'avis que « *quel que soit le régime, la fonction de contrôle est celle qui a le moins décliné dans les pays où il y a eu déclin du Parlement. Le caractère envahissant du contrôle apparaît, mais, dans les pays où la prépondérance gouvernementale s'est plus ou moins affirmée, c'est à cause même de cette prépondérance que le contrôle parlementaire a pris toute sa valeur* »[339].

En dernier ressort, le Gouvernement est collectivement responsable devant l'Assemblée nationale. Il peut engager sa responsabilité de son propre chef devant cet organe en lui posant une question de confiance ou en ayant recours à la motion de censure[340]. Le régime de responsabilité plurielle des ministres est un point crucial dans une perspective comparative des États africains francophones.

2. La responsabilité politique individuelle des membres du Gouvernement

Le Parlement peut faire des investigations sur chaque ministère afin de vérifier si le département ministériel en question exécute correctement la politique nationale déterminée par l'Exécutif et approuvée par lui. Ainsi, la recherche des erreurs ou fautes des ministres, comme le souligne le Pierre AVRIL, « *est un aspect du contrôle parlementaire* »[341]. La

---

[338] TOULEMONDE (G.), *Le déclin du Parlement sous la Vème République : mythe et réalités*, Thèse de doctorat en droit public, Université de Lille 2, septembre 1998, p. 500.

[339] André MATHIOT cité par LAUVAUX (Ph.), « Le contrôle, source du régime parlementaire, priorité du régime présidentiel », *in Pouvoirs*, n° 134, 2010, p. 23.

[340] L'Assemblée nationale met en cause la responsabilité du Gouvernement par le vote d'une motion de censure. Une telle motion n'est recevable que si elle est signée par un dixième au moins des membres de l'Assemblée nationale. Le vote ne peut avoir lieu que quarante-huit heures après son dépôt. Seuls sont recensés les votes favorables à la motion de censure qui ne peut être adoptée qu'à la majorité des membres composant l'Assemblée. En effet, un député ne peut être signataire de plus de trois motions de censure au cours d'une même session ordinaire et de plus d'une au cours d'une même session extraordinaire.

[341] AVRIL (P.), « Quel équilibre entre exécutif et législatif ? », *in RDP*, n° spécial 2002, pp. 268-279.

responsabilité individuelle des ministres consiste à sanctionner à raison de crimes ou délits[342]. Pour la responsabilité civile, il faudra aller devant un juge civil et dans les conditions de droit commun. La responsabilité civile est une facette de la responsabilité financière qui se présente comme une action de nature civile en réparation du préjudice subi par la personne publique[343].

Quant à la responsabilité pénale, c'est un problème délicat. Au terme de la Constitution, il faut distinguer la responsabilité des faits commis dans l'exercice des fonctions et la responsabilité des faits commis en dehors de l'exercice des fonctions. La responsabilité des faits commis dans l'exercice des fonctions, les membres du Gouvernement sont pénalement responsables des actes commis pendant l'exercice de leurs fonctions et qualifiés de crimes ou délits au moment où ils ont été commis. En France, les ministres sont jugés, dans ce cas d'espèce, par la Cour de Justice de la République.

En l'absence de lien entre les faits litigieux et la fonction ministérielle, les ministres sont jugés par contre devant les juridictions de droit commun. En réalité, il peut s'agir de faits qui n'ont pas de rapport avec l'exercice des fonctions (comportement relatif à la vie privée, par exemple). Il peut aussi s'agir de faits qui sont en rapport avec l'exercice de mandat électif local. Dans la pratique, un usage veut qu'un ministre, mis en examen ou mis en cause dans une procédure judiciaire, même non liée à ses fonctions ministérielles, démissionne. Cela permet de ne pas entraver l'action du Gouvernement dont l'image pourrait être altérée.

Par ailleurs, les moyens d'interpellation parlementaire du Gouvernement à caractère de sanction ou « *interpellation-sanction* »[344]

---

342 LAQUIEZE (A.), « Responsabilités des ministres et droit de dissolution », *in Les origines du régime parlementaire en France 1814-1848*, 2002, pp. 293-389.

343 OUEDRAOGO (S. M.), « L'évolution de la responsabilité du contrôleur financier dans la gouvernance financière en Afrique de l'Ouest : le cas du Burkina Faso », *in Revue Burkinabé de Droit*, n° 53, 2017, p. 17.

344 Ces procédures d'interpellation qui caractérisent les régimes parlementaires et semi présidentiels, marqués par la responsabilité du Gouvernement devant le Parlement, existent dans la grande majorité des Parlements francophones au Sud du Sahara, en dehors de certains pays de type présidentiel. Certains pays appliquent un régime hybride. Ici, l'interpellation est abordée dans un sens strict. Comme tel, c'est une procédure qui dispose de ses propres moyens. Il est exercé en tant que moyen politique par les membres des Assemblées sur l'action gouvernementale et sanctionnée par un vote.

sont des moyens essentiellement de nature politique dont l'issue est sanctionnée par la mise en jeu de la responsabilité gouvernementale. Par ces moyens ou mécanismes, à en croire Kouamé N'GUESSAN, le Parlement exprime une position politique à l'égard du pouvoir exécutif en engageant clairement la responsabilité du Gouvernement. Ainsi, quand le Parlement constate que le Gouvernement ou certains de ses membres ne remplissent pas leurs obligations, il peut les interpeller en engageant des procédures qui peuvent remplacer tout ou partie du Gouvernement[345].

Le système constitutionnel béninois donne à l'interpellation un autre visage politique moins violent à l'encontre de l'Exécutif du fait du caractère présidentiel du régime politique. Le régime de l'interpellation est défini à l'article 71 de la Constitution aux termes duquel *« le Président de la République ou tout membre de son Gouvernement peut, dans l'exercice de ses fonctions gouvernementales, être interpellé par l'Assemblée nationale. Le Président de la République répond à ces interpellations par lui-même ou par l'un de ses ministres qu'il délègue spécialement devant l'Assemblée nationale.* L'article 113 de la Constitution la qualifie expressément de *« moyen d'information et de contrôle de l'Assemblée nationale sur l'action gouvernementale »*, au même titre que la question écrite, la question orale avec ou sans débat, non suivie de vote, la commission parlementaire d'enquête[346].

Dans les conditions et modalités déterminées par le Règlement intérieur de l'Assemblée nationale, *« toute question écrite ou orale à laquelle il n'a pas été répondu dans le délai d'un mois peut faire l'objet d'une interpellation dans les conditions prévues par la Constitution »*. En outre, il est prévu que les demandes d'interpellation *« dûment motivées et signées par dix députés au moins »* soient déposées sur le Bureau de l'Assemblée *« en séance publique »*. La décision

---

[345] N'GUESSAN (K.), « Les moyens parlementaires de contrôle de l'action gouvernementale dont les moyens d'interpellation dans l'espace francophone », *op. cit.*, p. 12.

[346] Article 113 de la Constitution béninoise du 11 décembre 1990 dispose : *« Les moyens d'information et de contrôle de l'Assemblée nationale sur l'action gouvernementale : l'interpellation conformément à l'Article 71, la question écrite ; la question orale avec ou sans débat, non suivi de vote ; la commission parlementaire d'enquête. Ces moyens s'exercent dans les conditions déterminées par le règlement intérieur de l'Assemblée nationale »*.

d'interpellation est *« prise à la majorité simple des députés présents »*. Le Président de l'Assemblée nationale transmet, s'il y a lieu, l'interpellation au Président de la République dans les huit jours- Dans un délai de trente jours, *« le Président de la République répond à ces interpellations par lui-même ou par l'un de ses ministres qu'il délègue spécialement devant l'Assemblée nationale »*. Enfin, il y a lieu de retenir qu' *« en la circonstance L'Assemblée nationale peut prendre une résolution pour faire des recommandations au Gouvernement. Le Gouvernement est tenu de fournir à l'Assemblée nationale toutes explications qui lui seront demandées sur sa gestion et sur ses activités »*.

Tout cela motive à conclure que le Constituant et le Parlement béninois semblent accorder un degré plus élevé au contrôle parlementaire de l'action gouvernementale à travers l'interpellation[347].

C'est pareillement le cas au Mali sous l'empire du Règlement intérieur adopté le 15 octobre 2015 en ces termes :

> « Lorsque, par suite de deux absences successives d'un Ministre une question est appelée pour la troisième fois en séance, si le Ministre est de nouveau absent, l'auteur de la question peut la transformer, séance tenante, en interpellation du Gouvernement » (dernier alinéa de l'article 89).

Mais également en dehors de ce cas d'interpellation, *« tout Député qui désire interpeller le Gouvernement sur l'exécution d'un programme adoptée par l'Assemblée nationale ou sur une question d'actualité, en informe le Président en séance publique et dépose la demande immédiatement »* (alinéa premier de l'article 91). Le Président de l'Assemblée soumet la demande d'interpellation dans les vingt-quatre (24) heures à la Conférence des Présidents et le transmet au Chef du Gouvernement. La plénière des débats organisée conformément aux dispositions des articles 55 (alinéas 2 et 5) et 62 du présent Règlement intérieur, est tenu au plutôt le samedi qui suit ladite Conférence des Présidents et au plus tard le samedi de la semaine d'après. Le banc du Gouvernement est occupé par le Premier Ministre ou son représentant accompagné du ou des ministre(s) concerné(s). L'Assemblée nationale est toujours en nombre pour débattre d'une interpellation même si

---

[347] Sur ces aspects précis du droit parlementaire béninois, nous remercions Kokou A. Sitsofé Tossoukpe, Abomey-Calavi.

l'auteur de l'interpellation est absent ou n'est pas représenté suivant les dispositions de l'article 71 du présent Règlement.

Sur la question, la difficulté réside dans le fait que ces deux textes manquent de précision sur les conséquences attachées à l'interpellation. Nullement, la lecture de ces dispositions a pour effet de retenir que l'interpellation ne débouche pas sur le renversement de l'Exécutif. Tout au plus, celle-ci peut donner lieu à une résolution tendant, de la part de l'Assemblée nationale, à exprimer une position exprimée ou à formuler une recommandation à l'égard de l'Exécutif.

Paragraphe 2

Le jugement de la Haute Cour de Justice

Le passage du système de la souveraineté de la loi à celui de la souveraineté de la Constitution, où de l'État légal à l'État de droit[348], est cristallisé par une formule employée par le Conseil constitutionnel français : « *La loi n'est l'expression de la volonté générale que dans le respect de la Constitution* »[349]. Si l'on peut ne pas totalement adhérer à cette vision quelque peu idéalisée du débat législatif, on peut toutefois trouver intéressant le souhait émis de mieux théoriser l'exercice du pouvoir législatif et sa fondation démocratique.

Nous examinerons d'une part, le jugement de la HCJ à l'égard du Président de la République (A) et, d'autre part, à l'égard du Premier Ministre (B).

A. Le jugement de la Haute Cour de Justice à l'égard du Président de la République

La question de la responsabilité des gouvernants se pose avec acuité dans les systèmes politiques des États d'Afrique noire francophone en raison de l'actualité marquée par un débat renouvelé sur cette question[350].

---

[348] MATHIEU (B.), *La loi*, Paris, Dalloz, 2004, p. 26.

[349] Conseil constitutionnel français, Décision 85-197 DC du 23 août 1985.

[350] OURO-BODI (O-G), « La responsabilité des titulaires du pouvoir politique dans les pays d'Afrique noire francophone », *in Afrilex*, p. 3, consulté le 12 mars 2022.

Dans les textes constitutionnels de la plupart de ces États, la responsabilité des gouvernants paraît peu organisée. Elle apparaît généralement « *virtuelle, expéditive, essentiellement confuse, peu intelligible et difficile d'application* »[351]. Par conséquent, il revient à la HCJ d'apprécier souverainement les faits constitutifs de haute trahison.

Pour une meilleure compréhension du jugement de la HCJ à l'égard des titulaires politiques, il est nécessaire d'aborder successivement les infractions commises dans l'exercice des fonctions présidentielles (1) et celles commises hors de l'exercice des fonctions présidentielles (2).

1. Les infractions commises dans l'exercice des fonctions présidentielles

Philippe ARDANT pense que « *la question de la responsabilité pénale du Président de la République a longtemps été considérée comme*

---

[351] « *Grâce à des cas récents, ceux nigérien, burkinabé et togolais, une occasion de renouveau pour les dispositions constitutionnelles concernant la responsabilité des titulaires du pouvoir politique est offerte. Au Niger il s'agit de deux exemples : le premier est relatif à la tentative de mise en accusation du Président de la République, M. Mahamadou ISSOUFOU, devant la Haute Cour de Justice pour haute trahison en novembre 2015 ; la seconde remonte à la requête de mai 2014 introduite auprès de la Cour constitutionnelle par des députés. La requête visait à faire dire et juger par celle-ci que le Président de la République a « violé son serment et qu'il doit être mis en accusation pour haute trahison par l'Assemblée nationale et jugé par la Haute Cour de Justice » (Arrêt n°007/CC/MC du 22 mai 2014). Quant au cas burkinabé, il fera l'objet d'un intérêt particulier dans la présente étude tant il regorge des cas concrets de discussion. Les évènements d'octobre 2014 ont entrainé le départ du pouvoir du Président Blaise COMPAORÉ après 27 ans d'exercice. Ce changement intervenu au sein du pouvoir politique au Burkina Faso a offert un souffle nouveau au dispositif constitutionnel relatif à la responsabilité des dirigeants politiques. Ce renouveau se décline à travers la révision de certains textes comme la Loi organique sur la Haute Cour de Justice, des mises en accusation d'autorités politiques, l'inéligibilité déclarée par le Conseil Constitutionnel de certains responsables du pouvoir déchu, la suppression des dispositions constitutionnelles sur l'amnistie accordée aux Chefs d'État, etc. Au Togo, en octobre 2010, à la suite d'une crise politique au sein du plus important parti de l'Opposition, l'Union des forces de changement (UFC), déclenchée par le ralliement du parti au pouvoir en place, plusieurs membres du bureau, dont une majorité de députés élus font scission et créent un nouveau parti, l'Alliance nationale pour le changement (ANC). Le Président de l'Assemblée nationale d'alors, Abasse BONFOH révoque neuf députés de l'ANC. Saisie par les députés, la Cour constitutionnelle du Togo confirme leur révocation* ». OURO-BODI (O-G), « La responsabilité des titulaires du pouvoir politique dans les pays d'Afrique noire francophone », *op. cit.*, note n° 4, p. 2.

une hypothèse théorique, expédiée en quelques lignes par les auteurs de manuel de droit constitutionnel »[352]. On avait du mal à imaginer que le Président puisse se mettre en infraction pénale et, au surplus, à supposer qu'il en soit ainsi, ne faudrait-il pas couvrir sa défaillance du manteau de l'irresponsabilité par référence au vieux principe selon lequel « *le roi ne peut mal faire* »[353] ?

Au Mali, la HCJ est compétente pour « *juger le Président de la République (...) mis en accusation devant elle par l'Assemblée nationale pour haute trahison ou à raison des faits qualifiés de crimes ou délits commis dans l'exercice de leurs fonctions ainsi que leurs complices en cas de complot contre la sûreté de l'État* »[354]. La mise en accusation est votée par scrutin public à la majorité des 2/3 des députés composant l'Assemblée nationale. La HCJ est liée par la définition des crimes et délits, et par la détermination des peines résultant des lois pénales en vigueur à l'époque des faits compris dans la poursuite. La HCJ est composée de membres désignés par l'Assemblée nationale à chaque renouvellement général. Elle élit son Président parmi ses membres. La loi fixe le nombre de ses membres, les règles de son fonctionnement ainsi que la procédure suivie devant elle[355]. A cet effet, *« presque tous les textes régissant les Hautes Cours de Justice confèrent au Parlement l'initiative de la mise en accusation du Chef de l'État et des membres du Gouvernement[356]. Elle se fait sous forme d'une proposition de résolution qui est examinée selon la procédure établie. Cette résolution doit généralement être adoptée à une très large majorité, le plus souvent difficile à dégager compte tenu du fait que les Parlements sont soit « monocolores », soit dominés par la majorité présidentielle. Dans une telle situation, le déclenchement de la procédure contre le Chef de l'État et son Gouvernement reste largement hypothétique. La phase de mise en*

---

[352] ARDANT (Ph.), « Responsabilité politique et pénale des chefs d'État, des chefs de Gouvernement et des ministres », *in Revue internationale de droit comparé*, Vol. 54, n° 2, Avril-Juin 2002, p. 147.

[353] ARDANT (Ph.), « Responsabilité politique et pénale des chefs d'État, des chefs de Gouvernement et des ministres », *op. cit.*, p. 147.

[354] Article 95 de la Constitution malienne du 25 février 1992.

[355] Article 96 de la Constitution précitée.

[356] KANGAMBEGA (L. E.), *Les procédures pénales dérogatoires au droit commun. Etude comparée de droit français et de quelques droits d'Afrique noire francophone (Burkina, Côte d'Ivoire, Niger, Togo)*, Thèse de Doctorat en Droit privé et Sciences criminelles, Université de Poitiers, 1997, pp. 568-570.

accusation a fortement été rationalisée de telle sorte que, dans la pratique, il devient quasiment impossible de mettre en cause la responsabilité du Chef de l'État et de ses ministres »[357].

La procédure devant la HCJ est fortement politisée. Elle est prévue sommairement par certaines Constitutions qui renvoient à une loi organique qui fixe en plus l'organisation, la composition et les conditions de saisine[358]. En règle générale, la procédure comprend au moins deux phases, une phase parlementaire ou la mise en accusation et une phase judiciaire ; et c'est justement la phase de mise en accusation sans laquelle aucune poursuite n'est possible qui reste très problématique.

En France, la Constitution du 4 octobre 1958 semble marquer le renouveau de la fonction présidentielle. La responsabilité du chef de l'État connaît alors un regain d'intérêt, mais essentiellement sous l'angle politique. Le versant pénal de cette responsabilité reste quelque peu négligé et les rares commentaires y afférents des constitutionnalistes convergent tous vers le même point, tant leur semblent évidentes les prescriptions de l'article 68 de la Constitution[359].

Dans chacune des cinq Républiques, la responsabilité pénale du Président de la République pour des infractions commises dans l'exercice de ses fonctions peut être mise en cause seulement après que le Parlement a adopté une décision de mise en accusation[360]. Mais d'après les autres Constitutions, les possibilités de mettre en cause la responsabilité pénale du Président de la République pour des actes commis dans l'exercice de ses fonctions sont plus nombreuses : la Loi fondamentale allemande évoque les violations délibérées, non seulement de la Loi fondamentale, mais aussi des autres lois fédérales. Dans le même sillage, la Constitution fédérale autrichienne distingue deux procédures, l'une applicable aux

---

[357] OURO-BODI (O-G), « La responsabilité des titulaires du pouvoir politique dans les pays d'Afrique noire francophone », *op. cit.*, p. 12.

[358] Article 135 alinéa 3 de la Constitution béninoise du 11 décembre 1990.

[359] ABLARD (Th.), « Le statut pénal du chef de l'État », *in RFDC*, n° 51, 2002, pp. 637-661.

[360] Si le Parlement se prononce sur la mise en accusation, l'étendue de la responsabilité et la juridiction de jugement diffèrent d'un pays à l'autre. En Grèce et en Italie, par exemple, le Président de la République n'est responsable des actes accomplis dans l'exercice de ses fonctions qu'en cas de haute trahison ou de violation de la Constitution. Il est alors jugé par une juridiction *ad hoc*, composée en Grèce de hauts magistrats de l'ordre judiciaire et en Italie des membres de la Cour constitutionnelle et de citoyens.

« *violations* » de son texte et l'autre aux « *actes passibles de poursuites pénales (...) en rapport avec l'exercice de ses fonctions* ».

Pour les autres actes, qu'ils aient été commis avant le début du mandat ou en cours de mandat, l'ambiguïté de la formulation constitutionnelle a provoqué un débat doctrinal. Toutefois, le Conseil constitutionnel français a estimé le 22 janvier 1999, dans sa décision 98-408, relative à la Cour pénale internationale, que, pendant la durée de son mandat, la responsabilité pénale du Président de la République ne pouvait être mise en cause que devant la HCJ, selon la procédure prévue par l'article 68 de la Constitution, aussi bien pour les actes commis dans l'exercice de ses fonctions et qualifiables de haute trahison que pour tous les autres actes. Il apparaît, donc clairement que, pour les actes accomplis dans l'exercice de ses fonctions, la responsabilité pénale du chef de l'État ne peut pas être engagée, sauf cas de haute trahison. La formule la plus répandue dans les textes constitutionnels africains précise : « *Le chef de l'État n'est responsable des actes accomplis dans l'exercice de ses fonctions qu'en cas de haute trahison* »[361]. De cette formulation laconique, il résulte une certitude et surtout des incertitudes que constitutionnalistes et politistes ainsi qu'acteurs politiques se sont évertués à clarifier[362]. Le Maître de Toulouse, Gérard CORNU, conclut en ces termes :

> « La haute trahison est un crime essentiellement politique, en fait, ce qui est visé, c'est la tentative de coup d'État, c'est-à-dire la haute trahison vis-à-vis des institutions constitutionnelles, bien plutôt que la trahison au point de vue patriotique »[363].

Elle est donc une forme grave d'infraction contre la sûreté extérieure de l'État[364].

En sus de la responsabilité politique introuvable de l'Exécutif, les défaillances du régime de responsabilité pénale se prolongent avec les infractions commises hors de l'exercice des fonctions présidentielles.

---

[361] Article 95 de la Constitution malienne du 25 févier 1992 ; article 101 de la Constitution sénégalaise du 22 janvier 2001 ; article 138 de la Constitution burkinabé du 2 juin 1991 ; article 136 de la Constitution béninoise du 11 décembre 1990, article 109 de la Constitution ivoirienne du 1er août 2000 ; article 118 de la Constitution nigérienne du 18 juillet 1999.

[362] BIAGUI (C. J.), *La responsabilité du chef de l'État africain*, Thèse de doctorat en Droit Public, Université Cheikh Anta Diop de Dakar, 2017, p. 63.

[363] HAURIOU (M.), *Précis de droit constitutionnel*, Paris, Sirey, 1929, p. 415.

[364] CORNU (G.), *Vocabulaire juridique*, Paris, PUF, 1987, 839 p.

2. Les infractions commises hors de l'exercice des fonctions présidentielles

En Afrique noire francophone, le Constituant distingue formellement les actes commis dans l'exercice de la fonction ministérielle et constitutifs de haute trahison dont les membres du pouvoir exécutif (Président de la République, Premier Ministre et ministres) sont responsables pénalement devant la HCJ, des actes commis en dehors de l'exercice du mandat, soustraits de la compétence de la dite Cour et laissés à l'appréciation des juridictions de droit commun. Il est évident pour la quasi-totalité de la doctrine française « *qu'en vertu du principe d'égalité devant la justice, le Président agissant ici en tant qu'individu pouvait être poursuivi comme tel devant les tribunaux de droit commun* »[365].

Le Président de la République est partout soumis à un régime dérogatoire : dans certains pays, aucune procédure ne peut commencer en cours de mandat sans l'accord du législateur et, dans les autres, les infractions commises hors de l'exercice des fonctions présidentielles ne peuvent être jugées qu'après la fin du mandat. Le problème s'est posé à l'occasion de plusieurs procédures judiciaires mettant en cause le Président CHIRAC à raison de faits antérieurs à son élection : le problème des électeurs fantômes, les frais de bouches importants. Dans le cas d'espèce, en effet, les magistrats ont souhaité entendre le Président en qualité de témoin, mais en vain. Dans une décision importante du 22 janvier 1999, le Conseil constitutionnel a radicalement exclu toute possibilité de poursuite devant les tribunaux judiciaires de droit commun pour les motifs suivants. Dans son raisonnement, le Haut juge constitutionnel a aussi considéré que le Président bénéficie d'une immunité pour les actes accomplis dans l'exercice des fonctions.

S'agissant des actes commis antérieurement à l'entrée en fonction ou des actes qui sont détachables de l'exercice des fonctions, le Conseil estime que la responsabilité pénale du Président n'est pas possible devant les juridictions de droit commun. Selon le juge constitutionnel, cette responsabilité ne peut être engagée que devant la HCJ[366]. A titre d'illustration, en Allemagne, où le régime de l'immunité parlementaire

---

[365] COHENDET (A. M.), *Droit constitutionnel*, Paris, LGDJ, 2021, p. 33.

[366] AÏVO (F. J.), « La responsabilité pénale des gouvernants dans les régimes politiques africains d'influence française », *op. cit.*, p. 16.

s'applique au Président de la République « *par analogie* », aucune poursuite n'est possible sans l'accord du Bundestag. De même, en Autriche, le consentement de l'Assemblée fédérale, c'est-à-dire des deux chambres réunies, est nécessaire à l'engagement des poursuites. De leurs côtés, les constitutions grecque et portugaise prévoient la suspension de la procédure pénale pendant la durée du mandat. En Italie, où la question n'est pas définitivement tranchée, la doctrine semble admettre la même solution.

Les incertitudes quant à la détermination de la responsabilité pénale du Président de la République résultent du fait que ce dernier n'est pas un citoyen comme les autres. Le Président de la République exerce une fonction particulière[367]. Il existe alors plusieurs incertitudes non fondées dans tous les ordres juridiques infondés. La première incertitude est en rapport avec les actes accomplis par le Président de la République dans l'exercice de ses fonctions mais non susceptibles de constituer le crime de haute trahison ou encore sans liens avérés avec l'exercice de la fonction. Ce sont des actes, certes constitutifs de crimes ou délits, commis non pas par le Président de la République, mais par le futur Président de la République. La deuxième concerne les actes antérieurs à la fonction. Les actes qualifiés par la doctrine française de « *détachables* » ou « *d'antérieurs* » excluent *a priori* toute compétence de la HCJ. Si cette lecture apparaît évidente dans certaines Constitutions des États de l'Afrique noire francophone, comme celles du Bénin, du Mali ou encore du Sénégal, elle ne révélait pas avec la même précision en France[368].

Par ailleurs, les juridictions de droit commun restent, par conséquent, compétentes pour les infractions commises en dehors de l'exercice de leurs fonctions et dont ils sont pénalement coupables, en cas d'actes détachables de la fonction et de l'exercice de l'autorité. Pour que l'acte soit détachable de la fonction, il faut se référer aux attributions, à la compétence et aux moyens mis en œuvre par l'autorité concernée. Les juridictions saisies apprécieront au cas par cas.

En règle générale, les débats devant la HCJ sont publics. Toutefois, le huis-clos peut être exceptionnellement ordonné. Les membres de la Cour

---

[367] AIVO (F. J.), *Le Président de la République en Afrique noire francophone. Genèse, mutations et avenir de la fonction,* Paris, L'Harmattan, 2007, 643 p.

[368] BIAGUI (C. J.), « La responsabilité du chef de l'État africain », *op. cit.*, p. 64.

sont convoqués par le Président huit jours avant l'ouverture de la session. Les membres qui ne répondent pas à la convocation et ne s'exécutent pas pour motif grave, jugé valable par la HCJ, sont traduits devant elle sur la requête du ministère public dans un délai de huit jours.

La HCJ est non seulement compétente pour juger le Président de la République, mais aussi, et surtout, les ministres mis en accusation devant elle par l'Assemblée nationale pour haute trahison ou à raison des faits qualifiés de crimes ou des délits commis dans l'exercice de leurs fonctions ainsi que leurs complices en cas de complot contre la sûreté de l'État[369].

B. Le jugement de la Haute Cour de Justice à l'égard du Premier Ministre

Il est loisible d'analyser successivement les infractions commises dans l'exercice des fonctions ministérielles (1) et les infractions commises hors de l'exercice des fonctions ministérielles (2).

1. Les infractions commises dans l'exercice des fonctions ministérielles

La mise en cause de la responsabilité pénale des membres de l'Exécutif, très liée à l'affirmation de la responsabilité gouvernementale, a, jusqu'à une période récente en France, systématiquement impliqué les parlementaires et échappé aux juges[370]. Il faut souligner d'emblée que le Gouvernement est une des deux composantes du pouvoir exécutif. Mais en régime parlementaire, le pouvoir exécutif est une entité autonome qui se distingue du chef de l'État ou du monarque. Le régime parlementaire permet ainsi d'identifier non seulement la responsabilité du chef du Gouvernement, mais aussi des membres dudit Gouvernement. C'est ainsi dans les monarchies parlementaires, la responsabilité pénale du Premier Ministre et des autres membres du Gouvernement relève parfois d'une procédure dérogatoire au droit commun pour les infractions commises dans l'exercice de ses fonctions, tandis que, pour les autres infractions,

---

[369] Lire l'article 95 de la Constitution malienne du 25 février 1992.

[370] JAN (P.), *Les Assemblées parlementaires françaises*, Paris, *op. cit.*, p. 127.

elle est partout engagée selon la procédure de droit commun[371]. Appel à la théorie de la séparation des pouvoirs, méfiance dans le pouvoir judiciaire, crainte d'une instabilité chronique au sommet de l'État expliquent que cette tâche délicate de juger le chef de l'État et les ministres[372] soit dévolue à un organe spécialement constitué à cet effet. Pascal JAN soulignait à ce sujet :

> « Conformément à un principe fondamental de la représentation politique, le titulaire d'un mandat représentatif ne peut être privé de celui-ci que par d'autres titulaires d'un mandat représentatif. En termes clairs, l'appréciation du comportement présidentiel ne peut être faite que par l'autre autorité issue du suffrage universel : le Parlement siégeant en Haute Cour de Justice »[373].

Les partisans du parlementarisme utilisent le support pénal pour tenter d'introduire un droit de contrôle des chambres sur l'activité gouvernementale. La responsabilité pénale étant expressément consacrée par la Charte de 1814, elle confère ainsi une base constitutionnelle qui permet de légitimer la volonté de surveillance des chambres sur les ministres. Dès lors, le recours aux articles 55 et 56 de la Charte s'avère bien plus une commodité juridique que le fondement de la responsabilité politique. Mais cette manœuvre échoue puisque la responsabilité politique ne trouve pas sa place dans ce dispositif pénal[374]. Au-delà, la responsabilité pénale apparaît généralement virtuelle, expéditive, essentiellement confuse, peu intelligible et difficile d'application. Et les nombreuses révisions constitutionnelles visant ces dernières années à parfaire l'œuvre constitutionnelle des régimes libéraux africains ne portent, presque dans aucun des pays évoqués, sur la réforme du statut pénal des gouvernants[375].

Au Sénégal « *le Premier Ministre et les autres membres du Gouvernement sont pénalement responsables des actes accomplis dans l'exercice de leurs fonctions et qualifiés crimes ou délits au moment où*

---

[371] NGUELE ABADA (M.), « La Constitution béninoise du 11 décembre 1990 et la responsabilité pénale des Gouvernants », *op. cit.*, p. 11.

[372] JAN (P.), *Ibid.*, p. 127.

[373] JAN (P.), *Ibid.*, p. 129.

[374] HAVAS (N.), « De la manière de penser la responsabilité des ministres sous la restauration », *in Jus politicum*, n° 1, 2000, p. 22.

[375] AIVO (F. J.), « La responsabilité pénale des gouvernants dans les régimes politiques africains d'influence française », *Afrilex*, Janvier 2010, p. 10.

ils ont été commis. Ils sont jugés par la Haute Cour de Justice »[376]. En régime présidentiel, comme c'est le cas au Bénin, le Gouvernement est un Gouvernement présidentiel, ce qui signifie que le Président est à la fois chef de l'État et chef du Gouvernement. Les membres du Gouvernement sont passibles devant la HCJ pour les infractions commises dans l'exercice ou à l'occasion de l'exercice de leurs fonctions. La compétence s'étend aux membres du Gouvernement et à leurs complices dans le seul cas de complot contre la sûreté de l'État. Si les actes accomplis dans l'exercice de la fonction ministérielle sont justiciables devant la HCJ, il en est autrement pour les actes détachables qui sont justiciables devant les tribunaux répressifs de droit commun.

Dans l'affaire du Président du Conseil (des Ministres), Mamadou Dia, la Commission d'Instruction a rendu une ordonnance de renvoi devant la Haute Cour de Justice pour les faits suivants : *« atteinte à la sûreté de l'État, arrestations arbitraires, réquisition de la force publique pour s'opposer à l'exécution des lois et des dispositions légales »*. À l'issue de du procès, la Cour qui n'a ni accueilli des circonstances atténuantes, ni entendu la demande de clémence a lourdement servi : *« déportation perpétuelle dans une enceinte fortifiée, vingt ans de détention criminelle, cinq ans d'emprisonnement et dix ans d'interdiction des droits civiques »*[377].

C'est dans ce cadre que l'Assemblée nationale du Sénégal a adopté, sur proposition de la Commission des Lois, de la Décentralisation, du Travail et des Droits humains, la Résolution n° 3/2005 du 23 août 2005 portant mise en accusation devant la Haute Cour de Justice de Messieurs Idrissa SECK, ancien Premier Ministre du Sénégal et, Salif BA, Ministre de l'Habitat, de la Construction et du Patrimoine Bâti. A l'occasion, l'Assemblée nationale a considéré que le Premier Ministre, qui *« devait assurer la mise en œuvre de cette volonté du Chef de l'État, a finalement conçu et fait exécuter par son Gouvernement, à l'insu du Président de la République, un "programme à hauteur de quarante six milliards CFA (46 000 0000 000) de francs CFA, non autorisé par l'Assemblée nationale, donc juridiquement inexistant. Il en est résulté un dépassement de l'enveloppe arrêtée par le Président de la République de 26 milliards »*. A l'appui d'un exposé précis et détaillé des faits qui leur sont

---

[376] Article 101 de la Constitution sénégalaise du 22 janvier 2001.

[377] Seydou Madani Sy, cité par Meïssa DIAKHATE, *La Constitution du Sénégal. La lettre, le politique et le juge*, L'Harmattan-Sénégal, 2023, p. 231.

reprochés dans ce qu'il était convenu d'appeler les 20 milliards CFA des chantiers de la Ville Thiès en perspective de la célébration de la fête l'indépendance nationale, l'Assemblée nationale *« décide de la mise en accusation devant la Haute Cour de Justice de Monsieur Idrissa SECK et de Salif BA »* en considérant que les faits qui leur sont reprochés ont été commis alors qu'ils étaient respectivement Premier Ministre et Ministre de l'Habitat, de la Construction et du Patrimoine Bâti. La Résolution fut votée par 69 voix sur 120 membres de la Xe Législature (2001/2007).

Après le vote de la résolution de mise en accusation contre Idrissa Seck et Salif Bâ, la procédure d'instruction commença auprès de la Commission d'instruction près la HCJ. Au final *« elle décida qu'il n'y a pas lieu de renvoyer les prévenus devant la HCJ pour jugement. En effet, dans son arrêt [n°4 du 7 février 2006], la Commission d'instruction "ordonne, au bénéfice des contestations sérieuses, la mise en liberté d'office de l'accusé Idrissa Seck, s'il n'est détenu pour autre cause". En même temps, elle prononce le non-lieu partiel sur les faits d'usurpation de titre et de détournements de deniers publics relatifs à la gestion des fonds politiques ainsi que "la continuation de l'information sur les faits visés dans la résolution de mise en accusation". Pour arriver à ses conclusions, la commission d'instruction a admis qu'aussi bien sur les Chantiers de Thiès que sur les fonds politiques, aucune preuve de la culpabilité d'Idrissa Seck ne peut être assise sur la base des pièces et auditions faites »*[378].

Il semblerait aussi évident que la responsabilité pénale des gouvernants pourrait être mise en jeu comme celle de n'importe quel citoyen devant les juridictions de droit commun. Elle ressuscita l'intérêt de la doctrine et finit par décider les hommes politiques à opérer les réformes qui ont rendu plus tard la responsabilité pénale des membres de l'Exécutif plus intelligible.

2. Les infractions commises hors de l'exercice des fonctions ministérielles

La problématique de la responsabilité pénale des membres du Gouvernement se pose en termes identiques que celle du Président de la

[378] Oumar Sow, *La Haute trahison*, Thèse de Doctorat, Université Cheikh Anta Diop de Dakar, 2017, p. 331.

République. Á la question de savoir s'il est judicieux de placer les ministres sous un régime judiciaire de droit commun, Philippe ARDANT reconnaît la nécessité d'instituer un régime dérogatoire pour éviter des poursuites abusives ou vindicatives[379]. Le régime mis en place par la loi constitutionnelle du 12 juin 1998 s'applique à toutes les infractions commises par les ministres en exercice, qu'elles soient ou non liées à leurs fonctions. Ce régime particulier subordonne la saisine de la chambre des mises en accusation à une décision de la Chambre des représentants. Toutefois, les infractions commises avant le début de leurs fonctions ministérielles par des ministres en exercice sont jugées selon le droit commun. Cette hypothèse n'est pas appréhendée par les ordres juridiques étudiés. Conformément au droit commun, les membres du Gouvernement sont responsables pénalement devant les juridictions répressives ordinaires pour les actes accomplis en dehors de leurs fonctions [380]. Dans les monarchies parlementaires, les infractions commises hors de l'exercice des fonctions ministérielles relèvent de la procédure pénale ordinaire et sont jugées sans que le Parlement n'intervienne à aucun moment de la procédure. Elles sont jugées par les juridictions de droit commun, sauf en Espagne où les affaires impliquant des membres du Gouvernement ne peuvent être instruites et jugées que par la chambre pénale du Tribunal suprême.

Au final, *« le problème de la responsabilité reste posé dans l'ensemble des régimes politiques (...). Mais il interpelle plus les démocraties en construction comme celles récemment rétablies en Afrique noire francophone qui restent régis par un arsenal imprécis, incomplet et inefficace. Ce dernier, en l'état actuel, est en retard sur l'évolution de la responsabilité pénale et sur l'actualisation des modalités de sa mise en œuvre »*[381].

---

379 ARDANT (Ph.), *Institutions politiques et droit constitutionnel*, Paris, LGDJ, 18e éd., 1997, p. 511 ; voir aussi MATHIEU (B.), « La responsabilité pénale des ministres ou l'urgente réforme d'une institution fantôme », *in RFDC*, n° 14, 1992, p. 307.

380 *Conseil-constitutionnel.fr*, consulté le 14 janvier 2021.

381 *www.afrique-gouvernance.net/bdf_document-2126_fr.html*, consulté le 14 janvier 2021.

TITRE 2

LES LIMITES DU PRINCIPE DE CONTRÔLE PARLEMENTAIRE

Si le principe du contrôle est établi, les instruments du contrôle parlementaire demeurent limités en raison des conditions d'organisation de la séparation des pouvoirs, encore inadaptées. Pour marquer cette inadaptation, Pauline TÜRK trace un parallèle entre le régime parlementaire, aîné des régimes politiques et le régime présidentiel américain qui, selon lui, permettait le contrôle parlementaire. Dans le cadre d'une séparation rigide des pouvoirs, la Constitution se contente de prévoir quelques mécanismes relativement flous, utilisés dans un contexte politique de plus en plus tendu[382]. C'est essentiellement de la bonne volonté du Gouvernement contrôlé et de ses rapports de force avec le Parlement que dépendent les effets du contrôle parlementaire, ce qui constitue l'enjeu et la principale difficulté de son développement.

Dans la même veine, Michel AMELLER soutenait en 1964 : *« c'est à l'étendue de leurs moyens de contrôle que se mesure aujourd'hui la force des assemblées parlementaires »*[383]. De fait, les suites données aux travaux sont souvent décevantes parce que les recommandations ne sont

[382] TÜRK (P.), *Le contrôle parlementaire en France, op. cit.*, pp. 40 et s.

[383] AMELLER (M.), *Les questions, instrument du contrôle parlementaire, op. cit.*, p. 9.

pas suffisamment prises en compte par le Gouvernement ou les services concernés[384]. En plus, l'exercice du droit d'information, qui est l'un des pouvoirs du Parlement, est soumis à une double limitation : le contrôle peut y opposer l'exception du secret et de la réserve de la séparation des pouvoirs. Á ce titre, la notion de responsabilité exécutive propre peut « *sauver* » le pouvoir exécutif en préservant une sphère inaccessible pour le Parlement dans laquelle seul le Gouvernement est maître de l'action. Au lieu que le contrôle parlementaire serve de contre-pouvoir vis-à-vis de l'Exécutif et constitue une garantie importante du processus démocratique en Afrique noire francophone, il se révèle inefficace. Les parlementaires se voient mis ainsi des bâtons dans les roues par le Gouvernement.

Dans le même sillage, en Afrique noire francophone, l'adaptation des modalités du contrôle parlementaire peut être rendue nécessaire non seulement par la montée en puissance du fait majoritaire, mais aussi par d'autres évolutions : la question de l'alternance, l'inefficacité des techniques de questionnement et d'enquête.

Á vrai dire, le contrôle parlementaire de l'action gouvernementale devrait être considéré comme un indicateur de bonne gouvernance. Malheureusement, il demeure inefficace (Chapitre 1). Cette inefficacité peut souvent s'expliquer par d'autres limites que l'on peut appeler les limites connexes (Chapitre 2).

384 TÜRK (P.), *Ibid.*, p. 161.

CHAPITRE 1

L'INEFFICACITÉ DU CONTRÔLE PARLEMENTAIRE

En Afrique noire francophone, renverser le Gouvernement ne relève pas du pouvoir de contrôle *stricto sensu*. Ce n'est pas l'action du Gouvernement qui est ici en cause, mais plutôt son existence. Le pouvoir de contrôler ne doit pas, par une voie détournée, se muer en pouvoir de sanctionner. A ce sujet, il est important de rappeler sur ce point que les pouvoirs de contrôle des organes parlementaires ont pour objet de permettre à l'Assemblée nationale d'exercer son contrôle sur la politique du Gouvernement « *dans les conditions prévues par la Constitution* »[385]. Dans son article intitulé « *L'introuvable contrôle parlementaire* »[386], Pierre AVRIL souligne, à juste titre, que le contrôle parlementaire est destiné à permettre à l'Assemblée nationale de mettre en jeu une responsabilité qui lui échappe, revient à lui assigner un fondement illusoire tout en insistant sur la question du déclin du Parlement[387]. L'histoire du parlementarisme dans le monde est traditionnellement décrite en un processus en quatre étapes : celle de la montée en puissance

---

385 THIERS (E.), « Le contrôle parlementaire et ses limites juridiques … », *op. cit.*, p. 74.

386 AVRIL (P.), « L'introuvable contrôle parlementaire », *in Jus Politicum*, n° 3, 2009, p. 2.

387 *Ibid.*, p. 2.

des Parlements face aux Souverains ; celle-que l'on peut qualifier de « *glorieuse* », bien qu'elle soit très idéalisée-de la toute-puissance des chambres dont la plus forte incarnation est Westminster ; celle du « *déclin* » des Parlements ; celle, enfin, de leur adaptation[388]. La notion de déclin des Parlements a été avancée pour la première fois par James BRYCE et Stone SWEET, au début des années 1920[389].

Nous analyserons successivement les obstacles juridiques au contrôle parlementaire (Section 1) et ceux politiques au contrôle parlementaire (Section 2).

SECTION 1

LES OBSTACLES JURIDIQUES AU CONTRÔLE PARLEMENTAIRE

Ce sont les commissions d'enquête qui sont les plus encadrées juridiquement par les Constitutions respectives des pays couverts par l'étude.

Cependant, des contraintes juridiques (Paragraphe 1) pèsent sur les parlementaires pour ce qui est de l'initiative de l'enquête, de son champ d'investigation et de sa durée, mais aussi des obstacles politiques relatifs au Règlement intérieur (Paragraphe 2).

Paragraphe 1

Les obstacles liés à la Constitution

Le contrôle parlementaire de l'action du Gouvernement est une prérogative constitutionnelle des Parlements des États considérés. Cette prérogative s'exerce par divers moyens : le vote du budget-programme, la loi de règlement, des questions écrites ou orales avec ou sans débat, les

---

388 COSTA (O.), KERROUCHE (E.), MAGNETTE (P.), « Vers un renouveau du parlementarisme en Europe ? », *in Les Parlements face aux nouveaux modes de gouvernance*, Bruxelles, Université de Bruxelles, 2004, p. 11.

389 THATCHER (M.), STONE SWEET (A.), « Theory and Practice of Delegation to Non-Majoritarian Institutions », *West European Politics*, 25 (1), 2002, pp. 1-22.

commissions d'enquête parlementaires. Les obstacles au contrôle parlementaire peuvent être d'ordre juridique ou d'ordre politique[390]. Certains sont prévus par la législation et d'autres tirés de la réalité du fonctionnement des groupes politiques ou des rapports normaux entre Opposition et Majorité parlementaires.

Le contrôle parlementaire doit être défini juridiquement par un mandat énonçant les responsabilités du pouvoir exécutif et les prérogatives de l'Assemblée nationale. Pour que le contrôle soit efficace, il faut que l'Assemblée ait la capacité juridique et tous les moyens de mettre en œuvre des mécanismes de contrôle et de disposer des ressources voulues pour ce faire : un budget pérenne et un personnel d'appui dûment formé.

Il est loisible d'examiner, dans un premier temps, les obstacles d'ordre légal (A) et, dans un second, consacrer notre étude aux obstacles d'ordre politique (B).

A. Les obstacles d'ordre légal

Les parlementaires ne disposent pas de pouvoirs officiels et un mandat de contrôle bien défini. Les pouvoirs et le mandat de contrôle du Parlement dérivent essentiellement de la Constitution, tandis que les mécanismes permettant de les exercer sont, en règle générale, issus d'autres sources législatives, telles que le Règlement intérieur du Parlement. L'étendue de l'autorité dépend, en grande partie, du système politique national qui influe sensiblement sur la volonté politique et la portée du contrôle parlementaire de l'action gouvernementale. Par conséquent, l'Assemblée nationale peut décider d'ajuster, de reformuler voire de passer certaines questions, compte tenu du contexte politique dans lequel il s'inscrit et selon qu'il s'agit d'un système parlementaire, présidentiel ou mixte. Est juridiquement irrecevable une proposition de résolution tendant à la création d'une commission d'enquête ayant le même objet qu'une commission créée antérieurement et ce, dans un délai d'un an à compter du terme de ses travaux. Dans le même ordre d'idées de mise en exergue, il en est de même lorsque cet objet recoupe celui étudié par une commission permanente qui s'est érigée en commission

---

390 NIANE (I.), RAKOTONIRINA (O.), *Les rôles et fonctions des parlementaires*, Madagascar, 2014, p. 19.

d'enquête. A l'Assemblée nationale, c'est le Président, le cas échéant, en cas de doute après avis du bureau, qui déclare cette irrecevabilité[391].

Pour mieux aborder ces obstacles, il convient d'analyser, dans un premier temps, le vote bloqué comme obstacle au contrôle parlementaire de l'action gouvernementale (1) et consacrer notre analyse, dans un second temps, aux obstacles d'ordre financier (2).

1. Le vote bloqué, un obstacle au contrôle parlementaire

La procédure législative se déroule en trois phases principales : le dépôt du texte, son examen par le Parlement et sa promulgation par le Président de la République après une éventuelle saisine du juge constitutionnel pour examen de la conformité du texte à la Constitution[392]. Le vote est dit bloqué ou unique lorsque le pouvoir exécutif a la possibilité de contrer les tentatives de retardement du vote d'un texte de loi par l'Opposition dès lors que celle-ci propose des centaines voire des milliers d'amendements. En réduisant ainsi la liberté de décision des parlementaires, y compris ceux de sa propre majorité, le Gouvernement peut éviter de voir ses textes déformés sans avoir à gagner sa responsabilité. En effet, pour l'application de cette procédure, le Gouvernement dispose d'une marge de manœuvre quant au moment de sa mise en œuvre, à la partie du texte devant faire l'objet du vote unique et aux amendements retenus. Cependant, il faut le signaler, cette procédure ne porte que sur le vote. Elle ne supprime donc pas la présentation de chacun des amendements par leur auteur, même ceux qui ont été écartés par le pouvoir exécutif et l'intervention, pour chacun d'entre eux, d'un orateur opposé à l'amendement, d'un orateur de la commission parlementaire et de l'Exécutif.

Les Constitutions des pays étudiés permettent à leurs Gouvernements respectifs de demander aux députés de se prononcer par un seul vote, sur tout ou partie d'un texte en discussion, en ne retenant que les amendements proposés ou acceptés par lui. Cette disposition a pour effet d'empêcher le député de marquer son désaccord sur une partie du texte en discussion et qui n'emporte pas son adhésion. Cette faculté est cependant très rarement utilisée par le Gouvernement. Selon les articles

---

[391] THIERS (E.), « Le contrôle parlementaire et ses limites juridiques … », *op. cit.*, pp. 71-81.

[392] Article 88 de la Constitution malienne du 25 février 1992.

57 alinéa 1er et 105 de la Constitution du Bénin[393], l'initiative des lois est bien partagée entre le Président de la République et les députés du fait de la nature présidentielle du régime. Cette situation de partage de l'initiative ne semble pas *a priori* poser de problèmes puisque même aux États-Unis, prototype du régime présidentiel dans le monde, le principe de la séparation stricte des pouvoirs qui induit une mise en mouvement de la procédure législative par le seul Congrès est battu en brèche.

En premier lieu, il est libre de choisir le moment où il annonce son intention de faire usage du vote bloqué. Il peut arriver qu'il dévoile d'emblée son intention de recourir à cette procédure, par exemple, lorsqu'elle concerne la totalité d'un texte. Mais généralement, il n'engage cette procédure qu'au cours de la discussion des articles, par une simple demande, au moment de la mise aux voix, tendant à ce que l'Assemblée ne se prononce pas dans l'immédiat sur tel amendement ou tel article en cours de discussion. Au demeurant, le Gouvernement conserve la faculté de renoncer ultérieurement au vote bloqué tant que l'Assemblée n'a pas été appelée à se prononcer sur la disposition dont le vote a été réservé.

En second lieu, il appartient au Gouvernement de définir le contenu du texte qui fera l'objet d'un vote unique. Il a d'abord la faculté de faire porter ce vote sur une partie du texte en discussion, un article ou un groupe d'articles, par exemple, ou sur la totalité de celui-ci.

Il peut, en outre, décider de retenir des amendements-dont il n'est d'ailleurs nécessairement l'auteur-ou à l'inverse de refuser toute modification de son texte par quelque amendement que ce soit. Ainsi est-il en mesure soit d'imposer l'adoption d'une disposition susceptible d'être rejetée en la liant à celle d'une autre ou à celle de l'ensemble du texte, soit d'empêcher l'adoption d'un ou de plusieurs amendements qu'il juge inopportuns en liant leur exclusion à l'adoption de telle ou telle disposition du texte en discussion.

La pratique montre que le vote bloqué peut prendre des formes extrêmement variées et avoir des objectifs très différents. Parmi les figures nombreuses que cette procédure rend possibles, on peut citer le vote bloqué sur l'ensemble d'un texte, à l'exclusion de quatre articles additionnels, le vote bloqué sur un amendement de suppression d'un article présenté en seconde délibération et sur l'ensemble, le vote bloqué

---

[393] Constitution Béninoise du 11 décembre 1990.

sur un article modifié par un amendement et un sous-amendement, à l'exclusion de tout autre amendement et le vote bloqué sur un article additionnel à l'exclusion de deux autres articles additionnels.

Aussi étendue qu'elle soit, la prérogative du Gouvernement ne saurait, en aucun cas, faire obstacle à la discussion de chacune des dispositions qui font l'objet de la demande de vote bloqué. La discussion des articles, des amendements et des sous-amendements se poursuit donc normalement jusqu'à son terme dans les conditions de droit commun.

Seuls les votes sont réservés : il en résulte, conséquence paradoxale, qu'en l'absence de vote immédiat sur les amendements, aucun d'entre eux n'est susceptible de devenir sans objet.

La procédure se dénoue par la mise aux voix, en un seul vote, du texte ou de la partie du texte soumis à cette procédure : l'Assemblée n'a d'autre issue que d'accepter ou de rejeter en bloc les dispositions concernées dans la configuration qui leur a été donnée par le Gouvernement ; elle éprouve, ici, tout le poids de la maxime selon laquelle tout choix est renoncement.

2. Les obstacles du contrôle financier

En dehors du principe affirmé dans les articles 78 et 79 de la Constitution malienne du 25 février 1992, la nouvelle Constitution de 2023 contient très peu de dispositions relatives au contrôle parlementaire.

Les commissions d'enquête parlementaire sont encadrées juridiquement[394] par les Règlements intérieurs des Assemblées des pays sous étude. Ainsi, le contrôle budgétaire est considéré comme un instrument fondamental du contrôle démocratique portant ainsi l'empreinte d'une forte tradition juridique qui satisfait plus une préoccupation de régularité que des impératifs de gestion. Il est considéré également comme un instrument de politique économique, sous l'influence de KEYNES et des économistes, qui satisfait plus un souci comptable qu'une évaluation de gestion. La classification par nature économique de la dépense, instaurée en 1966, ne lie pas les dépenses aux

---

[394] THIERS (E.), « Le contrôle parlementaire et ses limites juridiques … », *op. cit.*, pp. 71-81.

services, aux objectifs, aux actions. Elle est rigoureusement anti-managerielle[395].

Au Mali, l'organisation du contrôle financier présente des insuffisances. Le contrôle des dépenses engagées est sans doute le meilleur moyen de prévoir les dépassements de crédits puisqu'il permet de saisir les irrégularités à leur origine, d'arrêter avant qu'ils ne soient formés, des droits qui engagent définitivement l'État. Pour cette raison et bien d'autres encore que nous avons essayé d'analyser plus haut, l'État recrute des contrôleurs financiers. Si l'institution du contrôle financier répond bien à des nécessités qui justifient amplement sa création, cette procédure en Afrique fait l'objet de nombreuses critiques. Ainsi, l'assurance de régularité et de sincérité est recherchée à travers des contrôles relevant d'instances situées en dehors de la hiérarchie de l'ordonnateur.

A ce titre, ont été institués des corps de contrôle administratif[396] et de contrôle juridictionnel[397] sans préjudice du droit constitutionnel de l'Assemblée nationale de s'assurer que ses autorisations ont été appliquées sans dérive ni faiblesse. Les organes de contrôle administratif jouissent de plus ou moins d'autonomie selon qu'elles sont placées en dehors ou à l'intérieur de la hiérarchie administrative. Dans le cas du Mali, à titre illustratif, à l'occasion de l'adoption de la loi de règlement, l'Assemblée nationale s'assure, sur l'attestation de la Section des comptes de la Cour suprême, que ses autorisations ont été respectées par le Gouvernement. Elle peut aussi mettre sur pied, ponctuellement et rarement, des missions parlementaires sur des problématiques particulières qui peuvent concerner la matière budgétaire. Cet ensemble apparemment solide présente néanmoins d'importantes faiblesses à corriger[398].

---

395 JENNAR (R. M.), « Le Parlement : une institution en crise », *in Courrier hebdomadaire du CRISP*, 1983/28 n° 1013-1014, pp. 2-66.

396 Par ailleurs, voir SEILLER (B.) (dir.), *Le contrôle parlementaire de l'Administration*, Paris, LGDJ, 2012, 404 p.

397 BONNARD (R.), *Le contrôle juridictionnel de l'Administration*, Paris, Dalloz, 2005, 266 p.

398 GUINDO (M.), *Le système de contrôle des finances publiques du Mali et le principe d'efficience de l'action publique*, Mémoire de Master, Université de Strasbourg, 2015, p. 13.

L'on peut convenir avec Kossi SOMALI lorsqu'il relève qu'en dehors du Sénégal et, dans une certaine mesure, du Bénin,

> « qui ont essayé mutatis mutandis de réglementer l'accès à la fonction des contrôleurs financiers, les autres pays de la sous-région, en dépit des exigences de transparence économique et financière des institutions de Bretton Woods, font souvent appel à des fonctionnaires inexpérimentés ou à des agents n'ayant aucune formation financière et comptable leur permettant de mener à bien cette tâche de contrôle. Nous ne le dirons jamais assez, l'exercice du contrôle des dépenses engagées exige des connaissances administratives et surtout techniques approfondies, et le contrôleur financier, contrairement à la pratique très répandue en Afrique, doit, en plus de la connaissance des rouages de l'administration auprès de la laquelle il travaille, posséder un savoir et une pratique largement suffisants des questions budgétaires et comptables. Le rôle qu'il joue auprès des départements ministériels fait de lui le chef de la comptabilité de ces départements et il doit être apte, en effet, à leur fournir des conseils utiles. Il est le centre de l'univers financier et comptable du département qu'il contrôle, car c'est à lui qu'un chef de service va s'adresser s'il est embarrassé par une question d'ordre comptable. Un contrôleur financier incompétent ne pourra naturellement pas répondre aux questions de procédure ou de modalités à adopter parmi les possibilités qu'offrent les règles comptables. Il doit être capable de donner des conseils concernant la rédaction des projets de décret à incidence financière et des orientations valables au sujet des passations des contrats, leur forme et les clauses à y insérer. Connaissant bien le rythme et le niveau de la consommation des crédits, c'est lui que l'administration consulte sur la politique budgétaire et c'est encore à lui qu'on demande les possibilités d'obtention de crédits supplémentaires aux fins d'effectuer des travaux qui sortiraient du cadre normal fixé par la loi de finances. Tout ceci demande des connaissances financières et comptables très approfondies »[399].

Le contrôle budgétaire[400] est un moyen employé par les Parlements pour garantir la responsabilisation financière. Dans de nombreux pays

---

[399] SOMALI (K.), *Le Parlement dans le nouveau constitutionnalisme en Afrique ..., op. cit.*, pp. 297-398.

[400] BERLAND (N.), *Le contrôle budgétaire*, Paris, Pearson, 2002, 122 p.

africains[401], les Parlements peuvent ratifier un budget, voire le rédiger eux-mêmes, ce qui leur permet de tenir les cordons de la bourse. Même si un Parlement ne souhaite pas rejeter les politiques de l'Exécutif, la capacité à modifier les priorités de l'Exécutif en matière de dépenses constitue un autre mécanisme de contrôle.

Toutefois, les lois organiques relatives aux finances ou les autres législations régissant les méthodes de contrôle parlementaire du budget peuvent limiter les changements que le Parlement peut introduire sur le budget.

B. Les obstacles d'ordre politique

Le doyen VEDEL place l'Opposition parlementaire au cœur du jeu démocratique et de l'équilibre des pouvoirs. Outre sa fonction de représentation (celle d'une minorité du corps électoral), la raison d'être de l'Opposition parlementaire réside dans l'action de contrôler la majorité parlementaire/gouvernementale et de proposer des solutions politiques alternatives[402]. Si le droit constitutionnel positif ignore encore la notion de contrepouvoir, le discours doctrinal n'hésite plus à s'en saisir[403]. Dans la même lancée, Xavier VANDENDRIESSCHE estime que le renforcement du rôle de l'institution parlementaire passe aujourd'hui par un substantiel accroissement des droits et prérogatives

---

[401] De nombreux Gouvernements africains ont adopté un système (d'élaboration) de budget-programme axé sur les performances ou de budgétisation axée sur les performances (BPP ou BAP) en vue d'offrir une meilleure prestation de services et d'améliorer l'optimisation des ressources dans le cadre des dépenses publiques. Ces objectifs sont liés à l'ambition de rendre les gouvernements responsables de la réalisation des objectifs des stratégies de réduction de la pauvreté ou des plans nationaux de développement et de produire des résultats découlant des dépenses budgétaires annuelles. Voir le *Rapport sur le budget-programme axé sur les performances en Afrique de l'Initiative Africaine Concertée sur la Réforme Budgétaire*, Afrique du Sud, 2013, p. 2.

[402] NABLI (B.), « L'Opposition parlementaire : un contre-pouvoir politique saisi par le droit », *in Pouvoirs*, n° 133, 2010, pp. 125-141.

[403] MILACIC (S.), « Le contre-pouvoir, cet inconnu », *in Etudes à la mémoire de Christian Lapoyade-Deschamps*, Presses universitaires de Bordeaux, 2003, p. 680 ; HOURQUEBIE (F.), « Le contre-pouvoir, enfin connu », *in Mélanges en l'honneur de Slobodan MILACIC. Démocratie et liberté : tension, dialogue, confrontation*, Bruxelles, Bruylant, 2008, p. 101.

reconnus à l'Opposition[404], tant en matière législative que dans le domaine du contrôle.

Notre analyse portera, d'une part, sur la discipline de parti (1) et, d'autre part, sur le manque de soutien politique (2).

1. La discipline de parti

La discipline du parti ou, par anglicisme, ligne du parti est un idiotisme politique appliqué à un mouvement social ou à un parti politique, désignant la règle morale ou ligne de conduite officielle à suivre sur un sujet particulier, les éléments idéologiques spécifiques à l'organisation, ou en tant que terme informel un agenda canonique à respecter. L'expression est employée généralement dans le contexte de systèmes parlementaires de style britannique comme ceux du Canada et du Québec. Cette expression fait référence dans le jargon parlementaire à l'obligation qu'ont les membres d'un parti de respecter la discipline de parti lorsque vient le temps de voter en bloc sur une motion de censure présentée au Parlement[405].

La discipline partisane impose également aux membres des partis, au-delà de la discipline de vote, certaines obligations qui constituent les règles de vie commune destinées à faire régner le bon ordre. Les membres doivent ainsi, habituellement, respecter les décisions adoptées par le parti, auteur des règles et autorité chargée d'en contrôler l'application correcte et de sanctionner ceux qui auraient manqué à la discipline partisane[406]. Elle existe dans tous les pays et l'indiscipline de parti est l'exception rare. Cette règle non écrite implique pour l'Opposition, mais surtout pour la majorité parlementaire, de suivre le mot d'ordre donné par le Président du groupe parlementaire sur les textes en discussion (projet ou proposition de loi, amendement). Le consentement ou le refus du député peut être considéré ici comme forcé. A cet égard, les partis jouent un rôle fondamental dans le processus qui

---

[404] VANDENDRIESSCHE (X.), « Le Parlement entre déclin et modernité », *op. cit.*, pp. 59-70.

[405] « Ligne de parti » *in Grand dictionnaire terminologique, Office Québécois de la langue française*, 2007, *www.granddictionnaire.com*, consulté le 10 mai 2022.

[406] Voir REIGIER (D.), *La discipline de vote dans les assemblées parlementaires sous la cinquième République* », Thèse de doctorat en Droit public, Université de Lille 2, 2011, p. 3.

aboutit à la discipline de vote, qui doit permettre de concrétiser la plate-forme électorale qu'ils ont soumise aux électeurs.

La discipline de parti est étroitement liée à l'un des principes fondamentaux du Gouvernement responsable[407], à savoir, la Majorité présidentielle doit avoir l'appui de la Majorité parlementaire. Les électeurs votent, en partie du moins, pour un parti politique sur la base de son programme et ils s'attendent à ce que le parti et ses députés le mettent en œuvre. A cet égard, l'intérêt des députés coïncide largement avec celui des partis.

Les partis comptent sur l'action concertée de leurs élus pour remplir leurs promesses électorales[408]. Les députés, pour leur part, tirent des avantages certains de leur affiliation à leur parti lors des élections. La discipline de parti implique la conciliation de deux principes divergents : d'une part, les députés doivent agir de concert pour qu'il y ait un camp du Gouvernement et des camps de l'Opposition dans les débats, et une certaine mesure d'unanimité et de cohérence dans les points de vue des partis ; d'autre part, les députés ont la responsabilité de faire entendre la voix de leurs électeurs tout en restant fidèles à leurs propres principes politiques et moraux.

En définitive, dans le système parlementaire, la conciliation des intérêts divergents tend à s'effectuer au sein du Gouvernement, où les parlementaires démêlent leurs divergences de vue avant de parler publiquement d'une seule voix. Pour encourager les députés à voter en bloc, les partis comptent aussi sur la pression de l'opinion des collègues et n'hésitent pas à faire valoir des impératifs comme la solidarité au sein du parti (esprit d'équipe) et l'importance d'empêcher l'Opposition de « *marquer des points* ».

2. Le manque de soutien politique

Une initiative parlementaire peut ne pas aboutir par manque de soutien des autres députés, alors même qu'elle était bonne dès le départ. C'est le cas notamment lorsque le Président de la République ou le Premier

---

[407] GODBOUT (J. F.), HOYLAND (B.), *Unity in Diversity? The Development of Political Parties in the Parliament of Canada*, 1867-2011 » *British Journal of Political Science*, Vol. 47, n° 3, Juillet 2017, p. 546.

[408] FLAVELLE (L.), KAYE (Ph.), « La discipline de parti et le vote en chambre », *in Revue parlementaire canadienne*, 1986, p. 6.

Ministre marque son désaccord vis-à-vis d'une proposition de loi ou d'amendement, quel qu'en soit l'auteur. Ces désaccords constituent des signaux forts pour le groupe parlementaire majoritaire. Ils conduisent souvent au retrait de la proposition de loi ou d'amendement si l'auteur est membre de cette majorité. Si, par contre, l'auteur est membre de l'Opposition, l'échec sera garanti. D'une manière générale, le Gouvernement utilise plusieurs manœuvres pour empêcher ou, en tout cas, retarder l'initiative parlementaire de prendre corps.

Deux moyens retiennent particulièrement notre attention. D'abord, il arrive au Gouvernement de déposer un projet de loi en même temps qu'une proposition de loi dans le seul but d'empêcher celle-ci d'aboutir. Ainsi :

> « Le Gouvernement, après avoir reconnu le bien-fondé de la proposition de loi portant amnistie de certains faits commis entre 1991 et 1996, a aussi déposé dans la hâte un projet de loi portant sur le même objet. Ensuite, tous les Gouvernements qui se sont succédé ont pris la fâcheuse habitude de déclarer l'urgence sur nombre de textes législatifs ; ce qui permet une accélération de la procédure législative par la suppression d'une éventuelle seconde lecture ou d'inscrire prioritairement à l'ordre du jour ses propres projets de lois aux fins de retarder l'examen des propositions embarrassantes »[409].

Cette situation que les députés, même ceux de la majorité, ont souvent déplorée a fait réagir le député Albert TEVOEDJRE avec la verve qu'on lui connaît à la tribune du Parlement en ces termes :

> « Depuis quelques temps, le Gouvernement du Président SOGLO met un acharnement significatif à faire passer ses projets avant ceux des membres du Parlement, car il sait que le Parlement mettra du temps à discuter des projets gouvernementaux. Ainsi, les députés n'auront pas la possibilité matérielle de faire passer des propositions de lois qui sont souvent enterrées ou renvoyées aux calendes grecques »[410].
>
> « Empêcher une initiative de prospérer est encore le moyen le plus sûr pour l'Exécutif de se protéger. Les propositions de résolution tendant à la création d'une commission d'enquête doivent d'abord déterminer avec précision soit les faits qui donnent lieu à enquête, soit les services

---

409 SOMALI (K.), *Le Parlement dans le nouveau constitutionnalisme en Afrique ..., op. cit.*, p. 260.

410 Fondation Friedrich Neumann, *Assemblée nationale du Bénin, première et deuxième Législatures (1991- 1999),* ONEPI/ La Nation, Cotonou, 1995, p. 43.

> ou entreprises publics dont la commission doit examiner la gestion. Cette condition formelle n'est guère difficile à respecter »[411].

Au Bénin, le Parlement exerce un contrôle limité sur les actions de « *l'administration* » par des questions posées au Gouvernement. On le sait, d'ores et déjà, que les parlementaires peuvent poser des questions (orales ou écrites) au Gouvernement, qui a trente (30) jours pour y répondre. Pendant les sessions ordinaires de l'Assemblée nationale, le jeudi après-midi est réservé à ces questions susmentionnées.

Cette question pourra donner lieu à un débat si son auteur le précise ainsi.

Paragraphe 2

Les obstacles liés au Règlement intérieur

Dans son traité de droit politique, électoral et parlementaire, le précurseur du droit parlementaire, Eugène PIERRE écrivait :

> « Le Règlement n'est en apparence que la loi intérieure des assemblées, un recueil de prescriptions destinées à faire procéder avec méthode une réunion où se rencontrent et se heurtent beaucoup d'aspirations contradictoires. En réalité, c'est un instrument redoutable aux mains des partis ; il a souvent plus d'influence que la Constitution elle-même sur la marche des affaires publiques »[412].

Ce constat énoncé sous la IIIe République française reste parfaitement d'actualité dans les pays étudiés. Pour sa part, son homologue Paul BASTID soulignait en 1954 que le règlement, c'est « *la loi intérieure* » de chaque chambre, fixée par elle-même. La chambre agit en établissant son Règlement non comme une branche du pouvoir législatif mais à titre de corporation autonome dotée d'un pouvoir d'organisation et possédant sur ses membres une autorité disciplinaire.

---

[411] THIERS (E.) « Le contrôle parlementaire et ses limites juridiques … », *op. cit.*, (*www.cairn.info/revue-pouvoirs-2010-3-page-71.htm*, consulté le 16 août 2023).

[412] GHEVONTIAN (R.) (dir.), « Traité de droit politique, électoral et parlementaire », *in EUGENE Pierre, précurseur du droit parlementaire contemporain*, Bruxelles, Larcier, 2019, p. 127.

Notre étude portera dans un premier temps sur les insuffisances d'ordre textuel (A) et, dans un deuxième temps les limites inhérentes au temps de travail et de compétence des commissions (B).

A. Les obstacles d'ordre textuel

Comme souligné plus haut, le rôle de contrôle du Gouvernement peut être joué par les députés pris individuellement et par toutes les commissions de l'Assemblé nationale, qu'elles soient permanentes ou temporaires. Il s'exerce tant au moment du vote des lois qu'en d'autres circonstances et cela suivant quelquefois une réglementation stricte[413]. Dès lors, des obstacles apparaissent dans le contrôle parlementaire de l'action gouvernementale. Certaines limites sont d'ordre juridique et d'autres d'ordre législatif ou réglementaire.

Dans l'analyse des obstacles d'ordre règlementaire, nous nous intéresserons successivement aux obstacles liés au Règlement intérieur au Mali et au Sénégal (1) et ceux liés à celui du Bénin (2).

1. Les insuffisances liées aux Règlements intérieurs du Mali et du Sénégal

Le Règlement intérieur de chaque Assemblée, qui s'analyse comme une Résolution votée par la seule Assemblée concernée, regroupe l'ensemble des prescriptions relatives à l'organisation de ses travaux, à la composition de ses organes, à leurs attributions. Les Règlements comportent des mesures d'ordre interne : mode de désignation des organes de l'Assemblée, discipline des délibérations, temps de parole, descriptions à suivre pour le bon ordre des discussions, modes de votation par exemple, mais aussi des dispositions qui concernent les autres pouvoirs publics[414]. Le Règlement relèverait à la catégorie juridique des mesures d'ordre intérieur, c'est-à-dire que la validité des règles qu'il édicte est limitée à leur objet interne. Pourtant une analyse croisée des missions des Parlements en Afrique noire francophone conférées par le Règlement intérieur montre que la plupart des députés affirment leur

---

[413] NIANE (I.) et RAKOTONIRINA (O.), *Guide aide-mémoire sur les rôles et fonctions des parlementaires*, Madagascar, Raj Hassanaly - Unité – Communication / PNUD, 2014, p. 17.

[414] DUHALEL (O.), MENY (Y.), *Dictionnaire constitutionnel*, *op. cit.*, p. 910.

engagement en faveur du contrôle, mais dans la pratique, des problèmes de priorités et de capacités limitent souvent leur action. Dans les démocraties tant anciennes que nouvelles, le Parlement a le pouvoir de superviser le Gouvernement à travers un nombre d'outils et de mécanismes prévus généralement à la Constitution et dans d'autres textes réglementaires tels que les Règlements intérieurs des Parlements.

Une analyse des Règlements intérieurs des Parlements africains permet de révéler des facteurs qui limitent la portée du contrôle parlementaire [415]. Les Parlements africains ne détiennent que des pouvoirs de recommandation auxquels le Gouvernement n'accorderait que très peu d'importance. Au-delà, il y a un manque cruel de moyens techniques et humains pour mettre en œuvre le contrôle parlementaire, particulièrement en matière budgétaire [416]. Concernant l'effectif du personnel en charge du contrôle budgétaire, c'est le décret n° 179/PG-RM du 23 juillet 1985 qui fixe les conditions et procédures d'élaboration et de gestion des cadres organiques. Ce décret dispose :

> « Les cadres organiques sont présentés sous la forme de tableaux analytiques indiquant en regard de chaque emploi ou de chaque groupe d'emplois de même nature leur nombre ainsi que le ou les corps statutaires et le niveau statutaire ou grade minimum auxquels ils correspondent » et qu'ils « sont élaborés pour une durée prévisionnelle de cinq ans »[417].

En ce qui concerne les contrôles internes[418], ils sont réalisés par les inspections internes à certaines administrations comme le Trésor (DNTCP) et les deux régies (DGI et DGD). La procédure de contrôle à

---

[415] Assemblée nationale de la République du Bénin et Programme des Nations-Unies pour le développement, *Le député et le Parlement béninois*, Cotonou, 1998, p. 106 ; voir également MAGDY (M. S.), « La réforme parlementaire en Afrique et dans le monde. Dernières tendances », Programme des Nations-Unies pour le Développement, *www.undp.org*, consulté le 24 juillet 2023.

[416] Au Sénégal, l'influence du Parlement sur le budget du Gouvernement a progressé en 2018 avec l'adoption du débat d'orientation budgétaire pendant lequel les parlementaires examinent les principales caractéristiques du projet de loi de finances avant sa présentation.

[417] Sur ce même sujet, lire GUINDO (M.), *L'évolution du système de contrôle des finances publiques au Mali*, Thèse de doctorat, Université de Strasbourg, 2020, p. 249.

[418] Lire le *Rapport sur la Performance de la Gestion des Finances Publiques sur la période 2013-2015 selon le cadre méthodologique PEFA 2016*, République du Mali, p. 165.

priori sur les engagements est exercée par la DNCF. La DNCF agit sur tout le territoire national à travers un réseau composé des délégués dans les Ministères, régions (à l'exception de Kidal) et les établissements publics.

A l'endroit du secret à l'information gouvernementale, la loi prévoit un droit général d'accès à l'information gouvernementale sous réserve de certaines exclusions et exemptions. Aux termes de l'article 12 de la loi n° 98-012 du 19 janvier 1998, régissant les relations entre l'Administration et les usagers des services publics, qui dispose :

> « L'accès aux documents administratifs de caractère non nominatif est libre. Sont considérés comme documents administratifs de caractère non nominatif tous dossiers, rapports, études, comptes rendus, statistiques, directives, instructions ou circulaires qui comportent une interprétation du droit positif ou une description des procédures administratives ».

Sous réserve des exceptions prévues par la présente loi, les documents administratifs sont, de plein droit, communicables aux personnes qui en font la demande[419].

Il importe de souligner qu'au Mali, le pouvoir des autorités juridictionnelles de notifier que des poursuites judiciaires sont en cours, ce qui a pour effet de suspendre tout mandat de contrôle tenu sur le même sujet à l'Assemblée nationale. Un tel moyen aux mains du Gouvernement limite considérablement la portée du contrôle parlementaire puisqu'il peut servir à paralyser le contrôle des députés dans une affaire particulièrement gênante pour l'Exécutif. Les limites au droit d'information résultent du principe de la séparation des pouvoirs. La structure fonctionnelle de la Constitution suppose, en règle générale, que le Gouvernement possède une responsabilité exclusive qui lui est propre et qui renferme un domaine d'initiatives et d'actions. Il est question d'un principe de séparation qui comporte un mécanisme de défense mis à la disposition de chaque pouvoir qui doit être « *armé* » contre les « *assauts* » des deux autres. Ce qui constitue le noyau même ne doit point être sacrifié devant l'autel de l'adéquation et du contrôle. Les relations institutionnelles ne permettent pas toujours d'utiliser pleinement les prérogatives prévues par la loi. Les parlementaires disposent certes à

---

[419] Article 13 de la loi n ° 98-012 du 19 janvier 1998, régissant les relations entre l'Administration et les usagers des Services publics.

l'aune de ses moyens propres efficaces mais limités : les fonctionnaires des Assemblées, en nombre assez réduit, et pour des études spécifiques des experts extérieurs.

Dans les États africains, en général et dans les États objet de notre étude, en particulier, le contrôle parlementaire souffre d'insuffisances notoires. C'est toute la problématique du passage du constat à l'action, car le diagnostic ne servira à rien si on ne porte pas remède. L'activité de contrôle est une activité peu visible de l'opinion publique et dont les retombées médiatiques sont souvent faibles. Par ailleurs, la prise en compte des observations formulées à l'issue des contrôles parlementaires par les Gouvernements des pays étudiés est rare. Les parlementaires des États étudiés se sont ainsi plaints de l'absence de suites données aux travaux effectués dans le cadre de la mission d'évaluation et de contrôle. Le contrôle doit faire l'objet de davantage de volonté politique pour s'ancrer dans le cadre de rapports normaux entre le Parlement et le Gouvernement. S'il apparaît naturel aux parlementaires de s'exprimer dans leur activité de législateur, ils délaissent encore trop souvent le contrôle, et n'utilisent pas assez les prérogatives qui sont mises à leur disposition. De la même façon, le contrôle est souvent vécu comme une agression par les Administrations, alors qu'il est l'exercice d'un droit de l'homme.

Des insuffisances peuvent également être décelées dans le Règlement intérieur sur l'Assemblée nationale du Bénin.

2. Les insuffisances liées au Règlement intérieur du Bénin

La place du Parlement au sein d'une démocratie reçoit un écho favorable dans toutes les Constitutions modernes. La Constitution béninoise du 11 décembre 1990, qui a institué un régime politique de type présidentiel[420], a fait du Parlement la deuxième grande institution de l'État après le pouvoir exécutif. A la différence de certains États africains comme le Togo ou le Sénégal où c'est le bicaméralisme qui est adopté, les Constituants béninois et maliens ont opté pour un Parlement monocaméral, c'est-à-dire un Parlement constitué par une Assemblée unique dite Assemblée nationale dont les membres portent le titre de

---

420 BENETON (Ph.), *Les régimes politiques*, Paris, PUF, coll. Que sais-je ? 1996, p. 75 ; voir aussi QUERMONNE (J.-L.), *Les régimes politiques occidentaux*, Paris, Seuil, 1994, p. 9.

député. Il exerce le pouvoir législatif et contrôle l'action du Gouvernement [421]. Ce choix du Constituant béninois se justifie certainement par le souci de concentrer l'activité parlementaire au sein d'une seule chambre pour plus d'efficacité et éviter d'éventuels blocages de la deuxième Chambre en cas de navette[422]. D'une manière générale, les règlements des Assemblées parlementaires sont destinés à organiser le fonctionnement interne des Assemblées, à préciser les procédures de délibération et à déterminer les règles disciplinaires s'appliquant à leurs membres [423]. De l'analyse des différents procédés de contrôle parlementaire de l'action gouvernementale, il ressort, dans le cas malien, des imperfections pouvant entraver l'exercice efficient de cette prérogative constitutionnelle [424]. Ces insuffisances se rapportent du Règlement intérieur par rapport à l'organisation du Parlement, à sa capacité et à la volonté des acteurs politiques.

L'organisation actuelle des Parlements des pays sous étude ne permet pas aux parlementaires de jouer pleinement leur mission de contrôle du Gouvernement. A titre illustratif, le dispositif d'information des Assemblées nationales en matière des finances publiques est quasiment inexistant ce qui handicape les députés de disposer des informations justes et en temps réel. Par conséquent, la nécessaire réforme du Règlement intérieur « *qui est une des sources du droit parlementaire* » dans les pays étudiés, nous offre l'occasion de lever ces obstacles dans le cadre d'un contrôle plus visible de l'action gouvernementale.

Il conviendrait, notamment, d'enrichir les informations dont dispose le Parlement en les inscrivant dans une perspective pluriannuelle. Il faut

---

[421] Voir article 79 de la Constitution béninoise du 11 décembre 1990.

[422] ADELOUI (A.-J.), « Le Parlement dans le régime politique béninois », *op. cit.*, p. 2.

[423] Lire le *Rapport de synthèse de l'Assemblée nationale française*, novembre 2012, p. 193.

[424] Il convient de noter qu'au Mali, le Parlement exerce un contrôle sur tous les fonds publics, apprécie les rapports des faits par le Conseil économique, social et culturel sur les plans de développement et dispose de la session budgétaire d'octobre pour voter le budget national, c'est-à-dire de 90 jours. Si l'Assemblée nationale ne s'est pas prononcée avant l'ouverture de la période budgétaire ou si elle ne vote pas le budget, le pouvoir exécutif renvoie le projet de budget dans les quinze jours au Parlement convoqué à cet effet en session extraordinaire. L'assemblée nationale doit alors statuer dans les huit jours. Si cette délibération n'a pas abouti au vote du budget, celui-ci est alors établi d'office par le Gouvernement sur la base des recettes de l'exercice précédent (douzième provisoire) et après avis de la Cour suprême.

également que le Gouvernement ne puisse faire obstacle à l'exercice du contrôle, soit en en contestant les modalités, soit en ignorant délibérément les conclusions des contrôles effectués. L'accès facilité aux documents administratifs, le renforcement des dispositions relatives aux délais de transmission des documents, l'obligation de réponse aux lettres d'observations des rapporteurs spéciaux et la reconnaissance des moyens du contrôle parlementaire pourraient faire partie de ces ajouts dans le cadre de cette réforme. Puis, les pouvoirs actuels des commissions parlementaires ne leur permettent pas d'exiger et de recueillir à temps les informations dont elles ont besoin dans le cadre de l'exercice de leur prérogative constitutionnelle. Comme ce fut l'exemple de la commission d'enquête parlementaire mise sur pied par l'Assemblée nationale du Bénin par Résolution n° 2006-05 du 09 octobre 2006 relative au contrôle de la gestion de l'ex-complexe cimentier d'ONIGBOLO[425] par la SCB-LAFARGE[426]. Comme cela est décelable à la lecture du rapport qui a sanctionné les travaux de cette commission, il ressort de l'analyse du rapport que celle-ci n'a pas pu entendre un ancien membre du Gouvernement qui est pourtant impliqué dans ce dossier puisqu'il s'agit d'un ancien ministre de l'industrie, des petites et moyennes entreprises[427]. En effet, la procédure de saisine, de mise en accusation et de jugement liée à cette prérogative du Parlement n'est pas également de nature à renforcer l'importance de cet exercice qui est pourtant capital pour une bonne gestion des deniers publics. Il importe d'ajouter à ceci, l'attachement à la gestion opaque et le refus de transparence qui caractérisent les sociétés en Afrique noire francophone. La volonté politique doit enfin dépasser le stade des affirmations pour passer aux actes concrets.

Si l'on veut que le Parlement malien soit un contrôleur efficace, il faut lui donner les moyens de se faire communiquer rapidement les informations dont il estime avoir besoin, et que le pouvoir exécutif

---

[425] L'usine d'ONIGBOLO est une unité de production du ciment au Bénin. L'usine d'ONIGBOLO est située au Sud-Est du Bénin et au centre – Est du département du Plateau à la limite frontalière avec le Nigeria, la Commune de Pobè est limitée au Nord par la Commune de Kétou, au Sud et à l'Ouest par la Commune d'Adja-Ouèrè et à l'Est par le Nigeria.

[426] La SCB LAFARGE est une cimenterie implantée au Bénin à Cotonou. Elle est spécialisée dans la fabrication de ciment.

[427] *Rapport de la Commission parlementaire d'enquête sur la gestion de l'ex-complexe cimentier d'ONIGBOLO par la SCB-LAFARGE*, 2006, p. 6.

préférerait peut-être retenir. Dans la plupart des pays africains, comme nous l'avons souligné plus haut, les Assemblées disposent aujourd'hui de deux principaux moyens qui peuvent être mis en œuvre selon des procédures plus ou moins efficaces : la question posée par un parlementaire à un membre du Gouvernement et l'enquête effectuée par une commission permanente ou temporaire[428]. On s'aperçoit que la véritable autonomie d'une Assemblée parlementaire se mesure à l'aune de ses moyens d'information. Les obstacles que rencontreraient les députés au Bénin, par exemple, pour exercer leurs missions de contrôle parlementaire sont bien souvent liés au Règlement intérieur.

Le cadre juridique du Parlement doit également énoncer des droits tels que l'accès à l'information qui habilitent les députés à mener des enquêtes au cœur du Gouvernement.

Après avoir analysé les insuffisances liées au Règlement intérieur, qu'en est-il des limites d'ordre connexe ?

B. Les limites inhérentes au temps de travail des commissions parlementaires

Ces limites se rapportent, d'une part, aux restrictions du temps de travail (1) et, d'autre part, aux restrictions du champ de compétence d'une commission d'enquête parlementaire (2).

1. Les restrictions du temps de travail

La simplification du débat parlementaire a donc pour corollaire la faculté reconnue aux commissions de définir le texte qui sera discuté en séance publique. Une véritable discussion est appelée à se greffer en commission. Les Règlements intérieurs des Assemblées en ont tiré toutes les conséquences. Il est évidemment apparu nécessaire de mieux structurer le travail préalable en commission. Même si le projet gouvernemental reste la base du débat en séance publique, le travail en commission constitue une phase essentielle de l'examen par l'Assemblée du projet de loi de finances. Le travail parlementaire mobilise plusieurs commissions permanentes et plus particulièrement, en leur sein, plusieurs dizaines de députés qui ont été désignés en qualité de

---

[428] BIRNBAUM (P.), HAMON (F.) et *al.*, *Réinventer le Parlement*, Paris, Flammarion, 1977, p. 190.

rapporteurs, soit par la commission des finances, soit par les autres commissions saisies pour avis.

Le processus de préparation de la Loi de Finances ou du Budget d'État comprend plusieurs activités et s'étale sur toute l'année. L'élaboration du budget se fait sous des contraintes : les prévisions de croissance économique (Produit Intérieur Brut) : la croissance du PIB qui détermine le niveau des recettes attendues ; la prise en compte des critères de convergence de l'UEMOA et de la CEDEAO : les indicateurs budgétaires doivent être conformes à ces critères ou au moins ils doivent tendre vers leur respect ; la prise en compte des engagements avec les Partenaires Techniques et Financiers : le budget doit être cohérent avec les engagements pris dans le cadre du Programme avec le Fond monétaire international (FMI)[429].

Concernant la durée limitée de la session budgétaire, en application de l'article 77 de la Constitution malienne du 25 février 1992, l'Assemblée nationale était saisie du projet de loi de finances dès l'ouverture de la session ordinaire précédant la période budgétaire[430]. Cette disposition est reprise fidèlement à l'article 125 de la nouvelle Constitution de 2023. Le projet de loi de finances doit prévoir les recettes nécessaires à la couverture intégrale des dépenses. Le Parlement dispose de trois mois pour voter le budget. Le budget de l'État peut être défini comme l'ensemble des documents, votés par l'Assemblée nationale, qui prévoient et autorisent les ressources et les charges de l'État pour une période donnée, généralement l'année. C'est donc un acte de prévision et d'autorisation annuelle de perception des impôts et de dépense des deniers publics. Il est à la fois un document politique, juridique et financier[431].

Le délai imparti au Parlement pour l'examen et l'adoption de la loi de finances peut paraître relativement insuffisant pour un examen efficace et effectif du projet de loi de finances. Si l'Assemblée nationale ne s'est pas prononcée avant l'ouverture de la période budgétaire ou si elle ne vote pas le budget, le Gouvernement renvoie le projet de budget dans les quinze jours à l'Assemblée nationale convoquée à cet effet en session extraordinaire. L'Assemblée nationale doit alors statuer dans les huit

---

[429] Ministère de l'Economie et des Finances, *Le budget-citoyens du Mali*, 2020.

[430] Article 77 de la Constitution du 25 février 1992.

[431] Ministère de l'Economie et des Finances, *Ibid.*

jours. Si cette délibération n'a pas abouti au vote du budget, celui-ci est alors établi d'office par le Gouvernement sur la base des recettes de l'exercice précédent (douzième provisoire) et après avis de la Cour suprême. Le travail parlementaire s'en trouve éclairé, notamment pour ce qui a trait à la procédure budgétaire. Les évolutions envisageables des missions et de l'organisation des juridictions financières viendront améliorer encore son rôle d'évaluation des politiques publiques aux côtés du Parlement[432].

Cette situation peut causer pour conséquence : une impasse budgétaire par le Parlement ; d'où apparaît la seconde lecture. Pour conforter ce postulat, l'on peut souligner que la seconde est très récente et marque une rupture avec une pratique, constante sous la IIIe République malienne, selon laquelle les présidences des commissions permanentes étaient, sauf circonstances exceptionnelles, dévolues à des députés appartenant à la majorité.

Parfois, des restrictions sont apportées au champ de compétence d'une Commission d'enquête parlementaire.

2. Les restrictions appliquées aux commissions parlementaires

En Afrique noire francophone, l'examen de la loi des finances est l'occasion donnée à la Commission des finances, qui fait rapport en séance plénière, de rencontrer tous les techniciens des finances et de leur poser toutes les questions sur les perspectives du futur budget. Une commission d'enquête peut être instituée sur un sujet sur lequel les députés considèrent nécessaire de mener une enquête à travers des auditions ou des investigations. Les commissions d'enquête sont un instrument d'information et de contrôle efficace, dont les conclusions sont susceptibles d'infléchir l'action gouvernementale. Dans le cadre des moyens internes de contrôle parlementaire [433], les membres des

---

[432] PIERRE PRAT (M.), JANVIER (C.), « Le contrôle parlementaire », *in Pouvoirs*, n° 134, septembre 2010, pp. 97-107.

[433] Selon le Rapport parlementaire mondial 2017, l'outil d'auto-évaluation s'adresse à tous les Parlements et à tous leurs membres, ainsi qu'aux administrations parlementaires. La manière dont est exercée la fonction de contrôle varie beaucoup d'un Parlement à l'autre. Certains Parlements peinent encore à se voir conférés les pouvoirs juridiques de contrôle, tandis que d'autres parviennent à améliorer sans cesse les effets de leur action en la matière. Il existe bien entendu des différences marquées entre les Parlements selon le

commissions techniques constituées par l'Assemblée nationale peuvent interpeller le Gouvernement pour des affaires de toute nature. Les commissions ont pour missions de recueillir des éléments d'information sur des faits déterminés et de soumettre leurs conclusions à l'Assemblée qui les a créées et d'examiner la gestion administrative, financière ou technique des services publics, en vue d'informer l'Assemblée nationale du résultat de leur examen. Les parlementaires peuvent adresser au chef du Gouvernement et aux ministres des questions orales ou écrites relatives aux affaires de leur ressort. Les commissions participent à deux des missions constitutionnelles du Parlement : le contrôle de l'action du Gouvernement et l'évaluation des politiques publiques. Elles peuvent avoir un rôle important dans le débat public et dans les grands scandales comme l'affaire de la débâcle de l'Armée malienne, lors la visite de l'ancien Premier Ministre, Moussa MARA à Kidal en mai 2014.

Dans le même registre, il faut noter que les parlementaires ne peuvent pas enquêter sur tout[434]. La principale limite est qu'il ne peut y avoir d'investigations sur des faits faisant l'objet de poursuites judiciaires, sauf s'ils sont déjà jugés. La commission ne saurait pas non plus remettre le jugement en question. A titre d'illustration, en France, une commission d'enquête avait été créée à la suite de l'assassinat de Sarah Halimi[435]. Alors que la Cour de cassation avait définitivement jugé les faits, en concluant que l'assassin ne pouvait être jugé responsable de ses actes car dément au moment où il les commettait, un des membres de la commission semblait remettre en cause cette analyse, ce qui fut l'objet de très vives critiques : il était reproché à l'initiateur de la commission de

---

système politique du pays, qui influencent aussi le mandat de contrôle et la volonté politique d'exercer cette fonction. De plus, il existe un certain nombre de facteurs, tant intérieurs qu'extérieurs, qui peuvent aussi influer sur la bonne exécution du contrôle parlementaire et la capacité des Parlements de respecter les normes et de suivre les recommandations figurant dans le Rapport parlementaire mondial 2017. Il reste que, quels que soient le niveau du contrôle et les facteurs qui l'influencent, des améliorations sont toujours possibles et nous espérons que l'outil d'auto-évaluation sera utile à tous les Parlements désireux de s'acquitter efficacement de leur fonction de contrôle.

434 LE DIVELLEC (A.), « Vers la fin du parlementarisme négatif à la française ? », *in Jus Politicum*, n° 6, Hors-Série, 2012, p. 15.

435 Dans la nuit du 4 avril 2017, dans le 11è Arrondissement de Paris, Madame Sarah HALIMI a été sauvagement tuée, l'absence de renvoi devant la Cour d'assises de l'auteur du crime, pour des motifs tenant à son absence de discernement au moment des faits, a conduit à chercher des réponses à plusieurs interrogations sur les modalités d'intervention de la police et de la justice.

vouloir refaire le procès. Mais, il n'a pas été suivi et le rapport est très clair sur la question de la séparation des pouvoirs. Il est rappelé dans l'introduction que le travail des parlementaires ne saurait remettre en question l'autorité de la chose jugée, comme l'impose la séparation des pouvoirs.

Par ailleurs, les commissions d'enquête dont il est ici question ne sont pas les seuls dispositifs d'investigation dont disposent les parlementaires. Le contrôle, l'information et la rédaction de divers rapports sont parmi les grandes activités des parlementaires. Cette activité toute entière leur permet de bien remplir leurs missions et d'informer l'opinion publique, à travers les médias d'information générale.

En fin de compte, une lecture croisée des dispositions du Règlement intérieur de l'Assemblée nationale du Mali permet de déceler des insuffisances notoires. Ces insuffisances se retrouvent dans la limitation de l'objet de contrôle par la résolution qui a créé la Commission d'enquête parlementaire et le dessaisissement possible par la Justice dès ouverture d'une information judiciaire sur le même objet.

De notre point de vue, les commissions d'enquête parlementaire peuvent constituer un meilleur instrument de contrôle dans la mesure où elles seraient efficientes et lorsque son détenteur en fait bon usage. L'Assemblée nationale du Mali doit s'approprier toutes les méthodes de contrôle qui lui sont offertes, en laissant au Gouvernement le soin de défendre ses choix et de se défendre contre les éventuelles critiques. Cependant, elle ne doit pas perdre de vue que le but ultime des contrôles n'est pas le renversement du Gouvernement, mais plutôt de déceler les insuffisances et dysfonctionnements et de tenter d'y remédier dans l'intérêt supérieur de la nation.

SECTION 2

LES OBSTACLES POLITIQUES

Le contrôle des actes du Gouvernement par lequel l'Assemblée exerce une fonction essentiellement politique, est un des obstacles. Dans la pratique, comment et dans quelles limites s'exercent ces tâches ? Les freins à l'exercice de la fonction de contrôle parlementaire sont principalement imputables aux questions de capacités et de moyens, mais aussi aux problèmes d'environnement politique, de manque de coopération de la part des gouvernements et de divergences d'intérêts. Analyser le fonctionnement d'une institution dans un système politique donné, c'est observer à la fois la capacité d'initiative, la maîtrise des matières traitées et le degré d'autonomie de cette institution[436]. Le contrôle parlementaire est l'un des piliers de l'État de droit[437], mais des obstacles sont apparus pour freiner la mission des parlementaires en Afrique noire francophone.

Les obstacles à l'exercice de la fonction de contrôle parlementaire sont principalement imputables aux questions de capacités et de moyens, mais aussi aux problèmes de manque de coopération de la part des Gouvernements, d'environnement politique, et de divergences d'intérêts. Un récent rapport préparé par l'Union interparlementaire et le Programme des Nations Unies pour le Développement révèle que si les Parlements sont attachés à leur rôle de supervision du Gouvernement, ils rencontrent un certain nombre d'obstacles dans l'exercice pratique de cette fonction[438].

Ces freins peuvent être de deux ordres : d'une part, la primauté de l'intérêt politico-partisan (Paragraphe 1) et, d'autre part, la crainte de dissolution du Parlement (Paragraphe 2).

Paragraphe 1

La primauté de l'intérêt politico-partisan

A l'instar de la plupart des Parlements du monde qui ont connu des moments de gloire et de chute, les Parlements des États africains connaissent aussi leur trajectoire en passant d'une Législature de crise à une Législature de crise. La crise de représentativité parlementaire depuis le renouveau démocratique des années 1990 réside entre autres dans la qualité moyenne du travail parlementaire effectué, mais aussi dans

436 JENNAR (R. M.), « Le Parlement : une institution en crise », *in Courrier hebdomadaire du CRISP*, 1983/28, n° 1013-1014, pp. 2-66.

437 THIERS (E.) « Le contrôle parlementaire et ses limites juridiques … », *op. cit.*, p. 71.

438 Lire le *Rapport parlementaire mondial 2017*, publié à l'occasion de la 137e Assemblée de l'Union interparlementaire, Saint-Pétersbourg, Fédération de Russie, 14 au 18 octobre 2017, *www1.undp.org/content/undp/fr/home/news-centre/news/ 2017/ parliamentarians-to-step-up*, consulté le 24 juin 2021.

l'image dégradée, voire détériorée que donne le parlementaire africain résultant de ses comportements.

La primauté de l'intérêt politico-partisan se justifie, d'une part, par un Parlement moins éclairé (A) et, d'autre part, ce phénomène tend à s'estomper relativement par l'institution d'une sanction (B).

A. Un Parlement moins éclairé

Le fait majoritaire constitue parfois un obstacle majeur à un véritable contrôle parlementaire de l'action gouvernementale. Par ce jeu, le Parlement a tendance à avaliser toutes les actions du pouvoir exécutif ; ce qui du coup le cantonne dans une mission de chambre d'enregistrement. Cela fait dire à Aboubakry SY que :

> « Le fait majoritaire, lorsqu'il existe, accompagné d'une certaine discipline et d'une certaine solidarité, réduit presque toujours les Assemblées à un rôle minimal. Au final, leur intervention sert surtout au Gouvernement à accueillir l'onction de la légitimité de son action. Dans les faits l'indépendance qui permet à un corps d'agir selon ses propres convictions fait souvent défaut »[439].

Notre analyse se structure autour de deux pôles : la mise en œuvre du fait majoritaire (1) et la reconnaissance des droits de l'Opposition (2).

1. La mise en œuvre du fait majoritaire

En droit constitutionnel, le fait majoritaire est considéré comme la situation où le Gouvernement est soutenu par une majorité parlementaire nette et stable. Introduit en France par l'institution du contrôle sur les groupes parlementaires, le fait majoritaire est l'une des caractéristiques du régime de la Ve République qui tend à favoriser l'émergence d'une nette majorité, contrairement à la IVe République et une bipolarisation de la vie politique. Le fait majoritaire fait que le groupe majoritaire, quand il est vraiment majoritaire, bloque toute véritable confrontation démocratique dès lors que le Gouvernement a décidé de ne pas céder[440]. Pour Jean-Claude COLLIARD :

---

[439] SY (A.), *La transparence dans le droit budgétaire de l'État en France*, Paris, LGDJ, 2017, p. 72.

[440] SEILLER (B), *Le contrôle parlementaire de l'administration*, Paris, Dalloz, 2010, p. 159.

> « Pour conserver la capacité effective de gouverner, qu'il a acquise en principe en rassemblant autour de lui une majorité à sa naissance, le Gouvernement doit être en mesure d'exercer une influence directe sur les travaux parlementaires et pour cela quel meilleur moyen que de s'assurer une forte position au sein des différentes instances de l'Assemblée nationale »[441].

Pour Pierre AVRIL :

> « Sous la IVe République la majorité parlementaire correspondait à un agrégat sans consistance, elle ne désignait pas une structure mais l'addition des députés qui avaient voté l'investiture du chef du Gouvernement »[442].

Tout de même, il est important de souligner que l'Opposition d'aujourd'hui a naturellement vocation à devenir la majorité de demain. Elle doit être respectée et protégée. Elle est une composante essentielle de la démocratie en ce qu'elle offre aux citoyens une alternative à la politique définie et appliquée par le régime politique en place. Elle assume au fond une mission de service public : contrôler et critiquer l'action gouvernementale, proposer des valeurs, des idées et un projet de société alternatifs à ceux véhiculés et appliqués par le parti ou la coalition de partis au pouvoir, et briguer les suffrages des citoyens. Ainsi en est-il du Mali[443] et du Sénégal[444]. A ce propos, le doyen Georges VEDEL enseigne :

---

[441] COLLIARD (J. C.), « Le rôle parlementaire de la majorité », *in Revue Presses de Sciences Po* « Académique », 1978, p. 239.

[442] AVRIL (P.), « La majorité parlementaire ? », *in Pouvoirs*, n°68, Janvier 1994, p. 45-53.

[443] Loi 95-073 du 15 décembre 1995 portant statut des partis de l'Opposition en République du Mali. Article 1er : *« La présente loi a pour objet de conférer un statut juridique à l'Opposition dans un cadre démocratique et pluraliste aux fins de contenir le débat politique dans les limites de la légalité et d'assurer l'alternance pacifique au pouvoir »*. L'Article 2 précise : *« On entend par Opposition politique un ou plusieurs partis distincts du parti ou de la coalition des partis politiques constituant le Gouvernement ou soutenant l'action gouvernementale. Elle constitue un élément essentiel de la démocratie pluraliste »*.

[444] Article 58 de la Constitution du Sénégal.

> « La démocratie, dans le contexte des systèmes politiques majoritaires, renvoie à l'exercice du pouvoir d'État par la majorité sous le contrôle de l'Opposition et l'arbitrage du Peuple »[445].

En période de cohabitation, le régime devient quasi-parlementaire moniste, alors qu'il est semi-présidentiel en période de fait majoritaire. Nous constatons que le fait majoritaire qui structure l'organisation politique semble se déliter à mesure que l'on accroît les pouvoirs du Parlement en Afrique noire francophone. Cette revalorisation parlementaire, tant réclamée et particulièrement exploitée sous certains régimes politiques africains, a ouvert une brèche dans la stabilité de ces régimes, contribuant à défaire l'équilibre des pouvoirs et même la discipline des partis[446]. Á titre d'illustration au Mali, même si le phénomène du fait majoritaire n'a pas disparu, il semble se fissurer, au moins symboliquement, sous l'influence de plusieurs facteurs. La polyphonie politique et institutionnelle, qui reflète les fluctuations de l'opinion publique au lieu de les dépasser, se conjugue de plus en plus mal avec l'autorité de l'État. L'articulation des pouvoirs constitutionnels est perturbée par une contestation permanente à l'intérieur même de la majorité ; ce qui trouble la conception malienne de la représentation. Le fait majoritaire grippe toute initiative de l'Opposition parlementaire de contrôler l'action du Gouvernement[447].

L'on se souvient du cas de l'ancien Premier Ministre Oumar Tatam LY, démissionnaire qui n'était pas en odeur de sainteté avec certains cadres du parti au pouvoir. Contre toute attente et à la surprise générale de tous, le Président IBK a jeté son dévolu sur la personne de Moussa MARA en le nommant comme Premier Ministre. Mais, en s'installant à la primature en violation flagrante du principe du fait majoritaire. En revanche, une illustration sur le respect du fait majoritaire est fournie lors de la désignation du Premier Ministre en 2017. Par un remaniement

---

445 Cité par MBODJ (E. H.), « Les garanties et éventuels statuts de l'Opposition en Afrique », *in Actes de la quatrième réunion préparatoire au symposium international de Bamako* sur le thème *La vie politique*, Mai 2000, p. 1.

446 KERLEO (J. F.), « Le fait majoritaire, chronique d'une mort annoncée ? », *in Jus Politicum, n°* 18, juillet 2017, *www.juspoliticum.com/article/Le-fait-majoritaire-chronique-d-une-mort-annoncee-1172.htm*l, consulté le 10 avril 2022.

447 MONEMBOU (C.), « Réflexions sur un contre-pouvoir passif en Afrique noire francophone : l'Opposition parlementaire », *in Actes du colloque international* organisé, Bénin, 24 au 26 septembre 2019, p. 295.

ministériel, IBK), voulant donner, semble-t-il, « *un nouveau souffle à son quinquennat* », a porté son choix sur l'ancien ministre de la défense, Abdoulaye Idrissa MAÏGA, issu des rangs de son parti et premier vice-Président du Rassemblement pour le Mali (RPM)[448]. Ce choix d'IBK découle de sa volonté de tenir compte du fait majoritaire.

On s'aperçoit que le phénomène majoritaire au Mali a connu quelques vicissitudes depuis plusieurs années, son ébranlement s'étant accéléré à partir de l'élection présidentielle de 2013. Telle est l'opinion de Djedjro Francisco MELEDJE, lorsqu'il écrit :

> « La démocratie majoritaire appréhendée sous l'angle de l'alternance politique se résume donc en un chassé-croisé entre une majorité qui gouverne et une Opposition qui est reconnue et qui aspire à gouverner demain »[449].

Au final, l'influence de la Majorité dépend d'abord de sa taille. On a observé que cette influence est proportionnelle au nombre de ses élus : plus elle domine l'Assemblée nationale, moins il est facile au Gouvernement de lui imposer une discipline que ne justifie pas la menace de l'Opposition.

L'efficacité du contrôle parlementaire en Afrique noire francophone se renforcerait nécessairement par une reconnaissance des droits de l'Opposition.

2. La reconnaissance des droits de l'Opposition

Pour le Professeur Babacar GUEYE, « *parmi les traits caractéristiques de la démocratie libérale figurent notamment le pluralisme, la proclamation des droits et libertés et subséquemment la reconnaissance et le respect de l'Opposition* »[450]. En Afrique noire francophone, le principe du mandat général indépendant et irrévocable est repris, à quelques nuances près, dans toutes les Constitutions des États de l'Afrique noire francophone. Ainsi, les caractères attribués au mandat parlementaire ont pour principale référence l'idéal représentatif incarné par Sieyès et constituent l'expression parfaite du mimétisme occidental

---

[448] Parti au pouvoir au Mali avant le coup d'État du 18 août 2020.

[449] MELEDJE (D. F.), « Principe majoritaire et démocratie en Afrique », *in Revue Ivoirienne de Droit*, n° 39, 2008, pp. 55-67.

[450] GUEYE (B.), « La démocratie en Afrique : succès et résistances », *in Pouvoirs*, n° 129, 2009, p. 7.

en Afrique[451]. Selon Benjamin BOUMAKANI, une tendance lourde, quoique récente, des Constitutions africaines établit un lien contraignant entre le parlementaire élu sur la liste électorale d'un parti et celui-ci. Tout retrait ou toute exclusion de ce parti, en cours de mandat, met fin à son mandat parlementaire[452].

L'existence d'une Opposition constituée de partis politiques organisés est souvent considérée comme acquise en Afrique noire francophone. Or, il n'en a toujours pas été ainsi. Les régimes politiques historiquement jugés (plus ou moins) démocratiques n'ont pas systématiquement comporté une Opposition institutionnalisée. A ce propos, Robert DAHL faisait ainsi remarquer en 1966, en Europe :

> « Le dernier des trois grands jalons de l'évolution des institutions démocratiques-le droit de prendre part aux décisions gouvernementales par l'expression d'un suffrage, le droit d'être représenté et le droit d'une Opposition organisée à appeler à voter contre le Gouvernement lors des élections et au sein du Parlement-est si moderne dans sa forme extrêmement aboutie, que certains citoyens toujours en vie aujourd'hui sont nés avant même qu'il ne fasse son apparition dans la plupart des pays d'Europe occidentale. Il semble que, tout au long de l'histoire connue, l'existence d'institutions stables permettant une Opposition politique légale, sans trouble à l'ordre public et pacifique ait été rare. [...] L'Opposition légale des partis est en fait une invention accidentelle récente, confinée pour l'essentiel à une poignée de pays d'Europe occidentale et du monde anglophone. [...] Le fait qu'un régime d'Opposition pacifique et légale des partis politiques soit comparativement rare signifie qu'il doit être

---

[451] En 1960, après les indépendances politiques, comme 1990, dans la phase des transitions démocratiques, ces États ont adopté des Constitutions calquées sur le modèle occidental. Si cette réception a l'avantage de comporter des principes universels tels que les droits de l'homme, et les élections libres et transparentes, elle omet malheureusement, en général, les règles et institutions endogènes ou le caractère plural des sociétés africaines. Sur ce point, voir HESSELING (G.), « La réception du droit constitutionnel en Afrique trente ans après : quoi de neuf ? », *in Constitutionalism in Africa : a quest for autochthonous principles*, 1996, pp. 33-47. Pour autant, le constitutionnalisme restauré en Afrique depuis les années 1990 ne joue pas qu'un *« rôle de figuration »*, même s'il ne faut pas le négliger. DU BOIS DE GAUDUSSON (J.), « Les solutions constitutionnelles des conflits politiques », *in Afrique contemporaine*, n° spécial, 4e trimestre 1996, p.250.

[452] BOUMAKANI (B.), « La prohibition de la transhumance politique des parlementaires », *in RFDC*, n° 75, 2008, p. 503.

excessivement difficile de mettre en place un tel régime ou de le préserver, voire les deux »[453].

Au Bénin, l'article 45 de la loi n° 2001-21 portant Charte des partis politiques votée par le Parlement le 24 juillet 2001 énonce :

> « Tout élu à un mandat représentatif sous la bannière d'un parti politique qui vient à en démissionner en cours de mandat pour quelque motif que ce soit, perd son siège au sein de l'institution concernée. Il est immédiatement remplacé par son suppléant ».

La perte de mandat consécutive à la transhumance ou à l'exclusion altère certainement la nature représentative du mandat parlementaire sans toutefois le transformer en mandat impératif. Elle a au moins l'avantage de préserver la confiance des électeurs en leurs élus et donc leur foi en la démocratie ; elle permet aussi de sauvegarder l'équilibre entre la majorité et l'Opposition, expression de la volonté du Peuple souverain telle qu'issue des urnes. En outre, elle garantit l'existence de contrepoids nécessaires à l'effectivité de la liberté du citoyen, gage de son épanouissement et de sa dignité. Enfin, elle contraint les élus à privilégier l'intérêt général à leur bien-être personnel, car la finalité de tout régime démocratique est, non seulement, d'œuvrer à la prospérité collective, mais surtout, de servir plutôt que de se servir[454].

Dans son analyse sur la démocratie en Afrique, Babacar GUEYE considérait que :

> « Le respect de l'Opposition est une conséquence de la proclamation des libertés. Il représente une des vertus cardinales de la démocratie libérale sur le plan politique. En effet, le jeu de la liberté doit conduire à la diversité des opinions à propos de la gestion des affaires publiques. La liberté appelle donc l'existence de partis politiques destinés à se succéder au pouvoir »[455].

De prime abord, on peut considérer que la place occupée par l'Opposition au sein du Parlement et les droits qui lui sont reconnus déterminent, pour une bonne part, l'effectivité du contrôle parlementaire

---

[453] DAHL (R.), (dir.), *Political Oppositions in Western Democracies*, Yale University Press 1966, pp. xiii-xiv.

[454] HOLO (Th.), *Leçon inaugurale.* « Le Parlement : le cœur de la démocratie », *in Le Parlement en Afrique, Actes du colloque international,* Bénin, 23 au 26 septembre 2019, pp. 39-40.

[455] GUEYE (B.), « La démocratie en Afrique : succès et résistances », *op. cit.*, p. 10.

dans les ordres juridiques étudiés. L'ensemble des Parlements francophones se réclament, à quelques exceptions et nuances près, de systèmes institutionnels qui possèdent tout ou partie des attributs des régimes parlementaires. Pourtant, dans un régime de cette nature, la majorité joue un rôle essentiel dans la fonction législative jusqu'au minimum elle soutient le Gouvernement dans la mise en œuvre de son programme dans les Parlements, dans les régimes parlementaires.

En France, dans le cadre d'un fait majoritaire particulièrement prégnant, le Parlement y avait engagé depuis plusieurs années, non sans lien avec la multiplication des alternances, des efforts pour renforcer les droits de l'Opposition. Toutefois, depuis la réforme de la Constitution de 2008 et, subséquemment, des Règlements des Assemblées, une évolution du moins dans les textes est perceptible.

Sur le plan de l'expression politique au Mali, l'avancée la plus manifeste concerne les questions puisque plus de la moitié des questions au Gouvernement est posée par des parlementaires de l'Opposition. La même règle prévaut pour les questions orales sans débat et pour les questions à un ministre qui sont tenues durant la semaine de contrôle et d'évaluation.

La primauté de l'intérêt politico-partisan implique, tout de même, la crainte de la dissolution du Parlement.

Paragraphe 2

La crainte de dissolution du Parlement

Le déséquilibre constaté dans l'usage des moyens d'action du pouvoir exécutif sur le Législatif est bien entendu le droit de dissolution. Considérée comme le moyen le plus radical, la dissolution ne peut être imposée au chef de l'État par le Premier Ministre[456]. Nous analyserons, d'une part, le droit de dissolution, une prérogative présidentielle (A) et, d'autre part, d'autres hypothèses de dissolution du Parlement (B).

---

[456] VERPEAUX (M.), *Droit constitutionnel français*, *op. cit.*, pp. 385 et s.

A. Le droit de dissolution, une prérogative présidentielle

Dans la plupart des démocraties pluralistes, en règle générale, les Parlements sont aujourd'hui en crise, victimes de l'inadaptation chronique de leurs procédures surannées, de la montée concomitante de pouvoirs exécutifs minés par une personnalisation du pouvoir outrancière et de la remise en cause inquiétante du système représentatif[457]. L'observation de l'histoire constitutionnelle du Mali depuis 1960 révèle que ce droit a toujours été reconnu et consacré dans le texte de la Constitution. Le droit de dissolution est une prérogative présidentielle conditionnée (1) et une prérogative présidentielle discrétionnaire (2).

1. Une prérogative présidentielle conditionnée

La dissolution du Parlement représente la faculté du pouvoir exécutif de mettre un terme à une Législature. Cela entraîne le renouvellement du Parlement par la tenue d'élections législatives anticipées. On l'oppose souvent au droit de motion de censure qui, à l'inverse, permet au pouvoir législatif de renverser le pouvoir exécutif.

Dans la tradition républicaine, la dissolution, normalement utilisée pour résoudre des crises graves en ayant recours au peuple, a souvent été jugée avec suspicion. En règle générale, considérée comme un pouvoir d'arbitrage du pouvoir exécutif, son utilisation semble détournée afin de trancher des conflits entre le chef de l'État et le Parlement. Elle permet également de prévenir ces conflits, en faisant peser sur le Parlement une menace constante d'élections anticipées, renforçant la discipline majoritaire. Ce fut le cas de la première dissolution par le Président Modibo KEITA intervenue le 17 janvier 1968 pour permettre l'exercice des pleins pouvoirs dans le cadre de la Révolution active enclenchée par son parti l'Union soudanaise-Rassemblement démocratique Africain (US-RDA).

Depuis des décennies, l'institution parlementaire fait l'objet, périodiquement, d'analyses partielles tantôt sur les modalités de son fonctionnement, tantôt sur la place qu'elle occupe dans l'État[458]. Cette

---

[457] BAGUENARD (J.), *Le Sénat*, Paris, PUF, 1re éd., Que sais-je ?, n° 2529, 1990, p. 79.

[458] JENNAR (R. M.), « Le Parlement : une institution en crise », *in Courrier hebdomadaire du CRISP*, 1983/28, n° 1013-1014, pp. 2-66.

remarque évoquée au sujet des Assemblées de la France s'applique parfaitement aux Parlements des pays sous étude où l'on constate une persistance des crises dues notamment à une difficile collaboration institutionnelle et une image dévalorisée, voire déclinante du Parlement en Afrique noire francophone. En Afrique noire francophone, la dissolution de l'Assemblée nationale est une procédure prévue par les Constitutions. En effet, le droit de dissolution permet, sous certaines conditions, au Président de la République de mettre fin à une Législature avant son expiration légale et de provoquer de nouvelles élections législatives. La dissolution de l'Assemblée nationale apparaît, à ce titre, comme une contrepartie à la possibilité qu'elle a de renverser le Gouvernement.

Conçue initialement comme le moyen permettant au pouvoir exécutif de faire arbitrer les conflits de nature politique ou institutionnelle par le peuple, la dissolution du Parlement est surtout utilisée, à l'initiative du Premier Ministre dans certain régime, dans le but de choisir la date des élections législatives (dissolution de convenance)[459]. La dissolution n'est plus guère utilisée au XXe siècle pour résoudre un conflit entre les pouvoirs, mais davantage pour faire suite à un renversement du Gouvernement, pour renforcer, par exemple, une majorité affaiblie ou pour profiter d'une conjoncture politique favorable. Le député sénégalais est élu soit sur une liste départementale, soit sur une liste nationale. Chacune de ces listes comporte des députés suppléants. Le mandat du député peut être abrégé par dissolution de l'Assemblée nationale. A la suite de André CABANIS et Michel Louis MARTIN, on s'aperçoit que plusieurs raisons peuvent expliquer la dissolution du Parlement. Selon eux, la principale cause est réservée au règlement de crises majeures liées à de graves conflits politiques et à de profondes tensions sociales[460] qui affectent la Nation. Dans ces conditions, tout ce qui est susceptible d'opérer comme un moyen de résoudre pacifiquement les tensions est le bienvenu.

La dissolution en fait partie, et bien des observateurs croient pouvoir soutenir que nombre de coups de force dont les Assemblées sont victimes en Afrique noire francophone, surtout sous le directoire de la IIIe

---

[459] TÜRK (P.), *Théorie générale du droit constitutionnel*, Paris, Gualino, 2007, pp. 153 et s.

[460] CABANIS (A.), MARTIN (M. L.), « L'élément dominant : la dissolution comme issue à une crise », *in La Dissolution Parlementaire à la Française*, 2001, pp. 109-164.

République malienne, en particulier, auraient pu être évités, en tout contenus dans les bornes constitutionnelles, si la Constitution avait autorisé l'appel à la procédure de dissolution. C'est l'illustration de la seconde dissolution qui a eu lieu sous le parti unique Union démocratique du Peuple malien (UDPM) à la suite du coup d'État du 26 mars 1991 dirigé par le Colonel ATT et remplacé par le Comité de Transition pour le Salut du Peuple (CTSP) qui est devenu l'organe législatif de la Transition. Mais le 22 mars 2012, un coup d'État militaire déclenché par le capitaine Amadou SANOGO renverse le Président ATT à quelques semaines de l'élection présidentielle marquant la fin de son second mandat.

Le droit de dissolution du Parlement, au-delà d'être une prérogative présidentielle conditionnée, est aussi une prérogative présidentielle discrétionnaire.

2. Une prérogative présidentielle discrétionnaire

A l'occasion de la préparation du projet de Constitution par le Comité consultatif constitutionnel, le Général de Gaulle se rend lui en août 1958 et expose l'idée que « *le Président de la République a pour mandat d'assurer le fonctionnement régulier des pouvoirs publics, notamment par l'exercice du droit de dissolution qui lui appartiendra en propre* »[461]. Le Constituant français a donc retenu ce postulat à travers l'article 12 de la Constitution de 1958 adoptée par référendum le 28 septembre ainsi rédigé : « *Le Président de la République peut, après consultation du Premier Ministre et des Présidents des Assemblées, prononcer la dissolution de l'Assemblée nationale* ». Le Constituant malien de 1992 reconnaît la même prérogative au chef suprême de la magistrature. En effet, aux termes de l'article 42 de la Constitution du 25 février 1992 dispose : « *Le Président de la République peut, après consultation du Premier Ministre et du Président de l'Assemblée nationale, prononcer la dissolution de l'Assemblée nationale* ». Ainsi, les élections générales ont lieu, vingt et un jours au moins et quarante jours au plus après la dissolution.

Avec l'entrée en vigueur de la IVe République, le Parlement est désormais bicaméral, c'est-à-dire composé du Sénat et de l'Assemblée nationale. Aux termes des dispositions de l'article 69 de la nouvelle

---

[461] VERPEAUX (M.), *Droit constitutionnel*, *op. cit.*, p. 183.

Constitution, la possibilité de dissolution est accordée au Président de la République pour ce qui est de l'Assemblée nationale.

Observons que même dans ce cas, le chef de l'État pourrait, après le vote, de la motion de censure, non dissoudre l'Assemblée, mais seulement nommer un Premier Ministre dont il croit qu'il a la confiance des députés. En d'autres termes, il n'est jamais obligé de dissoudre. Si la dissolution suppose la défiance (motion de censure), la défiance n'implique jamais nécessairement la dissolution. Ce qui signifie que le déclenchement du pouvoir présidentiel n'est jamais automatique : « *peut prononcer (...) la dissolution* ». On voit donc bien le caractère hybride du droit de dissolution dans notre système constitutionnel. Il s'agit à la fois d'une compétence liée (au vote d'une motion de censure) et d'un pouvoir discrétionnaire (le Président n'est jamais « *tenu* » de dissoudre[462].

Une dissolution est intervenue au Mali à la suite du coup d'État du colonel Assimi GOÏTA contre le Président IBK à la suite de la crise politique qui a secoué le pays en août 2020. Le Président IBK a annoncé sa démission dans une intervention télévisée, filmée au camp militaire de Kati où il avait été emmené après avoir été arrêté par les militaires le mardi 18 août 2020. Il a prononcé sa démission en ces termes :

> « (…) Si aujourd'hui après des semaines de turbulences et de manifestations diverses ponctuées, hélas, par des victimes devant lesquelles je m'incline, que je n'ai jamais souhaité, chacun dans le pays le sait, vu que, quand on mène des manifestations dans la rue, on ne sait jamais ce qui peut en résulter de bien ou de pire, hélas le pire en a résulté (…). Si aujourd'hui, à certains éléments de nos forces armées de conclure que cela devrait se terminer par leur intervention, ai-je réellement le choix de m'y soumettre car je ne souhaite qu'aucun sang ne soit versé pour mon maintien aux affaires. C'est pourquoi, je voudrais en ce moment précis, tout en remerciant le Peuple malien pour son accompagnement le long de ces longues années, de la chaleur de son affection, de lui dire ma décision de quitter mes fonctions, toutes les fonctions, à partir de ce moment, avec toutes les conséquences de droit, de la dissolution de l'Assemblée nationale et de celle du Gouvernement. Qu'Allah aide le Peuple du Mali. Je n'ai

---

462 SALL (A.), « Le droit de dissolution en question : l'article 75 *bis* de la Constitution sénégalaise à l'épreuve de l'alternance », *in Revue internationale de droit africain EDJA*, n° 46, 2000, pp. 437-443.

aucune haine, mon amour pour mon pays ne me le permet pas. Qu'Allah nous sauve »[463].

Lors de la rupture brutale de l'ordre constitutionnel suite au coup d'État du 22 mars 2012, les honorables députés de la 4e Législature ont demandé et obtenu des chefs d'États et de Gouvernements de la Communauté Economique des États de l'Afrique de l'Ouest (CEDEAO), le rétablissement du Parlement dissous[464]. Ce rétablissement a permis aux députés de la 4e Législature de mener une diplomatie parlementaire sans précédent ; ce qui a permis la levée de toutes les sanctions contre le Mali au bénéfice du Peuple malien. L'honorable Haidara Aichata CISSE dite Chato, porte-parole des députés, a laissé entendre que, sachant le rôle important que peuvent jouer les élus du Peuple en cette période difficile pour notre pays, il sollicite le rétablissement effectif de la Constitution du 25 février 1992 qui dispose qu'en cas de dissolution de l'Assemblée nationale, des élections législatives doivent se tenir dans les quarante (40) jours qui suivent ; le cas échéant aucune dissolution n'est possible. Dans le même ordre d'idées, à la suite de la rupture de l'ordre constitutionnel intervenue le 18 août 2020, les députés de la 6e Législature malienne ont demandé aux chefs d'États et de Gouvernements de la CEDEAO, et aux membres du Comité National pour le Salut du Peuple (CNSP) le rétablissement de l'Assemblée nationale en ces termes : « *Nous députés de la 6e Législature, représentés par les Présidents des groupes parlementaires, soucieux de la stabilité politique, sociale et institutionnelle de notre pays* ». Les députés, par la voix de leur porte-parole, ont unanimement condamné avec la dernière rigueur la dissolution de l'Assemblée nationale et la non constitutionnalité de sa dissolution après la démission forcée du Président de la République en rappelant l'importance et la nécessité de la stabilité des institutions en démocratie par le respect de la Constitution. Cela conformément au protocole de la CEDEAO pour la démocratie et la bonne Gouvernance qui interdit toute forme de changement anticonstitutionnel.

---

463 Jeune Afrique du 19 août 2020.

464 Le lieutenant Amadou KONARE, porte-parole du Comité national pour le Redressement de la Démocratie et la Restauration de l'État (CNRDRE) annonce la suspension de la Constitution et la dissolution des institutions de la République. Il justifie le coup d'État par *« l'incapacité du Gouvernement à donner aux forces armées les moyens nécessaires de défendre l'intégrité de notre territoire national »*.

Au Sénégal, au regard de la réforme de la Constitution de 2016, le Parlement est monocaméral et comprend uniquement l'Assemblée nationale, qui détient le pouvoir législatif en votant seule la loi[465]. là, *« le Président de la République peut, après avoir recueilli l'avis du Premier Ministre et celui du Président de l'Assemblée nationale, prononcer, par décret, la dissolution de l'Assemblée nationale* [466] *. Toutefois, la dissolution ne peut intervenir durant les deux premières années de Législature »*[467].

Dans ce cas, le décret de dissolution fixe la date du scrutin pour l'élection des députés. Le scrutin a lieu soixante jours au moins et quatre-vingt-dix jours au plus après la date de publication dudit décret. Il faut ajouter que, l'Assemblée nationale dissoute ne peut se réunir. Toutefois, le mandat des députés n'expire qu'à la date de la proclamation de l'élection des membres de la nouvelle Assemblée nationale[468].

La dissolution du Parlement ne peut intervenir durant les deux premières années de Législature. Le décret de dissolution fixe la date du scrutin pour l'élection des députés, qui a lieu 60 jours au moins et 90 jours au plus après la date de publication dudit décret. L'Assemblée nationale dissoute ne peut se réunir, mais le mandat des députés n'expire qu'à la date de la proclamation de l'élection des membres de la nouvelle Assemblée. Entre 1990 et 2000, le Parlement n'a été dissout qu'une seule fois. Toutefois, l'on convient avec Jean-Louis QUERMONNE lorsqu'il affirme : *« l'instabilité gouvernementale n'est pas la seule forme que revêtent, dans les démocraties, les crises de Gouvernement. Celles-ci peuvent provenir également de scandales politiques, souvent causés par la corruption, ou de l'incapacité du Gouvernement à assumer ses missions : l'ordre dans la rue étant perturbé par la subversion ou le*

[465] Article 56 de la Constitution sénégalaise de 2001, modifiée.

[466] Article 87 de la Constitution sénégalaise de 2001, modifiée.

[467] Un projet de loi modificatif de la Constitution a été récemment déposé sur le Bureau de l'Assemblée nationale pour faire sauter le verrou temporel interdisant la dissolution durant les deux premières années de Législature, prétextant les conclusions du Dialogue nationale tenu du 9 au 23 juin 2023 à l'appel du Président de la République, Macky SALL. Par lettre n° 000120/MJ/CAB/DC du 17 juillet 2023, le Ministre de la Justice, Garde des Sceaux, le Pr Ismaïla Madior FALL informait la Représentation nationale de la décision du Gouvernement de *« retirer les modifications de l'article 87 de la Constitution »*.

[468] SOKOME (S.), *La responsabilité politique du Gouvernement devant le Parlement en France, en Allemagne et au Sénégal*, *op. cit.*, p. 209.

terrorisme, l'expansion étant arrêtée par la stagnation de l'économie et le chômage »[469].

Comme le souligne avec justesse l'ancien Président Valéry Giscard d'ESTAING :

> « La dissolution a été introduite dans notre Constitution pour empêcher l'instabilité gouvernementale. Elle n'a pas été introduite pour faciliter l'action du Président de la République. C'est pourquoi la dissolution de 1997 est atypique. A mes yeux, elle n'est pas justifiée et elle n'est pas dans l'esprit des travaux constitutionnels »[470].

De ce point de vue, la dissolution est considérée comme une arme pour résoudre des crises. Elle permet, en réalité, au Président de la République de résoudre une crise ou un blocage institutionnel en cours ou à venir. C'est peut-être en cela qu'elle peut constituer un pouvoir d'arbitrage. Cela a été le cas du général de Gaulle en 1968, pour mettre fin au fort mouvement social qui perturbait le fonctionnement des institutions, ou de François MITTERRAND, en 1981 et 1988, pour mettre en cohérence la majorité présidentielle nouvelle et celle des députés.

En Afrique noire francophone, d'autres hypothèses de dissolution du Parlement peuvent exister.

B. Autres hypothèses de dissolution

Il est important de souligner que le droit de dissoudre le Parlement est une des composantes essentielles du régime parlementaire reposant sur une séparation souple des pouvoirs. Il constitue un des moyens de pression dont l'Exécutif dispose sur le pouvoir législatif. En contrepartie, ce dernier peut renverser le Gouvernement par le biais de la motion de censure.

Nous examinerons, d'une part, l'hypothèse consensuelle de dissolution dans le cas du Mali (1) et, d'autre part, la dissolution de l'Assemblée nationale par voie référendaire au Sénégal (2).

---

469 QUERMONNE (J. L.), *Les régimes politiques occidentaux*, *op. cit.*, pp. 56-57.

470 ESTAING (V. G.), « Le droit de dissolution sous la Ve République », *in RDP*, p. 1267.

1. L'hypothèse consensuelle de dissolution au mali

Il y a une hypothèse consensuelle par excellence, même si elle est politiquement improbable : c'est la démission collective des parlementaires du parti majoritaire à l'Assemblée nationale. Avant d'examiner la solution ainsi créée, il faut préciser qu'elle ne saurait résulter d'une injonction ou d'une obligation. Même si la dissolution du Parlement peut être ordonnée par le pouvoir exécutif, ce qui lui permet de contrebalancer la force du pouvoir législatif[471]. A vrai dire, sans cette faculté, l'Exécutif serait sous la pression constante du Législatif, ce qui serait la marque d'un régime de confusion des pouvoirs. Le droit de dissolution appartient le plus souvent au chef de l'État, mais ce dernier en use à la demande du Premier Ministre, lequel, en vertu du contreseing, en prend la responsabilité politique. Dans ce cas, la dissolution rend alors les électeurs arbitres de l'Opposition entre l'Exécutif et le Législatif. Il est cependant rare qu'il en soit fait usage, car la menace de recourir à la dissolution suffit le plus souvent à renouer les fils du dialogue entre les organes exécutif et législatif. En termes clairs, il faut dire que le droit de dissolution possède alors une vertu essentiellement préventive. D'ailleurs, Alioune SALL relève qu'une Assemblée nationale issue des élections reste légitime, même si elle est, peut-être, passée de mode. L'État de droit implique le respect du calendrier électoral et des échéances constitutionnelles. L'on ne saurait donc sommer une majorité parlementaire de démissionner collectivement[472].

Il appartient au pouvoir exécutif, soit au chef de l'État soit au Premier Ministre. Il n'est donc pas forcément mis en œuvre par celui qui est visé par une motion de censure. Celle-ci vise nécessairement le Gouvernement, mais c'est le Président de la République qui peut disposer du droit de dissolution[473]. Comme le soulignait MONTESQUIEU, dans son célèbre ouvrage intitulé *De l'esprit des lois*, « *Le Gouvernement est*

---

[471] PAUVERT (B.), *Droit constitutionnel : théorie générale, Ve République*, Paris, Groupe Studyrama, 2015, p. 129.

[472] SALL (A.), « Le droit de dissolution en question ... », *op. cit.*, p. 438.

[473] Selon l'article 42 de la Constitution malienne du 25 février 1992 : *« Le Président de la République peut, après consultation du et du Président de l'Assemblée nationale, prononcer la dissolution de l'Assemblée nationale »* ; Article 87 de la Constitution sénégalaise de 2001 qui énonce : *« Le Président de la République peut, après avoir recueilli l'avis du et celui du Président de l'Assemblée nationale, prononcer, par décret, la dissolution de l'Assemblée nationale »*.

comme toutes les choses du monde : pour le conserver, il faut l'aimer »[474]. Au nom de l'indépendance du Parlement, la République protège ses élus. Au nom de la séparation des pouvoirs, les Assemblées ont, dès 1789, affirmé leur autonomie, qui protège les parlementaires des pressions du pouvoir exécutif. C'est ce qui explique l'autonomie règlementaire, financière et administrative des Parlements dans le monde.

A l'évidence :

> « Le contrôle parlementaire dont il est question, en tant que contre-pouvoir, trouve davantage sa signification dans les régimes présidentiels. Cette articulation se traduit, dans les faits, par une séparation stricte des pouvoirs, contrairement au régime parlementaire, qui, lui, fait primer une séparation souple. C'est peut-être ce qui explique la raison du rejet par l'Assemblée nationale du Bénin, le 20 août 2015, de la demande de levée de l'immunité parlementaire de l'un de ses membres, qui émanait du Président de la République, chef de l'État et du Gouvernement. En somme, cette faculté donne l'occasion à l'Assemblée nationale du Bénin soit d'accepter, soit de refuser une telle demande autorisée par la Constitution »[475].

La dissolution de l'Assemblée nationale peut être prononcée par voie référendaire.

2. La dissolution par voie référendaire au Sénégal

Une deuxième hypothèse de dissolution du Parlement est la dissolution par voie référendaire. Elle nous paraît, cependant, devoir être écartée parce qu'elle méconnait tout simplement les énonciations de la Constitution, ainsi que les principes du droit constitutionnel. Les énonciations de la Constitution en son article 75 évoque un « *décret de dissolution* », alors que l'article 46 dispose :

> « Le Président de la République peut, sur proposition du Premier Ministre et après avoir consulté les Présidents des Assemblées et recueilli l'avis du Conseil constitutionnel, soumettre tout projet de loi au référendum ».

---

[474] MONTESQUIEU, *De l'esprit des lois*, Tome 1, Livre 4, Chapitre 5.

[475] THIAM (K.), *Le contrôle de l'Exécutif dans la création de l'État de droit en Afrique francophone*, Thèse de doctorat en droit, Université de Bordeaux, 2018, p. 213.

Selon les principes de droit constitutionnel, la thèse de dissolution par référendum repose implicitement sur le principe de la hiérarchie des normes. L'idée serait que le Peuple pouvant exercer ce pouvoir supérieur qu'est le pouvoir constituant (par voie référendaire), rien ne l'empêcherait d'exercer un pouvoir d'importance moindre, comme le pouvoir législatif (si l'on part du fait que l'article 46 parle de « *projet de loi* ») ou règlementaire (si l'on part du fait que l'article 75 bis parle d'un « *décret* »). En termes clairs, pour cette thèse, « *qui peut le plus peut le moins* ». Cette expression, que l'on emprunte à ARISTOTE, signifie tout simplement que celui qui accomplit de grandes choses ne rechigne pas devant de menues dépenses. En d'autres termes, celui qui est capable de faire une chose difficile l'est, à plus forte raison, de faire une chose plus facile.

Or, appliqué à notre problématique, cet adage est faux, car l'idée même de dissolution ne se conçoit que dans le cadre d'un régime parlementaire, régime de tête à tête de l'Exécutif et du Législatif. Ce tête-à-tête est exclusif, le Peuple ne saurait s'y ingérer. Par essence et par définition donc, la dissolution ne peut être qu'une prérogative de l'Exécutif, non du peuple. Le droit de dissolution a un caractère éminemment topique ; ce qui le rend « *injusticiable* » d'affirmations trop générales.

Une dernière critique pourrait, s'il en était besoin, être adressée à la thèse de la dissolution référendaire. Elle s'appuie concrètement sur la « *souveraineté* » du peuple, mentionnée à l'article 2 de la Constitution. Mais l'argument a éliminé le problème au lieu de l'affronter. S'il suffisait d'en appeler au Peuple parce qu'il est souverain pour trancher n'importe quelle controverse constitutionnelle[476], il n'y aurait, à la limite, plus de débat. En outre, l'invocation de l'article 2 procéderait d'une compréhension dogmatique et dangereuse de la souveraineté. Elle laisserait penser que la « *vox populi* » serait infaillible, toujours juridiquement irréprochable, ce qui est évidemment faux. Si le référendum est ainsi inapte à opérer la dissolution du Parlement, rien ne s'oppose à ce qu'il concoure à un tel évènement. En clair, la dissolution adviendrait après une révision référendaire de la Constitution, révision portant précisément sur l'exercice de la prérogative présidentielle. Le droit de dissolution ne serait plus conditionné au vote d'une motion de

---

[476] SALL (A.), « Le droit de dissolution en question … », *op. cit.*, p. 440.

censure, et le chef de l'État pourrait solliciter du Peuple une majorité parlementaire nouvelle, soutenant sa politique. La démarche ne mettrait pourtant pas nécessairement un terme au débat. Si elle est logiquement conforme à la lettre de la Constitution, elle en méconnaît quelque peu l'esprit. D'une part, il est vrai que l'article 46 évoque « *tout projet de loi* » comme susceptible d'être adopté par référendum ; or la Constitution est une « *loi* » dont la révision constitutionnelle par la consultation populaire est possible. D'autre part, cette procédure méconnaît celle que prévoit spécifiquement la Constitution en son article 89, le seul du titre X intitulé « *De la révision* »[477]. L'usage de l'article 46 méconnaîtrait, de ce point de vue, l'esprit de la Constitution. A titre d'illustration, il faut dire que le débat se poserait dans les mêmes termes que celui qui eut lieu en France en 1962, lorsque le général de GAULLE entreprit de modifier le mode d'élection du Président de la République.

Le contrôle parlementaire de l'action gouvernementale en Afrique noire francophone, en plus d'être inefficace, connaît des limites connexes dans sa mise œuvre.

[477] SALL (A.), *Ibid.*

CHAPITRE 2

LES LIMITES CONNEXES

La préoccupation constante du Constituant malien de 1992, et partant de la Cour constitutionnelle, dès l'arrêt n° CC 058-2 du 17 septembre 1997 sur le Règlement intérieur de l'Assemblée nationale, a été d'éviter que les modalités d'exercice du contrôle ne permettent de passer outre aux règles drastiques de l'article 78 de la Constitution régissant la mise en jeu de la responsabilité du Gouvernement. Le pouvoir de contrôler ne doit pas, par une voie détournée, se muer en pouvoir de sanctionner. Dans cette logique, la Cour constitutionnelle rappelle toujours que les pouvoirs de contrôle des organes parlementaires ont pour objet de permettre à l'Assemblée d'exercer son contrôle sur la politique du Gouvernement « *dans les conditions prévues par la Constitution* »[478].

Nous analyserons successivement les limites juridictionnelles du contrôle parlementaire (Section 1) et le basculement du contrôle parlementaire (Section 2).

---

[478] Cour constitutionnelle du Mali, Arrêt n° CC 058-2 du 17 septembre 1997.

SECTION 1

LES LIMITES JURIDICTIONNELLES DU CONTRÔLE PARLEMENTAIRE

Dans son principe, le contrôle parlementaire exercé sur le pouvoir exécutif procède d'une idée simple : mandataires du peuple, les Chambres législatives doivent être à même de surveiller la conduite des affaires de l'État en vue de la maintenir dans la ligne qui correspond le mieux aux aspirations de la collectivité nationale [479]. Le contrôle parlementaire doit être défini juridiquement par un mandat énonçant les responsabilités du Gouvernement et les pouvoirs du Parlement. Pour que le contrôle puisse être efficace, le Parlement doit avoir la capacité juridique et les moyens de mettre en place des mécanismes de contrôle et disposer des ressources voulues pour ce faire : un budget pérenne et un personnel d'appui dûment formé. Les Parlements doivent protéger les droits des citoyens en contrôlant les politiques et en examinant d'éventuels abus de pouvoir, comportements arbitraires, et conduites illégales ou anticonstitutionnelles de la part du Gouvernement.

Le fonctionnement interne du Parlement constitue une limite au contrôle parlementaire (Paragraphe 1) mais aussi les limites liées à la nature du régime politique (Paragraphe 2).

Paragraphe 1

Les limites liées au fonctionnement interne et au Règlement intérieur

Un État de droit ne peut se concevoir sans offrir à ceux qu'il gouverne l'accès à un tribunal indépendant et impartial, établi par la loi. Dans un État de droit, l'Administration est soumise au droit et au contrôle des tribunaux comme tout particulier et tout citoyen, en vertu du principe de la prééminence du droit. La pierre de touche de la légitimité du juge est

---

[479] BOMANA MAVUNGU (M.), « Les avatars du contrôle parlementaire en République démocratique du Congo », *in International Journal of Innovation and Applied Studies*, Vol. 36, n° 1, Avril 2022, pp. 235-244.

donc de déterminer comment obtenir de lui de bons jugements ou, autrement dit, comment choisir un bon juge apte à faire de bons jugements [480] . Le contrôle exercé sur le pouvoir exécutif et l'administration par les représentants du Peuple constitue une exigence fondamentale dans tous les régimes attachés à l'idéal démocratique. Car le véritable objet de ce contrôle consiste à faire respecter les droits et libertés individuels et collectifs des citoyens.

Pour une meilleure compréhension des limites du contrôle parlementaire de l'action gouvernementale, il sied d'analyser le fonctionnement interne du Parlement (A) et, d'autre part, le contrôle juridictionnel sur les Règlements intérieurs des Assemblées comme une limite du contrôle parlementaire (B).

A. Les limites découlant du fonctionnement interne des Assemblées

Nous analyserons, d'une part, l'absence de pouvoir de contrainte sur l'Exécutif et, d'autre part, l'efficacité relative des résultats de l'enquête parlementaire.

Le contrôle parlementaire de l'action gouvernementale relève du fait majoritaire. Appartenant à une majorité politique, soumis au Gouvernement qu'ils soutiennent, les députés de la majorité doivent faire preuve de solidarité à l'égard du Gouvernement ; ce qui limite le contrôle qu'ils exercent sur l'Exécutif. Nonobstant, l'Opposition à l'Assemblée nationale peut exercer pleinement le contrôle du Gouvernement, même s'ils n'ont pas de moyens juridiques pour le renverser. Les pouvoirs de contrôle du Parlement constituent un aiguillon pour l'administration et sont l'une des composantes essentielles des droits de l'Opposition[481]. La limite principale à la portée du contrôle exercé réside, en fait, dans la faiblesse des moyens de sanctions dont dispose le Parlement à l'encontre du Gouvernement. Ce postulat rend illusoire la notion de contrôle

[480] DIALLO (I.), « La légitimité du juge constitutionnel africain », *in Revue juridique et politique des États francophones*, n° 2, vol. 69, 2015, pp. 147-175.

[481] MARTIEZ-SOLIMA (M.), « La réforme parlementaire en Afrique et dans le monde. Dernières tendances », Programme des Nations-Unies pour le développement, *www.users/user*, consulté le 14 janvier 2021.

parlementaire de l'action gouvernementale[482]. A titre d'illustration, le pouvoir exécutif ne cesse, par l'entremise de la majorité parlementaire, de le mettre en péril à des fins plus politiques plutôt qu'engager réellement sa responsabilité devant l'organe censé le contrôler. Cet état de fait éloigne le Parlement de sa mission de contrôle pour laquelle il a été élu par le Peuple.

En termes clairs, il importe de relever ici que c'est donc la majorité parlementaire, à travers, « *certains groupes parlementaires* », sous l'influence du Gouvernement, qui, semble rendre irréelle la notion de contrôle parlementaire en Afrique noire francophone. Comme on peut s'en apercevoir, la conception et l'exécution des politiques publiques incombant au Gouvernement, un système de vérification et de contrôle s'avère impérieux pour contrebalancer le pouvoir exécutif afin de créer un équilibre entre les différents pouvoirs.

Le contrôle parlementaire s'avère une procédure qui ne demeure non seulement que « *parlant et constitutionnellement fantaisiste », derrière laquelle se cache le « fascisme de l'Exécutif* », mais également et surtout, est une pratique qui constitue *de facto*, « *un champ de confrontation* » entre la majorité parlementaire et l'Opposition à des fins plus égoïstes que les « *visées* » de couvrir les besoins liés au bien-être de la population. Comme on le voit, toute la procédure des commissions d'enquête et de contrôle se déroule sous le poids de l'impérialisme de l'Exécutif, relayé par sa majorité au sein de l'hémicycle qui cherche à étouffer toute velléité pouvant nuire à la vie du Gouvernement. Cet impérialisme ajouté à la réglementation stricte dans laquelle baignent les commissions d'enquête ou de contrôle contribuent à l'anéantissement de leur efficacité et partant, de la ruine de l'information parlementaire.

Le Gouvernement est, parce qu'il dispose d'une majorité parlementaire disciplinée, à même d'entraver le déroulement de l'enquête parlementaire. Lorsqu'il ne veut pas se soumettre au contrôle des commissions d'enquête et qu'il n'a pas pu auparavant s'opposer à la constitution de la commission, il peut tout au moins gêner leurs investigations[483]. De ce qui précède, on remarquera que le pouvoir de

---

[482] La notion de contrôle parlementaire semble devenir un « rideau de fumée » dans les États témoins de notre analyse.

[483] VALLET (E.), « Les commissions d'enquête parlementaire sous la Cinquième République », *in RFDC*, n° 54, 2003, pp. 249-278.

contrainte est absent en Afrique noire francophone alors qu'il est au cœur du contrôle parlementaire dans les pays du Nord. Les États africains doivent mener des réflexions hardies dans le sens d'une institutionnalisation des pouvoirs d'investigation des commissions d'enquête et de contrôle si l'on veut mettre un terme à la carence dont elles souffrent.

Qu'en est-il de l'efficacité de l'enquête parlementaire ?

L'Exécutif est en position de force par rapport au Parlement contrôleur. A cet égard, Thélesphore ONDO est bien fondé lorsqu'il écrit : « *le contrôle parlementaire aboutit à une investigation dépendante* »[484]. L'on sait que le rôle d'une commission d'enquête parlementaire et de contrôle consiste à informer l'Assemblée nationale sur une situation donnée pour lui permettre de mieux contrôler l'Exécutif. Á cet effet, la commission d'enquête parlementaire est appelée à élaborer un rapport qui comporte notamment les constatations et les observations relatives à l'objet de l'enquête et les propositions de nature à prévenir le renouvellement des carences et déviations relevées[485].

Il convient de rappeler ici en guise de comparaison que dans les démocraties établies où l'enquête parlementaire s'exerce de manière efficace, les commissions d'investigation disposent d'un véritable pouvoir de contrainte. Ainsi en France, la loi de juillet 1977 qui modifie sensiblement l'ordonnance de novembre 1958 sur le fonctionnement des Assemblées parlementaires a doté les commissions de pouvoirs de contrainte non négligeables. Toute personne dont la commission a jugé l'audition utile est ainsi tenue de déférer à la convocation qui lui est délivrée, si besoin est, par un huissier ou par un agent de la force publique, à la requête du Président de la commission. Le refus de la personne convoquée de comparaître, de prêter serment ou de déposer est passible d'un emprisonnement de deux ans et d'une amende de 50.000 francs, assortis, éventuellement, d'une interdiction temporaire des droits civiques. La loi de 1977 a d'autre part doté les commissions de moyens juridiques leur permettant de procéder à de véritables enquêtes. Mieux, leurs rapporteurs peuvent mener des investigations sur pièces et sur

---

484 ONDO (Th.), « Réflexion sur le contrôle parlementaire au Gabon », *in Revue juridique et politique des États francophones*, Vol. 57, 2003, pp. 303-350.

485 SOMALI (K.), *Le Parlement dans le nouveau constitutionnalisme en Afrique ..., op. cit.*, p. 348.

place. Tous les renseignements de nature à faciliter leur mission doivent leur être fournis. Ils sont habilités à se faire communiquer tous documents de services à l'exception de ceux revêtant un caractère secret et concernant la défense nationale, les affaires étrangères, la sécurité intérieure et extérieure de l'État, et sous réserve du respect du principe de la séparation de l'autorité judiciaire et des autres pouvoirs[486]. Depuis la loi de 1991, le refus de communiquer aux rapporteurs les documents de service demandés est passible des mêmes peines que le refus de la personne convoquée de répondre devant la commission[487].

Ce qui dénote que les parlementaires ne peuvent pas enquêter sur tout. L'une des limites de ces commissions est qu'il ne peut y avoir d'investigations sur des faits faisant l'objet de poursuites judiciaires, sauf s'ils sont déjà jugés. La commission ne saurait pas non plus remettre le jugement en question. A titre d'illustration, en France, une commission d'enquête avait été créée à la suite de l'assassinat de Sarah de HALIMI. Alors que la Cour de cassation avait définitivement jugé les faits, en concluant que l'assassin ne pouvait être jugé responsable de ses actes car atteint de démence au moment où il les commettait, un des membres de la commission semblait remettre en cause cette analyse, ce qui fit l'objet de très vives critiques : il était reproché à l'initiateur de la commission de vouloir refaire le procès. Mais il n'a pas été suivi et le rapport est très clair sur la question de la séparation des pouvoirs. Bien entendu, le travail parlementaire ne saurait remettre en question l'autorité de la chose jugée, comme l'impose la séparation des pouvoirs.

Les commissions d'enquête dont il est ici question ne sont pas les seuls dispositifs d'investigation dont disposent les parlementaires. Le contrôle, l'information et la rédaction de divers rapports est une des grandes activités des parlementaires. Cette activité tout entière leur permet de bien remplir leurs missions et d'informer l'opinion publique, à travers les médias d'information générale.

---

[486] THIERS (E.) « Le contrôle parlementaire et ses limites juridiques … », *op. cit.*, *www.cairn.info/revue-pouvoirs-2010-3-page-71.htm*, consulté le 16 août 2023.

[487] La situation se présente de manière identique aux Etats-Unis. Les commissions d'enquête ont le pouvoir d'ordonner la comparution devant elle de toute personne, membre de l'Administration ou personne privée, susceptible d'éclairer le Congrès sur un fait précis. MUROY (S.), STEDMON (J.), « Le travail du Congrès », *in RFSP*, 1954, p. 743.

B. Le contrôle du Règlement intérieur des Assemblées

Le Règlement intérieur des Assemblées comme les lois organiques sont soumis au contrôle obligatoire de constitutionnalité. Au sens du droit public, le Règlement est une disposition prise certaines autorités administratives auxquelles la Constitution donne compétence pour émettre des règles normatives. Le Règlement intérieur des Assemblées est un texte qui fixe les modalités d'organisation et de fonctionnement des Parlements. C'est aussi le document par lequel une autorité publique fixe des règles de gestion, d'administration ou des prescrites aux membres d'une institution. Il n'a pas, en lui-même, valeur constitutionnelle. Toutefois, certaines de ses dispositions mettent en œuvre des exigences constitutionnelles. En tout état de cause, le Règlement intérieur doit être conforme à la Constitution, aux lois organiques prises pour son application et à l'ordonnance de l'Assemblée nationale relative à son organisation et à son fonctionnement. D'une manière générale, les Règlements intérieurs des Assemblées parlementaires sont destinés à organiser le fonctionnement interne des Assemblées, à préciser les procédures de délibération et à déterminer les règles disciplinaires qui s'appliquent à leurs membres.

Le vote fréquent de résolutions relatives au Règlement intérieur ne présente d'attrait qu'en l'absence de contrôle de constitutionnalité des règlements des Assemblées, car le développement du contenu du Règlement parlementaire s'effectue parfois en violation de la Constitution dans le but d'élargir les compétences initialement octroyées à l'Assemblée. Dès lors qu'un contrôle juridictionnel existe, la marge de manœuvre des chambres s'amenuise. Sous peine de censure, celles-ci ne peuvent modifier leur Règlement que dans le respect de la Constitution. C'est ainsi, au Mali, par lettre confidentielle n° 0001-P-CNT en date du 11 décembre 2020, enregistrée le même jour au Greffe, le Président du Conseil national de la Transition (CNT) a saisi le juge constitutionnel aux fins de contrôler la conformité à la Constitution du Règlement intérieur du CNT adopté le 11 septembre 2020. Aux termes des dispositions de l'article 86 de la Constitution : « *La Cour constitutionnelle statue obligatoirement sur la constitutionnalité des (...) Règlements intérieurs de l'Assemblée nationale, du Haut Conseil des Collectivités et du Conseil économique, social et culturel avant leur mise en application* ». Dans sa réponse au requérant, par Arrêt n° 2020-08/CC, le juge déclare contraires à la Constitution et à la Charte de la Transition, les articles 2, 9 alinéa 3 et 94 du Règlement intérieur du Conseil national de Transition[488]. En plus, déclare conformes à la Constitution et à la Charte de la Transition, toutes les autres dispositions du Règlement intérieur du Conseil national de Transition. Tout de même, il a émis des réserves relativement à l'harmonisation de la dénomination du Conseil national de Transition et de la Charte de la Transition et de l'amélioration des articles 44 et 95 relatifs respectivement à la procédure de vote de la levée de l'immunité des membres du Conseil national de Transition et à la procédure de modification du Règlement intérieur.

Cet Arrêt de la Cour constitutionnelle est intéressant et suscite des commentaires ci-après : le juge constitutionnel a refusé le titre de député[489] aux membres du CNT le statut de député et dans le même temps, il leur a accordé des avantages de député : à l'image de l'immunité parlementaire[490]. La Constitution malienne de 1992, aux termes de son article 62 accordait l'immunité parlementaire aux seuls députés en ces termes :

> « Aucun membre du Parlement ne peut être poursuivi, recherché, arrêté, détenu ou jugé à l'occasion des opinions ou des votes émis par lui dans l'exercice de ses fonctions ».

Toutefois, l'immunité parlementaire est désormais admise sous certaines conditions au regard de la Constitution de 2023. Selon l'article 103 de ladite Constitution :

> « Les députés et les sénateurs ne bénéficient de l'immunité parlementaire que dans le cadre de leurs fonctions. Ils ne peuvent être

---

488 Cour constitutionnelle, Arrêt n° 2020-08/CC du 24 décembre 2020.

489 Le juge malien considère que le titre de député s'acquiert par l'élection au suffrage universel direct et, par conséquent, demandé que soit retirée l'appellation *« députés de la transition »* et la remplacer par *« membres du Conseil national de transition »*.

490 Article 62 de la Constitution malienne du 25 février 1992 qui dispose : *« Les députés bénéficient de l'immunité parlementaire. Aucun membre de l'Assemblée nationale ne peut être poursuivi, recherché, arrêté, détenu ou jugé du fait des opinions ou votes émis par lui dans l'exercice de ses fonctions. Aucun membre de l'Assemblée nationale ne peut, pendant la durée des sessions, être poursuivi ou arrêté en matière criminelle ou correctionnelle qu'avec l'autorisation de l'Assemblée nationale, sauf en cas de flagrant délit. Aucun membre de l'Assemblée nationale ne peut, hors sessions, être arrêté qu'avec l'autorisation du bureau de l'Assemblée nationale, sauf en cas de flagrant délit, de poursuites autorisées ou de condamnation définitive. La détention ou la poursuite d'un membre de l'Assemblée nationale est suspendue si l'Assemblée nationale le requiert »*.

poursuivis, recherchés, arrêtés, détenus ou jugés en raison des opinions ou votes émis lors des sessions parlementaires ».

A titre d'illustration, l'Arrêt de la Cour constitutionnelle contient une ambiguïté, en ce sens que la nomination des deux questeurs par le Conseil des ministres, la Cour constitutionnelle estime que cette nomination constitue une immixtion du pouvoir exécutif dans la gestion interne d'un pouvoir législatif ; ce qui, selon elle, constitue une violation du principe constitutionnel de séparation de pouvoir. Dès lors, souligne la dame Cour, les questeurs doivent, au même titre que les autres membres du bureau, être élus par leur pairs.

Le rejet de ces deux dispositions du Règlement intérieur du CNT par la Haute juridiction constitutionnelle constitue un camouflet pour certains membres de l'organe législatif de la transition qui se font déjà appelés « *honorables* ». Ils sont invités à revoir leur copie.

Paragraphe 2

Les limites relatives à la nature du régime

Pour comprendre les limites du contrôle parlementaire dans les ordres juridiques étudiés, il convient d'examiner, d'une part, les limites du contrôle dans un régime présidentiel (A) et, d'autre part, les limites du contrôle dans un régime semi présidentiel (B).

A. Les limites liées à la nature du régime présidentiel

Le régime présidentiel est un régime de séparation des pouvoirs et caractérisé par l'irresponsabilité du pouvoir exécutif devant le Parlement et l'interdiction de dissolution du pouvoir législatif par l'Exécutif. La discipline de parti y est généralement moins forte que dans les régimes parlementaires.

Il est loisible d'analyser les limites tenant à l'objet du contrôle et celles liées à la procédure de contrôle.

Dans le régime présidentiel, le contrôle parlementaire de l'action gouvernementale a, en principe, un objet illimité, en ce sens, les différents moyens (interpellations, motions de censure et de confiance, débats budgétaires) permettent aux députés de débattre de toutes les questions. On peut dire que les Assemblées détiennent de véritables pouvoirs d'investigations sur le fonctionnement du pouvoir exécutif. C'est l'illustration du cas américain où les commissions d'enquête parlementaires jouent un rôle nettement plus important qu'en régime semi présidentiel.

L'évaluation des politiques publiques est plus visible dans le régime présidentiel du fait de la séparation rigide des pouvoirs. Le Président ne peut pas dissoudre le Parlement (sauf en cas extrême) et le Parlement, à son tour, ne peut pas mettre en jeu la responsabilité de l'Exécutif. Cela présente des avantages certains : le chef du Gouvernement est directement élu par le Peuple et le Parlement exerce effectivement le pouvoir législatif et un véritable pouvoir contrôle sur l'Exécutif. Tout de même, un certain nombre d'inconvénients peuvent en découler : le Président peut être paralysé par un pouvoir législatif, hostile, la rigidité de la séparation des pouvoirs peut ralentir le processus législatif.

La distinction entre le Parlement qui vote les lois et le pouvoir exécutif qui les exécute tend de plus en plus à être remplacée par une distinction entre le Gouvernement qui agit et le Parlement qui contrôle. Cette posture rend illimité l'objet du contrôle parlementaire de l'action gouvernementale. Mais en raison même de la multiplicité des tâches de l'État et des limites temporelles imposées à l'activité parlementaire, des restrictions de fait apparaissent dans l'objet de contrôle parlementaire. Ces restrictions proviennent soit de la discipline partisane qui écarte certaines questions à propos de l'ordre du jour, soit des dispositions introduites dans la question[491]. C'est ce que Bertrand SEILLER appelle

> « Le schéma classique de deux pouvoirs placés l'un en face de l'autre : le Président et le congrès. Ce dernier ne connaît pas à l'égard de l'Exécutif présidentiel de la solidarité juridique et politique... ; il peut contrôler tout à son aise puisqu'il est en situation d'extériorité principielle par rapport à l'Exécutif et à l'administration »[492].

L'absence de ces moyens d'action réciproques freine moins les initiatives des parlementaires et rend le contrôle plus facile.

---

[491] ROSEN (M. W.), *Contrôle parlementaire de l'action gouvernementale épicentre de la démocratie représentative congolaise*, *op. cit.*, p. 8.

[492] SEILLER (B.), *Le contrôle parlementaire de l'administration*, Paris, Dalloz, 2010, p. 13.

Une autre limite apparaît au niveau de la procédure du contrôle parlementaire de l'action gouvernementale.

La procédure du contrôle parlementaire peut être déclinée de la manière suivante : si le contrôle exercé par le parlementaire, à titre individuel ou au sein d'une instance dédiée, s'exerce dans un cadre défini par des dispositions constitutionnelles, légales ou règlementaires, sa réalité quotidienne est dictée par la pratique, la culture politique et la coutume. De ce fait, il faut une solide tradition ou encore une réelle vocation parlementaire pour qu'un député arrive à conjuguer la participation à la mise en œuvre du programme législatif et à l'analyse, la critique de l'action du pouvoir exécutif qu'il soutient ou inversement[493], épouse la défiance partisane et l'appréciation nuancée d'un aspect particulier d'une politique qu'il désapprouve. Le contrôle parlementaire étant un ensemble de moyens permettant au Parlement de se faire une opinion sur l'action du Gouvernement, il existe toute une série de techniques, d'informations et de contrôle qui n'entraîne pas le départ du Gouvernement. Le contrôle parlementaire, tout comme le fonctionnement des Assemblées, est désormais enfermé dans une procédure.

Le vocable de procédure de contrôle parlementaire correspond à un périmètre d'activités hétérogènes, voire incertaines. Entre la mise en œuvre d'une procédure susceptible de mettre fin à la vie d'un Gouvernement, une question sur un fait d'actualité, l'examen d'une nomination ou une étude sur une politique sectorielle, les fins et moyens de contrôle parlementaire sont multiples. Se rattachant à cette catégorie, les procédures par lesquelles le Parlement exprime solennellement une proposition politique à l'égard du pouvoir exécutif et qui se traduisent par la mise en jeu de sa responsabilité politique. Ici, la procédure est nécessairement assortie d'une sanction, soit un vote de confiance lorsque ce dernier est organisé à l'initiative du pouvoir exécutif, soit une motion de confiance ou de censure, déposée par les parlementaires, soit enfin un simple vote sur un sujet quelconque. Ainsi, au Mali, le Premier Ministre du Gouvernement de Transition, Choguel Kokalla MAIGA était interpellé, le 21 avril 2022 au Conseil national de Transition, pour donner des détails sur la mise en œuvre du Plan d'Action du Gouvernement (PAG). Cette interpellation a surtout concerné le renforcement de la

---

[493] SEILLER (B.), *Ibid.*, p. 9.

sécurité sur l'ensemble du territoire national, les réformes politiques et institutionnelles, l'organisation des élections et la promotion de la bonne gouvernance. Cette interpellation sur l'initiative des membres du CNT n'a pas été suivie par un vote. Pour cette raison, certains observateurs s'interrogeaient sur la finalité et la pertinence de l'interpellation qui devraient déboucher soit sur l'approbation du Plan d'Action, soit sur sa désapprobation.

Enfin, les parlementaires disposent de nombreuses procédures : les questions écrites, les questions orales sans débats ou avec débats, les interventions dans les débats budgétaires, les interventions dans tous les autres débats, etc.

B. Les limites tenant à la nature du régime semi-présidentiel

Dans la typologie des régimes politiques élaborée par le doyen Maurice DUVERGER, le régime semi-présidentiel est un régime mixte empruntant des caractéristiques au régime parlementaire et au régime présidentiel. La pertinence de la notion de régime semi-présidentiel est contestée par certains auteurs qui considèrent qu'il ne s'agit que d'une variante du régime parlementaire. Le contrôle parlementaire dans un régime semi-présidentiel consacre la responsabilité politique du Gouvernement devant le Parlement. Le Gouvernement ne peut gouverner véritablement sans la confiance du Parlement.

Dans un régime semi-présidentiel, il est exercé un contrôle dit ordinaire de type informatif (contrôle-information) et un contrôle extraordinaire qui revêt un caractère de sanction (contrôle-sanction). L'expérience a montré que le contrôle parlementaire de l'action gouvernementale en régime semi-présidentiel est plus efficace que dans un régime présidentiel, eu égard au fait majoritaire et à la crainte de la dissolution du Parlement. La principale différence dans l'exercice du contrôle entre les Assemblées relève du fait majoritaire. Appartenant à une majorité politique, soumis au Gouvernement qu'ils soutiennent, les parlementaires de la majorité doivent faire preuve de solidarité à l'égard du pouvoir exécutif, ce qui limite le contrôle qu'ils exercent sur lui. Toutefois, l'Opposition à l'Assemblée nationale peut exercer pleinement le contrôle du Gouvernement, même s'ils n'ont pas de moyens juridiques pour le renverser.

La limite principale à la portée du contrôle exercé réside en fait dans la faiblesse des moyens de sanctions dont dispose le Parlement à l'encontre du Gouvernement.

SECTION 2

LE BASCULEMENT DU CONTRÔLE PARLEMENTAIRE

Le progrès de la démocratie a donné une voix politique au politique-du moins à la majorité de celui-ci à travers les élections législatives, les députés étant élus pour agir dans l'intérêt de ceux qui les ont élus[494]. On constate, du coup, que l'avènement du suffrage universel a également entraîné la croissance des partis politiques de masse et, à travers ceux-ci, un transfert de pouvoir du Parlement vers un Exécutif dominé par les partis politiques, du moins dans les systèmes où le Législatif était déjà faible, le déclin a été moins marqué. Dans les nouvelles démocraties, le Peuple s'intéresse de plus en plus au travail du Parlement que les citoyens des démocraties plus anciennes. A ce propos, Louis BALTHAZAR, semble pessimiste lorsqu'il s'interroge : « *Le déclin du Parlement est-il irréversible ?* »[495].

Le basculement du contrôle parlementaire débouche, d'une part, sur un contrôle populaire (Paragraphe 1) et, d'autre part, aboutit à un retrait de la confiance populaire (Paragraphe 2).

Paragraphe 1

Vers un contrôle populaire

Comme il est souligné dans le Rapport parlementaire mondial 2017, « *un contrôle parlementaire efficace place la population-ses besoins, ses intérêts et ses expériences-au cœur de la vie politique. Il améliore le*

---

494 NORTON (Ph.), « La nature du contrôle parlementaire », *op. cit.*, pp. 5-22.

495 BALTHAZAR (L.), « Le déclin du Parlement est-il irréversible ? », *in Revue Parlementaire canadienne*, n° 4, 2002-2003, p. 1-25.

fonctionnement de l'Exécutif dans tous les secteurs »[496]. Dès lors que le contrôle devient une priorité pour le Parlement et que les parties prenantes peuvent y contribuer librement, le message adressé au Gouvernement, aux médias et aux citoyens est clair : l'institution parlementaire est déterminée à demander des comptes à l'Exécutif. Or, l'on sait que *« le Peuple est la source du pouvoir politique suprême, soit qu'il désigne ses représentants, soit qu'il exerce directement sa souveraineté par le moyen du référendum »*[497].

Le contrôle populaire se traduit, d'une part, par l'essoufflement des démocraties représentatives (A) et, d'autre part, par la sanction des élus par les citoyens (B).

A. L'essoufflement de la démocratie représentative

Partout, les institutions démocratiques semblent arriver à un tournant, dont le signe le plus clinique est la désaffection envers les gouvernants, la défiance vis-à-vis d'eux, voire leur rejet. La démocratie est atteinte d'un déficit de confiance qui lui est nuisible. Cette confiance est pourtant essentielle au fonctionnement de la vie politique, pour reprendre l'expression de l'Abbé SIEYES : « *le pouvoir vient d'en haut, la confiance doit venir d'en bas* »[498].

---

[496] *Rapport parlementaire mondial,* 2017, p. 13.

[497] SENAC (Ch.-E.), « Le contrôle populaire des élus », *in* SENIK (C.) (dir.), *Crises de confiance ?* La découverte, 2020, pp. 56-72. Dans un discours mémorable prononcé devant le Parlement ghanéen le 11 juillet 2009, le Président américain Barack Obama a affirmé que « *l'Afrique n'a pas besoin d'hommes forts ; elle a besoin d'institutions fortes* ». Il a continué, se référant aux « *Parlements forts, forces de police honnêtes, (et) juges indépendants* » comme des institutions qui permettent de faire en sorte que les gouvernements « *respectent la volonté des populations (et) gouvernent par consentement et non par coercition* ». Faisant mention de la bonne gouvernance comme élément clé de la prospérité, il a ajouté : « *Il ne s'agit pas seulement d'organiser des élections. Il s'agit également de ce qui se passe entre deux élections* ».

[498] La nouvelle Constitution de l'An VIII donne tout pouvoir au Premier Consul. Napoléon Bonaparte déclare que *« la Révolution est finie »*. La majorité du pays aspire à la paix intérieure et extérieure. La Constitution est largement plébiscitée. Soucieux de réconcilier les Français, il pardonne leur rébellion aux chefs vendéens et la plupart des émigrés rentrent. Les opposants au régime sont l'exception : Mme de Staël, et des royalistes qui fomentent des attentats dont Bonaparte sortira indemne.

C'est la volonté de Sieyès : renforcer le pouvoir de l'Exécutif, pour mettre fin aux débordements populaires qui ont entaché la Révolution et fragilisé le Directoire. Bonaparte

Le rétablissement de cette crise de confiance entre gouvernants et Peuple passe successivement par l'exercice du pouvoir de surveillance des élus par le Peuple (1) et la publicité des débats (2) qui est historiquement la première manifestation du contrôle des élus dans les régimes représentatifs.

1. Le peuple, un surveillant des élus

Le Peuple est la source du pouvoir politique suprême, soit qu'il désigne ses représentants, soit qu'il exerce directement sa souveraineté par le moyen du référendum. Pourtant le peuple, en tant qu'entité politique, est presque invisible [499] . Le pouvoir de surveillance, principalement assuré par les activités de vigilance, de dénonciation et de notation, a historiquement affirmé la souveraineté du Peuple en répondant à l'insuffisance du lien électoral de manière à obliger les représentants à tenir leurs promesses. Ce contre-pouvoir de surveillance trouve son fondement, sa racine dans les périodes pré-démocratiques et, incarné par les électeurs, il permettrait d'assurer une pratique effective d'une pression permanente sur les élus. Cela est compréhensible dans la mesure où l'histoire de la démocratie en Afrique subsaharienne francophone est profondément liée à un jugement des gouvernants par la société. L'on notera, dans le même sillage, un prolongement de l'idée de surveillance par la mise à l'épreuve d'une conduite ou d'une action[500].

Dans le même ordre de mise en exergue, au Peuple électeur du contrat social s'imposent les figures du peuple-surveillant, du peuple-veto et du peuple-juge. Ces trois figures de la contre-démocratie assurent bel et bien une augmentation des activités démocratiques, tout en engendrant des effets non politiques de manière à façonner ce que Pierre

lui a confié le soin de préparer la Constitution. L'idée est claire : que le Peuple s'exprime par le suffrage, mais que le Gouvernement n'en dépende pas. Cela va entraîner une démocratie de façade, dans un texte technique, lisible des seuls spécialistes de droit public (…), voir Chronique n° 1687.

[499] NZOUANKEU (J. M.), « Problématique de la gouvernance. Vue du Sud », Ministère des Affaires étrangères, Direction générale de la coopération internationale et du développement, *Table ronde*, Paris, 25 mars 2002, multigraphié, pp. 19-20.

[500] Les mécanismes juridiques de contrôle populaire opèrent en parallèle ou en complément des voies informelles de la contestation populaire.

ROSANVALLON appelle « *une démocratie impolitique* » [501] . Le contrôle populaire se distingue donc parmi les multiples instances de contrôle des institutions représentatives que Pierre ROSANVALLON a rassemblées sous le vocable de la « *contre-démocratie* »[502].

En réalité, l'analyse des régimes politiques en Afrique,

> « révèle l'existence de deux types de pouvoirs de contrôle populaire. Le premier pouvoir de contrôle consiste dans l'instauration de dispositifs de surveillance des gouvernants et de leurs actions. Il s'agit de placer les dirigeants politiques sous l'œil du public, de telle sorte qu'ils modifient leur comportement en fonction de la pression populaire, ces dispositifs sont alors complémentaires des instruments de contrôle social, ou bien qu'ils puissent être jugés en connaissance de cause par les électeurs le moment venu. Le second type de pouvoir de contrôle populaire regroupe les institutions par lesquelles les gouvernés, plus précisément les citoyens jouissant de leurs droits politiques, peuvent sanctionner directement les décideurs publics ou leurs actions. Ces institutions, au demeurant fort rares même dans les démocraties occidentales, sont l'expression la plus tangible d'un authentique pouvoir de contrôle des gouvernants par les gouvernés »[503].

L'idéal démocratique règne désormais sans partage, mais les régimes qui s'en réclament suscitent partout de vives critiques. L'érosion de la confiance dans les représentants est l'un des problèmes actuels majeurs. Mais si les citoyens fréquentent moins les urnes, ils ne sont pas pour autant devenus passifs : on les voit manifester dans les rues, contester, se mobiliser sur internet, etc.

Ce n'est que récemment qu'elle a connu un nouvel essor avec le développement d'une politique publique visant à garantir la probité et l'intégrité des responsables politiques.

---

[501] ROSANVALLON (P.), « La contre-démocratie », *in Politiques et Sociétés*, n° 1, Vol. 26, 2007, p. 151.

[502] *Ibid.*, p. 152.

[503] SENAC (Ch. E.), « Le contrôle populaire des élus », *in* SENIK (C.) (dir.), *Crises de confiance ?*, 2020, *www.cairn.info/crises-de-confiance--9782348065866.htm*, consulté le 16 août 2023.

2. La publicité des débats parlementaires

Dans l'activité de contrôle en Afrique noire francophone, la place des groupes parlementaires est primordiale. Au Mali, une attention particulière est alors accordée au rôle joué par les groupes d'Opposition et minoritaires[504]. Au-delà de leur présence et de leur rôle dans les débats parlementaires, les groupes jouent une fonction politique qui est d'assurer l'unité et la cohésion des parlementaires qu'ils rassemblent. Les groupes parlementaires apparaissent aussi comme des rouages essentiels de la vie parlementaire, car ils sont une pièce majeure du fonctionnement même des Assemblées. De la composition des organes des Assemblées aux différentes étapes de la procédure législative, de l'organisation des débats à l'activité de contrôle parlementaire, les règles des Assemblées s'appuient très largement sur les groupes et leurs présidents. Ils sont des interlocuteurs privilégiés et des acteurs de premier plan.

La publicité de l'espace parlementaire est, historiquement, la première manifestation du contrôle parlementaire des élus dans les régimes représentatifs. A titre d'illustration du cas français, Charles-Edouard SENAC soutient que :

> « C'est la Révolution de 1789 qui, sur cette matière comme sur tant d'autres, a posé les jalons de la pratique parlementaire à venir. Alors que la question est débattue dès le mois de mai 1789, les députés ont rapidement décidé la publicité des séances des États généraux, contre la décision du roi »[505].

La publicité des débats parlementaires est un élément fondamental de la démocratie représentative. Elle place sous le contrôle de l'opinion publique, par exemple, le vote de la loi et le contrôle du pouvoir exécutif[506]. En somme, la séance plénière ou séance publique constitue un temps fort de la vie des Assemblées parlementaires en Afrique noire francophone, car c'est dans l'hémicycle que sont adoptées les lois et que peut être mise en cause la responsabilité du pouvoir exécutif. Si la publicité des travaux parlementaires marque les débuts d'un contrôle populaire des élus, ce contrôle reste, néanmoins limité à l'espace et au temps parlementaires. Au demeurant, l'exigence de transparence de la

---

[504] CONNIL (D.), *Les groupes parlementaires en France*, Paris, LGDJ, 2016, p. 104.

[505] SENAC (Ch.-E.), « Le contrôle populaire des élus », *op. cit.*, p. 61.

[506] GAUDILLERE (B.), « La publicité des débats parlementaires (1852-1870) », *in Dans Parlement(s), Revue d'Histoire Politique*, n° HS 4, 2008, p.27.

vie publique va conduire à élargir sensiblement le champ de la surveillance populaire. Pour Félix BLANC, la publicité des débats parlementaires a pour finalité l'idée d'avoir un élargissement d'un auditoire particulier à un auditoire universel[507] ; ce qui semble opératoire pour comprendre le fonctionnement de la rhétorique politique comme son inclusion dans une théorie générale de l'argumentation. La discussion générale est organisée par la Conférence des présidents qui en fixe, en fonction de l'importance du sujet et des observations des présidents de groupes, la durée globale. Cette durée est répartie entre les groupes parlementaires selon un système fondé sur la proportionnelle corrigée qui garantit un temps minimum aux groupes parlementaires les moins importants.

Somme toute, la publicité des débats parlementaires est un élément essentiel au fonctionnement de la démocratie en Afrique. Elle permet aux populations de contrôler leurs représentants et de mieux comprendre les décisions du Parlement ; en outre, elle les aide à se forger une opinion politique et, partant, à exercer leurs droits populaires. C'est le cas, par exemple, lorsque les intérêts majeurs relatifs à la sécurité du pays sont en jeu ou pour garantir la protection de la personnalité, il peut être demandé que les délibérations aient lieu à huis clos, même si ce cas de figure reste une exception.

B. La sanction des élus par les citoyens

> « La sanction citoyenne des élus est une institution inconnue du droit français, à la différence des mécanismes de surveillance populaire. Le terme "sanction" est pris ici dans son sens moderne, synonyme de peine, et exprime l'idée d'une censure populaire. Celle-ci consiste à donner aux citoyens (et non plus à toute personne car son usage est conditionné à l'appartenance au corps électoral) le pouvoir d'exprimer leur désaccord avec leurs élus. Lorsqu'elle est effectivement adoptée, cette sanction se traduit par des conséquences juridiques qui diffèrent selon l'objet du mécanisme. Le veto populaire permet de rejeter ou d'abroger une mesure votée par les représentants.

---

[507] BLANC (F.), « La publicité des débats parlementaires : un triomphe pour l'argumentation ? », *in Revue Raison Politique*, n° 65, 2017, p. 52.

> La révocation populaire conduit à abréger le mandat d'un ou plusieurs élus avant son terme normal »[508].

Nous examinerons successivement, d'une part, le veto populaire (1) et, d'autre part, la révocation populaire (2).

1. Vers un véto populaire ?

En droit constitutionnel, le veto populaire est la possibilité pour le Peuple de s'opposer à l'entrée en vigueur d'une loi votée par le Parlement. On appelle « *veto populaire* » une procédure d'abrogation d'une loi à l'initiative des citoyens, existant dans certains pays comme l'Italie ou la Suisse. Elle permet au Peuple de s'opposer à une loi votée par l'Assemblée de ses représentants[509]. C'est une technique de la démocratie semi-directe, une expression d'une forme de constitutionnalisme libéral. Le veto populaire peut aussi être entendu comme une institution qui confie au corps électoral la capacité de s'opposer à une mesure adoptée par les gouvernants en votant contre à l'occasion d'un référendum. Les groupes parlementaires ont une place de choix dans l'orientation des activités de l'Assemblée nationale du fait qu'ils sont des organes de concertation du Bureau. Chaque groupe a une structure organisationnelle qui permet d'assurer la permanence du rôle politique et législatif du groupe.

A ce sujet, en Afrique noire francophone, il convient de faire part de l'absence d'autres modalités d'intervention populaire, en l'occurrence l'abrogation populaire, le véto populaire ou la révocation populaire qui ne sont mis à l'honneur nulle part en Afrique subsaharienne francophone.

La faible exception que constitue l'initiative populaire est parcimonieusement consacrée par l'article 218 de la Constitution de la République démocratique du Congo du 18 février 1996 : un droit d'initiative populaire, reconnu à une fraction du Peuple congolais, soit 100 000 personnes, s'exprimant par une pétition adressée à l'une des deux Chambres en matière constitutionnelle[510].

---

[508] SENAC (Ch. E.), « Le contrôle populaire des élus », *op. cit.*, *www.cairn.info/crises-de-confiance--9782348065866.htm, consulté le 16 août 2023.*

[509] TAILLON (T.), « Le veto populaire comme mode d'expression directe d'un pouvoir constituant québécois », *in Revue Québécoise de Droit Constitutionnel*, n° 2, 2008, p.

[510] DIAKHATE (M.), « A la recherche du Peuple dans les systèmes constitutionnels de l'Afrique subsaharienne francophone », sur www.ceracle.com/a-la-recherche-du-peuple-

Dans le cas du Mali, la faillite de l'exercice du pouvoir par des autorités pourtant élues semble justifier le motif principal de leur renversement en août 2020[511].

A titre illustratif, en mai 2020, Moussa TIMBINE vient d'être élu Président de la 6e Législature du Mali démocratique, tout comme l'élection du jeune député de la commune V, l'honorable Moussa TIMBINE, à la tête de la deuxième institution du Mali pour une durée de 5 ans. Le nouveau Président de l'Assemblée nationale a remporté pourtant le vote avec 134 voix contre 08 voix pour son challenger, l'honorable Moussa MARA, et trois bulletins nuls et deux absents. L'honorable Moussa TIMBINE, dont l'élection avait été confirmée aux derniers instants par la Cour constitutionnelle, verra la population lui réserver un veto populaire.

De nos jours, la révocation populaire tend à devenir de plus en plus une réalité dans les États de l'Afrique noire francophone.

2. La révocation populaire

La « *révocation* » est le résultat d'une décision autoritaire ordonnant la mise à néant des dispositions ayant constitué une situation juridique[512].

---

dans-les-systemes-constitutionnels-de-lafrique-subsaharienne-francophone, consulté le 04 mars 2022 ; De même, l'article 98 issu de la loi constitutionnelle n° 72-2015/CNT portant révision de la Constitution du Burkina Faso en dispose, relativement à la matière législative, avec une proposition rédigée et signée par au moins 15 000 personnes ayant le droit de vote dans les conditions prévues par la loi, pour être déposée sur le bureau de l'Assemblée nationale. De son côté, la Constitution togolaise du 27 septembre 1992, modifiée, dispose en son article 4, dernier alinéa, sans distinction aucune entre les matières constitutionnelle et législative, que l'initiative du référendum appartient, concurremment, au Peuple et au Président de la République. Un référendum d'initiative populaire peut être organisé sur la demande d'au moins 500 000 électeurs représentant plus de la moitié des préfectures ; plus de 50 000 d'entre eux ne doivent pas être inscrits sur les listes électorales d'une même préfecture. La demande devra porter sur un même texte. Sa régularité sera appréciée par la Cour constitutionnelle.

[511] Selon le Secrétaire général des Nations-Unies, une des causes du coup d'État et de l'insurrection armée dans le Nord est un défaut de *« bonne gouvernance »*. Le coup d'État du 22 mars 2012 et la crise au Nord du Mali sont, essentiellement mais non exclusivement, la manifestation d'une crise de la gouvernance provoquée par la corruption endémique, l'incapacité de l'État d'assurer les services de base et la quasi nulle légitimité des institutions de l'État et du système politique.

[512] Il est nécessaire de souligner que d'un point de vue historique, les procédures d'initiative politique sont apparues pour la première fois dans les constitutions de certains

En ce sens, le licenciement est un type de révocation. La révocation populaire est un processus qui permet aux citoyens d'un pays de mettre un terme au mandat d'un élu avant son terme légal. Il est par exemple déclenché au moyen d'une pétition qui, si elle a obtenu le nombre minimal de signatures requises, ouvre la voie à l'organisation d'un référendum. Le droit de révocation populaire est considéré comme une conséquence du mandat impératif en donnant à l'électeur la possibilité de révoquer l'élu s'il ne respecte pas le mandat pour lequel il a été désigné. A cet effet, le député a le devoir de défendre, en âme et en conscience, les intérêts basiques des populations qui l'ont élu. Même si l'article 64 de la Constitution malienne du 25 février 1992 disposait que « *tout mandat impératif est nul* », c'est-à-dire qu'un député élu n'est pas contraint de défendre les seuls intérêts des populations qui l'ont élu dans une circonscription donnée mais qu'il a plutôt le devoir de défendre les intérêts de la Nation tout entière, le député doit être le plus proche des populations de sa circonscription électorale[513].

La mise en œuvre du veto populaire consiste à donner la possibilité aux citoyens, durant un certain délai après le vote d'une loi, de s'insurger contre elle au moyen d'une pétition. Si cette dernière recueille un nombre suffisant de signatures, la loi est alors soumise à un référendum organisé par l'État auprès de l'ensemble des citoyens. Dans les États africains, la nature du mandat parlementaire a toujours fait l'objet de débats animés. Pendant longtemps, les partisans du mandat impératif[514] ont en effet défendu la thèse selon laquelle celui-ci serait plus progressiste et plus démocratique parce qu'il découle directement de la théorie de la souveraineté populaire. Les opposants au mandat impératif ont pour leur part toujours souligné qu'il aboutit inévitablement à une totale

---

pays européens, dont l'Autriche, la Lettonie et l'Espagne, après la Première Guerre mondiale. Après la Seconde Guerre mondiale, une seconde vague d'introduction de procédures d'initiative politique a eu lieu en Amérique latine (Guatemala, Uruguay et Venezuela, notamment). Depuis 1989, les procédures d'initiative politique ont été instituées dans plusieurs systèmes démocratiques dans le monde entier, comme en Asie du Sud-est (Philippines, Thaïlande), en Afrique de l'Ouest (Ghana, Niger) et en Europe de l'Est (Hongrie, Pologne, Slovénie).

[513] https://www.maliweb.net, consulté le 10 mars 2022.

[514] Selon l'article 64 de la Constitution malienne de 1992 : « *Tout mandat impératif est nul* ».

dépendance du parlementaire par rapport à son parti ou à ses électeurs[515]. Ce droit est, avec le référendum et le droit d'initiative, l'une des trois caractéristiques importantes des régimes de démocraties semi-directes.

Le veto populaire nous semble également préférable à l'initiative populaire[516] qui permet aux électeurs de soumettre leur propre projet de modification constitutionnelle. Dans le cadre d'une initiative populaire, le Peuple agit à la fois comme « *initiateur* » du scrutin et comme auteur d'une norme nouvelle[517]. L'initiative populaire amène les électeurs à concevoir eux-mêmes leur propre projet de modification constitutionnelle. Alors que le veto populaire vise à assurer l'absence de contradiction manifeste entre le contenu de la Constitution et la volonté du peuple.

L'exemple type d'une révocation par les électeurs est celui de Cuba, où la procédure de révocation peut être initiée soit par l'Assemblée nationale, soit par l'Assemblée municipale de la municipalité où le parlementaire a été élu. La révocation doit toujours être approuvée par l'Assemblée municipale. Aux Seychelles, le dépôt d'une pétition écrite dirigée contre un membre et soutenue par un tiers des électeurs de la circonscription électorale rend obligatoire la tenue de nouvelles élections. En Éthiopie, la plainte doit être soutenue par plus de quinze mille électeurs de la circonscription électorale. En République Démocratique Populaire du Laos, si un parlementaire a perdu la confiance de ses électeurs, ceux-ci peuvent déposer une plainte écrite

---

515 DER HULST (M. V.), *Le mandat parlementaire : étude comparative mondiale*, Genève, 2000, p. 5.

516 Aussi parfois nommée « initiative populaire constructive », QUERMONNE (J. L.), « Le référendum. Essai de typologie prospective », *in RDP*, n° 3, 1995 p. 585. En anglais, les termes *law promoting* semblent évoquer le même phénomène. Maija SETÄLÄ (M.), *Referendum and Democratic Government: Normative Theory and Analysis of Institutions, Houndmills*, Palgrave Macmillan, 2005, p. 99.

517 Cette proposition de loi peut être conçue en termes généraux, auquel cas le texte de l'initiative se limite à énoncer des objectifs et des orientations qui seront, le cas échéant, mis en œuvre par des textes élaborés par les parlementaires. Elle peut également prendre la forme d'une initiative formulée, c'est-à-dire d'un texte entièrement rédigé dont les dispositions normatives sont directement exécutoires. À titre d'illustration, l'article 139 de la Constitution de la Suisse prévoit les deux possibilités : *« Les initiatives populaires tendant à la révision partielle de la Constitution peuvent revêtir la forme d'une proposition conçue en termes généraux ou celle d'un projet rédigé. »*, Constitution de la Californie, article II.

auprès du « *bureau des parlementaires* »[518] de leur circonscription. La plainte est examinée par ce bureau qui, après avoir procédé à des enquêtes, fera rapport au Comité permanent de l'Assemblée nationale. C'est l'Assemblée nationale qui, lors de sa session suivante, décidera par un vote majoritaire.

Même si le contrôle populaire est introuvable en Afrique, le retrait de la confiance populaire prend de plus en plus corps dans les rapports entre Peuple et leurs représentants.

Paragraphe 2

Le retrait de la confiance populaire

Le régime représentatif continue de maintenir le citoyen dans un état de sujétion vis-à-vis des représentants. Sa métamorphose en « *démocratie représentative* »[519], selon l'oxymore consacré, n'a, en effet, pas altéré la domination des gouvernants sur les gouvernés. Toutefois, le règne tranquille des élus apparaît de plus en plus menacé. Pour dissiper le malaise démocratique, qui ne date certes pas d'aujourd'hui, les pouvoirs publics sont à la recherche tant bien que mal, de solutions impliquant davantage la population. La révocation populaire des élus apparaît comme une Institution plurielle lorsque le regard du chercheur se porte sur les modalités de son déclenchement.

Le retrait de la confiance populaire exige non seulement une initiative de la part du Peuple (A), mais aussi et surtout la prise de décisions (B).

---

[518] DER HULST (M. V.), *Le mandat parlementaire : étude comparative mondiale*, Genève, 2000, p. 20.

[519] En Afrique noire francophone, la montée de l'abstentionnisme, le développement de ce qu'il est convenu d'appeler les votes de protestation, peuvent être lus comme une certaine forme de prise de conscience de cette dépossession du Peuple de la politique par quelques élites spécialisées. La crise de la représentation apparaît dans cette optique comme un facteur potentiellement positif : elle est aussi le signe d'une révolte sourde contre une aristocratie politique qui ne veut pas dire son nom. Mais il faudra savoir la dépasser pour construire une démocratie viable et adaptée à la réalité du XXIe siècle, une démocratie que certains veulent participative, qui devra redonner au Peuple si ce n'est la parole, tout au moins la confiance en ses représentants. C'est pourquoi la crise de la représentation appelle l'invention démocratique.

A. Le déclenchement de la révocation

Selon les systèmes constitutionnels analysés, on note des variations importantes qui portent d'abord sur les fonctions électives concernées (1) et, ensuite, sur l'initiative de la révocation (2).

1. Les fonctions électives sujettes à révocation

L'institution d'une procédure de révocation populaire des élus dans un système constitutionnel n'implique pas nécessairement que tous les titulaires de mandats électifs soient concernés. Le parallélisme entre élection et révocation est possible, mais sa généralisation est loin d'être la règle en pratique. L'étendue des fonctions politiques susceptibles de révocation dépend du choix opéré par chaque système juridique. Si les systèmes ayant adopté un mécanisme de révocation populaire ont, en règle générale, fait le choix de la limiter aux fonctions politiques ou publiques électives, le nombre des fonctions visées varie considérablement d'un régime à un autre. Ainsi, certains ne soumettent qu'une seule fonction à une faculté de révocation populaire, par exemple, sous la République allemande de Weimar - et dans plusieurs États européens qui s'en sont inspirés - seul le chef de l'État, qui était désigné directement par les citoyens, pouvait être révoqué par eux. D'autres systèmes, à l'instar de celui de la province canadienne de la Colombie britannique, ont choisi de faire des parlementaires les seuls titulaires d'une fonction élective révocable.

La révocation populaire des élus apparaît comme une institution plurielle lorsque le regard du chercheur se porte sur les modalités de son déclenchement. Selon les systèmes constitutionnels étudiés, on observe des variations importantes.

Le problème de la révocation est intimement lié à la problématique du mandat impératif. Dans la mesure où l'on considère que le parlementaire est juridiquement lié par les promesses qu'il a faites à ceux qui l'ont élu, il n'est en effet pas illogique de permettre à ses électeurs (ou à son parti) de le révoquer s'il ne tient pas ses promesses. Le Bénin pourrait suivre la même trajectoire que le Mali en 2012 ou le Burkina en 2014. Le Mali était alors considéré comme un modèle de démocratie en Afrique subsaharienne francophone, jusqu'à ce que le Gouvernement perde la confiance des citoyens. Dans ces deux pays, les manifestations ont conduit à la chute du Gouvernement et à l'exil du président. Ce scénario s'est reproduit récemment au Mali, en août 2020, lorsqu'une révolte populaire a mené à un coup d'État militaire. Il est peu probable que le Gouvernement béninois prenne des mesures visant à les appliquer la décision de la Cour. En avril 2020, dans une affaire liée à l'exclusion des leaders de l'Opposition des élections municipales et communales de mai 2020, la CADHP avait demandé l'annulation du processus électoral. Ce verdict avait suscité la colère du Gouvernement béninois, qui a alors déposé un avis de retrait de la Cour le 24 avril. Cela n'a cependant pas frappé de nullité les affaires en cours devant la CADHP puisque le Bénin reste partie à la Cour jusqu'à ce que le retrait prenne effet, en avril 2021.

La révocation populaire ne concerne pas tous les élus, mais implique que des initiatives soient prises.

2. L'initiative de la révocation

En matière de révocation comme en matière de référendum, l'initiative de la procédure est un élément capital : elle conditionne l'effectivité de son utilisation et constitue un indicateur déterminant de la signification politique de l'intuition. L'étude du déclenchement de la procédure invite à répondre à trois questions : qui peut déclencher la procédure de révocation ? Quand peut-elle être déclenchée et pour quels motifs ?

Les systèmes de révocation des élus par les citoyens se scindent en deux grandes catégories pour ce qui concerne l'autorité qui peut déclencher la procédure : l'initiative peut être institutionnelle ou populaire. D'une part, le processus de révocation populaire peut être déclenché par des institutions publiques nationales ou locales. Á titre d'illustration, au Royaume-Uni, l'ouverture de la procédure de révocation appartient conjointement au Speaker de la Chambre des Communes et à la personne en charge des fonctions de directeur du scrutin dans la circonscription électorale[520].

La confiance institutionnelle est liée aux perceptions de la corruption[521]. Quand les gens estiment que ses titulaires de charge sont

---

520 Au Liechtenstein, quatre communes peuvent, sur délibérations de leurs assemblées délibératives, demander une votation populaire portant sur la dissolution de la Diète.

521 La confiance populaire envers les institutions exécutives d'état varie considérablement d'un pays africain à l'autre, de plus de 80% au Niger et au Burundi à moins de 40% au Nigéria, au Libéria, et à São Tomé et Principe.

honnêtes, ils sont susceptibles de considérer une institution digne de confiance, et vice versa, s'ils estiment les fonctionnaires intéressés. Les institutions dignes de confiance contribuent à atteindre les objectifs de développement que les Africains affirment vouloir. Pour chacune des priorités de développement mentionnées par le grand public, la confiance en l'État est liée à des appréciations populaires positives de la performance du Gouvernement. Ainsi, le développement socio-économique n'est pas qu'un exercice purement technique ou technologique. Les résultats de développement dépendent également de la bonne gouvernance, que les citoyens apprécient en partie selon qu'ils estiment les institutions politiques dignes de confiance.

En pratique, les députés maliens dans leur écrasante majorité ne sont pas en phase avec ceux qui les ont élus. Une fois les échéances électorales terminées, la majorité de nos députés ne reviennent plus vers leurs électorats pour assurer leur devoir de restitution des activités menées par l'Assemblée nationale. Ils n'œuvrent plus dans la défense des intérêts basiques du Peuple vis-à-vis de l'Exécutif. Pis, nos députés sont très indifférents aux problèmes du peuple. La mise en œuvre de mécanismes de responsabilité aux échelons politiques pour garantir la légalité et l'intégrité des processus politiques et administratifs pour ceux qui exercent le pouvoir et ceux qui aspirent à l'exercer. « *Si je suis désavoué par une majorité d'entre vous, ma tâche deviendra évidemment impossible et j'en tirerai aussitôt les conséquences* »[522]. Cette déclaration du général de GAULLE à la veille du référendum de 1969 est emblématique de sa conception de la République, fondée sur le respect des Français. Chez lui, une impopularité présidentielle est inconcevable. La mission du chef de l'État repose exclusivement sur la confiance du peuple.

> « L'idée d'un contrôle de la population sur les représentants du Peuple est bien plus ancienne qu'il n'y paraît au premier abord. La publicité de la conduite des affaires publiques aux fins de contrôle des gouvernants constitue un projet politico-juridique qui est apparu au cours de la seconde moitié du XVIIIème siècle, au moment de l'émergence des premiers Gouvernements représentatifs »[523].

---

[522] TANDONNET (M.), « Histoire des Présidents de la République », *in Figaro*, publié le 04 septembre 2018.

[523] SENAC (Ch. E.), « Le contrôle populaire des élus », *op. cit.*, pp. 56-72.

Les freins à l'exercice de la fonction de contrôle parlementaire sont principalement imputables aux questions de capacités et de moyens, mais aussi aux problèmes d'environnement politique, de manque de coopération de la part des Gouvernements et de divergences d'intérêts. L'exercice du contrôle parlementaire varie d'un pays à l'autre en fonction du contexte politique, culturel et historique. La démocratie repose sur l'existence d'institutions judicieusement structurées et qui fonctionnent ainsi que d'un corps de normes et de règles, et sur la volonté de la société toute entière, pleinement consciente de ses droits et responsabilités[524]. Au lieu d'œuvrer en votant des lois qui renforcent le système démocratique dans l'intérêt du peuple, « *les honorables* » maliens ne roulent que pour leurs intérêts égoïstes. Une fois à l'hémicycle, ils s'adonnent au nomadisme politique en rejoignant le plus souvent la majorité présidentielle, sans aucun scrupule pour leur électorat. Notre Assemblée nationale devient ainsi une véritable caisse de résonnance du pouvoir exécutif. Au regard de ce constat, les populations ne se rendent plus nombreux aux urnes pour l'élection de leurs représentants à l'hémicycle ; ce qui a pour conséquence fâcheuse, une baisse vertigineuse du taux de participation au scrutin législatif. Ainsi, pour pallier ce déficit de participation au scrutin, les candidats ont généralement recours aux achats de conscience lors des votes. Toutes choses qui ont pour effets néfastes la régression du système démocratique malien. Pour renforcer le contrôle parlementaire, il faut nécessairement faire de cette fonction l'une des grandes priorités du Parlement, renforcer le mandat et les capacités de contrôle, associer des partenaires aux activités de contrôle, faire bon usage des prérogatives de contrôle parlementaire, renforcer l'appui des citoyens au contrôle parlementaire et saisir les occasions qui s'offrent aux parlementaires pour améliorer le cadre du contrôle.

B. La décision de révoquer

La révocation populaire des élus est l'expression d'un pouvoir de sanction des gouvernants qui se traduit par leur destitution avant le terme normal de leur mandat. L'expression de la décision du corps électoral est donc le moment clef de la procédure. Là encore, l'institution de la révocation populaire n'est pas uniforme. Les modalités du processus

---

[524] Union interparlementaire, *La démocratie : principes et réalisation*, Genève, 1998, p. 5.

révocatoire diffèrent d'un système à un autre (1), de même que les effets de la consultation révocatoire (2)

1. Les modalités de la révocation

La révocation citoyenne est souvent opposée à l'élection dont elle constituerait le pendant négatif : l'élection désigne, la révocation destitue. Cette symétrie est renforcée par le parallélisme entre les procédés électoral et révocatoire : dans l'immense majorité des cas, la procédure de révocation s'achève par un scrutin auquel sont convoquées l'ensemble des personnes inscrites sur les listes électorales concernées. Toutefois, dans certains systèmes[525], au demeurant très rares, la décision du corps électoral est matérialisée par la voie d'une pétition et non d'une votation, étant entendu qu'il convient de ne pas confondre cette ultime étape de la procédure avec celle de la collecte des signatures de soutien à la demande de révocation dans les systèmes qui admettent un déclenchement populaire de la procédure.

Les modalités de la révocation populaire varient également suivant que la législation exige ou non des conditions de quorum et de majorité renforcée pour valider la révocation. Lorsqu'elle existe, la condition de quorum établit un seuil minimal de participation. En France, la question de la révocation populaire des élus s'inscrit chez ROBESPIERRE au cœur d'un dispositif théorique qui est d'abord un dispositif critique : combattre la conception du « *gouvernement représentatif absolu* »[526] qui s'est imposée à la Constituante et dans la Constitution du 3 septembre 1791, sans pour autant basculer dans un rejet radical de la représentation elle-même[527]. La pièce maîtresse du système constitutionnel, l'élection au suffrage universel pour un ou deux ans au plus, de mandataires du people formant une Assemblée unique de laquelle sort et dépend le

---

[525] SAMUELS (D. J.), SHUGART (M.), « La nomination et la révocation du Premier Ministre en régime semi-présidentiel : l'impact de la présidentialisation des partis », *in Revue Internationale de Politique Comparée*, Vol. 17, n° 1, 2010, pp. 67-91.

[526] DAVID (M.), « Le Gouvernement direct du Peuple selon les proscrits de la seconde République », *in La pensée démocratique, Actes du colloque d'Aix-en-Provence* (21-22 septembre 1995), PUAM, 1995, p. 161.

[527] POUTHIER (T.), « La révocation populaire des élus dans la théorie constitutionnelle jacobine, de Robespierre à Louis Blanc : itinéraire d'une procédure introuvable », *www.archives-ouvertes.fr*, consulté le 02 juin 2022.

pouvoir exécutif, des mandataires révocables ad nutum et remplaçables par d'autres, préalablement élus.

En tout état de cause, la révocation populaire des élus se présente comme un remède controversé : en permettant aux citoyens de révoquer un élu avant le terme normal de son mandat, elle donne corps à l'idée de responsabilité politique des gouvernants devant les gouvernés, mais elle laisse planer le risque d'un blocage de la vie politique[528]. En France, avec le projet de réforme sur la révocabilité des élus, le droit de révoquer les élus est une perspective exaltante et certainement pas une utopie, au sens péjoratif du terme. C'est un droit qui est à notre portée. Il sera la marque de fabrique d'une VIe République authentiquement démocratique.

Au cœur de la démocratie représentative, dans sa forme parlementaire, il y a une idée à la fois forte et simple : les gouvernants qui ne jouissent plus de la confiance des représentants du Peuple doivent quitter leurs fonctions. L'Afrique noire francophone ne restera pas en marge de cette réforme. Dans l'exercice du pouvoir qui leur est confié, ils doivent répondre en permanence de cette confiance. Ce dispositif de mise à l'épreuve de la confiance se nomme « *responsabilité politique* », pour bien le distinguer du jugement des crimes et des délits qui relève des tribunaux. L'engagement de la responsabilité politique n'implique ni faute ni culpabilité. Sous ce rapport, les gouvernants peuvent poser la question de confiance aux représentants du peuple, et que ceux-ci peuvent, en cas de défiance, les censurer, autrement dit les renvoyer. Mais ne pourrait-on pas imaginer que le Peuple lui-même exerce directement cette censure en révoquant certains de ses représentants ou les gouvernants que ces derniers ont désignés ?

2. Les effets de la révocation

La révocation d'un élu se traduit par un effet évidemment commun à tous les systèmes : lorsque la révocation est décidée par le corps électoral conformément aux dispositions légales requises, l'élu est déchu de son mandat. A côté de ce système de révocation a émergé un autre : la révolution populaire. Dans les « *démocraties africaines* », les responsables politiques rendent, en principe, surtout des comptes aux citoyens qui les ont élus.

---

528 Voir aussi SENAC (Ch. E.), *La révocation populaire des élus*, Paris, Mare&Martin, 2022, 308 p.

Dans les sociétés contemporaines, le lien semble dans la pratique, souvent, tenu : les représentants politiques sont fréquemment perçus comme coupés de leurs électeurs et plus soucieux de satisfaire la direction de leur parti et les responsables politiques que les citoyens. C'est pourquoi lieu des tentatives de renforcement des liens entre électeurs et élus et de participation directe effective ont eu, notamment par la réglementation de la révocation populaire, comme façons de restaurer les liens entre les électeurs et les élus, et de permettre aux électeurs de donner leur avis sur le travail des élus, jusqu'à les sanctionner par la révocation en cas de mauvais travail ou d'inconduite (ce qui englobe les addictions).

En Afrique noire francophone, le problème de la révocation est d'une actualité brulante et se pose avec acuité. En effet, le continent a été secoué et continue d'être secoué par une vague de coups d'État. Le Burkina Faso, la Guinée, le Mali, le Soudan et le Tchad ont tous vu leur Gouvernement renversé et remplacé par une junte militaire. Après tout, le renversement des présidents civils démocratiquement élus a été suivi de célébration dans les rues de certains États. Les citoyens applaudissent la chute des dirigeants élus.

On s'aperçoit que la révolte populaire prend souvent sa source dans les stratégies antidémocratiques pour se maintenir au pouvoir contre la volonté de leur Peuple : c'est l'exemple de la Guinée où l'ancien Président Alpha CONDE a modifié de manière controversée la Constitution en 2020 pour briguer un troisième mandat. Un Président peut être contesté par la rue pour d'autres raisons.

A titre d'illustration, on peut évoquer le cas malien, où le Président IBK et son Gouvernement ont fait l'objet de contestation pendant plusieurs semaines par une partie de la population. Les efforts des manifestants ont été parachevés par les militaires qui ont renversé le Président IBK le 18 août 2020 par un coup d'État. L'élément déclencheur de ce coup de force serait, pour l'Opposition politique, la tenue contestée de l'élection présidentielle de 2018 et les élections législatives des 13 et 19 avril 2020. D'après l'Opposition, elles ont été l'objet de fraudes massives en faveur des élus du parti RPM qui se trouve être le parti au pouvoir.

On retiendra que le droit de révoquer les élus, bien qu'inconnu en droit constitutionnel africain, n'est pas une idée neuve dans notre histoire institutionnelle. En Afrique noire francophone, la question de la révocabilité des titulaires d'un mandat s'est posée dans certains États à travers le système du « *commis de confiance* », individu chargé d'une mission ou d'une tâche devant une Assemblée communale et devant rendre compte, devant elle, de l'avancée de la mission ou de la tâche confiée. Par ce système, le mandataire est placé sous le contrôle permanent de ses mandants qu'il doit tenir au courant de ses avancées.

Dans l'ensemble des pays étudiés, les questions concernant la révocation des élus ne sont pas prises en charge par un texte spécifique. Toutefois, de façon éparse, des textes régissant certains pans du Statut de l'élu ont toujours existé. Le général des collectivités territoriales au Burkina Faso, précise certains droits et obligations du conseiller municipal et régional, les sanctions en cas de non-respect de certaines obligations, ainsi que les prérogatives des présidents des Conseils de collectivités[529].

---

[529] Loi n° 065-2009/AN du 21 décembre 2009 portant modification de la loi n° 055-2004/AN du 21 décembre 2004 portant Code Général des Collectivités Territoriales.

CONCLUSION

La fonction du contrôle parlementaire se résume à un pouvoir d'information et un pouvoir de contrôle sur l'activité du Gouvernement. Le contrôle parlementaire a pour objectifs principaux de promouvoir les libertés et le bien-être de la population afin d'améliorer la gouvernance. Le contrôle et l'obligation de rendre compte sont des dimensions cruciales des mandats démocratiques complémentaires du pouvoir exécutif et de l'Assemblée nationale. Les rôles distincts et séparés du Parlement et du Gouvernement doivent être bien compris[530] même si chacun des mécanismes utilisés dans chacun des pays étudiés suivent une procédure spécifique. La mise en cause de la responsabilité du Gouvernement ou d'un ministre constitue la mesure de contrôle ultime de l'action gouvernementale dans la mesure où elle implique l'existence même du Gouvernement ou la survie politique du ministre. Les pouvoirs exécutifs fournissent des services aux citoyens ; les Parlements amènent les Gouvernements à répondre de leurs actes, en les interpellant et en demandant des explications sur leurs actions et leurs politiques, ainsi qu'en formulant des recommandations de changement.

En Afrique noire francophone, les commissions parlementaires d'enquête ou de contrôle ne disposent d'aucun pouvoir réel d'investigation et de contrôle. Le déroulement de l'enquête reste largement tributaire de la bonne volonté du Gouvernement, car il arrive

---

[530] Lire le *Rapport parlementaire mondial*, 2017, p. 2.

très souvent à l'Exécutif de dresser devant les commissions l'obstacle du secret de l'information judiciaire et du secret professionnel[531].

Pour de nombreux Parlements africains, un système de contrôle efficace demeure à ce jour une aspiration. Pour renforcer la culture du contrôle, le Parlement doit veiller à ce que toutes les parties prenantes, l'ensemble de la population, le Gouvernement, l'Opposition, etc., comprennent et acceptent la raison d'être et les avantages du contrôle parlementaire.

En dernier lieu, il faut souligner que la participation croissante du pouvoir exécutif au pouvoir de décision en matière de loi de finances est, au moins en apparence, très critiquable. Il n'en demeure pas moins qu'elle est une nécessité dans le contexte économique et social actuel et qu'elle n'est que le reflet d'un phénomène plus large qui affecte nombre de démocraties contemporaines[532].

Somme toute, le contrôle parlementaire, dans un régime semi-présidentiel, consacre la responsabilité politique du Gouvernement devant le Parlement. Dans le régime semi-présidentiel, il est exercé un contrôle ordinaire de type informatif et un contrôle extraordinaire qui revêt un caractère de sanction. En Afrique noire francophone, l'expérience et la pratique parlementaire ont montré que le contrôle parlementaire en régime semi-présidentiel est moins efficace que dans un régime présidentiel en raison notamment du fait majoritaire et de la crainte de la dissolution du Parlement. Alors que dans le régime présidentiel, le contrôle parlementaire est plus efficace. Les Assemblées détiennent des véritables pouvoirs d'investigation sur le fonctionnement de l'administration. C'est le cas du Bénin où les commissions d'enquête jouent un rôle nettement plus important qu'en régime semi-présidentiel.

---

[531] L'article 234 du Code pénal du Bénin protège ce secret professionnel. La violation du secret professionnel entraîne une peine d'emprisonnement d'un an à six mois et une amende de 35.000 à 250.000 F CFA.

[532] DELVOVE (P.), LESGUILLONS (H.), *Le contrôle parlementaire sur la politique économique et budgétaire*, Paris, PUF, 1964, p. 238.

DEUXIÈME PARTIE

LES DÉFIS LIES A L'EFFECTIVITÉ DU CONTRÔLE PARLEMENTAIRE

INTRODUCTION

La question du contrôle parlementaire de l'action gouvernementale reste un défi lancé aux pays africains, en particulier à la démocratie malienne. La démocratie doit être en mesure de rendre efficient et effectif le contrôle de l'action parlementaire au Mali et de le sécuriser. L'Assemblée nationale chargée d'exercer ce contrôle se trouve, à l'évidence, à ce titre la gardienne de la démocratie. Toutefois, la réalisation de l'effectivité du contrôle parlementaire n'est pas l'apanage exclusif des députés de l'Assemblée nationale. Elle est tout d'abord et avant tout l'affaire des députés qui doivent prouver par des faits indiscutables, leur volonté de contrôler les actions du gouvernement, en toute indépendance. Elle concerne également tous les autres acteurs qui interviennent dans ce mécanisme de contrôle que sont les partis politiques, les médias, les organisations de la société civile, les juges, en l'occurrence le juge constitutionnel, les citoyens, le pouvoir politique, etc. Les comportements défaillants et négatifs de ces différents acteurs constituent malheureusement un handicap majeur au mécanisme de contrôle parlementaire. C'est la raison pour laquelle, ils doivent être tous renforcés afin qu'ils puissent surmonter les difficultés qui perturbent la réalisation et l'effectivité du contrôle parlementaire au niveau de l'Assemblée nationale.

Pour y parvenir, nous nous proposons d'analyser, dans un premier temps, les défis qui découlent des mécanismes de contrôle parlementaire (Titre 1) et, en second, les mécanismes de stabilisation et de performance du contrôle parlementaire (Titre 2).

TITRE 1

LES MÉCANISMES DE CONTRÔLE PARLEMENTAIRE PERFECTIBLES

Les principes qui se rattachent aux caractères d'un environnement favorable au contrôle parlementaire de l'action gouvernementale au Mali sont à la fois juridiques et politiques. La fréquence des stratégies de confusion des pouvoirs pour le renforcement de l'Exécutif constitue une difficulté majeure pour l'effectivité des mécanismes de contrôle parlementaire. Le contrôle parlementaire est une opération d'envergure qui interpelle le recours à un grand nombre de principes, de valeurs et de comportements. Pour que son rendez-vous avec la démocratie et l'état de droit soit couronné d'un succès véritable, le contrôle dans son mécanisme doit être en mesure de satisfaire un certain nombre d'exigences juridiques et politiques. Pour atteindre ces exigences et surtout générer la confiance du peuple, les parlementaires doivent être fortement conscients de leurs hautes responsabilités et en répondre devant la démocratie.

Ainsi, pour faire face à ces défis résultant des mécanismes de contrôle parlementaire, il est important d'admettre, dans un premier temps, la quasi-inexistence du contrôle parlementaire de l'action gouvernementale (Chapitre 1) et, dans un second, de réfléchir sur des principes à même de renforcer les capacités de contrôle des Parlementaires (Chapitre 2).

CHAPITRE 1

LA SURVENANCE D'UN CONTRÔLE QUASI-INEXISTANT DE L'ACTION GOUVERNEMENTALE

De tout temps, le Parlement a été réduit à une simple chambre d'enregistrement ou de consultation au Mali. Alors que celui-ci, quelle que soit la période, (exceptionnel ou normal), doit être en mesure d'exercer un contrôle plus énergique et décisif sur la gestion du Gouvernement. Le constat est qu'en période de crise ou de transition, les rapports de contrôle entre le Parlement et le Gouvernement sont suspendus. Cette période entraine une situation de tension entre le souci de maintenir l'ordre et celui de respecter l'état de droit. Le souci est qu'en période de transition ou de crise, il faut éviter que des abus du pouvoir provoquent une inexistence d'un contrôle par le Parlement de l'action gouvernementale. La compétence de contrôle parlementaire en période exceptionnelle est tellement importante que les Parlements de transition ne peuvent faire l'objet de dissolution.

Cela nous conduira à analyser, d'une part, le contrôle des Parlements dans le cadre de l'ordre constitutionnel exceptionnel (Section 1) et, d'autre part, celui des Parlements dans le cadre de l'ordre constitutionnel normal (Section 2).

SECTION 1

LE CONTRÔLE DES PARLEMENTS DANS LE CADRE DE L'ORDRE CONSTITUTIONNEL EXCEPTIONNEL

Pendant la période de transition, le contrôle parlementaire de l'action gouvernementale sort de son cadre habituel pour se fondre dans les actes de l'Exécutif. Le contrôle, au cas échéant, consiste ici à s'assurer que les instruments juridiques de la transition ont été bien respectés, en l'occurrence dans le cadre de l'adoption et l'application des lois, et du contrôle de la gestion des autorités de la transition. Le contrôle parlementaire en période de crise consiste essentiellement à adopter des lois d'autorisation et d'approbation diverses. La période de crise, autrement appelée les circonstances exceptionnelles, se traduit par l'extension des prérogatives de l'Exécutif.

Garant de la continuité de l'État conformément aux dispositions de l'article 37 de la Constitution du 25 février 1992, le Président de la République concentre entre ses mains, à la fois, les pouvoirs exécutif et législatif en vue de mieux préserver les intérêts du pays. Cette hypertrophie des prérogatives du Président de la République a été considérablement renforcée dans le texte constitutionnel de 2023. En conséquence, le contrôle parlementaire de l'action gouvernementale disparaît quasiment de l'ordonnancement juridique.

Pour nous en convaincre davantage, nous admettons, dans un premier, temps que le rôle du Parlement est confondu avec celui du Gouvernement en période exceptionnelle (Paragraphe 1) et constatons, dans un second, une inefficacité dans les rapports de contrôle entre le Parlement et le Gouvernement au cours de cette période (Paragraphe 2).

Paragraphe 1

Les confusions de pouvoirs en période exceptionnelle

La période exceptionnelle dont il est fait allusion ici résulte en l'occurrence des périodes de transition ouvertes à la suite des coups d'état militaires. Elle couvre, dans le même temps, des périodes bien qu'étant normales ; le Président de la République décide de recourir à des mesures exceptionnelles en vue d'apporter des atténuations à des crises majeures. Le concept de crise dont il est fait allusion ici est fondamentalement la théorie des circonstances exceptionnelles. En vue d'y faire face, l'État déclare soit l'état d'urgence, soit l'état de siège, en conformité avec la lettre et l'esprit de la Constitution.

Les confusions se font sentir dans les rôles du Parlement et du Gouvernement, aussi bien en période de transition (A) qu'en période de crises (B).

A. Le contrôle parlementaire en période de transition

Le Conseil Militaire de Libération Nationale (CMLN), le Conseil de Transition pour le Salut du Peuple (CTSP) et le Conseil national de Transition (CNT), tous résultant respectivement des coups d'état du 19 novembre 1968, du 26 mars 1991 et du 18 août 2020, feront l'objet de la présente étude. Le CMLN et le CTSP (1) étaient des organes à la fois législatifs et exécutifs respectivement au cours des première et deuxième transitions, contrairement au CNT (2) qui se trouve réduit uniquement à un organe législatif de la troisième transition au Mali.

1. Le contrôle par le CMLN et le CTSP

Le 19 novembre 1968, un Comité militaire de Libération nationale (CMLN) composé de quatorze (14) déclara mettre un terme au régime socialiste et *« dictatorial »* de Modibo KEITA. Ce coup d'état mit fin juridiquement et politiquement à la Ire République. La suspension de la Constitution du 22 septembre 1960 et la prise du pouvoir par le CMLN ouvrent la voie à une période exceptionnelle qui court jusqu'à l'adoption de la Constitution de la IIe République, le 02 juin 1974. Ce Comité va gouverner sans partage du 19 novembre 1968 à la naissance de la IIe République.

L'Ordonnance n° 1 du 28 septembre 1960, résultant du coup d'état du 19 novembre 1968, remplaça la Constitution de la Ire République. Le fondement du régime militaire va découler de cette Ordonnance prise par le CMLN [533]. Le coup d'État du 19 novembre 1968 a eu pour

---

[533] DIARRA (A.), *Démocratie et droit constitutionnel dans les pays francophones d'Afrique, le cas du Mali depuis 1960*, Paris, Karthala, 2010, p. 104.

conséquence directe la substitution du CMLN au Gouvernement et à la délégation législative découlant de la révolution du 22 avril 1967[534]. Devenu ainsi la première institution de la République, le Comité était composé au départ, c'est-à-dire à la date du 28 novembre 1968, de quatorze (14) membres. Conformément aux dispositions de l'article 7 de l'Ordonnance du 28 novembre 1968, le CMLN statue par voie d'ordonnance (contrairement au CNT issu de la Charte de transition de 2021 qui vote des « *lois* ») sur les matières relevant de sa compétence et peut, à chaque occasion, consulter le Gouvernement. Il faut préciser que ces ordonnances tiennent lieu de loi eu égard aux dispositions de l'article 4 de ladite ordonnance. Le Président du CMLN est le Chef de l'État. Il assume à la fois les fonctions de l'Exécutif et celles du Législatif.

Le CMLN n'était composé que de militaires en activité. Il détermine la politique économique et sociale du pays, et légifère par ordonnance. Ce Comité exerçait à la fois le pouvoir exécutif et le pouvoir législatif. Il appartenait donc au Gouvernement de matérialiser la politique définie par le CMLN. Le Président du Gouvernement ainsi désigné par le CMLN, se trouvait sous la responsabilité de cet organe législatif militaire. Cet organe n'était issu ni d'une élection, ni d'un consensus, ni d'un quelconque choix opéré par le Peuple souverain. Il découle d'un coup d'État militaire qui consacre la rupture totale de l'ordre constitutionnel normal de 1960[535].

Le CMLN était dirigé par le lieutenant Moussa TRAORE, auteur du coup d'état du 19 novembre 1968. Dès les lendemains du coup d'état, le capitaine Yoro DIAKITE est chargé de mettre en place un Gouvernement formé dès le 22 septembre 1968. Ce Gouvernement est composé pour des *« raisons stratégiques et politiques »,* des hommes politiques modérés du régime déchu du Président Modibo KEITA, en l'occurrence Jean-Marie KONE qui occupe la tête du département chargé des affaires étrangères. Dès le mois de janvier 1969, le CMLN mit à la retraite une dizaine d'officiers supérieurs dont le colonel Sékou TRAORE, chef major des armées sous Modibo KEITA[536]. Le Gouvernement dirigé par le capitaine Yoro DIAKITE est remanié en septembre 1969 suite à une tentative de coup d'Etat perpétrée par le Capitaine Diby Silas DIARRA

---

[534] *Ibid.*, p. 105.

[535] *Ibid.*, p. 107.

[536] *Ibid.*, p. 108.

en août de la même année[537]. En conséquence de cette situation, le lieutenant Moussa TRAORE devient à la fois le chef du Gouvernement, le chef de l'État et le chef du Parlement, eu égard aux dispositions de l'article 11 de la Constitution du 2 juin 1974.

Le CMLN décida plus tard de la création par ordonnance n°37 d'un Conseil national consultatif, une sorte *« d'organe législatif bis »,* dont la mission est de fournir des avis et de formuler des recommandations sur les questions à partir desquelles le CMLN le consultera. L'organe national consultatif est composé de 85 membres nommés par décret du Président du CMLN. Cet organe consultatif se trouve sous la dépendance directe du CMLN. D'ailleurs, les dispositions de l'article 7 de l'Ordonnance se lisent :

> « Le Conseil national consultatif ne peut se réunir que sur convocation du CMLN qui décide de la clôture de ses travaux. L'ordre du jour est déterminé par le CMLN et le Gouvernement lors d'une séance commune ».

De plus, les règles de fonctionnement sont approuvées en dernier ressort par le CMLN. Il appartient également au Président du CMLN de le dissoudre par ordonnance, s'il le souhaite.

Le CTSP, pour sa part, exerce à la fois le pouvoir exécutif et le pouvoir législatif de la transition. Les membres du CTSP jouissent de l'immunité parlementaire. Le Chef de l'État est le Président du CTSP. En tant que Président du CTSP, c'est le chef de l'État qui signe les ordonnances adoptées par cet organe législatif de la transition. Toutefois, le CTSP ne peut faire l'objet de dissolution de la part du chef de l'État qui en est, dans le même temps, son président.

Le CTSP s'est par ailleurs délégué le pouvoir constituant originaire, c'est-à-dire la prérogative de mettre en place la Constitution de la IIIe République. Conformément aux dispositions des articles 28 et 29 de l'Acte fondamental n° 1, le CTSP a la charge de convoquer la Conférence nationale pour mettre en place *« le projet de Constitution qui sera adopté par référendum ».* Cette prérogative est tout aussi valable pour les projets de Code électoral et de charte des partis politiques. Cette conférence nationale a été organisée conjointement par le CTSP et le Gouvernement. Ces deux entités décidèrent de mettre en place une commission politique

---

[537] Les putschistes arrêtés et condamnés aux travaux forcés en perpétuité par la Cour de Sûreté de l'État, meurent en détention.

et institutionnelle chargée de préparer les avant-projets de la Constitution, du Code électoral et de la Charte des partis politiques. Cette commission institue à son tour une sous-commission chargée de faire appel à des experts et praticiens du droit[538].

Le CMLN et le CTSP semblent fonctionner à contresens des attributions du CNT.

2. Le contrôle par le Conseil national de Transition

Contrairement aux deux premiers parlements de transition, qui s'érigeaient à la fois en organes législatifs et exécutifs de la transition, le troisième, le CNT, s'est attribué la seule et unique prérogative d'organe législatif de transition. L'article 13 de la Charte de transition du 1er octobre 2020 dispose que : *« Le Conseil national de Transition est l'organe législatif de la transition »*. Il est chargé d'adopter le Plan d'actions de la feuille de route de la transition présenté par le Premier Ministre, eu égard aux dispositions de l'article 15 de la Charte de transition.

Il est composé de cent vingt et un (121) membres répartis entre les Forces de Défense et de Sécurité, les représentants du Mouvement du 5 Juin - Rassemblement des Forces patriotiques (M5-RFP), les partis et regroupements politiques, les organisations de la société civile, les centrales syndicales, les syndicats libres et autonomes, les organisations de défense des Droits de l'Homme, les ordres professionnels, les Maliens établis à l'extérieur, les Mouvements signataires de l'Accord pour la Paix et la Réconciliation au Mali issu du processus d'Alger, les Mouvements de l'inclusivité, les groupements de femmes, de jeunes et des personnes vivant avec un handicap, les confessions religieuses, les autorités traditionnelles et coutumières, les chambres consulaires, les faitières de la presse, des arts et de la culture. Un acte fixe la clé de répartition entre les composantes du Conseil national de Transition. Le Conseil national de Transition exerce les prérogatives définies par la présente Charte et la Constitution du 25 février 1992.

Le Conseil national de Transition est présidé par une personnalité civile ou militaire élue en son sein. La fonction de Présidence du Conseil

---

[538] DIARRA (A.), *Démocratie et droit constitutionnel…*, *op.cit.*, p. 154.

national de Transition est incompatible avec l'exercice de tout autre mandat ou responsabilité au cours de la Transition.

Composé de 14 membres nommés par décret du Président de la transition, à l'instar des deux autres organes, le CNT veille à l'orientation, au contrôle et au suivi-évaluation de la feuille de route de la transition (article 16). Toutefois, les membres du CNT, par crainte de perdre leur statut de « *parlementaire* », car ayant été nommé par décret, s'inscrivent dans des actions de séduisance de l'autorité de nomination. Un ancien membre très critique à l'égard de la politique du Gouvernement s'est vu abroger son décret de nomination par le Président de la transition, Assimi GOÏTA. Cette confusion dans les rôles du CNT et du Gouvernement rend quasi-inexistant le contrôle parlementaire, en période de transition, comme c'est tout aussi le cas en période de crise.

B. Le contrôle parlementaire en période de crise

Toutes les questions paramilitaires, résultant de la Sécurité et dont la matérialisation restreint considérablement l'exercice des libertés publiques et des droits fondamentaux, reste soumises à l'examen préalable des députés à l'Assemblée nationale.

C'est dans cette approche que l'État de siège ou l'État d'urgence (1) ne peuvent faire l'objet de prorogation que sur autorisation préalable du Parlement. Le Parlement s'invite ainsi dans l'exercice des pouvoirs exceptionnels du Président de la République, dont il semble important d'évaluer (2).

1. Les différentes situations d'exception

Il faut rappeler qu'aux termes des dispositions de l'article 70 de la Constitution du 25 février 1992 la loi fixe les principes fondamentaux de l'organisation générale de la défense et de la Sécurité. Un certain nombre d'articles de la Constitution (49, 50, 70, 71, 72 et 121) relatifs à l'état de siège, l'état d'urgence, aux circonstances exceptionnelles et à la déclaration de guerre, traitent du pouvoir de crise au Mali.

L'article 49 de la Constitution de 1992 et l'article 118 de la nouvelle Constitution de 1992 encadrent l'état de siège et l'état d'urgence, lesquels sont pris par un décret du Président de la République en Conseil des ministres. Ces deux mesures résultent des modalités d'utilisation de l'article 50 de la Constitution de 1992 par le Président de la République et de l'article 70 pour ce qui est du texte constitutionnel de 1992. Il ne faut toutefois pas les confondre. L'état d'urgence a pour conséquence le renforcement des pouvoirs dans le cadre du maintien de l'ordre par les autorités civiles. Alors que l'état de siège est le renforcement du maintien de l'ordre confié aux autorités militaires.

Lorsque le Président de la République décide de recourir à l'article 50 de la Constitution[539] ou à l'article 70 de la Constitution de 2023, le Parlement se réunit de plein droit. La mise en œuvre de l'article 50 ou de l'article 70 découle de deux (2) conditions cumulatives. La première condition repose sur des points ci-après : menace grave et immédiate provoquée soit par une guerre (civile ou étrangère), soit par un mouvement général à caractère insurrectionnel, soit par une subversion militaire portant à l'intégrité territoriale du pays, à son indépendance et au respect de ses engagements internationaux. La deuxième condition est la finalité de la menace qui doit aboutir à rompre le fonctionnement régulier des pouvoirs publics[540].

Au-delà des exigences constitutionnelles, le Pacte international relatif aux droits civils et politiques (PIDCP) énumère en son article 4, certaines conditions de fond et de procédures relatives à la mise en œuvre des mesures exceptionnelles, qui s'imposent à tous les États parties au Pacte. Il exige en l'occurrence les conditions suivantes :

- L'état d'urgence est proclamé uniquement lorsque l'existence de la Nation est menacée (principe de nécessité) ;

---

[539] Aux termes de l'article 50 de la Constitution du 25 février 1992, « *Lorsque les institutions de la République, l'indépendance de la Nation, l'intégrité du territoire national, l'exécution de ses engagements internationaux sont menacés d'une manière grave et immédiate et que le fonctionnement régulier des pouvoirs publics constitutionnels est interrompu, le Président de la République prend les mesures exceptionnelles exigées par ces circonstances, après consultation du Premier Ministre, des Présidents de l'Assemblée nationale et du Haut Conseil des Collectivités ainsi que la Cour constitutionnelle.*

Il en informe la Nation par un message.

L'application de ces pouvoirs exceptionnels doit viser à assurer la continuité de l'État et le rétablissement dans les brefs délais du fonctionnement régulier des institutions conformément à la Constitution.

L'Assemblée nationale se réunit de plein droit et ne peut être dissoute pendant l'exercice des pouvoirs exceptionnels ».

[540] DIARRA (T.), *Le contrôle parlementaire de l'action gouvernementale sous la Troisième République*, Mémoire de Master, USJPB, Novembre 2019, p. 118.

- L'état d'urgence doit être officiellement proclamé et notifié (principe de proclamation et de notification) ;
- Les mesures sont prises dans la stricte mesure où la situation l'exige (principe de proportionnalité) ;
- L'état d'urgence doit être compatible avec les obligations internationales de l'État (principe de cohérence) ;
- Les mesures ne peuvent entraîner la dérogation des droits ne pouvant faire l'objet d'une dérogation (exemple : droit à la vie, interdiction de la torture) ;
- Les mesures ne peuvent entrainer une discrimination fondée sur la couleur, la race, le sexe, la langue, la religion ou l'origine sociale (principe de non-discrimination).

Après avoir énuméré les conditions de mise en œuvre de ces mesures exceptionnelles en période de crise, il reste nécessaire de les évaluer dans le cadre d'un contrôle du Parlement.

2. L'évaluation du contrôle parlementaire en période de crise

Le Parlement dispose d'un pouvoir de contrôle en période de crise. Pour certains cas, le Parlement est réduit à une simple chambre de consultation. Pour d'autres, le Parlement dispose d'une prérogative plus décisive pour la gestion de la crise. En d'autres termes, le contrôle parlementaire en période de crise consiste à donner des avis et autoriser l'autorité administrative à prendre des mesures. C'est dans cette perspective que le Parlement autorise la déclaration de guerre à l'Exécutif eu égard aux dispositions de l'article 71 de la Constitution[541] du 25 février 1992 et de l'article 117 de la nouvelle Constitution. Cette Constitution donne également au Parlement la prérogative exclusive de proroger le délai des circonstances exceptionnelles, conformément à l'article 72 de la Constitution[542]. Le contrôle du Parlement doit consister

---

[541] L'article 71 de la Constitution du 25 février 1992 dispose : *« La déclaration de guerre est autorisée par l'Assemblée nationale réunie spécialement à cet effet.*

Le Président de la République en informe la Nation par un message ».

[542] L'article 72 de la Constitution dispose : *« L'état d'urgence et l'état de siège sont décrétés en Conseil des Ministres.*

Leur prorogation au-delà de dix jours ne peut être autorisée que par l'Assemblée nationale. Une loi en détermine les conditions ».

sur ce point à éviter les abus des autorités sur les populations, ou d'éventuelles atteintes aux droits et libertés fondamentaux des citoyens.

Toutefois, il a été noté des faiblesses de taille dans le contrôle parlementaire au Mali en période de crise. Ces obstacles découlent certains auteurs de cinq (5) facteurs :

- « La traditionnelle déférence envers l'Exécutif sur la situation en un déficit de savoir-faire et de confiance en soi de la part des parlementaires ;
- Le fait majoritaire qui se traduit par la discipline de parti et loyauté ;
- L'intérêt ou le manqué d'intérêt des électeurs ;
- Les considérations de sécurité qui obligent de ne pas rendre publiques les conclusions de la Commission saisie au fond ;
- Le manqué d'objectivité de certains parlementaires qui au lieu de tirer les irrégularités et de confronter les risques qui en découlent, choisissent de tirer les avantages d'une gestion médiocre et opaque du secteur de la sécurité »[543].

Il faut donc admettre ici que le contrôle parlementaire en période de crise est inefficace en ce sens que le Gouvernement exerce une grande influence sur les initiatives de l'Assemblée nationale en la matière. L'émergence d'une délégation législative en période de crise permet à l'Exécutif de disposer du pouvoir de contrôle du Parlement. La confusion des pouvoirs de l'un avec ceux de l'autre n'est pas sans impact négatif sur l'efficacité du contrôle parlementaire.

Il se trouve très évident de constater, en conséquence de la confusion dans les rôles du Parlement et du Gouvernement en période exceptionnelle, l'inefficacité des rapports entre le premier et le second.

---

[543] NDIAYE (B.) cité par DIARRA (T.), Le contrôle parlementaire de l'action gouvernementale sous la Troisième République », *op. cit.*, pp. 121-122.

Paragraphe 2

L'inefficacité des rapports de contrôle en période exceptionnelle

La confusion dans les attributions du Parlement et du Gouvernement de transition et de la période de crise ont rendu inefficaces les rapports de contrôle entre ces parlements et gouvernements. Cette inefficacité résulte du fait que les parlements de transition (CMLN, le CTSP) sont demeurés très inefficaces en matière de contrôle des actions des gouvernements de transition, et les parlements en période de crise exceptionnelle ne font pas mieux.

Le CTSP (A) tout comme le CMLN (B), organes législatifs de transitions, ont, chacun en ce qui les concerne, brillé par leur forte absence dans le contrôle des actions des gouvernements en période de transition.

A. L'inefficacité résultant du CMLN

Le CMLN s'est caractérisé par son inefficacité sinon son absence totale par rapport au contrôle de l'action gouvernementale. Cette situation rendait quasi-inexistants les mécanismes de contrôle parlementaire de l'Exécutif.

Aux termes de l'article 9 de l'Ordonnance, le Comité militaire est chargé de définir et d'orienter la politique générale de la République. Le candidat aux fonctions de Président du Gouvernement (Chef du Gouvernement) est choisi par le Comité qui approuve également la liste des membres du Gouvernement que le Chef du Gouvernement propose. Il existe une forme d'interpellation du Président du Gouvernement et des ministres par le CMLN, comme en témoigne l'article 12 de l'Ordonnance : *« le Président du Gouvernement et les ministres peuvent être entendus à tout moment par le Comité militaire de libération nationale »*. Le CMLN dispose dès lors à la fois, le pouvoir exécutif et le pouvoir législatif.

Le CMLN conformément à l'Ordonnance de 1968 élabore la politique de la République qui est mise en exécution par le gouvernement. Le Président du Gouvernement dispose de l'initiative des ordonnances concurremment avec le CMLN. Il assure l'exécution des ordonnances conformément aux dispositions de l'article 16 du texte de la transition. Les nominations dans certains emplois supérieurs de l'État dont la liste est énumérée à une Ordonnance en date du 10 décembre 1968, sont subordonnées à la décision du CMLN. Ces emplois sont respectivement les suivants : Président et des membres de la Cour suprême, des ambassadeurs et ministres plénipotentiaires, inspection générale des Affaires administratives, inspecteurs des Affaires administratives, contrôleurs d'État, contrôleurs financiers, magistrats d'appel et d'instance.

Le régime d'exception institué par le CMLN de 1968 à 1974 s'est distingué par son inefficacité en matière de contrôle des actions du Gouvernement, en raison de la confusion dans les rôles du CMLN, organe à la fois Législatif et Exécutif.

C'est dans cette visée qu'intervient le coup d'état du 26 mars 1991 ouvrant ainsi la voie à une période de transition, dont l'organe essentiel était le Comité de Transition pour le Salut du Peuple (CTSP), un autre organe inefficace en matière de contrôle des actions des autorités de la transition.

B. L'inefficacité résultant du CTSP

Le Gouvernement est responsable devant le CTSP. Les rapports entre le gouvernement, le CTSP et le Premier Ministre sont définis par les articles 45 et 46 de la Constitution de transition. Eu égard aux dispositions de l'article 45, *« Le Comité de Transition pour le Salut du Peuple, le Premier Ministre et le Gouvernement tiennent périodiquement des séances de concertation sur la politique nationale »*. L'article 46, pour sa part, reste le plus spécifique sur ce sujet en ce sens que son alinéa 2 apporte une précision de taille : *« les recommandations ou décisions du Comité de transition pour le salut du Peuple à l'issue des séances d'interpellation ainsi que celles adoptées lors des séances de concertation sont exécutoires »*. Le CTSP contrôle l'action de l'Exécutif, conformément aux dispositions de l'article 28 de la Constitution de transition[544]. Toutefois, ce contrôle était quasi-inexistant en raison de la confusion de l'organe législatif et de l'organe exécutif de transition.

---

[544] DIARRA (A.), *Démocratie et droit constitutionnel…*, *op. cit.*, p. 152.

Le titre VI de l'Acte fondamental de 1991 définit les rapports entre le CTSP et le gouvernement. L'article 48 qui s'intéresse au domaine législatif, précise : *« le Comité de transition pour le salut du Peuple a, concurremment avec le gouvernement, l'initiative des ordonnances »*. Etant un organe non élu, le CTSP ne pouvait légiférer que par voie d'ordonnances[545]. A ce propos, l'article 49 de la Constitution de transition précise : *« Les projets d'ordonnance adoptés par le Gouvernement sont transmis au Comité de transition pour le salut du Peuple dans les huit jours qui suivent la séance du Conseil des ministres ayant adopté ledit projet »*. Pour les initiatives parlementaires dans le domaine législatif, *« les propositions d'ordonnances du Comité de transition pour le salut du Peuple sont notifiées pour information au Premier Ministre et au Gouvernement avant délibération et vote. Cette notification comporte la date à laquelle il est envisagé de délibérer ou de voter ce texte »*.

Après la fin des transitions, les institutions normales ayant été mises en place, il nous a semblé opportun d'évaluer le degré de contrôle du Parlement dans le cadre de l'ordre constitutionnel normal.

SECTION 2

LES CONTRÔLES DANS LE CADRE DE L'ORDRE CONSTITUTIONNEL NORMAL

Le contrôle parlementaire de l'action gouvernementale dans le cadre de l'ordre constitutionnel normal se traduit également par une discipline de soutien parlementaire sans faille des actions du Gouvernement. Le chef en devient l'incarnation de la majorité issue du Parlement. Il en est que l'Assemblée nationale dispose de pouvoirs importants de contrôles et de sanctions des actions du Gouvernement. Mais leur efficacité est soumise à de rudes épreuves.

Nous étudierons les confusions dans les rôles du Parlement, du Parti et du Gouvernement en période normale (Paragraphe 1), avant de mesurer leur degré d'efficacité dans le cadre du contrôle parlementaire (Paragraphe 2).

---

[545] *Ibid.*

Paragraphe 1

Les confusions dans les rôles en période normale

Il apparaît très aisément dans le cadre de la présente étude que l'action législative vise, le plus, à l'indispensable collaboration avec l'action exécutive. Cette collaboration invite précisément le Président de la République dans l'ensemble des actions du législatif, au mépris de la séparation organique qui caractérise le pouvoir législatif et le pouvoir exécutif[546].

Il ressort de cette analyse une confusion dans les attributions du Parlement, du Parti et du Gouvernement en période normale. Cela s'explique en l'occurrence par la limitation ou la passivité du Parlement à sanctionner les dérives du Gouvernement. Les incidences du présidentialisme sont toujours perceptibles sur la crédibilité du contrôle parlementaire de l'action gouvernementale au Mali.

En vue d'illustrer cette situation, nous avons remarqué une confusion de taille dans les rôles du législatif et de l'Exécutif (A) et celle existant dans les attributions du Parti, du Gouvernement et du Parlement (B).

A. La confusion dans les rôles du législatif et de l'Exécutif

Cette confusion dans les rôles du Parlement et de l'Exécutif a été ressentie au niveau de l'ensemble des Républiques que le Mali a connues de 1960 à nos jours. En vue de s'en convaincre, nous étudierons la confusion dans les rôles du législatif aussi bien sous les Ire et IIe République (1) que sous la IIIe République (2).

1. La confusion sous les Première et Deuxième Républiques

Sous la Ire République, le Parlement était composé d'une seule chambre appelée Assemblée nationale. Les députés étaient élus au suffrage universel direct pour un mandat de cinq (5) ans. L'article 16 de la Constitution du 22 septembre 1960 dispose en son alinéa second

---

546 AIVO (F-J.), *Le Président de la République en Afrique Noire francophone, Genèse, mutations et avenir de la fonction*, Paris, L'Harmattan, 2007, p. 181.

qu'*« en cas de troubles graves ou menaces extérieures susceptibles de compromettre le déroulement normal de la consultation électorale, le Gouvernement peut, avec l'accord du Président de l'Assemblée, surseoir aux élections et proroger la durée de la Législature »*. Il appartenait ainsi à l'Exécutif d'apprécier le niveau des troubles et des menaces extérieures. A la suite de la survenance de ces deux évènements, le Président du Gouvernement, d'un commun accord avec le Président de l'Assemblée nationale, décide de la prolongation de la durée des mandats des députés. Selon une réflexion intéressante du Abdoulaye DIARRA, le Constituant malien de 1960 n'a déterminé ni une durée minimum ni une durée maximum de la prolongation du mandat des députés. L'Assemblée nationale vote la loi et se réunit en deux (2) sessions ordinaires par an sur convocation de son président. La session extraordinaire peut être décidée sur convocation du Président de l'Assemblée nationale à la demande du Président du Gouvernement, chef de l'État, et sur la base d'un ordre du jour déterminé.

L'option pour la séparation des pouvoirs confirme l'adhésion du constitutionnalisme malien aux exigences fondamentales de la démocratie et de l'État de droit. Toutefois, la confusion des pouvoirs a relégué, dans presque tous les régimes politiques maliens de 1960 à nos jours, le Parlement et même la Justice au second plan. Le bilan des dizaines d'années de fonctionnement démocratique laisse entrevoir une absence totale d'un système crédible de contrôle de l'Exécutif par le Parlement.

Cette confusion dans les rôles se fait également ressentir dans la procédure législative. Cela passe d'abord par une habilitation législative du Gouvernement, qui légifère par conséquent en lieu et place du Parlement. L'article 28 de la Constitution du 22 septembre 1960 dispose à ce sujet :

> « L'Assemblée nationale peut autoriser par une loi le Président du Gouvernement à prendre, par ordonnances, pour l'exécution de son programme pendant un délai limité, des mesures qui sont normalement du domaine de la loi. Ces ordonnances sont prises en Conseil des ministres après avis de la Cour d'État. Elles rentrent en vigueur dès leur publication, mais deviennent caduques si le projet de loi de ratification n'est pas déposé devant l'Assemblée avant la date fixée par la loi. A l'expiration du délai mentionné au précédent alinéa du présent article, les ordonnances ne peuvent plus être modifiées que par la loi dans les matières qui sont du domaine Législatif ».

Les Constitutions définissent les domaines de la loi, du règlement et des ordonnances. En droit, la loi résulte d'un texte délibéré par un Parlement élu. Elle peut aussi découler d'un référendum. L'article 24 de la Constitution de la Ire République détermine le domaine de la loi. L'article 28 de cette Constitution autorise le Gouvernement à intervenir par voie d'ordonnance dans le domaine réservé à la loi. L'Exécutif intervient ainsi à dessein dans la procédure législative en vue de précipiter la matérialisation de certaines initiatives plus ou moins compromettante.

Comme le fait remarquer un auteur qui écrit que :

> « Lorsque la loi a un objet spécifique, la loi ordinaire peut se voir qualifier d'une dénomination spéciale, assortie d'une procédure d'élaboration présentant certaines particularités, sans que sa nature en soit changée : la loi d'habilitation autorise le Gouvernement à intervenir par ordonnance dans le domaine de la loi, le terme ayant remplacé celui de la loi de pleins pouvoirs ou de loi délégation » [547].

En temps normal, l'ordonnance résulte d'un acte fait par le Gouvernement avec l'autorisation du Parlement dans les matières qui sont du domaine de la loi[548]. Lorsqu'une ordonnance n'est pas ratifiée par le Parlement, elle reste un règlement ; quand elle est ratifiée par ce dernier, elle a valeur de loi.

Il faut dire qu'à l'image du Parlement, le chef de l'État dispose de compétences législatives au-delà de la compétence exécutive dont il reste le chef en permanence. Le Président de la République devient à l'instar de l'Assemblée, *« un corps législatif »,* et cela, de par le jeu de décrets d'application de la loi et celui des ordonnances[549]. Cette analyse est confortée par un homme politique ivoirien qui disait ce qui suit : *« Continuant dans la même voie tracée par la Constitution française, le Constituant ivoirien a permis au chef de l'État de légiférer par ordonnance dans les matières qui sont expressément et limitativement rangées dans le domaine de la loi »* [550].

---

[547] DIARRA (A.), *Démocratie et droit constitutionnel…*, *op. cit.*, p. 59.

[548] *Ibid.*

[549] *Ibid.*, p. 78.

[550] *Ibid.*

La puissance législative du chef de l'État se trouve aisément renforcée dans ce cas précis. Pour ce qui concerne la loi de finances de l'année, le Parlement dispose d'un délai au terme duquel le Président de la République peut intervenir et adopter définitivement le document budgétaire. C'est dire qu'en matière budgétaire, le Président peut s'imposer par ordonnance. De plus, les projets de lois qui émanent du gouvernement, à la suite d'un Conseil des ministres présidé par le chef de l'État, priment sur les propositions de lois qui viennent de la représentation nationale. En effet, les projets de lois émanant du Gouvernement sont adoptés par les parlementaires sans suspens.

Les lois généralement adoptées sont, en général, des projets de lois du Gouvernement. Les propositions de lois sont quasi-inexistantes. Seydou Madani SY a ainsi écrit : *« le Président de la République intervient dans la détermination de l'ordre du jour, et par là, il limite la liberté d'action de l'Assemblée dans l'organisation de son travail législatif »*[551]. Cette situation fait du Président de la République la clef de voûte de l'ensemble des institutions, en l'occurrence celle du Parlement.

Le dernier mot appartient de même à l'Exécutif au moment de l'exécution des lois, sous la IIIe République. Conformément à l'article 55 de la Constitution du 25 février 1992, le Premier Ministre assure l'exécution des lois et exerce le pouvoir réglementaire. Selon Albert BOURGI, le Premier Ministre en exerçant le pouvoir réglementaire, « *assure une place d'autant plus grande que la distinction entre la loi et le règlement ne repose plus sur la subordination de celui-ci à celle-ci. Le libellé de l'article 70 (de la Constitution) est tel que toutes les questions ne figurant pas dans les matières réservées à la loi formelle peuvent être réglementées par décret* »[552].

2. La confusion sous la Troisième République

Le principe de la séparation des pouvoirs s'est développé dans les pays occidentaux à travers les travaux de MONTESQUIEU qui, après ceux de John LOCKE, a contribué à la *« stigmatisation »* de la théorie de la séparation des pouvoirs. A juste raison, le philosophe du XVIIIe siècle affirmait ceci : *« Tout homme qui a du pouvoir est porté à en abuser ».*

---

551 SY (S-M.), cité par DIARRA (A.), *Démocratie et droit constitutionnel...*, *op. cit.*, p. 79.

552 BOURGI (A.), cité par DIARRA (A.), *Ibid.*, p. 194.

C'est dans cette approche qu'il importe que *« le pouvoir arrête le pouvoir »*. Un autre auteur dira dans une phrase similaire que *« si le pouvoir corrompt, le pouvoir absolu rend fou »*.

Ce besoin de limitation des pouvoirs s'inscrit dans une dynamique d'efficacité de contrôle de l'action gouvernementale. La théorie de la séparation des pouvoirs suppose qu'il semble dangereux que tous les pouvoirs soient concentrés entre les mains de l'Exécutif au détriment de l'efficacité du contrôle parlementaire. Pour l'essentiel, il est question d'empêcher que le pouvoir législatif soit contrôlé par le pouvoir exécutif. Il convient donc de se poser la question de savoir comment le principe de la séparation des pouvoirs a été perçu et appliqué sous la IIIe République au Mali. Alors que ce principe a été bien affirmé par la Constitution du 25 février 1992 qui, à travers son Titre VII, traite du pouvoir judiciaire et de la séparation des pouvoirs. L'article 81 de cette Constitution dispose : *« Le pouvoir judiciaire est indépendant du pouvoir exécutif et du pouvoir législatif (...) »*. Cette disposition est reprise par l'article 129 de la nouvelle Constitution de 2023. Tel est le principe qui régit la séparation du pouvoir exécutif et du pouvoir législatif. L'accent doit donc être mis sur la nécessité d'en garantir le respect.

On remarquera donc que seule l'indépendance du pouvoir judicaire par rapport aux deux autres pouvoirs est expressément affirmée. Pour ce qui est de l'indépendance réciproque du pouvoir exécutif et du pouvoir législatif, il n'existe aucune disposition sur cette question dans le corpus constitutionnel de 1992 et celui de 2023.

Après l'adoption de cet engagement constitutionnel hérité du système occidental, on peut se poser la question de savoir ce qu'a été la pratique politique ou institutionnelle en termes de séparation des pouvoirs. Ces principes affirmés par la Constitution, ont-ils été respectés par le Législatif et l'Exécutif ? Autrement dit, y a-t-il concordance entre les principes directeurs de la séparation des pouvoirs et la pratique politique au Mali ?

La IIIe République ne pouvait manifestement échapper à l'influence des régimes précédents en dépit du mimétisme du régime libéral résultant hérité de la Constitution française de 1958[553]. On l'a vu, la démocratie libérale ne pouvait prospérer eu égard aux difficultés découlant des

---

553 SOW (A-S.), *L'État démocratique républicain, la problématique de sa construction*, *op. cit.*, p. 336.

contextes socio-politique, économique et culturel qui prévalaient au Mali. Il faut donc remarquer avec le Professeur Abdoulaye Sékou SOW, un *« décalage existant entre la pratique politique marquée par un pragmatisme généré par l'inadaptation des grands principes de la démocratie libérale »*[554]. On a constaté aussi que les deux premières Législatures de la IIIe République virent s'instaurer le règne du parti ADEMA-PASJ, largement majoritaire à cause du mode de scrutin majoritaire à deux tours et à la forte émergence du jeune parti à l'égard de l'apathie des nombreuses autres formations politiques[555]. Sous ces deux premières Législatures, nous avons connu en parti ADEMA ce que certains observateurs appellent *« parti dominant »* qui, au fil du temps, s'érigera en parti unique.

Plusieurs aspects techniques démontrent le démantèlement de la théorie de la séparation des pouvoirs. C'est en cela que l'ADEMA-PASJ, parti dominant, a fini par apposer son contrôle sur l'ensemble des institutions de la République, en occurrence le pouvoir législatif d'où elle disposait une forte majorité acquise à sa cause. Ce parti disposait au sein de l'hémicycle en 1992, 76 députés sur 116 et en 1997, 128 élus (avec 13 députés alliés soit 141 sur 147). Sans la moindre opposition réelle, le parti ADEMA disposait d'une majorité absolue à l'Assemblée nationale, celle-ci disposant la latitude de sanctionner la Déclaration de politique générale ou le programme du Premier Ministre et aussi de la majorité qualifiée dans l'hypothèse d'une révision de la Constitution. Le pouvoir législatif ne pouvait qu'être une chambre d'enregistrement où les lois sont adoptées facilement *« comme lettre à la poste ».* L'Assemblée nationale se trouvait aux ordres du Président de la République, chef d'orchestre de la majorité présidentielle, et du Gouvernement, en dépit de l'ouverture d'un débat *« faussement qualifié de démocratique »* au sein de l'hémicycle. Les débats parlementaires finissaient assez souvent par une résolution de félicitations à l'endroit des ministres interpellés du gouvernement[556].

La situation similaire s'est présentée au cours des 3e et 4e Législatures bâties sur le *« consensus »* qui va au-delà du schéma ADEMA-PASJ. Il n'est plus question de parti dominant, car le Président au pouvoir

---

554 *Ibid.*, p. 336.

555 *Ibid.*

556 *Ibid.*, p. 337.

n'appartenait à aucune formation politique. Il s'agissait alors d'une confusion des pouvoirs matérialisée par le consensus politique, le Législatif devenant par cette occasion l'instrument du Président de la République tout comme le gouvernement. Dans cette approche, la présence d'une Opposition ne change rien dans cette situation. Devant le Président de la République, le Président du parti RPM énonçait dans une formule ambigüe qu' « *il y aura 2007 et après nous resterons ensemble au nom du Mali (...). Le RPM reste toutefois une Opposition constructive* » [557]. Avec une telle déclaration, chacun était curieux de savoir comment l'Opposition allait se comporter à l'Assemblée nationale. Mais pour autant le Parlement apparaît toujours comme une chambre d'enregistrement avec des débats dépourvus de toute signification, et cela au détriment du principe de la séparation des pouvoirs et de l'adaptation de la démocratie libérale, résultant des effets pervers dans la pratique du consensus politique.

Une autre confusion de rôles a également existé dans les rapports du Parti, du Gouvernement et du Parlement.

B. La confusion dans les rôles du Parti, du Gouvernement et du Parlement

Cette partie mettra en exergue l'impact négatif du monopartisme sur le contrôle des Parlements des Ire et IIe République (1), et son impact sur le contrôle parlementaire (2).

1. La confusion résultant du système monopartite

Le monopartisme n'est pas sans conséquence sur la composition et le fonctionnement des parlements élus à partir de la liste présentée par le parti unique. L'Opposition qui caractérise la démocratie parlementaire est inexistante. L'indépendance du Parlement se trouve, à l'évidence dans bien de domaines, dominée par la prééminence de l'Exécutif ou du Parti au pouvoir. Il en résulte une faiblesse dans les moyens d'action du Parlement sur l'Exécutif[558]. Comme le fait remarquer un auteur africain :

---

[557] Quotidien *Info-Matin*, n° 2349 du 06 mars 2008 cité par SOW (A-S.), *L'État démocratique républicain...*, *op. cit.*, p. 337.

[558] DIARRA (A.), *Démocratie et droit constitutionnel...*, *op.cit.*, p. 75.

> « La faiblesse des moyens d'action du Parlement et des autres organes constitutionnels sur le chef de l'Exécutif, tient à deux raisons : les moyens classiques qui permettent au Parlement de menacer la stabilité de l'Exécutif sont (dans certains pays) peu utilisés ou inexistants. Les Cours suprêmes ne disposent pas du pouvoir d'injonction comme leur homologue des États-Unis d'Amérique ; la Haute Cour n'est pas à même de sanctionner la responsabilité pénale du chef de l'Exécutif. La prééminence de l'Exécutif n'en est que plus marquée »[559].

Le Président de la République devient le seul représentant de la Nation et le symbole de la Nation toute entière. Les parlementaires dévoués à sa cause sont priés de voter des lois qui proviennent de lui. Cette position est confortée par Abdoulaye DIARRA qui admet que :

> « La déclaration est faite devant l'Assemblée nationale de son pays, ce qui lui donne une importance toute particulière. Cette déclaration résume dans une large mesure, la question sur un plan général : le parti est unique, la liste qui permet l'élection des députés est celle du parti, le parti est dirigé par le Secrétaire général qui dépend du Président en tant que chef de l'État ou qui est le Président lui-même. Il n'y a plus de différence entre l'Assemblée et l'organe exécutif : le régime devient présidentialiste » [560].

Les régimes politiques africains laissent apparaître eu égard aux pratiques institutionnelles, *« une confusion notoire des pouvoirs, un présidentialisme atypique, une hégémonie de fait ou de droit du parti unique dirigé par le Président de la République et la personnalisation du pouvoir »* [561].

Il est vrai qu'en théorie, les députés disposent de la possibilité de poser des questions écrites et orales aux membres du Gouvernement. La Constitution de la Ire République organisait le contrôle politique de l'action gouvernementale par l'Assemblée nationale par le biais du refus de voter les lois ou crédits, de la motion de censure, de l'enquête sur le comportement des ministres, etc. Mais dans les faits, le Gouvernement disposait de moyens conséquents pour sa défense. Cette pratique est à même de rendre inefficace le contrôle ou la force du Parlement sur l'Exécutif. Alors que pour un autre auteur :

---

559 Voir SY (S-M.), cité par DIARRA (A.), *Ibid.*

560 *Ibid.*

561 *Ibid.*

« Les questions écrites ont le plus souvent pour but d'attirer l'attention de l'administration sur la situation particulière d'un électeur auquel le parlementaire s'intéresse. Elles représentent parfois un procédé de contrôle de l'administration qui n'est pas dénué d'efficacité mais elles n'ont pas d'importance politique réelle » [562].

L'activité des commissions d'enquête fait ressortir le même constat. Ces Commissions ont une existence plus théorique que réelle. La possibilité accordée aux députés de mettre en cause la responsabilité du gouvernement, reste au plan formel, un moyen d'action inefficace, difficile à mettre en œuvre. Ce moyen d'action n'a jamais abouti au renversement d'une équipe gouvernementale en place au Mali. D'ailleurs, dans ce pays, le Parlement participe activement aux actions du Gouvernement. Il est vrai que la Constitution organise les moyens de collaboration des pouvoirs mais, dans ce pays, la collaboration n'entame en rien la trajectoire des actions du Gouvernement.

La plupart des dirigeants africains ont opté pour le monocaméralisme pour préserver l'unité nationale. Les élections législatives ne doivent pas apparaître comme un vecteur de divisions sociales entre clans et tribus. La dualité du Parlement est considérée à la période des années 1960 comme dangereuse, car elle serait en mesure de compromettre la cohésion sociale[563]. Ces arguments sont les mêmes qui sont invoqués pour faire prospérer l'idéologie du monopartisme. Toutefois, Abdoulaye DIARRA explique que *« l'argument de l'unité nationale avancée par les dirigeants ne repose sur aucun critère sérieux, tant sur le plan social que dans le domaine politique »*[564]. Son analyse *« dire que le Parlement doit être Un parce que la souveraineté est Une, c'est confondre la souveraineté dans sa nature et la souveraineté dans son exercice, les pouvoirs qui sont les organes de la souveraineté et la souveraineté elle-même. La dualité du Parlement n'est pas plus incompatible avec l'unité de la souveraineté que la pluralité des organes n'est incompatible avec l'unité du corps »*[565].

---

562 CHATELAN (F.), cité par DIARRA (A.), *Démocratie et droit constitutionnel…, op. cit.*, p. 75.

563 DIARRA (A.), p. 77.

564 *Ibid.*, p. 186.

565 *Ibid.*

D'autres auteurs ont admis que la dualité des Chambres n'affecte en rien les impératifs d'unité nationale : *« la dualité des Chambres ne rompt pas l'unité du Parlement. Elle introduit plus de variété, plus de complexité et de souplesse dans la structure juridique du Parlement : elle n'en altère pas le caractère fondamental, qui demeure l'unité »*[566]. L'argument de l'unité nationale invoqué par les dirigeants postindépendance pour recourir au monopartisme reste très controversé et peu convaincant sur le terrain politique. De toutes les manières, le Parlement au Mali sera formé d'une seule Chambre (Assemblée nationale) dotée de députés élus sur une liste unique et nationale, non disputée. Ce qui importe le plus, c'est l'indépendance des parlementaires. Alors que celle-ci reste de plus en plus aléatoire, inutile, voire inexistante dans le cadre du travail parlementaire. Cette analyse est confortée par Abdoulaye DIARRA qui admet que, *« Dans la mesure où l'indépendance du Parlement reste à démontrer, c'est toute l'édifice de la représentation qui reste cantonnée dans une vision théorique, voire mythique et symbolique »*[567].

Sous la IIe République malienne, le pouvoir législatif est également exercé par une seule chambre appelée AN. Les députés, sur le fondement des dispositions de l'article 41 de la Constitution du 2 juin 1974, sont élus pour un mandat de quatre (4) ans au suffrage universel suivant le mode de scrutin uninominal à un tour. Les candidats sont présentés par le parti unique pour siéger à l'Assemblée nationale. Les rapports entre le Gouvernement et l'Assemblée nationale demeurent sous la IIe République, sous le contrôle de la Direction nationale qui détermine, en dernier ressort, les orientations politiques du pays. L'absence totale du contrôle parlementaire de l'Exécutif est l'une des conséquences de la primauté des partis uniques de droit ou de fait sur le fonctionnement de l'ensemble des institutions des Première et IIe Républiques. Le chef de l'État, Secrétaire général du parti unique, contrôle en même temps l'Exécutif et l'Assemblée nationale. Les Assemblées deviennent dans cette condition de simples chambres d'enregistrement et de concrétisation de la volonté présidentielle au détriment du principe de la séparation des pouvoirs quasi-inexistant. Cette analyse est soutenue par Maurice KAMTO qui écrit en ces termes :

---

566 *Ibid.*, p. 77.

567 *Ibid.*, p. 78.

« Le Peuple rassemblé au sein du parti n'exerce pas lui-même la souveraineté qui lui est aux termes de la Constitution. Formellement, il peut l'exercer par l'Assemblée nationale. Concrètement, il l'exerce par le biais du parti et au sein de celui-ci, par l'intermédiaire de son chef, Secrétaire général ou père fondateur, qui est en même temps chef de l'État. C'est lui qui a fondé le parti. C'est lui qui forge la Nation dont il est l'incarnation providentielle » [568].

Les partis uniques sont déclarés souverains en lieu et place du Peuple souverain. La Chambre unique est composée de députés élus sur la liste unique présentée par le parti unique. Le Secrétaire général du Parti démocratique de Côte d'Ivoire (PDCI) déclarait en 1965 à propos des rapports de confusions entre l'Exécutif et le Législatif ceci : *« Il n'existe pas de différence de nature entre le Gouvernement et l'Assemblée : la différence est le degré. C'est que ces deux institutions ne constituent que deux manifestations d'un même processus d'ensemble qui trouve sa source dans le parti »* [569]. Les députés étaient souvent priés de voter à l'unanimité des projets de loi.

Les parlements restent les supports essentiels de la démocratie pluraliste. L'on a admis que le Peuple est souverain. Il faut donc dire que les représentants, élus de ce dernier, élaborent et votent les lois, et contrôlent au nom de celui-ci les actions du Gouvernement. Avec les consécrations du multipartisme intégral dans la Constitution du 25 février 1992, l'Assemblée ne sera plus jamais une institution où règne un seul parti politique. C'est en cela qu'un nouvel équilibre s'instaurera entre le pouvoir exécutif et le pouvoir législatif. Le Professeur Albert BOURGI aura donc précisé sur ce point que *: « le champ d'action de l'Assemblée nationale traduit la volonté du Constituant d'introduire un équilibre entre le pouvoir exécutif et législatif, et d'éviter toute dérive autoritaire comparable à celle qu'a connue le pays sous la Deuxième République. Dans ce dernier cas d'espèce, le Parlement composé "d'élus" issus du parti unique (lui-même dirigé par le chef de l'État) faisait office de chambre d'enregistrements »*[570].

Cette confusion n'est pas sans impact sur le contrôle parlementaire.

---

[568] KAMTO (M.), cité par DIARRA (A.), *Démocratie et droit constitutionnel…*, *op. cit.*, p. 186.

[569] DIARRA (A.), *Ibid.*, p. 187.

[570] *Ibid.*, p. 194.

2. Les impacts de la confusion sur le contrôle parlementaire

Dans les premiers États postcoloniaux fondés sur le parti unique, de fait ou de droit, la séparation des pouvoirs dans le cadre des rapports entre le Parti, l'Exécutif et le Législatif n'était qu'une fiction[571]. Tout se décidait au niveau de la direction du Parti dont les projets de loi étaient transmis au Gouvernement pour une mise en forme dans la procédure législative. Celui-ci acheminait à son tour les projets à l'Assemblée nationale qui leur attribuait l'onction législative. L'initiative des lois n'appartenait dans les faits qu'au parti et les observateurs ont eu raison d'admettre que les propositions de lois émanant du Parlement étaient quasi-inexistantes. Ce qui érige le Parlement en une chambre d'enregistrement. Ce système reposait sur l'emprise totale du Parti sur le Gouvernement et l'Assemblée nationale. Dans cette approche, il ne pouvait être question de séparation des pouvoirs législatifs et exécutifs, l'unique pouvoir véritable étant le Bureau politique national (BPN) et le Bureau exécutif central des partis.

Le monopartisme alors en vigueur a rendu impossible l'exercice normal du contrôle parlementaire de l'action gouvernementale. La confusion des pouvoirs profite plus à l'Exécutif et affaiblit le Parlement. En démantelant tous les contre-pouvoirs, les partis uniques ont permis aux chefs d'État de n'admettre aucune Opposition parlementaire.

L'exercice effectif du contrôle de l'action gouvernementale est compromis par les règles du monopartisme et les mécanismes de fonctionnement et d'organisation de l'organe législatif. On parle ici d'un contrôle virtuel de l'action gouvernementale[572]. L'on peut ainsi remarquer avec Frédéric Joël AIVO, *« qu'il ne s'agit pas d'une absence totale de contrôle ou d'un déni de contrôle, mais en réalité d'un contrôle cordial et respectueux du chef de l'État et des règles édictées par le parti unique, bref, d'un contrôle plombé et politiquement voulu inefficace dans l'intérêt du chef de l'État et du régime »*[573]. D'autres experts évoqueront l'hypothèse de la réduction des parlementaires à une simple fonction

[571] SOW (A-S.), *L'État démocratique républicain..., op.cit.*, p. 336.

[572] AIVO (F-J.), *Le Président de la République en Afrique noire francophone..., op. cit.*, p. 188.

[573] *Ibid.*

de *« ratification »,* de *« méditation »* et de *« glorification du chef de l'État »*[574].

Le monopartisme, qui prévalait dans la plupart des pays africains au sud du Sahara entre 1960 et 1990, en était la principale justification, en ce sens que *« quel que soit le modèle de référence, les régimes politiques qui se mettent en place personnalisent le pouvoir et placent l'Assemblée législative unique dans la dépendance du chef de l'État »*[575]. Le Parlement, à la lumière à son mode de désignation, était plus une émanation du chef de l'État et de son Parti que celle du Peuple pour lequel il agit. Il est constitué de représentants élus, mais résultant d'une liste établie par le parti. Et pourtant, la Constitution organisait une répartition de l'autorité de l'État entre le chef de l'État et le parlement.

Cette confusion dans les rôles du Parti, du Gouvernement et du Parlement réduit considérablement le niveau d'efficacité du contrôle parlementaire en période normalité institutionnelle (Paragraphe 2).

Paragraphe 2

L'inefficacité des rapports de contrôle en période normale

Certains auteurs ont écrit que *« dans les rapports du Parlement et du gouvernement, l'équilibre se manifeste en ce que chacun des deux pouvoirs dispose de moyens d'action à l'égard de l'autre.* Toutefois, le système constitutionnel malien se caractérise par la concentration des pouvoirs entre les mains du Président de la République qui, en même temps, est le chef de l'État et chef du Gouvernement. Celui-ci dispose des moyens de pression efficaces sur tous les organes constitutionnels, en particulier le Parlement. Sur ce point, Abdoulaye DIARRA fait admettre que : « *Le Président dispose des moyens de pression sur le Parlement, la fonction exécutive est très étendue, le pouvoir législatif est*

[574] GICQUEL (J), cité par AIVO (F-J.), *Ibid.*, p. 189.

[575] CONAC (G.), cité par AIVO (F-J.), *Le Président de la République, op.cit.*, p. 181.

fort limité au profit de l'Exécutif, la difficulté pour le Parlement de mettre en jeu la responsabilité du Gouvernement est une réalité »[576].

C'est en cela que nous considérons que le contrôle parlementaire est inefficace aussi bien en matière de responsabilité du Gouvernement (A) qu'en matière législative (B).

A. L'inefficacité du contrôle en matière de responsabilité du Gouvernement devant le Parlement

L'inefficacité du contrôle en matière de responsabilité du Gouvernement devant le Parlement s'analysera à travers la portée du principe de responsabilité (1) et les lacunes de ce principe (2).

1. La portée du principe de responsabilité

C'est le Gouvernement qui déterminait et conduisait la politique de la Nation dont il endosse l'entière responsabilité devant la représentation nationale au vu des dispositions des articles 78 et 79 de la Constitution du 25 février 1992. Aux termes de l'article 78 :

> « Le Premier Ministre, après délibération du Conseil des ministres, engage devant l'Assemblée la responsabilité du Gouvernement sur son programme ou éventuellement sur une déclaration de politique générale.
>
> L'Assemblée nationale met en cause la responsabilité du Gouvernement par le vote d'une motion de censure. Une telle motion n'est recevable que si elle est signée par un dixième au moins des membres de l'Assemblée nationale. Le vote ne peut avoir lieu que quarante-huit heures après son dépôt. Seuls sont recensés les votes favorables à la motion de censure qui ne peut être qu'à la majorité des deux tiers des membres composant l'Assemblée. Si la motion de censure est rejetée, les signataires ne peuvent en proposer une nouvelle au cours de la même session.
>
> Le Premier Ministre peut, après délibération du Conseil des ministres, engager la responsabilité du Gouvernement devant l'Assemblée nationale sur le vote d'un texte. Dans ce cas, ce texte est considéré comme adopté, sauf si une motion de censure, déposée dans les vingt-quatre heures qui suivent, est votée ».

---

576 DIARRA (A.), *Démocratie et droit constitutionnel...*, *op. cit.*, p. 78.

Le Gouvernement se trouve ainsi dans l'obligation de prononcer devant les députés une déclaration de politique générale qui fait office de programme du Gouvernement. Cette déclaration est faite par le Premier Ministre, Chef du Gouvernement. L'issue de la présente déclaration est donnée par l'article 79 de la Constitution qui dispose :

> « Lorsque l'Assemblée nationale adopte une motion de censure ou lorsqu'elle désapprouve le programme ou une déclaration de politique générale, le Premier doit remettre au Président de la République, la démission du Gouvernement ».

Cette disposition découlant de l'exercice d'une telle prérogative a carrément disparu dans le texte constitutionnel de la IVe République. Désormais le Président de la République détermine la politique de la Nation en lieu et place du Gouvernement[577]. En conséquence de cette situation, le Gouvernement est réduit à la seule conduite de la politique de la Nation déterminée par le Président de la république et dispose de l'Administration. Dans ce cas de figure, le Gouvernement devient responsable devant le Président de la république et non devant le Parlement[578].

L'article 5 de la Constitution du 22 septembre 1960 dresse la liste des institutions en République du Mali parmi lesquelles le Parlement. Le Gouvernement, en conformité avec les dispositions de l'article 6 de la Constitution précitée, comprend le Président du gouvernement, le Vice-président et les ministres. Ce Gouvernement est responsable devant l'Assemblée nationale, conformément aux dispositions de l'article 7 de la Constitution :

> « Au début de chaque Législature, ou en cas de vacance du Gouvernement, sous réserve des dispositions des articles 34, 35 et 36 ci-après, le Président désigne un candidat aux fonctions de Président de Gouvernement. La personnalité désignée expose son programme à l'Assemblée nationale qui lui accorde l'investiture à la majorité absolue des membres la composant. Le Président du Gouvernement est élu pour une durée qui ne peut excéder celle de la Législature. Il est rééligible ».

Conformément à l'article 34 de la Constitution du 22 septembre 1960 :

---

[577] Article 44 de la Constitution malienne du 22 juillet 2023.

[578] Article 78 de la Constitution malienne du 22 juillet 2023.

« Le Président du Gouvernement peut, après délibération en conseil des ministres, engager la responsabilité du Gouvernement sur une déclaration de politique générale. Dans tous les cas où la question de confiance est ainsi posée, l'Assemblée peut être saisie dans un délai de vingt-quatre heures d'une ou plusieurs motions de censure. Toute motion de censure doit énoncer les principes d'un programme de Gouvernement et indiquer le nom de la personnalité dont l'investiture est proposée. Si à l'expiration du délai précité aucune motion de censure n'a été présentée, le Président constate que la confiance n'a pas été retirée au gouvernement. Il en est de même lorsqu'aucune des motions de censure déposées n'a été adoptée ». L'article 35 rajoute : « Il ne peut être procédé au scrutin sur une motion de censure qu'après un délai de quarante-huit heures suivant le dépôt de cette motion. L'adoption d'une motion de censure n'est acquise qu'à la majorité absolue des membres composant l'Assemblée. Ne sont dénombrées que des voix favorables à la démission du Gouvernement et à l'investiture du Président proposé ».

Le Président de l'Assemblée nationale désigne en totale liberté le candidat aux fonctions de Président de Gouvernement (chef de l'État), sans aucune autre exigence formelle préalable et concurrentielle. Cet unique candidat à l'investiture à la magistrature suprême du pays, est investi chef de l'État après l'adoption de son programme à la majorité absolue des députés. Il faut admettre ici l'influence de la France à propos du mode de désignation du chef de l'État jusqu'à l'instauration du suffrage universel direct en 1962.

L'entrée en fonction du Président du Gouvernement est donc subordonnée à la volonté préalable de l'Assemblée nationale d'accompagner le programme de celui-ci. Le Président du Gouvernement est le chef de l'État. Celui-ci aux termes de l'article 8 de la Constitution, une fois entrée en fonction, nomme par décret le vice-Président du Gouvernement ainsi que les autres membres du Gouvernement et fixe leurs attributions. Le Vice-président assure l'intérim provisoire des fonctions du Président du Gouvernement. Toutefois, le Président du Gouvernement ainsi élu par l'Assemblée nationale peut voir son mandat interrompu quand celle-ci lui retire sa confiance par le vote d'une motion de censure. L'Assemblée nationale a donc la possibilité de mettre en cause la responsabilité du Gouvernement composé du Président du Gouvernement, des ministres et du vice-président. La possibilité donnée au Parlement de démettre l'Exécutif confère au régime de la Ire République un *« caractère parlementaire »*[579]. Le Président du Gouvernement, chef de l'État, n'est pas élu directement par les électeurs, mais par les députés élus à l'Assemblée nationale. C'est en cela qu'il est responsable devant le Parlement et peut, à cet égard, engager devant le Parlement la responsabilité du gouvernement. Cela fait penser aux écrits de Philippe LAUVAUX révélant que *« le seul critère du parlementarisme, paraît être la responsabilité gouvernementale devant une assemblée élue »*[580]. Cependant, le choix du Vice-président et des ministres n'est pas soumis à l'approbation des députés. L'Assemblée nationale n'influe pas sur la nomination du chef du Gouvernement et des ministres. Les ministres sont responsables devant le chef de l'État.

La confiance des parlementaires étant présumée acquise d'office sans la moindre procédure, le Gouvernement est librement mis en place[581], contrairement à ce qui se produisait ailleurs, notamment en France où l'article 45 de la Constitution française du 27 octobre 1946 dispose :

> « Au début de chaque Législature, le Président de la République, après les consultations d'usage, désigne le Président du Conseil. Celui-ci choisit les membres de son cabinet et en fait connaître la liste à l'Assemblée nationale devant laquelle il se présente afin d'obtenir sa confiance sur le programme et la politique qu'il souhaite poursuivre, sauf en cas de force majeure empêchant la réunion de l'Assemblée nationale (…) ».

Il a été noté ainsi la prééminence du parti sur l'ensemble des secteurs de la vie de l'État : politique, économique, social et culturel. A propos de l'Exécutif et du Législatif, la primauté du Parti apparaît tant au niveau de la définition de la politique nationale par le Gouvernement qu'à celui du contrôle de l'action gouvernementale par le Parlement. Il en est de même de la désignation du candidat à la fonction de chef de gouvernement, de la nomination des ministres, de la désignation des candidats aux élections législatives et de la conduite à tenir après leur élection au sein de l'hémicycle. De manière générale, le pouvoir de nomination ou de révocation dans les postes politiques, administratifs ou électifs est attribué au BPN du parti. Dans cette approche, le Parlement ne pouvait qu'être totalement à la solde du BPN qui désignait les candidats et

---

579 DIARRA (A.), *Démocratie et droit constitutionnel…*, *op.cit.*, p. 60.

580 LAUVAUX (PH), cité par DIARRA (A), *Ibid.*, p. 62.

581 *Ibid.*, p. 55.

établissait les listes uniques pour l'élection des députés d'un côté, et de l'autre, la désignation des organes de l'Assemblée nationale à l'image du groupe parlementaire, de la Commission de travail, de la présidence du Parlement, etc.

Les projets de lois, construits d'abord par le BPN, étaient, dans un premier temps, préparés sous forme de *« projets »* par le Gouvernement avant d'être transmis au Parlement qui se consacrerait à leur donner la forme législative. A l'évidence, le Parlement ne représentait qu'une seule chambre d'enregistrement. C'est en cela que l'initiative parlementaire en matière législative (proposition de lois) était quasiment inexistante ; l'essentiel de la législation provenant dans ces conditions de l'autorité suprême (BPN) de par le gouvernement. Ce dernier et le Parlement ne représentaient qu'un simple organe d'exécution du BPN. Seydou Madani SY le fait remarquer dans un propos lapidaire : *« Le Gouvernement domine le Parlement, le Parti domine le Gouvernement »*[582] et même le Judiciaire.

L'importance du rôle du Parti qui a amené le pays à l'indépendance, c'est-à-dire l'US-RDA, est à remarquer dans le cadre de la confusion dans les rapports entre le Parti, le Parlement et le Gouvernement. Les raisons fondamentales de la domination de cette formation politique sur la scène politique malienne résultent des préoccupations d'unité nationale et de construction nationale. Ainsi que le déclarait le Président Modibo KEITA :

> « Notre souci majeur a toujours été le renforcement de notre unité nationale et la voie que nous avons choisie pour arriver à ce résultat est incontestablement le socialisme ; elle est garantie par notre patriotisme et notre ambition collective de bâtir et de consolider la structure de notre État, de satisfaire les aspirations de notre Peuple »[583].

Pour Abdoulaye Sékou SOW :

> « Cette notion présente, en effet, au Mali deux aspects : d'une part la nécessaire unité ou unification des forces politiques pour l'efficacité de la lutte de libération nationale face à la détermination de la puissance coloniale à préserver sa domination et d'autre part l'unité

---

[582] SY (S-M.), cité par SOW (A-S.), *L'État démocratique républicain…, op.cit.*, p. 92.

[583] Déclaration du 20 août 1961 (Anniversaire de l'éclatement de la Fédération du Mali) …, cité par SOW (A-S.), *Ibid.*, p. 93.

> du Peuple en vue de la consolidation de la Nation et de l'édification de l'État postcolonial appelé à assumer des missions nouvelles à savoir la décolonisation des structures et des esprits et le développement économique, social et culturel, conformément aux recommandations du Congrès Extraordinaire du Parti »[584].

Le renforcement de l'État-Nation semblait donc nécessaire pour faire disparaître certaines pratiques centrifuges, négatives tels que le régionalisme, l'ethnicisme et diverses discriminations fondées sur la race, l'origine, la religion, le sexe sur lesquels le régime issu de la colonisation s'était systématiquement appuyé, et qu'un multipartisme intégral serait en mesure de compromettre. Or, le texte constitutionnel de 1960 avait proclamé l'égalité de tous devant la loi et condamné les discriminations ci-dessus mentionnées.

En conséquence, la motion de censure se trouve en déclin au Mali à cause de l'influence du phénomène majoritaire, d'où les lacunes de ce principe de responsabilité (2). Il faut donc admettre avec le Professeur Ismaïla Madior FALL qu'en pratique :

> « L'effectivité de la censure dans les régimes africains révèle dans une certaine mesure une réalité plus globale digne d'intérêt : c'est d'abord l'existence d'un pouvoir parlementaire, ensuite la réalité et l'efficacité du contrôle parlementaire de l'action gouvernementale. Réalité qui autorise à avancer, avec prudence, l'idée de la renaissance d'un pouvoir parlementaire face à l'Exécutif dans les régimes africains. Cette innovation tendancielle mérite d'être relevée. En général, l'un des traits marquants du fonctionnement des régimes politiques contemporains » [585].

2. Les lacunes du principe de responsabilité

L'Opposition parlementaire était inexistante au niveau de l'Assemblée nationale. Sur ce point, *« l'indépendance du Parlement se trouve, dans bien des domaines, oblitérée par la prééminence de l'Exécutif »* [586]. Cette situation a pour conséquence la faiblesse des moyens d'action du Parlement sur l'Exécutif. Alors que les députés disposent des moyens d'adresser des questions écrites et orales aux

---

[584] SOW (A-S.), *Ibid.*

[585] FALL (I-M.), *Le pouvoir exécutif dans le constitutionnalisme des États d'Afrique*, Paris, L'Harmattan, 2008, p. 265.

[586] *Ibid.*, p. 75.

membres du Gouvernement et de les sanctionner, au cas échéant. La Constitution encadre les conditions dans lesquelles le Parlement peut contrôler l'Exécutif. Les députés peuvent dans cette dynamique refuser de voter des lois ou la motion de censure, d'accorder des crédits, d'enquêter sur les comportements des membres du Gouvernement. Mais dans tous les cas, le Gouvernement dispose toujours de la possibilité de rendre plus inefficace le contrôle parlementaire. Les quelques rares interpellations des ministres qui existant s'inscrivent dans une logique fortement électoraliste.

Cette analyse est soutenue par celle d'un auteur qui admet que :

> « Les questions écrites ont le plus souvent pour but d'attirer l'attention de l'administration sur la situation particulière d'un électeur auquel le parlementaire s'intéresse. Elles représentent parfois un procédé de contrôle de l'administration qui n'est pas dénué d'efficacité mais elles n'ont pas d'importance politique réelle »[587].

La mission des commissions d'enquête parlementaire se trouve à l'évidence dépourvue de toute efficacité réelle. Ces commissions exercent un rôle plus théorique que réel[588]. Le moyen offert au Parlement de mettre en cause la responsabilité du Gouvernement reste également théorique. Il n'a jamais permis de précipiter le départ d'un Gouvernement au Mali. Par suite d'une confusion des rôles, le Parlement malien a la possibilité de participer d'ailleurs à l'activité du Gouvernement et vice-versa. Il est vrai qu'il existe un mécanisme de collaboration entre ces deux pouvoirs, mais cette collaboration mutuelle ne doit affecter en rien les initiatives du Gouvernement. Aucune action du Parlement n'est à même de déstabiliser sérieusement le Gouvernement. Dans les faits, les députés de l'Assemblée nationale ne disposent pas d'une efficacité certaine sur les actions de l'Exécutif. Le Parlement apparaît à cet égard comme un organe secondaire et de moindre importance, au regard de la prééminence de l'Exécutif, en première ligne le chef de l'État. Les constituants maliens ont toujours visé à instituer l'hypertrophie du pouvoir de l'exécutif. Alors que le Parlement, quel qu'il soit, reste un élément essentiel de la démocratie. Comme le font préciser certains

---

[587] CHATELAN (F.), cité par DIARRA (A.), *Démocratie et droit constitutionnel...*, *op.cit.*, p. 75.

[588] DIARRA (A), *Ibid.*

auteurs, les institutions ne valent que par la qualité des hommes chargés de les mettre en œuvre[589].

Au regard de ce qui précède, il faut dire que le Parlement malien se trouve à l'évidence caractérisé par la *« surdétermination présidentielle »* [590] de la majorité présidentielle sur laquelle le chef de l'État exerce officieusement sa tutelle. Cette surdétermination demeure une donnée irréversible dans le cadre du contrôle parlementaire de l'action gouvernementale dont la transition n'a fait que se cristalliser la pression. Le contrôle est traditionnellement défini comme l'action politique qu'exerce un Parlement sur le Gouvernement. Ce Parlement sanctionne ce Gouvernement, lui exprime sa confiance ou la lui retire. Les procédures informatives, comme les questions, doivent permettre à l'Assemblée nationale de mettre en cause la responsabilité du Gouvernement, en l'occurrence de le censurer. Alors que les électeurs tout de même renouvellent ou refusent leur confiance au Gouvernement sortant. Cette prérogative n'est l'apanage des députés qu'à titre symbolique, mais reste celui de l'Opposition. Toutefois, l'existence de la majorité parlementaire érige le vote de la censure à une simple contestation de la politique générale. Il faut donc admettre ce contrôle en dehors de tout rapport avec la mise en cause de la politique générale du Gouvernement.

Les arguments ne manquent pas dans le rang des observateurs, hommes politiques ou experts en termes de domination d'un parti dans le cadre d'un système multipartiste. Un observateur de la vie politique malienne justifie l'existence d'un parti dominant sous la Ire République par des arguments suivants :

> « Si les Gouvernements issus de la loi-cadre ont été stables, c'est souvent en raison de la présence d'un parti dominant ; 2- le multipartisme favorise- en fait - l'apparition de partis tribaux ; 3- la démocratie ne suppose pas nécessairement pas la pluralité des partis (…). La différenciation des classes en Afrique n'implique pas une diversification des intérêts et surtout une opposition des intérêts »[591].

---

[589] *Ibid.*, p. 63.

[590] Une expression que nous empruntons à Pierre Avril à propos du Parlement français, AVRIL (P.), « Renforcer le Parlement : qu'est-ce à dire ? », *op. cit.*, p. 12.

[591] JOUVE (E.), cité par SOW (A-S.), *L'État démocratique républicain…*, *op.cit.*, p. 85.

Curieusement, ces arguments corroborent cette position exprimée en 1947 :

« Du moment qu'il n'existe pas de classes, du moment où seule demeure une certaine différence, nullement fondamentale dans les diverses couches de la société socialiste, il ne peut y avoir de terrain propice à la création de partis en lutte les uns contre les autres. Là où il n'existe pas de pluralité de classes il ne peut y avoir de pluralité de partis, car un parti n'est qu'un fragment de classes »[592].

Seydou Badian KOUYATÉ considéré comme le théoricien du régime socialiste de Modibo KEITA justifie la particularité du socialisme malien par l'absence de classes et, par conséquent, de luttes de classes :

« Ici, il faut le dire, la question de classe est quasi-inexistante. En effet, s'il y a au sein de notre société des couches différentes, il n'existe absolument pas entre elles des contradictions violentes, des rapports d'exploités et d'exploiteurs… Le phénomène n'est présent ni dans nos cités ni dans nos campagnes… Au Mali, notre option est faite, la voie est ouverte, l'Union soudanaise, Mouvement de Libération nationale est engagée depuis le 22 septembre 1960 dans la construction socialiste. L'ouvrier d'usine de demain ne naîtra pas prolétaire, mais travailleur d'une société sans classe, une société conçue non pour le profit individuel mais pour le bien de tous »[593].

L'ensemble de ces arguments ont été invoqués au lendemain des indépendances africaines par la plupart des partis dominants en vue de justifier leur mutation en structures politiques monolithiques, en lien avec les idées - forces de Construction nationale, d'unité nationale et d'impératif de développement. La matérialisation de ces objectifs passait, selon ces derniers, par le biais d'un Exécutif fort. Aux fins d'une justification de la monopolisation du pouvoir politique par les dirigeants africains Pierre François GONIDEC écrit :

« Au lendemain des indépendances africaines, on a trouvé de nombreux arguments pour justifier le parti unique : - pratique : la nécessité de l'union et du développement, les risques d'affrontements ethniques ; historique : l'unanimisme (présumé) des sociétés traditionnelles : - idéologique : la construction d'une société sans classe. Les promoteurs du parti unique, même dans les pays non marxistes, pouvaient invoquer une référence prestigieuse : celle des

---

592 GONIDEC (P-F), cité par SOW (A-S), *Ibid.*

593 DIOP (M.), cité par SOW (A-S.), *Ibid.*, p. 86.

États socialistes. La technique marxiste-léniniste du parti unique mise en œuvre même dans les pays qui refusaient le socialisme, était légitimé par des équations simplificatrices : Nation-Parti-État »[594].

Cette situation rend tout aussi inefficace le contrôle en matière législative.

B. L'inefficacité du contrôle en matière législative

L'intervention de l'Exécutif dans la procédure législative revêt tout de même des rapports d'inefficacité en matière de contrôle parlementaire (1). Cette situation est également ressentie lors de l'engagement de la responsabilité gouvernementale sur le vote d'un texte (2).

1. La portée limitée du contrôle

Sous la Ire République, le Président du Gouvernement intervient dans la procédure législative. Cette prérogative résulte de l'article 10 de la Constitution du 22 septembre 1960 qui dispose :

> « Le Président du Gouvernement, chef de l'État, promulgue les lois dans les quinze jours qui suivent leur transmission au gouvernement. Il peut, avant l'expiration de ce délai, demander à l'Assemblée nationale une nouvelle délibération de la loi ou certains de ses articles. Cette nouvelle délibération est de droit. Au cas où l'Assemblée maintiendrait son vote, le Gouvernement peut poser la question de confiance sur la politique générale. Si la confiance est accordée, le projet du Gouvernement assorti des amendements consentis prend force de loi ».

Le Constituant malien de 1960 n'a pas envisagé l'hypothèse où la confiance serait refusée au Gouvernement sur la question de la politique générale[595]. Il est vrai que ce genre de refus est à même de déstabiliser le régime en place. Toutefois, le Constituant malien de 1992 n'a pas suivi le choix opéré par celui de 1960, en ce sens qu'il ne pose point la question de confiance sur la politique générale, au cours de la procédure législative. Les conditions d'adoption des lois sont définies à l'article 70 de la Constitution du 25 février 1992. L'initiative des lois appartient à la fois au Gouvernement et à l'Assemblée nationale dans les conditions

---

[594] CONAC (G.), cité par SOW (A-S.), *ibid.*, p. 87.

[595] DIARRA (A.), *Démocratie et droit constitutionnel…, op.cit.*, p. 56.

énumérées dans la présente Constitution. Le Président de la République intervient dans la procédure législative par la promulgation des lois votées par le Parlement ou le Peuple, dans les quinze jours qui suivent la transmission au Gouvernement du texte définitivement adopté. Avant le terme de ce délai, celui-ci est habilité à demander une nouvelle délibération de la loi ou de certains de ses articles. La nouvelle délibération ne peut faire l'objet d'un refus et suspend, au cas échéant, le délai de promulgation.

Dans l'hypothèse d'une urgence, le délai de promulgation peut être ramené à huit jours. Aux termes de l'article 40 de la Constitution du 25 février 1992 :

> « Le Président de la République promulgue les lois dans les quinze jours qui suivent la transmission au Gouvernement du texte définitivement adopté. Il peut avant l'expiration de ce délai demander à l'Assemblée nationale une nouvelle délibération de la loi ou de certains de ses articles. Cette nouvelle délibération ne peut être refusée et suspend le délai de promulgation. En cas d'urgence, le délai de promulgation peut être ramené à huit jours ».

Eu égard aux dispositions de l'article 10 de la Constitution de la Ire République, le Président du Gouvernement, chef de l'État, suite au refus des députés de suivre l'amendement de la loi dans le sens qu'il souhaite, peut effectuer ses propres amendements dans le texte en question et poser la question de confiance sur la politique générale du Gouvernement devant l'Assemblée nationale. La responsabilité politique du chef de l'État peut se trouver à l'évidence en conflit avec les députés dans l'hypothèse où la confiance de ces derniers n'est pas accordée au gouvernement. Mais la survenance d'une telle éventualité n'est pas encadrée par la Constitution du 22 septembre 1960.

Qu'adviendrait-il si le chef de l'État refusait de promulguer la loi votée par le Parlement ? Ni la Constitution du 22 septembre 1960, ni celle du 25 février 1992, encore moins celle du 22 juillet 2023 n'ont prévu l'encadrement d'une telle éventualité. Ailleurs, cette hypothèse a été prise en compte par l'ordre constitutionnel. Il résulte en l'occurrence de l'article 36 de la Constitution française du 27 octobre 1946 qui dispose : *« (...) A défaut de promulgation par le Président de la République dans les délais fixés par la présente Constitution, il y sera pourvu par le Président de l'Assemblée nationale ».* Cette dernière hypothèse mérite des clarifications. La promulgation résulte en principe d'un ordre donné par l'Exécutif d'exécuter une loi adoptée par le

Parlement ou par le Peuple. En général, c'est un décret du chef de l'Exécutif qui active la procédure constitutionnelle de la promulgation. Alors qu'ici, c'est le Président de l'Assemblée nationale qui s'en attribue l'exercice dans l'hypothèse d'un défaut de publication par le chef de l'État. Le Constituant béninois a également décidé d'encadrer la survenance éventuelle d'une telle possibilité, c'est-à-dire la non-promulgation d'une loi adoptée.

Au Bénin, l'article 57 de la Constitution du 11 décembre 1990 en donne une précision en ces termes :

> « Le vote de cette seconde délibération est acquis à la majorité absolue des membres composant l'Assemblée nationale. Si, après ce dernier, le Président de la République refuse de promulguer la loi, la Cour constitutionnelle, saisie par le Président de l'Assemblée nationale, déclare la loi exécutoire si elle est conforme à la Constitution. La même procédure de mise à exécution est suivie lorsqu'à l'expiration du délai de promulgation de quinze jours prévus à l'article 2 du présent article, il n'y a ni promulgation, ni demande de seconde lecture ».

2. La question de l'engagement de la responsabilité sur le vote d'un texte

Sur un tout autre plan, pour plus de précision, l'engagement de la responsabilité sur un texte est, jusque-là, ignoré dans la pratique constitutionnelle de la fonction de contrôle parlementaire sous la IIIe République. Le Gouvernement est responsable devant l'Assemblée nationale à travers la motion de censure et la question de confiance. La IIIe République n'a pas connu la motion de censure provoquée de l'article de l'article 78, al. 3. Jamais un Gouvernement de la IIIe République n'a engagé sa responsabilité sur un texte. La portée de l'article de 78.3 dans la doctrine constitutionnelle présente diverses tendances entre partisans et adversaires. Le système juridique continental n'est pas sans exemple. François HOLLANDE, alors dans l'Opposition déclarait le 9 février 2006, lorsque Dominique de VILLEPIN, à l'époque Premier Ministre, avait dédaigné l'article 49.3, de la Constitution française, correspondant de 78.3, pour faire passer en force son projet de loi sur l'égalité des chances, incluant le contrat première embauche (CPE) que : « *Le 49.3 est une brutalité, le 49.3 est un déni de démocratie* ». C'est un déni de démocratie pour cet auteur dans la mesure où on prive les députés d'exprimer leur opinion. Mais pour certains, le 49.3 est au contraire parfaitement démocratique, car l'Assemblée nationale dispose d'un recours : la motion de censure[596].

Dans tous les cas, le Président de la République a, en la matière, un pouvoir d'appréciation pour constater si l'adoption d'un texte est effectivement nécessaire à la poursuite de l'action gouvernementale afin de tirer, le cas échéant, la conclusion appropriée[597]. Le scrutin dont la question de confiance fait l'objet répond juridiquement à une triple préoccupation[598].

Depuis 2008, l'engagement de la responsabilité sur un texte prévu à l'article 49, al. 3 de la Constitution française, le pendant de l'article 78, al.3, connait un nouvel encadrement, une limitation. Le Premier Ministre peut engager la responsabilité du Gouvernement de l'Assemblée nationale sur le vote d'un projet de loi de finances ou de financement de la sécurité sociale.

En matière législative, il faut ainsi affirmer que la décision appartient à la majorité et, plus explicitement, à la majorité dirigée par le Gouvernement qui reste l'initiateur de la majorité des lois. Certains auteurs admettent qu'il serait illusoire d'admettre que le renforcement du Parlement dans un changement substantiel de cette situation, car l'initiative se trouve à l'évidence monopolisée par la majorité politique[599]. En revanche, l'initiative parlementaire est importante au niveau de l'amendement. C'est dans cette perspective qu'intervient la concertation entre le Gouvernement et sa majorité. Il serait souhaitable que cette concertation s'étende à l'Opposition et que les consensus soient davantage recherchés, mais la culture dominante qui résulte du phénomène majoritaire n'y est pas favorable. Le Gouvernement, au moment des votes, y impose dorénavant la discipline majoritaire. De toutes les manières, légiférer consiste à mettre en œuvre une politique et c'est le Gouvernement qui *« détermine et conduit la politique de la*

---

596 PRIGENT (S.), « L'article 49 alinéa 3 : un déni de démocratie ? », *in Le Monde.fr*, 12 mai 2016.

597 La sagesse du Président a pour intérêt la modération du Gouvernement envers le Parlement, deux institutions dont aucune ne suffit à elle seule pour réaliser la charte présidentielle.

598 Le vote porte à la fois sur le texte qui est en cause, sur le maintien de la confiance et sur la motion de censure répondant la question de confiance.

599 AVRIL (P.), « Renforcer le Parlement… », *op.cit.*, p. 15.

Nation », conformément à l'article 53 de la Constitution du 25 février 1992.

Il faut donc conclure à l'inefficacité du contrôle du Législatif sur l'Exécutif, au regard de tout ce qui précède, d'où la préoccupation fondamentale de consolider les principes de contrôle.

CHAPITRE 2

LA CONSOLIDATION DES PRINCIPES DE CONTRÔLE

Il est généralement admis que la démocratie est une valeur universelle qui résulte de la pertinence des mécanismes de contrôle parlementaire sur les actions des gouvernants. Cela est de la responsabilité des députés à l'Assemblée nationale du Mali. Mais il arrive assez souvent que ces députés soient défaillants ou ne soient pas suffisamment outillés pour faire honneur aux principes qui encadrent le contrôle. Cela repose notamment sur des contraintes juridiques comme politiques qui empêchent les députés d'assumer pleinement les responsabilités qui leur incombent dans ce domaine. Il nous semble important de présenter ce contrôle comme une condition nécessaire de la démocratie, mais pas suffisante. Pour le rendre effectif, il faut que tous les acteurs concernés jouent pleinement leur rôle.

C'est à la lumière de ces considérations que nous souhaitons, dans un premier temps, le renforcement du contrôle-information (Section 1) et, dans un second, le renforcement du contrôle-sanction (Section 2) des parlementaires.

SECTION 1

LE RENFORCEMENT DU CONTRÔLE-INFORMATION

Plusieurs informations sont reçues par le Parlement sans que celui-ci le sollicite[600]. Le Gouvernement peut à cet égard à lui seul fournir des informations au Parlement. Toutefois, les Commissions du Parlement peuvent demander aux ministres toutes informations utiles, en cas de besoins, sur des questions spécifiques du Gouvernement. Ces informations peuvent être demandées, soit à la suite de l'examen des projets de loi, soit à la suite de l'accomplissement des missions spécifiques. Elles peuvent tout aussi demander à entendre tel ou tel ministre ou tel ou tel haut fonctionnaire quand leur opinion est jugée nécessaire et importante[601].

Cela se perçoit par le renforcement de la capacité informationnelle des députés à l'Assemblée nationale (Paragraphe 1) et la rationalisation des Commissions d'enquête parlementaires (Paragraphe 2).

Paragraphe 1

Le renforcement de la capacité informationnelle des députés

Le contrôle parlementaire de l'action gouvernementale comme précisé plus haut trouve sa source dans la Constitution et dans les textes législatifs réglementaires, dont la plus importante est la loi organique portant Règlement intérieur de l'Assemblée nationale. Parler sur l'effectivité du contrôle parlementaire de l'action gouvernementale consistera à disserter sur les mécanismes de renforcement de la capacité informationnelle des députés à l'Assemblée nationale.

Comme évoqué plus haut, les députés de l'Assemblée nationale peuvent obtenir des informations de l'action gouvernementale en adressant soit des questions au gouvernement, en l'occurrence aux

---

600 GUCHET (Y.), *Le contrôle parlementaire*, *op.*, p. 174.

601 *Ibid.*

ministres (A), soit à travers des Commissions (B) qui enquêtent sur des questions bien spécifiques.

A. La nécessité de rationaliser les questions adressées aux membres du Gouvernement

Le renforcement de la capacité informationnelle des députés passe par une rationalisation plus accrue aux membres du Gouvernement (1), par suite de la non-satisfaction du contrôle parlementaire résultant des questions adressées au Gouvernement (2).

1. Les hypothèses de rationalisation

Pour ce qui concerne les ministres, les demandes d'audition sont adressées au Premier Ministre et pour les hauts fonctionnaires, elles sont adressées aux ministres dont ils dépendent hiérarchiquement.

Les questions écrites permettent en l'occurrence aux parlementaires d'obtenir des informations sur des questions assez techniques[602]. Quand une question écrite est posée à un ministre ou au Premier Ministre, la réponse doit être fournie dans un délai bien défini suivant la publication de la question. Toutefois, ces derniers ont la possibilité de refuser par écrit d'apporter des réponses dans un souci de préservation de l'intérêt public. Ils peuvent tout de même, à titre exceptionnel, demander un délai supplémentaire pour préparer les réponses appropriées[603]. De manière générale, l'intérêt public est invoqué pour éviter de donner des renseignements d'ordre militaire. En France, plusieurs questions résultant des services militaires sont restées sans réponses, en l'absence de toute disposition juridique et justificative. Mais la proportion de questions écrites sans réponses reste très faible et les délais imposés pour lesdites réponses demeurent assez souvent non respectés[604]. Il en découle une certaine lenteur dans la réponse des questions écrites adressées au Gouvernement. Une telle lenteur s'explique par la poursuite des recherches sérieuses, approfondies et appropriées pouvant permettre de donner les réponses les plus pertinentes. Dans un souci d'éviter des silences du Gouvernement sur des questions écrites, les textes du

---

602 GUCHET (Y.), *Le contrôle parlementaire…*, *op.cit.*, p. 176.

603 *Ibid.*, p. 175.

604 GUCHET (Y.), *Le contrôle parlementaire…*, *op.cit.*, p. 175.

Parlement accordent la possibilité au parlementaire n'obtenant pas de réponses à sa question de la transformer en questions orales[605] ; alors que les questions n'ont un sens que si elles sont portées sur un sujet d'actualité. Elles doivent donc être répondues impérativement, et cela dans un bref délai, sous peine d'être caduques.

Toutefois, les réponses rapides aux questions sont de nature à mettre en évidence très aisément la carence des ministres concernés. Selon Yves GUCHET, deux raisons ont été invoquées à l'introduction des questions orales dans le contrôle parlementaire :

> « Établir des contraintes permettant aux parlementaires d'obliger le ministre à répondre et donner de l'intérêt aux questions en soulignant la nécessité d'un lien étroit avec l'actualité »[606].

Dans le temps, les questions orales revêtaient deux formes distinctes dans le régime politique français. Il s'agissait, d'abord, des questions orales dépourvues de tout débat et, ensuite, des questions orales avec débat. Il en résulte que :

> « Dans le premier cas, l'auteur de la question dispose de cinq minutes pour commenter la réponse du ministre qui peut lui répliquer sans que le parlementaire reprenne la parole. Dans le second, l'auteur dispose d'un temps de parole plus long. Après la réponse du ministre, les orateurs interviennent. Le débat n'est suivi d'aucun vote »[607].

Cependant, la question qui se pose est de savoir si la question posée par le parlementaire peut être annexée par une proposition de résolution de la part de celui-ci. En France, au cours de l'élaboration du Règlement intérieur de l'Assemblée nationale, celle-ci avait prévu d'y consacrer la possibilité pour le parlementaire qui a posé une question orale, une proposition de solution en guise de sanction. Des dispositions similaires avaient tout aussi été consacrées par le Règlement intérieur du Sénat. Le juge constitutionnel français a, cependant, déclaré ces dispositions contraires à la Constitution en ce sens que la proposition de résolution était assortie de sanction politique[608].

---

605 *Ibid.*, p. 176.

606 *Ibid.*

607 *Ibid.*

608 GUCHET (Y.), *Le contrôle parlementaire…*, *op. cit.*, p. 177.

Cette hypothèse de contrôle est à même de conduire à une non-satisfaction du contrôle parlementaire résultant des questions adressées au Gouvernement.

2. Quelques solutions au contrôle résultant des questions adressées au gouvernement

Dans la pratique démocratique, le contrôle parlementaire effectué par le biais des questions orales a donné rarement de satisfaction. Dans l'ensemble, la pratique des questions parlementaires a rarement été à la hauteur des attentes. La période d'intervalle entre les questions et les réponses sont relativement longues, alors que celle-ci devrait être rapide en fonction de la période de l'actualité.

La question qui se pose est de savoir si le ministre auquel la question est adressée se trouve dans l'obligation de répondre en personne. Une jurisprudence française intervenue en 1964 a donné une réponse négative à cette question. Le Conseil constitutionnel a déclaré inconstitutionnelle une modification du Règlement intérieur de l'Assemblée nationale qui rendait obligatoire pour le ministre concerné de répondre en personne. La raison fondamentale est que la question, même si elle adressée à un ministre, concerne ou vise le Gouvernement qui se trouve être une entité juridique, et le Premier Ministre a la possibilité de déléguer un ministre de son choix en vue d'y répondre[609].

L'Assemblée nationale doit être en mesure d'instituer des contacts permanents avec les départements concernés dans le but d'obtenir d'amples explications et de précisions sur les retards constatés dans l'élaboration des décrets d'application de la loi. En cas de retard, le Parlement doit disposer de moyens de pressions sur le Gouvernement pour une efficacité plus accrue du système de contrôle. Le contrôle du Parlement ne porte pas sur la situation générale de l'application d'une loi de l'ensemble des lois votées au cours d'une année. La formation d'une mission d'information parlementaire est nécessaire pour suivre le cours de l'application d'une loi aux fins d'étudier et de corriger les lacunes éventuelles soulevées lors de sa mise en œuvre. Dans le cadre des questions qu'ils adressent aux ministres, les parlementaires doivent exiger du Gouvernement des informations ou des renseignements sur les lois adoptées qui n'ont pas fait l'objet de texte d'application. Le

---

609 *Ibid.*, p. 179.

Parlement doit être en mesure d'interpeler le ministre concerné sur ce qui retarde les décrets d'application d'une loi.

A l'instar de la France, le Parlement du Mali, par cette étude, doit, par ailleurs, être en mesure de mettre sur pied un « *Office parlementaire d'évaluation de la législation* »[610] pour plus de fiabilité et d'efficacité dans le travail parlementaire, les missions d'information ayant atteint leurs limites. Cet Office aura pour mission de mesurer les effets des lois adoptées sur leurs destinataires. Il s'efforce d'évaluer les résultats de l'application de toutes les lois votées par le Parlement. Il apprécie tout de même l'impact social de la législation eu égard aux effets escomptés afin de pouvoir y apporter des corrections éventuelles, dans le but d'améliorer l'efficacité de la loi pour une application plus satisfaisante de la loi. Le Parlement, pour cette fin, peut recourir aux experts universitaires pour l'élaboration des rapports spécifiques destinés à l'évaluation des effets de la loi en question.

Une réforme des mécanismes parlementaires d'évaluation s'avère indispensable pour la qualité du contrôle parlementaire ; d'où la nécessité de créer un organisme parlementaire d'évaluation de la législation.

B. La nécessité de créer un organisme d'évaluation de la législation

Il est nécessaire de créer un organisme parlementaire de la législation (1) en vue d'une meilleure amélioration de la qualité législative au sein du Parlement (2).

1. La création de l'Office

L'étude réalisée au cours de ces dernières années, aux difficultés liées à l'application des lois, nécessite l'implication du Parlement dans le suivi de l'application des lois qu'il vote, pour en mesurer les effets par rapport aux résultats attendus. C'est en cela qu'une structure comme *« l'Office parlementaire d'Evaluation de la Législation »* doit être créé au niveau du Parlement malien, car intervenant en compensation des lacunes résultant des missions d'information parlementaires, dans la perspective

[610] En France, l'Office parlementaire d'évaluation de la législation, est créé par la loi n° 95-516 du 14 juin 1966. Il est chargé de poursuivre et de renforcer l'évaluation de la législation confiée auparavant aux seules missions d'information.

d'une évaluation de qualité. Il intervient en amont et en aval pour évaluer l'adéquation des législations aux situations qu'elles régissent. L'évaluation intervient en amont lorsqu'elle collecte toutes les données, en recourant à des experts, afin de permettre aux parlementaires de légiférer en toute connaissance de cause. L'évaluation intervient en aval lorsqu'un texte a été déjà adopté ; l'office analyse son adéquation par rapport aux objectifs initialement définis. Si ces objectifs ne sont pas atteints, des propositions peuvent être faites en vue de parvenir aux objectifs initiaux, résultant de son fonctionnement.

2. Le fonctionnement de l'Office

En vue de parvenir à bout de sa mission, l'office doit disposer de moyens conséquents. Il doit disposer en son sein un comité juridique composé de spécialistes, de professeurs d'Université, de professionnels de la justice, etc. Il peut dans le même temps recourir à des études pour lesquelles il dispose d'un budget conséquent. Du point de vue institutionnel :

> « L'Office se présente comme un aiguillon, un organe d'impulsion qui fait des propositions, provoque des réflexions, et émet des avis sur la législation dans son ensemble, et sur les effets qu'elle peut avoir sur les destinataires. La fonction d'évaluation de l'office n'est pas seulement une fonction d'auscultation, c'est aussi une fonction de correction. Cette dernière tâche suppose une appréciation de type qualitatif, passant par la confrontation des objectifs poursuivis et des résultats enregistrés. A ce niveau, l'office évalue la qualité juridique de la loi, sa valeur rédactionnelle, et sa place dans le corpus législatif »[611].

L'Office doit pouvoir fournir toutes les informations à même d'enrichir les débats des parlementaires, en vue d'un meilleur choix législatif. Les parlementaires ne doivent pas être mis à l'écart de la vie et des suites législatives. Ils votent les lois et doivent, par conséquent, veiller à leur mise en œuvre et en mesurer les effets qu'on attend d'elles.

---

[611] MIABOULA-MILANDOU (A.), « Les moyens d'action du Parlement à l'égard de la loi votée », *in RFDC*, n° 33, 1998, p. 51.

A côté du renforcement de la capacité informationnelle des députés, il faut noter que le contrôle parlementaire de l'action gouvernementale comporte un autre défi : la rationalisation des Commissions d'enquête parlementaire.

Paragraphe 2

La rationalisation des Commissions d'enquête parlementaire

Thierry RENOUX fait savoir que *« la véritable autonomie d'une Assemblée parlementaire se mesure à l'aune de ses moyens d'information »*[612]. Dans la quête d'informations, le Parlement peut estimer nécessaire la mise en place des commissions spéciales d'enquête ou de contrôle, un autre moyen censé être en théorie plus efficace.

Les commissions d'enquête sont destinées à fournir des informations à l'Assemblée qui a été à l'origine de sa création. Ces dernières peuvent tout aussi procéder à l'analyse de documents et procéder à des auditions. Sur ce dernier aspect, la question se pose de savoir si les personnes à entendre pourraient être élargies au Président de la République ou à un ancien Président de la République. Selon certains experts et hommes politiques, la réponse à cette question est négative, eu égard à l'irresponsabilité qui caractérise le statut du Président de la République[613]. Le rapport d'une commission d'enquête fait l'objet d'une publication. Destinée à éclairer l'Assemblée quant à la démarche à suivre, cette dernière peut en tirer des conséquences politiques et

---

612 RENOUX (Th.), « Les moyens d'action de l'Assemblée nationale », *in Pouvoirs*, n° 34, 1985, p. 87.

613 Cette question s'est posée en France quand la Commission d'enquête a voulu écouter l'ancien Président de la République Valérie Giscard d'ESTAING, ce dernier a réfuté cette initiative en invoquant le principe d'irresponsabilité du Président de la République. Sa position sur ce problème aura été confortée par le Président de la République de l'époque qui écrivit *« qu'en vertu d'une longue et constante tradition républicaine et parlementaire, confirmée par la Constitution du 4 octobre 1958 et notamment ses articles 18 et 68 al. 1, la responsabilité du Président de la République ne peut être mise en cause devant le Parlement »*. En conséquence de cette déclaration, il invita le Président de la commission, par le biais du Président de l'Assemblée nationale, à se conformer à une telle exigence de la Constitution. GUCHET (Y.), *Le contrôle parlementaire..., op. cit.*, p. 174.

législatives [614]. Les commissions d'enquête sont des commissions spécialisées que l'Assemblée nationale met en place pour enquêter sur des objets déterminés. Elles sont créées par une délibération qui détermine tout aussi la procédure à suivre pour la nomination de ses membres[615].

Dès lors, en vue de mieux rationaliser la mission des commissions d'enquête parlementaires, une double mesure s'impose : le renforcement de la technique de publicité des travaux des commissions d'enquête parlementaires (A) et des prérogatives des parlementaires (B).

A. Le renforcement de la publicité des travaux des commissions d'enquête parlementaires

Dans bon nombre de pays africains francophones, tous les membres des commissions d'enquête et de contrôle ainsi que ceux qui assistent ou participent à leurs travaux sont tenus au secret, sous peine de sanction pénale. Toutefois, cette règle n'est pas absolue en ce sens qu'elle n'a pas été retenue dans les principales démocraties occidentales[616]. La pratique du secret a fait l'objet d'une controverse doctrinaire. C'est en cela qu'il est fort souhaitable d'appliquer la règle de la publicité (1) de toutes les enquêtes menées par les parlementaires qui, naturellement, doit comporter des restrictions (2).

1. La portée de la technique de publicité

Aux États-Unis, les auditions sont publiques et *« couvertes »* par les moyens audio-visuels et la presse écrite. Celles-ci doivent en outre faire l'objet d'un compte rendu à l'attention du public. Toutefois, les auditions pourraient se tenir en séance secrète si les enquêtes découlaient d'informations à même de mettre en cause la sécurité nationale, de diffamer une personne, de révéler l'identité d'un informateur, etc. Dans

---

[614] *Ibid.*, p. 175.

[615] MOULAYE (Z.), KEITA (A.), *L'Assemblée nationale sous la Troisième République*, *op. cit.*, p. 40.

[616] DESANDRE (J.), « Les commissions d'enquête ou de contrôle : secret ou publicité des travaux ? », *op. cit.*, p. 54.

cette condition, les renseignements recueillis ne peuvent être publiés que par décision de la majorité de la commission[617].

En Grande-Bretagne, les auditions sont généralement publiques. Toutefois pour certains dossiers (défense nationale, secret des affaires, etc.), la réunion de la Commission peut se tenir en séance sécrète. Mais, cela reste relativement rare. L'audition, qu'elle soit publique ou à huis clos, un compte rendu en sort publié, après suppression de certaines données concernant par exemple la défense nationale[618].

C'est l'exemple également de la République fédérale d'Allemagne où les commissions d'enquête font leur audition en présence du public et de la presse. Cependant, *« les règles de la procédure pénale s'appliquant par analogie à la procédure d'administration des preuves »*[619], les enregistrements sonores, filmés, télévisés sont interdits. En revanche, la séance en secret peut être décidée par la majorité de la commission lorsque des intérêts publics (défense nationale par exemple) ou privés (intérêt d'une personne, affaires confidentielles, par exemple) l'imposent[620].

C'est tout aussi l'exemple de l'Italie où de principe, les séances des commissions d'enquête font l'objet d'un compte rendu public. Certaines hypothèses admettent souvent à l'endroit de la presse et du public, des retransmissions audiovisuelles relativement. Les commissions ont toutefois souvent siégé en huis-clos.

La technique de publicité vient en compensation des dérives des commissions d'enquête et de l'ensemble du champ d'investigation parlementaire. Plusieurs commissions ont été instrumentalisées par les Gouvernements pour enquêter sur une situation donnée plus ou moins scandaleuse. Il y a donc un besoin de publicité à l'endroit de l'opinion publique sur certains dossiers traitant la vie de la nation. Comme le fait remarquer Jacques DESANDRE qui admet que la procédure, qui privilégie les séances à huis-clos, *« est illogique dans la mesure où elle conduit à faire du secret une condition de l'enquête et à faire prêter serment aux personnes entendues de ne pas révéler ce dont elles auraient*

---

617 DESANDRE (J.), « Les commissions d'enquête ou de contrôle… », *op.cit.*, p. 55.

618 *Ibid.*

619 Article 42-2 de la Loi fondamentale.

620 DESANDRE (J.), *Ibid.*

pu avoir connaissance, alors que leurs dépositions ont pour objet d'alimenter un rapport destiné à être publié » [621].

Toutefois, le secret n'est pas toujours bien gardé et il n'y a quasiment pas de sanctions qui suivent. Même les grandes démocraties occidentales n'y sont pas épargnées. C'est le cas de la France où, depuis 1958, plusieurs cas de fuites n'ont pas conduit à une quelconque sanction eu égard aux dispositions du Code pénal et au plan disciplinaire[622].

Eu égard à ces difficultés résultant de la conservation du secret, la publicité, même si elle conduit assez souvent à des abus certains, est à même d'avoir le grand avantage de permettre aux enquêtes de se dérouler au grand jour et d'éviter l'étouffement de la vérité. Les commissions pourront éventuellement s'appuyer sur l'opinion publique afin de faire propulser leurs points de vue et propositions. Il semble donc indispensable de remplacer l'obligation du secret appliquée, partout où il existe, par une *« publicité obligatoire »,* en dépit de quelques effets néfastes. Toutefois, l'opportunité d'observer le secret ou la publicité des dossiers en fonction de leur haute sensibilité, peut être mesurée par les parlementaires eux-mêmes. La loi poserait ainsi le principe en ces termes :

> « Les auditions auxquelles procèdent les commissions d'enquête et de contrôle sont publiques, sauf lorsqu'elles en décident autrement ou lorsque l'Assemblée qui les a créées leur a imposé un secret absolu »[623].

Cette proposition donne la possibilité à l'Assemblée nationale de décider entre publicité ou secret. Si ce secret est ainsi retenu, la commission doit être tenue de le respecter et ne doit par conséquent avoir la latitude de revenir sur ce choix en vue d'une rigidité extrême de la chose. Si le choix entre publicité et secret doit résulter des circonstances, il importe de déterminer l'autorité compétente de l'exercer.

Or, pour mieux correspondre à la réalité qui prévaut dans les régimes politiques contemporains et à l'évolution de la démocratie représentative, il semble opportun de donner à l'Assemblée qui crée une commission d'enquête l'obligation de choisir la publicité.

---

621 *Ibid.*, p. 58.

622 *Ibid.*

623 *Ibid.*, p. 60.

Dans les pays anglo-saxons, les commissions d'enquête siègent en présence du public et même de la presse[624]. Par ailleurs, un compte rendu écrit n'a évidemment pas la même conséquence qu'un document audiovisuel. Dans ce sens, les séances publiques *« à l'américaine »*, en face des journalistes et de la télévision, sont très encourageantes[625].

2. Les restrictions au principe de publicité

Si l'on admet la publicité des travaux des commissions d'enquête, faut-il se poser la question de savoir s'il convient de rendre publics les résultats de l'ensemble des travaux ou les auditions seulement. On peut répondre qu'après la publication du rapport, devra demeurer secret tout ce qui est relatif au déroulement des travaux et des délibérations.

Les sanctions existent en cas de fuite de secret. Cependant, des difficultés persistent. Des fuites se sont toujours produites à de nombreuses reprises, sans qu'aucune sanction ne soit appliquée, en tenant compte du domaine largement politique des commissions d'enquête parlementaire. En outre, il est bien difficile que des dispositions pénales soient appliquées aux parlementaires en considération de leur immunité juridictionnelle. C'est dire qu'un député ou un sénateur ne saurait faire l'objet de poursuite, en raison de leur irresponsabilité garantie par la Constitution, à l'exception des sanctions disciplinaires garanties et prévues par leur Règlement intérieur.

L'enquête peut paraître comme un instrument de lutte politique dans les régimes politiques contemporains. Cette analyse est confortée par Jacques DESANDRE en ces termes :

> « Les demandes de constitution de commissions sont largement inspirées par la volonté d'exploiter un évènement ou une situation politique réputés défavorables à un adversaire ou même à un allié avec qui les liens se distendent. Les critères dont disposent les parlementaires pour se prononcer sur les demandes ne sont pas réellement juridiques mais politiques. La conduite des travaux d'une commission ainsi que la teneur d'un rapport ne peuvent évidemment pas être considérées comme échappant complètement à des impératifs

---

624 DESANDRE (J.), *Ibid.*, p. 62.

625 *Ibid.*, p. 63.

> d'ordre politique. Dans ces conditions, il apparaît clairement qu'il n'y a pas adéquation entre la motivation et la solution retenue »[626].

Puisqu'il s'agit d'un dossier largement politique, la publicité correspond le mieux aux principes de la démocratie représentative.

Au Mali, l'initiative de la publication des rapports d'enquête procède d'un vote spécial à l'Assemblée nationale. Jusqu'à leur examen en séance plénière, les rapports des commissions spéciales revêtent un caractère secret dont la violation est sanctionnée conformément à la législation en vigueur (article 90, alinéa 2 du Règlement intérieur). Les rapports ne sont pas par eux-mêmes des décisions. Le Gouvernement est le seul habilité à donner des suites aux conclusions des commissions d'enquête : autoriser la publication du rapport, s'il estime favorable, l'interdire s'il le juge gênant. Ce constat affecte la portée d'énormes quêtes d'informations effectuées par les commissions spéciales. C'est la raison pour laquelle la procédure simplifiée des questions orales et son mode de publicité font qu'elles sont les plus sollicitées. L'impact des questions écrites répondues reste limité en raison même de la complexité de la procédure et du mauvais usage. En outre, les élus accordent peu d'engouement aux questions écrites. Par ailleurs, les députés sont en position de faiblesse vis-à-vis du Gouvernement pour vérifier la véracité des réponses et la suite donnée à leurs questions et suggestions. On sait aussi qu'en vertu du « *Principe de discrétion* » défendu par Henry CHARDON et Michel CROZIER[627], le détenteur d'une information croit toujours qu'il perdrait son autorité s'il acceptait de la diffuser à quelques personnages incompétents. Bien plus, le ministre n'est pas obligé de répondre s'il invoque l'intérêt général.

Il existe par ailleurs de difficultés énormes liées à la création et aux missions des commissions spéciales d'enquête ou de contrôle, d'où le renforcement de leurs prérogatives.

---

626 *Ibid.*, p. 66.

627 Cité par SOMALI (K.), *Le Parlement dans le nouveau constitutionnalisme en Afrique* ..., p. 337.

B. Le renforcement des prérogatives des commissions d'enquête parlementaires

Les difficultés relatives à la mission des commissions spéciales d'enquête parlementaires, sont d'ordre psychologique, textuel et financier (1), comme en témoignent quelques illustrations (2).

1. Quelques difficultés

Les considérations d'ordre psychologiques découlent des motivations des députés de créer ou non une commission spéciale d'enquête ou de contrôle de l'action du Gouvernement. L'initiative de la création d'une commission d'enquête est perçue comme un signe de défiance à l'égard de la politique générale menée par la Gouvernement. C'est ainsi qu'afin de ne pas susciter le mécontentement du Gouvernement, les députés s'abstiennent le plus souvent d'invoquer la mise en place d'une commission d'enquête. Il faut donc déduire à un recours très précaire à un tel procédé d'investigation parlementaire.

Les députés de la majorité parlementaire, comme ceux de l'Opposition qui animent souvent ces commissions, cherchent à mettre un terme à des rumeurs qui peuvent être compromettant pour le Gouvernement plutôt qu'à éclairer le Parlement et son électorat. Il s'agit ici d'une situation qui affecte considérablement l'efficacité du contrôle parlementaire. Ainsi orientées, les commissions parlementaires d'enquête s'occupent moins à réprimer les abus du Gouvernement.

Les restrictions qui caractérisent la procédure de création et de composition des commissions spéciales d'enquête sont à l'avantage du Gouvernement. Le Gouvernement a toujours disposé au sein des commissions ainsi créées des soutiens indéfectibles. Celui-ci ne cache pas sa mauvaise foi à collaborer avec les commissions spéciales à travers les dossiers dans lesquels il se trouve fortement impliqué. L'absence de précision dans certains textes complique également les enquêtes des commissions. A propos de la commission spéciale d'enquête pour la poursuite de l'ancien Président ATT pour haute trahison, le Rapport final a relevé qu'à l'heure actuelle, il n'existe aucun dispositif juridique malien à même de définir la haute trahison, contrairement à bon nombre de pays africains.

De plus, les conclusions de la commission d'enquête spéciale sur la gestion du Ministre David SAGARA, a permis de mettre en évidence plusieurs insuffisances. Ce sont notamment des manquements et violations des textes et procédures qui régissent la gestion de la zone aéroportuaire de Bamako-Sénou. Mais, le déclenchement de poursuites judiciaires limite les pouvoirs des commissions d'enquête[628].

Les commissions spéciales d'enquête ou de contrôle ne sont pas parmi les moyens ordinaires de contrôle parlementaire. En conséquence, la prise en charge de leurs activités n'est pas prise en compte dans le budget initial. A cela, il faut ajouter l'absence de pouvoir de contrainte sur le Gouvernement et la relativité des résultats de l'enquête.

De plus, les rapports des commissions spéciales d'enquête n'ont aucune efficacité sur l'action du gouvernement.

De toutes les commissions spéciales mises en place par l'Assemblée nationale du Mali, aucun des rapports n'a produit des faits ou arguments de nature à engager la responsabilité de la personnalité concernée ou le Gouvernement. Ce dernier demeure toujours en position de force par rapport au Parlement. Les députés ne disposent qu'un simple pouvoir de recommandations en dehors de la possibilité qui leur est accordée d'interpeller le Gouvernement sur le dossier en question[629].

2. Quelques exemples illustratifs

En 2014, une Commission spéciale avait été créée au niveau de l'Assemblée nationale du Mali en vue d'enquêter sur la mise en accusation de l'ancien Président de la République ATT devant la HCJ.

Après saisine du Président de l'Assemblée nationale par le Procureur Général près la Cour suprême, le 18 décembre 2013, la commission spéciale d'enquête a commencé ses travaux, le 7 juillet 2014. Il était reproché notamment à l'ancien Président un certain nombre de faits sanctionnés par le Code pénal :

- L'infraction à la participation à une entreprise de déstabilisation du territoire national en ayant facilité la pénétration et l'installation des forces étrangères notamment en ne leur opposant aucune résistance ;

---

[628] Aux termes de l'article 90 *in fine « Si une commission spéciale a été créée, sa création prend fin dès l'ouverture d'une mission d'une information judiciaire relative aux faits qui ont motivé sa création ».*

[629] Article 90, alinéa 4 du Règlement intérieur.

- L'infraction d'avoir participé à une entreprise de démoralisation caractérisée par la nomination de complaisance d'officiers et de soldats incompétents, et au patriotisme douteux à des postes de responsabilité au détriment des plus méritants entrainant une frustration, qui nuit à la défense nationale, et malgré la grogne de la troupe et des officiers rapportés et décriés par la presse nationale ;
- L'infraction d'avoir participé à la destruction, la soustraction et l'enlèvement d'objets, de matériels et de renseignement qui étaient confiés, et dont la connaissance pourrait conduire à la découverte d'un secret de la Défense nationale ou en laissera prendre même en partie connaissance[630].

Par suite de résultats de l'enquête, les députés par 104 voix « pour », 5 « contre », 6 « abstentions » et 2 bulletins nuls ont décidé de ne pas donner suite favorable à la demande de mise en accusation de l'ancien Président ATT devant la HCJ[631].

Le droit d'initiative de créer une Commission spéciale d'enquête est le corollaire naturel du principe selon lequel le Parlement doit être pleinement informé des actions de l'Exécutif. La composition des commissions spéciale d'enquête est mixte, c'est-à-dire composée de membres issus de la majorité et de l'Opposition. Mais elle n'est pas hors de l'emprise de la majorité parlementaire dont dispose le Gouvernement. Ce phénomène est de nature à entraver l'information parlementaire et est à même d'anéantir l'efficacité des commissions spéciales d'enquête. Il faut admettre que, dans les démocraties établies où l'enquête parlementaire s'exerce de manière efficace, les commissions d'investigation disposent de véritables pouvoirs de contrainte. Il faut en déduire que, si les moyens de droit existent pour permettre aux parlementaires de s'informer sur les actions du Gouvernement, ils se trouvent toutefois à l'évidence confrontés à des contraintes dans la pratique.

En raison de tout ce qui précède, il semble nécessaire de renforcer le contrôle-sanction des parlementaires.

---

[630]L'Indépendant du 13 mars 2015, *www.maliweb.net/politique/mis-en-accusation-pour-haute-trahison-att-blanchi-par-la-commission-d'enquete-parlementaire-858852.html*, consulté le 1er septembre 2020.

[631] *Essor* n° 18325 du mardi 20 décembre 2016, p. 4.

SECTION 2

LE RENFORCEMENT DU CONTRÔLE-SANCTION

La mise en jeu de la responsabilité ministérielle se manifeste tout d'abord et avant tout par le biais des dispositions constitutionnelles. Il ne s'agit pas ici d'une investiture, car le gouvernement, qui engage sa responsabilité sur son programme ou sur une déclaration de politique générale, est déjà investi, c'est-à-dire nommé et en fonction[632]. La Constitution permet également aux députés d'engager la responsabilité pénale des membres du Gouvernement et du Président de la République devant la HCJ. Toutefois, ces mécanismes ne sont quasiment opérationnels, eu égard à la forte mainmise de l'Exécutif sur le Parlement.

Pour y remédier, il semble nécessaire de renforcer la technique de mise en jeu de la responsabilité du Gouvernement (paragraphe 1) et d'assouplir les conditions de mise en accusation des membres du Gouvernement et du Président de la République (paragraphe 2).

Paragraphe 1

Le renforcement de la mise en jeu de la responsabilité du gouvernement

Le renforcement de la technique de mise en jeu de la responsabilité du Gouvernement passe nécessairement par l'élargissement de la responsabilité du Gouvernement sur le vote d'un texte (A) et l'allègement de la procédure de mise en œuvre de la motion de censure (B).

A. Le renforcement de la responsabilité du Gouvernement

La question que l'on se pose est de savoir si une obligation de droit pèse sur le Gouvernement de venir devant l'Assemblée nationale pour lui soumettre son programme ou faire une déclaration de politique générale,

---

[632] GUCHET (Y), *Le contrôle parlementaire..., op.cit.*, p. 185.

le cas échéant, est soumis à un délai. En vue de répondre à cette inquiétude, il convient d'analyser la question de la responsabilité résultant de la Déclaration de de politique générale (1) et du renforcement de la responsabilité gouvernementale sur le vote d'un texte (2).

1. La responsabilité résultant de la déclaration de politique générale

Dans la pratique constitutionnelle, les Gouvernements ont toujours engagé leur responsabilité devant l'Assemblée nationale conformément aux dispositions de la Constitution. Mais, il est arrivé en France que, lors de l'engagement de la responsabilité du premier Gouvernement de Pompidou en avril 1962, une autre interprétation a été perceptible dans la pratique constitutionnelle de responsabilité gouvernementale. Dans la lettre que le Premier Ministre a adressée au Président de l'Assemblée nationale, il est expressément mentionné que le Gouvernement a décidé d'engager sa responsabilité sur son programme. Cela pouvait en déduire que le Conseil des ministres aurait pu ne pas décider de l'engagement de la responsabilité du Gouvernement devant l'Assemblée nationale. Nommé à nouveau Premier Ministre en décembre 1962, Georges POMPIDOU adressait au Président de l'Assemblée nationale la lettre suivante :

> « J'ai l'honneur de vous demander de bien vouloir réunir l'Assemblée nationale (...) pour entendre une déclaration de politique générale du gouvernement. En application de l'article 49, le Gouvernement a décidé de demander à l'Assemblée nationale d'approuver cette déclaration par un vote qui interviendra à l'issue du débat » [633].

Il semblait que le Premier Ministre Georges POMPIDOU pensait à coup sûr qu'il n'était pas juridiquement contraint de faire une déclaration de politique générale devant l'Assemblée nationale. C'est en cela que, lors de la formation de son troisième Gouvernement précédée de la présidentielle de 1965, ce dernier n'a pas trouvé opportun de convoquer de nouveau l'Assemblée nationale afin d'engager sa responsabilité. Cela montrait donc de manière évidente dans quel sens s'inscrivait l'interprétation gouvernementale des dispositions de l'article 49 alinéa 1 de la Constitution française de 1958. La présente interprétation a été tout de même confortée lors de la formation du quatrième Gouvernement de

---

[633] Cité par GUCHET (Y.), *Le contrôle parlementaire..., op. cit.*, p. 186.

Pompidou[634]. Ne disposant pas de majorité qualifiée à l'Assemblée nationale, les gouvernements dirigés par les Premiers ministres ROCARD, CRESSON, BEREGOVOY ne pouvaient prendre le moindre risque d'engager la responsabilité de leurs gouvernements devant l'Assemblée nationale. Toutefois, le Premier Ministre Pierre BEREGOVOY parviendra à le faire par suite d'un consensus entre les formations politiques de la majorité et de l'Opposition[635].

Lorsque le Gouvernement met en jeu sa responsabilité, le calcul de la majorité se déroule suivant les normes du droit commun. L'approbation du programme ou de la déclaration de politique générale s'effectue à la majorité simple, après le décompte des « pour », des « contre » et des « abstentions ». Une majorité simple d'opposant suffit donc pour désapprouver le programme et, par conséquent, contraindre le Gouvernement à remettre la démission du Gouvernement.

Le renforcement de la responsabilité du Gouvernement suppose également le renforcement de la responsabilité sur le vote d'un texte (2).

2. L'élargissement de la responsabilité sur le vote d'un texte

Le Gouvernement peut aussi engager sa responsabilité sur le vote d'un texte. En France, sous la IVe République, il n'y avait aucune obligation juridique qui pesait sur le Gouvernement de se retirer en cas de rejet d'un texte. Il était néanmoins contraint de remettre sa démission dans la mesure où le vote négatif de l'Assemblée était perçu comme un rejet par cette dernière de la politique du gouvernement. Les constituants de la Constitution de 1958 ont, en revanche, cherché à lier le sort du Gouvernement à celui du texte soumis à l'adoption de l'Assemblée nationale. L'article 49 al. 3 de la Constitution de 1958 dispose, ainsi, en ces termes :

> « Le Premier Ministre peut, après délibération du Conseil des ministres engager la responsabilité du Gouvernement devant l'Assemblée nationale sur le vote d'un texte. Dans ce cas, le texte est considéré comme adopté sauf si une motion de censure déposée dans les 24 heures qui suivent est votée dans les conditions prévues à l'alinéa précédent ».

---

634 *Ibid.*

635 *Ibid.* p. 187.

Au moment de l'utilisation de la motion de censure, l'Assemblée nationale a un choix double :

> « Ou bien elle estime les projets gouvernementaux inacceptables et préfère renverser le Gouvernement en votant la motion plutôt que les accepter ; ou bien souhaitant le maintien du Gouvernement en place, elle ne votera pas la motion mais elle sera ainsi contrainte constitutionnellement d'accepter le texte proposé »[636].

Sous réserve de quelques critiques, certains auteurs défendent avec pertinence le principe de la responsabilité du Gouvernement lié au vote d'un texte. Selon Yves GUCHET, *« la logique veut que l'existence du Gouvernement soit liée au sort des textes auxquels il attache une grande importance puisqu'il engage sa responsabilité et donc son existence sur leur sort »* [637]. La position de cet auteur est confortée par Michel DEBRE qui concevait l'engagement de la responsabilité par suite du vote d'un texte comme une pratique normale en régime parlementaire[638].

L'engagement de la responsabilité du Gouvernement à partir de l'adoption d'un texte a été effectué à maintes reprises en France depuis l'entrée en vigueur de la Constitution de 1958[639]. Si le Gouvernement peut mettre en jeu sa responsabilité politique, celle-ci peut être mise en cause par les députés, eu égard aux dispositions de l'article 78 de la Constitution du 25 février 1992 : *« L'Assemblée nationale met en cause la responsabilité du Gouvernement par le vote d'une motion de censure ».* La conséquence juridique de l'adoption d'une motion de censure par l'Assemblée nationale est la présentation par le Premier Ministre, au Président de la République, de la démission du gouvernement. Une telle sanction entraînerait, dans bien de cas, la dissolution de l'Assemblée nationale, en vue de s'ouvrir à l'arbitrage du

---

[636] GUCHET (Y.), *Le contrôle parlementaire..., op.cit.*, p. 188.

[637] *Ibid.*

[638] *Ibid.*, pp. 188-189.

[639] De 1959 à 1981, l'article 49 al. 3 de la Constitution de 1958 a été invoqué 18 fois dont 6 par R. BARRE. Depuis 1981, de son côté, Pierre MAUROY a utilisé cette procédure à 7 fois ; Laurent FABIUS, 4 ; Jacques CHIRAC, 8. Et à chaque fois, une motion de censure a été déposée à l'exception d'un seul cas. En 1989, le Gouvernement a fait recours à l'article 49 al. 3 à 16 reprises. En 1993, en dépit de sa Majorité, E. BALLADUR a engagé la responsabilité de son Gouvernement sur le projet de privatisation en première lecture. Le Premier Ministre Alain JUPPE l'a utilisé à deux reprises : la première au sujet de la sécurité sociale, la seconde concerne le projet de loi relative à l'entreprise France Télécom en juin 1996. Voir GUCHET (Y.), *Le contrôle parlementaire..., op.cit.*, pp. 189-190.

corps électoral. La Constitution dispose en article 79 : *« lorsque l'Assemblée nationale adopte une motion de censure, le Premier doit remettre au Président de la République la démission du Gouvernement »*. Il en est de même lorsque l'Assemblée n'approuverait pas son programme ou une déclaration de politique générale.

Toutefois, il existe bien de difficultés juridiques réelles relatives à la mise en œuvre de la responsabilité politique du Gouvernement à l'initiative du Parlement. Un allègement de la procédure semble donc nécessaire en vue d'un meilleur renforcement du contrôle-sanction des parlementaires.

B. L'allègement de la procédure de mise en œuvre de la motion de censure

L'allègement de la procédure de mise en œuvre de la motion traite les questions relatives aux contraintes juridiques (1) et aux contraintes politiques (2).

1. Les contraintes juridiques

Les contraintes juridiques de la motion de censure sont les marques de la rationalisation du régime parlementaire[640]. Par définition, le parlementarisme rationalisé est un ensemble de techniques destinées à lutter contre les effets du parlementarisme moniste. Les rapports entre le Gouvernement et le Parlement sont minutieusement réglés afin d'éviter l'instabilité gouvernementale. Mais dans l'esprit de son précurseur, Boris MIRKINE-GUETZEVICH, le terme rationalisation sert à *« remplacer le fait métajuridique du pouvoir par les règles du droit écrit »*. C'est ainsi, affirme-t-on, alors que *« la volonté de rationaliser était particulièrement*

[640] Par ailleurs, la détermination du régime des sessions, la soumission des règlements intérieurs des assemblées au contrôle de constitutionnalité, la fixation de l'ordre et l'organisation des débats par le Gouvernement, la réduction du nombre de commission, la délimitation du domaine de la loi, la définition des procédures contraignantes d'engagement de la responsabilité du Gouvernement sont des dispositions qui renforcent l'allégeance du Parlement au Gouvernement. K. SOMALI, *Le Parlement dans le nouveau constitutionnalisme en Afrique ...*, *op. cit.* p. 12.

motivée par l'idée (faussement illusoire) de favoriser la stabilité gouvernementale en évitant les votes imprévus »[641].

Les limites juridiques de la motion de censure résultent des règles procédurales de la motion de censure. Le Règlement intérieur en mettant en forme l'esprit de la Constitution semble restreindre l'exercice de la motion de censure. De l'initiative à l'adoption, le Règlement intérieur de l'Assemblée nationale en conformité avec la Constitution commande toute une série d'étapes obligatoires dont la portée laisse à désirer. Nous ne connaissons pas les vraies motivations du Constituant de 1992 sur les principes régissant la motion de censure. Mais dans l'esprit de la Constitution française du 4 aout 1958 dont la IIIe République s'est très fortement inspirée, il s'agissait d'anéantir les pouvoirs du Parlement pour éviter de renverser facilement le Gouvernement comme ce furent les cas sous la IIIe République et la IVe République française.

La recevabilité de la motion de censure ne permet pas à toutes les configurations politiques de l'Assemblée nationale d'y recourir[642]. Aucun petit parti politique ne se suffit à lui seul pour initier une motion de censure et, a fortiori, prétendre à son adoption. Pratiquement les petits partis politiques se regroupent. L'Opposition parlementaire qui l'a initiée sous la IIIe République jusque-là, sous réserve faite à de la dernière motion, a toujours été composée par plusieurs partis politiques[643].

Le Constituant a restreint encore le nombre d'initiative au cours d'une même session. Cette disposition pourrait- elle être abusive lorsque le Gouvernement se livrerait à d'autres faits de nature à provoquer une nouvelle motion de censure. Seule une crise grave au sein de la majorité

---

[641] TROPER (M.), CHAGNOLLAUD (D.), *Traité international de droit constitutionnel,* Tome 2, Paris, Dalloz, 2012, p. 187.

[642] Article 96 du Règlement intérieur de l'Assemblée nationale : « *Le dépôt des motions de censure est constaté par la remise au Président de l'Assemblée nationale, au cours d'une séance publique document portant l'intitulé « Motion de censure » suivi de la liste des signatures d'au moins un dixième* (1/10) *des membres de l'Assemblée nationale ».*

[643] Dans un entretien que nous a accordé l'Honorable Adama KANE, député URD, élu dans la circonscription électorale de Baraouéli sous les couleurs de l'URD, membre de la Commission des finances, de l'Economie du plan et de la Promotion du Secteur privé, le jeudi 31 janvier 2019, conditionner la recevabilité du texte de la motion de censure à l'initiative d'un 1/10 des membres de l'Assemblée nationale importe peu. Pour lui, c'est la majorité des 2/3 des membres de l'Assemblée nationale pour son adoption qui mérite d'être revue en baisse.

parlementaire pouvait aboutir à l'adoption de l'une des motions de censure dans un Parlement jusque-là caractérisé par une majorité favorable au Gouvernement. Même pendant la Ire République où c'était le Parlement qui nommait le Président du Gouvernement[644], la motion de censure était encadrée de telle sorte à éviter de renverser trop facilement le Gouvernement. L'esprit est le même sauf que la motion de censure dite constructive de la Ire République[645] est reléguée à une œuvre d'art du Musée national.

Le texte de la motion n'est pas aussitôt mis au vote après le dépôt. Pendant la discussion, l'Opposition, proportionnellement à son nombre, dispose d'un temps légal, mais jugé trop faible par ses élus pour développer le fond du texte de motion qu'elle a initié[646]. Parallèlement la majorité ne fait que jouir de son droit du temps de parole. Elle a manifesté, dans quatre motions de censure sur cinq provoquées sous la IIIe République, une attitude défavorable. On remarquait que, pendant la discussion de la motion de censure contre le Gouvernement dirigé par Moussa MARA, l'Honorable Seydou DIAWARA[647] déplorait le fait que : *« L'instinct de protection de l'Exécutif dominait le débat »*. Le pays sortait d'une profonde crise politico-sécuritaire. Il s'agissait alors d'éviter que la motion de censure prospère, car la conséquence serait encore plus dramatique sur les actions du Gouvernement. Une telle attitude de la majorité n'est pas partisane encore moins une négation du contrôle parlementaire, mais l'expression d'un souci d'objectivité[648].

Un temps normal de réflexion est par ailleurs accordé aux députés pour éviter la survenance d'un vote-passion, qu'il ne soit l'effet de la fatigue. D'autres considèrent, toutefois, qu'il s'agit d'une étude plus sérieuse du texte de la motion pour un éventuel choix décisif. Cette suspension profite au Gouvernement.

---

[644] Article 7 de la Constitution du 22 septembre 1960.

[645] Article 34 de la Constitution du 22 septembre 1960.

[646] L'entretien avec l'Honorable Seydou DIAWARA, le 23 janvier 2019.

[647] Député URD de la Ve Législature, élu dans la circonscription électorale de Bougouni pendant l'entretien qu'il nous a accordé le 23 janvier 2019 dans son domicile à Niamankoro Cité.

[648] C'est ce qui ressortait de l'avis de l'Honorable Yiri KEITA, Député RPM, élu dans la circonscription électorale de Dioïla, membre de la Commission des Travaux, publics, de l'Habitat, des Domaines et des Transports sous la Ve Législature, sur la dernière motion de censure, au cours de notre entretien le 12 mars 2019 à l'Assemblée Nationale.

Pour être définitivement adoptée, la motion doit recueillir la majorité des deux tiers (2/3), soit 98 sur 147 des membres composant l'Assemblée nationale (article 96, alinéa 12 du Règlement intérieur). Il faut rappeler que, de 1960 à nos jours, aucune motion de censure n'a été adoptée par les parlementaires maliens. Pour l'Honorable Bakary DIARRA[649], la procédure d'adoption de la motion est d'une telle extrême complexité qu'elle semble paraitre comme un pouvoir de forme. Cependant, aussi complexe que soit cette procédure dans le droit positif, son aboutissement ou son non-aboutissement ne sont pas liés à la nature du système, mais à *« notre mentalité »*, renchérit l'Honorable Soïba COULIBALY[650].

Par ailleurs, une autre restriction provient du texte même de la Constitution dans son article 78, al.2 *in fine* : *« Si la motion de censure est rejetée ses signataires ne peuvent en proposer une nouvelle au cours de la même session ».* La tendance est de justifier cette disposition par le souci de stabiliser le Gouvernement. Ce texte a l'inconvénient de permettre au Gouvernement d'agir librement. Des nouveaux motifs peuvent apparaitre pour justifier la mise en œuvre de l'article 78, al.2 au cours de la même session. En France, l'article 49, al.2 de la Constitution du 4 aout 1958 révisée autorise jusqu'à trois (3) motions de censure au cours d'une même session[651]. De toutes les manières, la motion de censure représente pour l'Opposition parlementaire un moyen extrême de s'opposer à l'action gouvernementale et à prendre à témoin l'opinion publique pour les échéances futures.

Ces contraintes juridiques s'accompagnent également des contraintes politiques.

---

[649] Député RPM, élu dans la circonscription électorale de Sikasso sous la Ve Législature, membre de la Commission Administration territoriale et Décentralisation, Groupe parlementaire ADP-MALIBA, pendant notre entretien le 28 janvier 2019 à l'Assemblée nationale.

[650] Député RPM de la Ve Législature, élu dans la circonscription électorale de Kati, membre de la Commission des finances, du Plan et de la promotion du secteur privé, Groupe parlementaire APM-MALIBA-SADI, pendant notre entretien le 13 février 2019 à l'Assemblée nationale dans le bureau dudit groupe.

[651] Article 49, alinéa 2 *« ...Sauf dans le cas prévu à l'alinéa ci-dessous, un député ne peut être signataire de plus trois motions au cours d'une session ordinaire et plus d'une session au cours d'une session extraordinaire ».*

2. Les contraintes politiques

La motion de censure est souvent invoquée pour des fins exclusivement électoralistes. Conscients parfois du non aboutissement de la motion de censure, les initiateurs la mettent, malgré tout, en œuvre pour attirer l'attention des électeurs indécis en perspective des prochaines consultations électorales. L'objectif ultime n'est pas toujours d'obtenir la démission du Gouvernement. C'est l'exemple du Président du Congrès national d'initiative démocratique (CNID, *Faso yiriwa ton* en bambara (CNID-FYT), Me Mountaga TALL, qui a déposé la motion de censure en 1997 au nom du Front de l'Opposition sous la première Législature. Au cours des débats, celui a tenu à déclarer que : *« l'objectif de la motion de censure était non de faire partir le Gouvernement, mais d'obtenir un débat avec celui-ci et de cet échange de prendre à témoin l'opinion nationale »*[652]. Cet objectif paraît logique, car tout le système de la responsabilité du Gouvernement repose sur l'idée que le Gouvernement est présumé avoir la confiance de l'Assemblée et cette présomption ne peut être écartée que par un vote franc et massif de la majorité qualifiée.

Il existe encore de difficultés politiques majeures quant à la mise en jeu de la responsabilité politique du Gouvernement par suite de l'initiative parlementaire. Les raisons politiques du non-aboutissement de la motion de censure et du recours inexistant voire rarissime de la majorité parlementaire à la procédure peuvent résulter d'une « *psychose politique* » dont les origines premières sont antérieures à la IIIe République. Avant la naissance de la IIIe République, dans un système de monopartisme de droit ou de fait, le Parti était la clé de voûte de l'ensemble des institutions. Le chef de l'État était à la fois chef du parti et chef du Gouvernement. Il n'y avait là, aussi bien en théorie qu'en pratique, aucune séparation nette des pouvoirs exécutifs et législatifs. L'abandon du système du Parti unique avec la Constitution de la IIIe République n'a cependant pas complètement effacé les supplices[653].

---

[652] *Essor*, n° 13414 du mercredi 26 février 1997, p. 3.

[653] Une précision est nécessaire. L'Assemblée nationale comme toutes les Institutions de la République doit concourir à la stabilité du pouvoir politique. Qu'elle soit en tant que représentation du peuple, le collaborateur avisé et le soutien direct du Gouvernement pour les choix politiques, les meilleurs !

Le système politico-partisan et la discipline de vote ont toujours vidé le contrôle parlementaire de l'action parlementaire de son essence, au Mali depuis l'indépendance.

Une autre raison, insoutenable pour notre part, résulte de la survenance du fait majoritaire à l'Assemblée nationale. Cette situation rend incertain le renversement du Gouvernement par le biais d'une motion de censure et entraîne, par conséquent, une inefficacité du contrôle des députés sur les actions de l'Exécutif. L'impérialisme majoritaire se manifeste au Parlement par le règne du fait majoritaire. Celui-ci se traduit par une discipline de soutien parlementaire sans faille au Gouvernement. En d'autres termes, l'impérialisme majoritaire cherche à étouffer tout ce qui pourrait nuire à l'action du pouvoir exécutif, le chef du Gouvernement étant très souvent issu du parti de la majorité au pouvoir. Dans le fonctionnement de la IIIe République, c'est plutôt la personnalité du chef de l'État qui devient l'incarnation au niveau du Parlement[654].

Le Parlement dispose de pouvoirs extrêmes pour sanctionner les actions du Gouvernement. Mais leur efficacité reste fortement incertaine. Les différentes Républiques qui se sont succédé au Mali depuis l'indépendance accordent la primauté du chef de l'État sur le Parlement. L'égalité entre le Parlement et le Gouvernement dans un régime parlementaire, chère au doyen DUGUIT, se trouve à l'évidence fortement malmenée ici.[655]. Il faut donc rétablir un nouvel équilibre entre le Gouvernement et le Parlement pour l'efficience et l'effectivité du contrôle parlementaire des actions de l'Exécutif. Cet équilibre consiste à un renforcement de la fonction parlementaire qui s'exerce nécessairement par un renforcement du contrôle de l'action gouvernementale et une limitation des moyens dont dispose le

---

[654] Pendant le débat de la motion de censure du 19 décembre 2016, un membre de la Majorité a déclaré s'adressant au Gouvernement : *« Tant que vous avez la confiance du Président de la République, la nôtre ne fera pas défaut »*, *Essor* n° 18327 du jeudi 22 décembre 2016, p. 3.

[655] D'après Léon DUGUIT, le régime parlementaire *« repose sur l'égalité des deux organes de l'État ; le Parlement et le Gouvernement, sur leur intime collaboration à toute activité de l'État et sur l'action qu'ils exercent l'un sur l'autre pour se limiter réciproquement. La dissolution et la responsabilité politique du cabinet sont deux moyens essentiels par lesquels s'exerce l'action réciproque des deux organes l'un sur l'autre »*, cité par SOMALI (K.), *Le Parlement dans le nouveau constitutionnalisme en Afrique ...*, p. 185.

Gouvernement pour intervenir dans la fonction législative[656], mais également par l'assouplissement de la condition de mise en accusation des gouvernants devant la HCJ.

Paragraphe 2

L'assouplissement de la condition de mise en accusation devant la Haute Cour de Justice

La responsabilité politique se distingue de la faute civile. Elle présente un caractère subjectif relevant de la seule compétence du pouvoir législatif. L'Assemblée nationale peut, à tout moment pendant les sessions, engager la responsabilité politique d'un membre du Gouvernement en raison d'un acte pris par lui dans l'exercice de ses fonctions y compris dans son attitude, dans son imprudence ou encore dans son inaction. Elle contrôle non pas la légalité de l'acte en question, élément de compétence du juge administratif, mais son « *opportunité politique* ». Mais, en raison du système des partis, le risque que la responsabilité soit réellement mise en jeu est très faible[657]. Concrètement, c'est donc une responsabilité politique sans issue.

En vue d'en savoir plus, nous étudierons les conditions de mise en accusation devant la HCJ (A) et, en conséquence desquelles, nous préconisons l'assouplissement de la procédure en vue de faciliter sa mise en œuvre (B).

A. Les conditions de mise en accusation et de mise en jugement devant Haute Cour de Justice

Il s'agira ici de mettre l'accent sur la mise en accusation (1) et la mise en jugement des autorités exécutives (2).

1. La mise en accusation devant la Haute Cour de Justice

Conformément à l'article 95 de la Constitution du 25 février 1992 :

---

[656] MATHIEU (B.), « Transformer la Ve sans la trahir », *in AJDA*, 2008, p. 1858.

[657] BURDEAU (G.), HAMON (F.), TROPER, *Droit constitutionnel*, *op. cit.*, p. 652.

« La Haute Cour de Justice est compétente pour juger le Président de la République et les ministres mis en accusation devant elle par l'Assemblée nationale pour haute trahison ou à raison des faits qualifiés de crimes ou délits commis dans l'exercice de leurs fonctions ainsi que leurs complices en cas de complot contre la sûreté de l'État.

La mise en accusation est votée par scrutin public à la majorité des 2/3 des députés composant l'Assemblée nationale.

La Haute Cour de justice est liée par la définition des crimes et délits et par la détermination des peines résultant des lois pénales en vigueur à l'époque des faits compris dans la poursuite ».

Sa composition est énumérée à l'article 96 de la Constitution :

« La Haute Cour de Justice est composée de membres désignés par l'Assemblée nationale à chaque renouvellement général. Elle élit son Président parmi ses membres ».

Le nombre de ses membres, les règles de son fonctionnement ainsi que la procédure suivie devant elle sont prévus par une loi organique. Conformément à la loi organique du 13 janvier 1997 fixant la composition et les règles de fonctionnement de la HCJ ainsi que la procédure suivie devant elle, les membres de la Cour de sont assistés par neuf (9) juges titulaires et de neuf (9) juges suppléants désignés également par l'Assemblée nationale (article 1er). La loi précise que le ministère public est assuré par le Procureur Général près la Cour suprême ou, en cas d'empêchement, par l'un des Avocats généraux (article 9). A propos de la procédure, la loi précise que, lorsque le Président de la République est susceptible d'être inculpé à raison de faits qualifiés de haute trahison, l'Assemblée nationale en est saisie par son président. Lorsqu'un ministre est susceptible d'être inculpé à raison de faits qualifiés de crimes ou délits commis dans l'exercice de ses fonctions, le Procureur de la République compétent transmet le dossier au Procureur Général près la Cour suprême, chargé de l'acheminer au Président de l'Assemblée nationale (article 15). Il faut ajouter que la mise en accusation entraîne, de plein droit, la levée de toute immunité (article 16). Les arrêts de la HCJ ne sont susceptibles ni d'appel ni de pourvoi en cassation.

Toutefois, l'hypothèse du recours en révision est admise dans les conditions définies par le Code de Procédure pénale (article 36). L'article 67 al. 1 de la Constitution française reste plus explicite par rapport à la destitution du chef de l'État :

« Le Président de la République ne peut être destitué qu'en cas de manquement à ses devoirs manifestement incompatibles avec l'exercice de son mandat. La destitution est prononcée par le Parlement constitué en Haute Cour ».

En d'autres termes, dans l'exercice de ses fonctions, la responsabilité juridique du chef de l'État ne peut être mise en cause ni au plan civil ni au plan pénal. La réparation du préjudice provoqué par un acte dommageable accompli par le chef de l'État, sans que l'auteur du dommage, en l'espèce le Président participe au paiement de l'indemnité. Ces règles s'appliquent tout de même aux anciens présidents de la République, qui ne peuvent davantage être mis en cause pour les actes accomplis dans l'exercice de leurs fonctions, une fois qu'ils ont cessé de les exercer[658].

Le Président de la République reste donc responsable des actes accomplis en dehors de l'exercice de ses fonctions. Celui-ci n'est pas un monarque et ne devrait bénéficier dans ces conditions d'une immunité absolue. Il en est de même, hors le cas de haute trahison, des actes de nature pénale qu'il aurait commis dans l'exercice de ses fonctions. Olivier DUHAMEL le pense ainsi :

« Le Président est irresponsable, (mais) l'individu est responsable. Il ne peut ainsi assassiner qui bon lui semble en toute impunité, et relèverait d'une Cour d'assises en cas d'homicide accompli hors l'exercice de ses fonctions »[659].

Il est arrivé, en France, que le tribunal correctionnel de Paris se soit déclaré compétent en vue de statuer sur un acte accompli juste avant l'entrée en fonction du Président de la République. Toutefois, bon nombre de constitutionnalistes, en l'occurrence Guy CARCASSONNE, et même le Conseil constitutionnel à l'époque présidé par Roland Dumas, ont fustigé une telle procédure[660]. La controverse juridique a été relancée sur cette question le 20 mars 1999 à la suite de l'instruction ouverte à Nanterre sur le financement du RPR et l'éventuelle mise en accusation du Président CHIRAC. La Cour de cassation y mit fin le 10 octobre 2001 en confirmant, par conséquent, l'irresponsabilité totale du Président de la République au cours de l'exercice de ses fonctions. Mais, à la différence

---

[658] DUHAMEL (O.), *Droit constitutionnel et institutions politiques*, *op. cit.*, p. 544.

[659] *Ibid.*

[660] *Ibid.*, p. 545.

du Conseil constitutionnel, celle-ci décide de restreindre la compétence de la Haute Cour. C'est-à-dire qu'après la fin de son mandat, ce sont les juges ordinaires qui se chargeront du dossier, au cas échéant. Olivier DUHAMEL en arrive à un résultat tout simple : *« le monarque, tant qu'il règne, est hors d'atteinte du droit. Il est au-dessus de la loi »*[661]. La jurisprudence de la Cour de cassation a été entérinée par la révision constitutionnelle de février 2007, notamment dans les articles 67 et 68 de la Constitution de 1958.

Qu'en est-il de la mise en jugement des autorités exécutives devant la HCJ ?

2. La mise en jugement devant la Haute Cour de Justice

Pour ce qui est de la mise en accusation et en jugement pour manquement à ses devoirs, l'article 68 de la Constitution française dispose que la Cour de justice de la République, quand elle juge les membres du Gouvernement, *« est liée par la définition des crimes et délits ainsi que par la détermination des peines telles qu'elles résultent des lois pénales ».*

La HCJ, compétente pour juger le Président de la République et les ministres mis en accusation devant elle par l'Assemblée nationale pour haute trahison ou en raison des faits qualifiés de crimes ou délits commis dans l'exercice de leurs fonctions ainsi que leurs complices en cas de complot contre la sureté de l'État[662], n'a jamais siégé au Mali. Certes, on constate certains cas de démissions des ministres après le contrôle. Alors que la corruption ne cesse de prendre du terrain dans l'Administration sous le contrôle du Gouvernement comme en témoignent les différents Rapports du Vérificateur général sous l'œil passif de la représentation nationale[663]. Facteur du développement et du bien-être collectif, la démocratie, du moins celle de la IIIe République, reste gangrénée par l'affairisme de l'élite et la misère de la masse[664]. L'avarice est double selon qu'elle est propre au Gouvernement et au Parlement. La démocratie

---

661 *Ibid.*

662 Article 95 de la Constitution.

663 Dans le Rapport 2013-2014 du vérificateur général il y a eu une perte de 153 milliards de franc CFA,

664 CISSE (A.), *Mali : une démocratie à refonder*, Paris, L'Harmattan, 2006, p. 101.

relève plus de la flatterie que de la justice sociale[665]. La responsabilité des dirigeants politiques au Mali et à l'instar d'autres pays du Continent est une simple vue de l'esprit dont la survivance n'a d'autre explication que la force du mimétisme institutionnel[666].

C'est en cela que nombreux sont les observateurs et auteurs à préconiser la suppression de la HCJ ou l'assouplissement de la procédure devant elle.

B. L'assouplissement de la procédure de mise en accusation

L'assouplissement de la procédure de mise en accusation passe par le recours à des mécanismes de pétitions citoyennes de mise en accusation des autorités (1) et le renforcement des mécanismes de mise en jeu de la responsabilité (2).

1. Le recours à des mécanismes de pétitions citoyennes de mise en accusation

Même si la HCJ a commencé à fonctionner au cours des dernières années au Mali, il reste important de rappeler que son existence n'est plus pertinente dans le rang des institutions de la République au Mali. Compte tenu de ses modalités d'organisation et de fonctionnement, on considère que cette juridiction ne répond plus aux attentes des citoyens. Il y a lieu donc de transférer les prérogatives de cette juridiction spécialisée aux juridictions de droit commun. Cette mesure s'inscrit dans une logique de dépolitisation de la juridiction *« politique »*. Une infraction commise par le Président de la République a le même effet juridique qu'une infraction commise par le citoyen. Sur ce point, l'article 2 de la Constitution malienne de 1992 dispose que :

> « Tous les Maliens naissent et demeurent libres et égaux en droit et en devoir. Toute discrimination fondée sur l'origine sociale, la couleur,

[665] Face à la réticence du syndicat des travailleurs et de l'Administration d'État le Gouvernement a procédé à la suspension de la Loi sur l'enrichissement illicite sous la passivité du Parlement. *Essor* n° 18557 du vendredi 24 novembre 2017, p. 3.

[666] SOMALI (K), *Le Parlement dans le nouveau constitutionnalisme en Afrique ..., op, cit,.*, p. 377.

> la langue, la race, le sexe, la religion et l'opinion politique est prohibée ».

Cette remarque n'échappe pas à l'analyse de Boubacar Ba dès lors qu'il admet que *« l'entrecroisement des règles juridiques avec le champ politique est fatalement de nature à rendre hypothétique tout pari sur le résultat des initiatives de destitution des Chefs d'État »*[667]. Le procès en destitution, qui découle d'une mise en accusation suivie d'un jugement par le Parlement, reste de plus en plus précaire en raison de la forte politisation de l'Institution. Les Présidents de la République ont toujours disposé au Parlement d'une majorité acquise à leur cause pour rendre incertain, un éventuel raccourcissement de leur mandat par voie de destitution.

En Afrique, la destitution du Président A. ZAFY est sans précédent. La procédure de raccourcissement de son mandat résulte de l'intervention de la Cour constitutionnelle[668] dans sa Décision n° 17-HCC D3 du 04 septembre 1996 :

> « Considérant que de tout ce qui précède (…) qui échet par conséquent de déclarer l'empêchement définitif du Président de la République en application de l'article 50 de la Constitution ».

Aux termes de l'article 50 de la Constitution du 18 septembre 1992 :

> « L'empêchement définitif du Président de la République peut être déclaré par la Cour constitutionnelle saisie par une résolution adoptée à la majorité des deux tiers au moins des députés composant l'Assemblée nationale, pour violation de la Constitution ou pour toute autre cause dûment constatée et prouvée entraînant son incapacité permanente d'exercer ses fonctions ».

Il était reproché au Président d'avoir violé la Constitution. L'empêchement ainsi prononcé, le Président malgache était ainsi obligé de quitter la magistrature suprême de son pays[669].

---

[667] BA (B.), « La destitution des Chefs d'État : Fortunes et infortunes d'une pratique aléatoire », *in Mélanges en l'honneur de Babacar KANTE, Actualités du droit public et de la science politique, Sénégal,* L'Harmattan, 2017, p. 195.

[668] Après l'adoption d'une résolution à l'Assemblée nationale qui visait à constater l'empêchement définitif du Président de la République.

[669] BA (B.), « La destitution des Chefs d'État : fortunes et infortunes d'une pratique aléatoire… », *op.cit.*, p. 195.

A défaut de supprimer la HCJ, il semble nécessaire d'assouplir les conditions de mise en accusation du Président de la République et des membres du Gouvernement devant elle. On pourrait institutionnaliser par exemple le recours à des mécanismes de pétitions citoyennes de mise en accusation des personnalités concernées, revoir à la baisse le quota des 2/3 pour la mise en accusation, prévoir l'auto-saisine dans certaines conditions de l'institution, etc., d'où l'idée de renforcer d'autres mécanismes de mise en jeu de la responsabilité.

2. Le renforcement d'autres mécanismes de mise en jeu de la responsabilité

Les infractions de haute trahison restent en revanche difficilement applicables subséquemment à la survenance de contraintes politiques extrêmes, surtout, lorsque le Président de la République dispose d'une majorité à l'Assemblée. Olivier DUHAMEL met par ailleurs en évidence trois hypothèses à partir desquelles le Président de la République est à même de mettre en jeu sa responsabilité[670].

La première hypothèse *« minimale »* suppose que le Président arrive au terme de son mandat et se représente de nouveau aux élections. La participation à l'élection présidentielle met en jeu la responsabilité du Président sortant. La deuxième hypothèse *« maximale »* découle du fait que le Président décide de se retirer, soit à la suite d'une crise exceptionnelle, soit à l'issue d'une consultation pour laquelle il a engagé sa responsabilité. La troisième hypothèse *« intermédiaire »* nous semble à juste titre plus importante eu égard au contrôle-sanction à l'Assemblée. Elle est provoquée par suite de la survenance d'une majorité nouvelle à l'Assemblée, au sortir des élections législatives, sanctionnant ainsi la majorité parlementaire du Président en fonction. D'aucuns admettent l'hypothèse de la démission du Président de la République en cas de victoire législative de l'Opposition, même si le principe d'irresponsabilité posé par la Constitution permet à celui-ci de poursuivre son mandat jusqu'à terme. D'autres, soutiennent la position contraire et donc la non-démission d'un chef de l'État ayant perdu les élections législatives, mais considèrent qu'il doit démissionner quand il ne pourra plus faire usage de son arme de dissolution. D'autres affirment enfin que, si un Président perd les élections législatives, prononce par conséquent,

---

[670] DUHAMEL (O.), *Droit constitutionnel…*, *op.cit.* p. 547.

la dissolution de l'Assemblée hostile, et subit un nouvel échec législatif par suite d'élections, il devra alors démissionner[671].

Mais il faut préciser qu'au regard de tout ce qui précède, la Constitution ne prévoit pas qu'un Président confronté à un double désaveu électoral à l'Assemblée, doive démissionner. Il ne faut donc pas confondre, sur ce point, droit, morale et politique[672].

Avec l'adoption de la Constitution de la IVe République, la HCJ disparait de la liste des Institutions de la République du Mali. Désormais, le Président de la République est jugé au même titre que les citoyens ordinaires devant les juridictions de droit commun. Toutefois, il ne peut y être jugé qu'en tant qu'ancien chef d'Etat. Cette analyse est confortée par l'article 74 de la Constitution du 22 juillet 2023.

Par ailleurs, les mécanismes de stabilisation et de performance du contrôle parlementaire restent l'autre défi majeur pour l'effectivité du contrôle parlementaire de l'action gouvernementale.

---

[671] *Ibid.*, p. 548.

[672] *Ibid.*

TITRE 2

LES MÉCANISMES DE STABILISATION ET DE PERFORMANCE DU CONTRÔLE PARLEMENTAIRE

Eu égard aux difficultés majeures constatées plus haut dans le contrôle parlementaire de l'action gouvernementale au Mali, il reste à engager une réflexion approfondie sur des mécanismes qui seront à même de stabiliser et de performer le contrôle. Le phénomène majoritaire qui caractérise ce contrôle se trouve être à la base de l'inefficacité du contrôle par l'Assemblée des actions de l'Exécutif. L'équilibre des pouvoirs législatifs et exécutifs sont à même de rendre plus stable et plus performant ledit contrôle. La démocratie représentative incarnée par le Parlement devra tout de même permettre de rétablir la confiance entre les députés et les citoyens. La stabilité de l'Assemblée nationale passe par la maîtrise de la crise de la démocratie représentative. Mais cela ne suffit pas, les députés ont besoin d'être renforcés dans leur capacité pour être à la hauteur des attentes de la population.

Pour consolider les mécanismes de contrôle, il faut renforcer les mesures de stabilisation (Chapitre 1) et de performance des députés à l'Assemblée nationale (Chapitre 2).

CHAPITRE 1

LES MESURES DE STABILISATION DU CONTRÔLE PARLEMENTAIRE

De façon générale, les limites ou les insuffisances du contrôle parlementaire avec engagement de la responsabilité se rapportent aux textes organisant sa procédure, au déséquilibre dans les rapports Gouvernement-Parlement, au poids des partis politiques dans le processus décisionnel, à l'absence d'un véritable organisme de suivi de l'activité législative dans l'organigramme de l'Assemblée nationale et à certaines conditions subjectives liées à la personne du député et à la faiblesse de l'assistance parlementaire. Ce sont donc des facteurs d'ordre matériel, social et organisationnel.

Bref, ces facteurs peuvent être conçus, dans le cadre de la présente étude, à travers deux points essentiels que sont la réduction de l'influence de l'Exécutif sur le contrôle du Parlement (Section 1) et les mesures d'atténuation à la crise de la démocratie représentative au Parlement (Section 2).

SECTION 1

LA RÉDUCTION DE L'INFLUENCE DE L'EXÉCUTIF SUR LE CONTRÔLE DU PARLEMENT

L'influence croissante de l'Exécutif sur le contrôle du Parlement est difficilement conciliable avec les principes de la spécialisation fonctionnelle et de l'indépendance organique, qui caractérisent la théorie de la séparation des pouvoirs inscrite dans la Constitution du 25 février 1992. Le principe de la spécialisation fonctionnelle des pouvoirs suppose que chaque organe de l'État soit spécialisé dans une fonction spécifique. En conséquence, chaque organe devra s'abstenir de s'ingérer dans les fonctions assignées à l'autre. La règle de l'indépendance organique, quant à elle, signifie que chaque organe ne peut agir que sur lui-même et n'a aucun moyen d'action dans le domaine d'intervention de l'autre.

Toutefois, ces principes doivent être relativisés à la lumière de la dimension nouvelle qu'ils empruntent à l'heure actuelle dans les démocraties parlementaires. D'où s'imposent la nécessité de renforcer les parlementaires dans leurs initiatives de contrôle de l'action du Gouvernement (Paragraphe 1) et celle de rééquilibrer les pouvoirs exécutif et législatif en vue d'un meilleur contrôle parlementaire (Paragraphe 2).

Paragraphe 1

La nécessité de renforcer des initiatives en matière de contrôle

La maîtrise des initiatives des députés doit être renforcée pour l'efficacité du contrôle parlementaire. Comme l'a si bien décrit Yves MICHEL :

> « Un Parlement dépourvu de pouvoirs, exerçant ses compétences législatives dans un domaine strictement délimité, une Assemblée et un Sénat aux prérogatives réduites en matière financière et sans influence réelle sur la conduite de la politique économique, des

chambres qui ne sont plus maîtresses de leur ordre du jour et la mission de contrôle bute sur l'inertie de l'Exécutif »[673].

Devrait-on croire véritablement à une initiative parlementaire ? Quelle serait l'utilité des propositions de loi ou de résolution, de la Défense des amendements, des motions de censure, et des questions écrites ou orales ?

Il existe d'énormes obstacles pouvant empêcher les députés d'exercer efficacement leurs droits d'initiative. L'initiative parlementaire serait fortement limitée, eu égard à l'existence du phénomène majoritaire, des dispositions institutionnelles qui l'enserrent et à l'évolution des sociétés.

En vue d'y remédier, nous allons recourir successivement aux mécanismes d'atténuation du phénomène majoritaire (A) et au renforcement du droit d'amendement (B).

A. Les mécanismes d'atténuation au phénomène majoritaire

Les mécanismes d'atténuation au phénomène majoritaire s'intéressent, dans un premier temps, aux effets pervers du consensus politique (1) et, dans un second temps, à d'autres mécanismes d'atténuation de ce phénomène (2).

1. Les atténuations aux effets pervers du consensus politique

Il a été précisé plus haut que le fait majoritaire qui caractérise les démocraties parlementaires est un handicap majeur pour le fonctionnement normal de la démocratie parlementaire. C'est en cela que le consensus politique a bouleversé la démocratie et, par conséquent, constitué une entorse à l'efficacité du contrôle de l'action gouvernementale au Mali. Le Président ATT a institutionnalisé, pour la première fois dans l'histoire du Mali, le concept de consensus en tant que moyen ou méthode politique de réduire en néant le contrôle parlementaire de l'action gouvernementale, en mettant ainsi en exergue le renforcement de la cohésion sociale au cœur des préoccupations politiques.

---

673 MICHEL (Y), « Les initiatives parlementaires », *in Pouvoirs*, n° 34, 1985, p. 89.

Dès son discours d'investiture le 8 juin 2002, le Président ATT, déclarait en ces termes :

> « Mon souhait cardinal est de réconcilier mon pays avec ses cinquante ans d'histoire politique tumultueuse, émaillée de luttes fratricides, voire de querelles personnelles, avec son triste lot de douleurs, voire de querelles personnelles, avec son triste lot de douleurs, d'intolérance et de déficit de consensus qui pourtant constituent assurément l'une des caractéristiques marquantes des valeurs traditionnelles »[674].

Cette forme de consensus se matérialise notamment par la liquidation de l'Opposition parlementaire, la tolérance parlementaire, l'ineffectivité des droits et libertés fondamentaux, la confusion totale des pouvoirs à l'instar des pratiques de 1960 à 1991. A l'issue des élections législatives de juillet 2002, l'Alliance pour la République et la Démocratie (ARD)[675] obtient 51 députés, Espoir 2002 composé de plusieurs partis dont RPM, CNID, MPR, obtient 66 députés, la Convergence pour l'alternance et le changement (ACC) s'attribue les 11 sièges au Parlement, les indépendants 8 sièges et le SADI 6 sièges. IBK devient Président de l'Assemblée nationale. Les techniques de répartition des groupes parlementaires et le nombre d'interpellation au cours des 2e et 3e Législatures attestent le degré de collaboration entre l'Assemblée nationale et l'Exécutif.

Pour ce qui est de l'interpellation, il faut compter une seule interpellation du Gouvernement sur l'école et le chômage intervenue le 15 décembre 2000 pour toute la Législature 1997-2002[676]. C'est dire que le Gouvernement de 1997 à 2002 n'a été interpellé sur aucune orientation de sa politique. On peut en déduire que *« le contrôle de l'action gouvernementale par les députés fut par conséquent timide et sans réel danger pour la stabilité gouvernementale (au cours de la deuxième Législature) »* [677] . Toutefois, le nombre d'interpellations du Gouvernement par l'Assemblée nationale sous la 3e Législature est de neuf (9). Trois interpellations enregistrées au cours de l'année 2002-2003 ont porté notamment sur les questions suivantes : la situation alimentaire le 16 novembre 2002, la situation de la CMDT et de la filière coton le 27

---

674 DIARRA (A.), *Démocratie et droit constitutionnel…*, *op. cit.*, p. 212.

675 Composée de plusieurs partis politiques : ADEMA, UDD, CDS, ADES, CND.

676 DIARRA (A.), *Ibid.*, p. 218.

677 *Ibid.*

décembre 2002 et la décentralisation le 15 mai 2003. Au cours de la période 2004-2005, les interpellations ont porté sur les points suivants : l'invasion acridienne notamment sa gestion et ses conséquences le 18 novembre 2004, la crise du football au Mali le 4 juillet 2005 et la situation de l'école au Mali le 9 juin 2005. A la période 2005-2006, les interpellations du Gouvernement ont porté le 6 décembre 2005 sur la problématique de l'émigration et le 18 mai 2006 sur la problématique de l'exploitation minière au Mali. Pour la période 2006-2007, il n'y a eu qu'une seule interpellation du Gouvernement le 7 décembre 2007 sur la politique énergétique au Mali.

C'est sous cet angle de vue que le Premier Mohamed Ag HAMANI, chef du gouvernement, fit sa déclaration de politique générale devant l'Assemblée nationale le 17 décembre 2002. C'est à la suite de cette occasion que fut mis en œuvre le premier consensus du Président ATT à l'Assemblée nationale. Le programme du Premier Ministre est ainsi adopté à l'unanimité par les 131 députés présents. Ce Gouvernement va ainsi obtenir le soutien de la totalité des groupes parlementaires. Le consensus fit son apparition dans le Parlement malien. De par son effet, l'Opposition parlementaire est déclarée quasi-inexistante à l'Assemblée nationale. Un deuxième Premier Ministre du premier quinquennat du Président ATT, va être nommé le 29 avril 2004. Celui-ci s'accorda au même exercice de déclaration de politique générale à l'Assemblée nationale. A l'instar de son prédécesseur, son programme fit sans surprise adopté à l'unanimité par les députés présents à l'hémicycle. Le consensus va encore prospérer[678]. Le Président ATT, dans un de ses discours, à l'occasion des journées européennes du développement à Bruxelles les 15-17 novembre 2006, précisait l'idéologie de son consensus en ces termes :

> « Pour ce qui est du cadre politique général, je rappelle que, depuis mon élection en 2002, le Mali s'est engagé dans une gestion consensuelle du pouvoir dont la philosophie tient en une formule gouvernementale dans le respect des différences (…). Candidat indépendant, élu avec le soutien des forces politiques et des mouvements associatifs, j'avais proposé à l'ensemble de la classe politique de nous proposer autour de l'essentiel à savoir le développement du Mali »[679].

---

[678] *Ibid.*, p. 219.

[679] *Ibid.*, p. 221.

Nombreux sont les auteurs et observateurs à fustiger la confiscation du contrôle l'action gouvernementale par l'Assemblée nationale. Le consensus construit autour de la gestion du pouvoir conduirait à taire l'Opposition au détriment des discours rassembleurs. Les partis politiques, au lieu d'être des animateurs de la vie politique et publique, s'érigent en souteneurs des actions du Gouvernement. L'expérience malienne du consensus conduisit à une stabilité remarquable de la vie politique et institutionnelle et, par conséquent, à un rétrécissement du contrôle parlementaire de l'action gouvernementale par le parlement. Pour le Président ATT, le consensus serait l'expression de la réconciliation nationale en vue de construire ensemble les bases du développement du pays. Cette position est confirmée par un journaliste du *Jeune Afrique* en ces termes :

> « Le pays reste fortement marqué par la culture du consensus, née du soutien de la classe politique au candidat ATT entre les deux tours de la présidentielle en mai 2002. Et depuis son investiture à la magistrature suprême, le Président de la République ne fait face à aucune forme d'Opposition »[680].

Pratiquement, le contrôle parlementaire met en rapport non deux mais trois pouvoirs : l'Assemblée nationale, le Gouvernement et le Président de la République, clé de voute du système. Toutefois, la prépondérance de l'Exécutif, en particulier le chef de l'État, est d'autant plus forte que pour un auteur, *« la République se confond avec la personne du Président : tout part de lui, tout se passe par lui ou tout revient à lui. »*[681]. Pour préserver davantage la démocratie, il serait intéressant par exemple de mettre des garde-fous pour aussi contrôler directement le chef de l'État[682]. Dans ces conditions :

> « Le chef de l'État correspond au patron qui distribue des prébendes aux ministres, qui à leur tour, doivent faire fructifier ce qu'ils ont reçu dans leurs provinces afin de renforcer la légitimité politique du

[680] OUAZANI (C.), cité par DIARRA (A.), *Démocratie et droit constitutionnel…, op. cit.*, p. 221.

[681] CISSE (A.), *Mali : une démocratie à refonder, op, cit.*, p. 136.

[682] Propos tenu lors d'un entretien avec un Député de la Ve Législature dont nous préférons garder l'anonymat.

> Président la République, et partant, la leur, mais aussi de garder leur portefeuille ministériel et être protégé par le Président »[683].

Une meilleure façon d'engager la responsabilité des ministres au Mali serait donc de s'inspirer de la jurisprudence française, Bérégovoy-Balladur, en vertu de laquelle un ministre mis en accusation démissionne. En d'autres termes, permettre au juge judiciaire, au-delà d'une perspective de réforme de la responsabilité gouvernementale, de révoquer un ministre mis en accusation pour des faits qui n'ont pas de rapports directs avec la gestion de son Département.

Sinon les rapports entre le Gouvernement et le Parlement se manifestent par une complicité, se traduisant par un Gouvernement face une majorité parlementaire principalement favorable à ses causes. Ainsi, les circonstances d'engagement de la responsabilité politique du Gouvernement deviennent des moments manifestes de soutien et d'adhésion impromptue à l'action gouvernementale. Décortiquer la déclaration de politique générale n'est toujours une chose aisée. Il nécessite une expertise qui fait parfois défaut. Malgré tout, certains élus de la majorité parlementaire parviennent à faire des propositions d'ajustement. L'Opposition parlementaire fait autant et va même plus loin jusqu'à rejeter en bloc toute la déclaration de politique générale. Toutes les déclarations de politique générale ont été approuvées à la majorité absolue des membres composant l'Assemblée nationale. Ces approbations s'expliquent par le fait que le Gouvernement, l'émanation du parti présidentiel, a toujours disposé de la majorité nécessaire à cet effet. La déclaration de politique générale du 29 avril 2014 qui a vu déposer une motion de censure contre le Gouvernement de Moussa MARA a recueilli 121 voix, 21 « contre » et zéro « abstention ». Aucune autre motion de censure n'a été adoptée.

Alors qu'en démocratie, la logique voudrait que l'Opposition vaincue s'oppose à la majorité issue des élections, au pouvoir. Il faut dire que la démocratie, pluraliste dans son essence, s'oppose à l'uniformisme politique. L'Opposition représente un gage pour la transparence du débat politique, le socle du pluralisme des idées et de la presse. Il n'existe, toutefois à l'heure actuelle, aucune obligation juridique qui pèse sur un parti politique de militer dans l'Opposition. L'Opposition politique n'est

---

683 MEDARD (J-F.), cité par SOMALI (K.), *Le Parlement dans le nouveau constitutionnalisme en Afrique ..., op, cit,* p 372.

pour l'instant inscrite nulle part dans la Constitution. Les formations politiques disposent dans ce cadre d'une large latitude de choisir ou non une tendance oppositionnelle. Autant dire que l'intégration ou l'appartenance à l'Opposition est libre au Mali.

Par ailleurs, la complexité des problèmes, qui se posent à l'heure actuelle, est que l'évolution technique et les progrès scientifiques empêcheraient les Parlementaires de légiférer dans des domaines devenus essentiels[684]. Il faut ainsi dire qu'à l'époque moderne, des questions fondamentales de la société échapperaient indéniablement à la compétence des parlementaires. Un auteur remarquera ainsi sur ce point :

> « La surestimation des obstacles à l'initiative parlementaire, les considérations sur l'étroitesse de son domaine s'accompagnent en général d'une appréciation peu flatteuse de ses résultats »[685].

Il est également important de préciser que les initiatives du Parlement, au cas échéant, sont rarement suivies d'effets. Par exemple, le dépôt d'une motion de procédure par un député ne veut pas dire que son auteur souhaite son adoption par l'Assemblée. Eu égard à cette situation, on est parfois amené à s'interroger sur la notion d'initiative parlementaire. Il faut tout aussi relever l'influence que les parlementaires peuvent avoir au cours de l'élaboration des projets de loi, qu'ils soient directement associés ou non à leur rédaction. La maîtrise de l'ordre du jour prioritaire par le Gouvernement est parfois dissuasive pour les initiatives parlementaires, même si cette maîtrise n'empêche heureusement les députés de poser en toute liberté les questions de leur choix lors des séances publiques.

Les Assemblées se soucient plus à défendre des intérêts particuliers que des intérêts généraux de la population. Si l'Opposition désire aborder une question législative, elle peut transformer ses propositions en amendements à un texte du Gouvernement soumis à discussion. Or, la mission essentielle du législateur n'est pas de discuter de propositions, tout au contraire. Il est naturel dans cette dynamique que la fonction législative soit avant tout celle de la majorité qui en assumera ultérieurement la responsabilité. C'est en cela qu'un auteur *« voit mal pour quelle raison une majorité aurait à se mettre dans la position inconfortable de devoir repousser, en séance publique, des mesures ou*

---

[684] MICHEL (Y.), « Les initiatives parlementaires… », *op. cit.*, p. 90.

[685] *Ibid.*, p. 91.

des initiatives, certaines populaires, qui reflètent des opinions ou un programme auxquels le pays n'a pas accordé sa confiance »[686].

Au regard de ce qui précède, il faut dire que le principal obstacle au principe de la séparation des pouvoirs trouve son explication à travers deux conceptions bien différentes : l'hypothèse de la séparation des fonctions législative et exécutive, et celle de l'organisation interne du pouvoir législatif[687]. Il faut, donc, séparer nécessairement l'autorité qui élabore la loi de celle qui l'exécute. La séparation des pouvoirs apparaît très clairement dans la nouvelle disposition du constitutionnalisme démocratique en Afrique comme le premier pilier de la canalisation du Président de la République. Elle représente des sources de limitation à la dérive autoritaire résultant de l'exercice de la fonction présidentielle. Ces sources de limitation doivent être en mesure de renforcer l'indépendance organique du Parlement par le renforcement des contre-pouvoirs du Législatif et du Judiciaire. Ces derniers devraient en mesure de participer à la rationalisation de l'autorité de l'Exécutif. Car, pour qu'on ne puisse pas abuser du pouvoir, « *il faut que, par la disposition des choses, le pouvoir arrête le pouvoir* »[688]. La référence à la théorie de la séparation des pouvoirs permet d'établir une distinction entre les fonctions de l'État. Sur approche plus fonctionnaliste, la configuration du Parlement depuis la 1re Législature au Mali de 1992 ne diffère pas totalement de celle des organes législatifs des périodes de parti unique. Leurs attributions et leurs domaines de compétences demeurent identiques très relativement, même si, dans une moindre mesure, les nouveaux législateurs, à l'opposé de leurs ancêtres monolithiques, se distinguent désormais par l'esprit de la fonction législative. Ainsi qu'en témoignent ces réflexions :

> « A l'image des parlements sous les régimes autoritaires, ceux de l'ère démocratique, malgré le mode d'élection pluraliste, sont de nouveau l'otage du chef de l'État toujours par le moyen du système partisan présidentialisé » [689].

---

686 MICHEL (Y.), « Les initiatives parlementaires… », *op. cit.*, pp. 93-94.

687 AIVO (F-J), *Le Président de la République en Afrique noire francophone… op.cit.*, p. 476.

688 MONTESQUIEU, cité par AIVO (F-J.), *Le Président de la République en Afrique noire francophone..., op. cit.*, p. 478.

689 AIVO (F-J.), *Ibid.*, p. 483.

Le pouvoir judiciaire bénéficie au même titre que le pouvoir législatif d'un cadre pluraliste favorable au fonctionnement et efficace de la justice. Dans son organisation et son fonctionnement, la justice est censée être indépendante. Elle est voulue indépendante aussi bien à l'égard de l'Exécutif qu'à l'égard du Législatif. L'enjeu, c'est de rendre justice en toute indépendance et en dehors de toute pression politique. Toutefois, la séparation des pouvoirs pour ce qui concerne la justice reste toujours une œuvre inachevée :

> « Soutenir le contraire sur un continent certes ouvert aux règles pluralistes et libérales mais avec un pouvoir politique toujours omniscient et omniprésent serait infondé. Et l'actualité judiciaire dans nombre de pays témoigne de cette imbrication des deux ordres. Comme par le passé, la justice est toujours considérée comme un des instruments à la disposition du politique pour parvenir à ses nombreuses fins inavouées »[690].

Le statut des parlementaires doit être formellement et organiquement protégé par les règles pluralistes qui créent dorénavant un environnement politique concurrentiel et, *a priori*, déprésidentialisé. La liberté d'action du Parlement réconcilié avec lui-même, de par la magie du pluralisme et de l'intégrité de ses pouvoirs, contribuerait inéluctablement à mieux limiter les prérogatives du Président de la République.

La réhabilitation de la fonction législative passe par le renforcement des prérogatives du législateur. Le Président de la République, qui concentre entre ses mains tous les pouvoirs, intervient très activement dans la procédure législative du Parlement. Á l'image des parlementaires, le chef de l'État dispose de l'initiative des lois. Cette prérogative présidentielle dans le domaine législatif est à même d'affaiblir le Parlement et paraît entièrement à contresens avec le régime présidentiel américain de séparation stricte des pouvoirs qui inspire bon nombre de pays africains d'inspiration française. Or, la Constitution américaine de 1787 n'accorde pas formellement l'initiative des lois au pouvoir exécutif. Elle se contente seulement de prévoir en son article 1er, Chapitre II Section III, que *« le Président recommandera à l'examen du Congrès toutes les mesures qu'il jugera nécessaires et convenables »*. C'est au regard de cette disposition aussi ambiguë que certains constitutionnalistes, à l'image de Raymond Carré de MALBERG, ont

690 *Ibid.*, p. 484.

conclu à une séparation stricte des pouvoirs exécutifs et législatifs dans la Constitution des États-Unis d'Amérique. Contrairement à ce modèle américain, les systèmes politiques des États de l'Afrique noire francophone admettent formellement et très explicitement que l'initiative des lois est à l'actif d'une prérogative du Président de la République qui se trouve déjà très surchargé sur les plans juridique et politique[691]. Cette prérogative présidentielle participe de l'absence de protection des attributions du Parlement contre l'empiètement du Président de la République[692]. Ainsi :

> « Installé au sein de la procédure législative, il (le Président de la République) a aussi les moyens de maîtriser l'ordre du jour des sessions de l'Assemblée nationale. Ses ministres sont invités et participent aux travaux des différentes commissions permanentes de l'Assemblée. C'est encore au chef de l'État et à personne d'autre qu'il revient de donner force obligatoire à la loi votée par les parlementaires, car la promulgation d'une loi indispensable à sa mise en vigueur est une des prérogatives essentielles du Président de la République » [693].

Il existe d'autres mécanismes d'atténuation du phénomène majoritaire.

2. Autres mécanismes d'atténuation du phénomène majoritaire

Ces autres mécanismes d'atténuation du phénomène majoritaire passent par le renforcement des mécanismes de collaboration entre l'Exécutif et le Législatif ; ce qui éviterait éventuel le recours quotidien, au « *véto présidentiel* » dans la procédure législative.

Toujours en matière législative, le chef de l'État dispose de moyens lui permettant de faire échec au pouvoir législatif déjà très fragilisé par suite de la rationalisation du régime parlementaire. C'est en cela que les systèmes politiques africains, en l'occurrence celui du Mali, garantissent la prééminence du chef de l'État dans les attributions du législatif. En vue d'assurer l'emprise de l'Exécutif en matière législative, la plupart des régimes politiques africains ont doté le chef de l'État de ressources

---

691 *Ibid.*, p. 185.

692 *Ibid.*

693 *Ibid.*

juridiques lui permettant de mettre en échec une loi votée au Parlement par le biais du véto législatif ou du renvoi de la loi à une seconde lecture. Le Président de la République pourrait tout aussi faire usage de ce que certains auteurs appellent le « *véto suspensif* »[694] qui permettrait au Président de la République de retarder et, éventuellement, d'empêcher la promulgation d'un texte de loi. Le chef de l'État, au lieu de s'inscrire dans une dynamique de neutralité, sollicite assez souvent des parlementaires une nouvelle délibération qui demande une majorité plus qualifiée parfois très difficile à construire. C'est en tenant bien compte de cette difficulté dans la construction d'une majorité homogène acquise à sa cause que le Président de la République fait usage de ses prérogatives de veto, suspensif ou définitif, à la finalisation de la procédure d'adoption d'une loi.

La question de confiance et la motion de censure représentent des modalités de « *mise à mort* » du Gouvernement, en occurrence dans les cas où la confiance serait refusée ou retirée. Ces deux modalités peuvent conduire dans ce sens à la fin de l'existence du gouvernement. Toutefois, la matérialisation de ces deux modalités de sanctions du Gouvernement n'est pas sans difficultés. L'une des difficultés est de savoir si le Premier est soumis à un délai pour sa démission dans l'hypothèse où les parlementaires lui refuseraient ou lui retireraient sa confiance. Le texte constitutionnel du 25 février 1992, à l'instar de la Constitution française, ne donne pas de délai pour la démission du chef du Gouvernement.

Certaines constitutions n'ont pas manqué d'essayer de clarifier cette situation à l'image de la Constitution du Gabon qui dispose en son article 65 alinéa 2 que « *lorsque l'Assemblée nationale adopte une motion ou refuse sa confiance au Premier Ministre, celui-ci doit remettre immédiatement sa démission au Président de la République. La démission du Premier Ministre entraîne celle du Gouvernement* ». Par l'usage de l'adverbe « *immédiatement* », le Constituant gabonais affirme clairement son intention d'apporter une précision sur l'effectivité des effets des sanctions parlementaires à l'encontre du gouvernement[695]. Le Constituant burkinabé semble beaucoup plus précis sur cette situation en indiquant que « *si la motion de censure est votée ou la confiance refusée, le Président du Faso met fin, dans un délai de huit jours, aux fonctions*

---

[694] DUGUIT (L.), cité par AIVO (F-J), *Le Président de la République…, op.cit.*, p. 186.

[695] FALL (I-M), *Le pouvoir exécutif…, op.cit.*, p. 261.

du Premier Ministre ». Cette disposition est la plus explicite sur cette question.

Une autre difficulté est de savoir dans quel délai le Président de la République se trouve dans l'obligation d'accepter cette démission ou la refuser. Eu égard à l'esprit et à la lettre des dispositions constitutionnelles, le Président de la République ne peut ignorer la volonté de l'Assemblée qui a décidé de mettre un terme à la mission du gouvernement. Ismaïla Madior FALL estime que :

> « Si le Président de la République peut, selon les circonstances, différer l'acceptation de la démission, il ne saurait et ne pourrait la refuser car le refus équivaudrait à dénier au Parlement un de ses droits fondamentaux, celui de sanctionner, si besoin en est, la politique du Gouvernement en lui retirant la vie »[696].

Au Cameroun, la Constitution permet au Président de la République de démanteler les effets de la motion de censure ou d'un refus de confiance en « *ressuscitant* », à l'image du CHRIST avec LAZARRE, le Gouvernement dont le Parlement a voulu la disparition[697]. C'est libellé d'une des dispositions de l'article 34 de la Constitution :

> « Lorsque l'Assemblée nationale adopte une motion de censure ou refuse la confiance au gouvernement, le Premier Ministre doit remettre au Président de la République la démission du gouvernement. Le Président de la République peut reconduire le Premier Ministre dans ses fonctions et lui demander de former un nouveau Gouvernement ».

Il faut dire que la résurrection du Premier Ministre et de son Gouvernement reste possible dans les États où aucune disposition constitutionnelle n'interdit le recours à un tel mécanisme[698].

Bien que n'étant pas expressément prévue dans la Constitution du 25 février 1992, cette résurrection du Gouvernement est juridiquement possible au Mali, car rien n'interdit en droit au chef de l'État de reconduire le gouvernement, même si, dans la pratique, la résurrection d'un Gouvernement renversé par une motion de censure, s'avère difficile à mettre en œuvre. La résurrection d'un Gouvernement « *mort* » par le

---

[696] *Ibid.*

[697] *Ibid.*, p. 262.

[698] *Ibid.*

chef de l'État représente aux yeux de certains experts « *une négation d'une prérogative fondamentale du Parlement et un défi lancé à la majorité parlementaire, véritable démiurge du Gouvernement dans les régimes consacrant la responsabilité du Gouvernement devant le Parlement* »[699].

Une autre façon de renforcer les initiatives parlementaires est le renforcement du droit d'amendement parlementaire.

B. Le renforcement du droit d'amendement parlementaire

Le droit d'amendement parlementaire apparaît comme un contre-pouvoir (1) à l'égard des dérives du gouvernement. C'est dans cette dynamique qu'un tel droit doit être revisité en vue d'un meilleur contrôle dans le travail législatif (2).

1. Le recours au droit d'amendement comme contre-pouvoir

Certains experts ont, par ailleurs, posé l'importance particulière qui caractérise l'exercice du droit parlementaire[700]. Le droit d'amendement demeure la forme principale de l'initiative parlementaire dès lors que la plus grande majorité des lois découlent des initiatives du Gouvernement. La contribution des parlementaires à la procédure législative s'analyse à travers les amendements qu'ils apportent à des textes dont ils ne sont pas initiateurs.

En France, une statistique portant sous la 11e Législature donne une moyenne de 47 697 le nombre d'amendements déposés par les parlementaires. Sous la 12e Législature, ce nombre est passé à 240 474[701]. En 2017 au Mali, les modifications de l'Assemblée nationale apportées au projet de loi portant révision de la Constitution du 25 février 1992 ont transformé considérablement et augmenté notamment la mouture du projet présentée par le Gouvernement. Ledit projet a ainsi été modifié à hauteur de 80% par les députés à l'Assemblée nationale. Comme le font

---

[699] *Ibid.*

[700] AVRIL (P.) GICQUEL (J.), GICQUEL (J. E.), *Droit parlementaire, op. cit.*, p. 232.

[701] *Ibid.*, p. 243.

admettre certains auteurs, au regard de l'ampleur des modifications effectuées, « *l'accessoire l'emporte sur le principal* »[702].

Le droit d'amendement se présente, par ailleurs, comme « *une forme du droit d'initiative* », mais il s'agit d'une « *initiative limitée* », dans la mesure où elle ne s'effectue qu'à l'occasion du projet ou de la proposition en discussion au Parlement[703]. A l'analyse, « *l'amendement ne peut faire naître une question nouvelle* » [704]. Le droit au Parlement de recourir à l'amendement comporte donc des « *limites inhérente* » [705]. Cela conduit à distinguer l'amendement de la proposition ou du projet de loi. Cette distinction repose sur des considérations d'ordre procédurales et non substantielles. Le droit d'amendement est une prérogative reconnue aux membres du Parlement dans le but de proposer des modifications à un projet ou une proposition de loi, soumis à leur adoption. Il se trouve être la conséquence logique du pouvoir de légiférer reconnu aux parlementaires. En revanche, l'exercice du droit d'amendement demeure fortement réglementé, afin d'éviter la perversion des débats parlementaires. Au moment de l'adoption du projet de loi portant révision de la Constitution du 25 février 1992 en 2017, l'Assemblée nationale du Mali a apporté près de 80 amendements au texte proposé par le Gouvernement. On pourrait s'interroger sur la nature juridique ou le bien-fondé d'une telle opération.

La pratique démontre qu'il a parfois existé « *des projets fort courts, des amendements fort longs* » [706]. Malheureusement, Chaban DELMAS précise qu'« *aucun texte détermine quelle doit être l'ampleur ou l'importance d'un amendement par rapport à la proposition ou au projet*

---

702 *Ibid.*, p. 232.

703 *Ibid.*, p. 229.

704 PIERRE (E.), cité par AVRIL (P.), GICQUEL (J.), GICQUEL (J. E.), *Droit parlementaire*, *op. cit.*, p. 229.

705 Décision 225 du 23 janvier 1987 du Conseil constitutionnel français.

706 Par exemple en France, sous la 7e Législature, l'amendement déposé le 24 juin 1985 concernant l'exonération fiscale en faveur du cinéma, comportait « *trois pas de typographie serrée* ». La même remarque est ressentie lors de l'adoption de la loi dont la mouture adoptée est plus longue que la mouture initiale. C'est ainsi que le projet concernant les dispositions d'ordre social va passer de 52 à 128 articles. Dans la même dynamique, le projet de loi concernant la sécurité intérieure de 2003 va être multiplié par 2,5. Voir AVRIL (P), GICQUEL (J.), GICQUEL (J. E.), *Ibid.*, p. 230.

de loi en discussion »[707]. C'est la raison pour laquelle la jurisprudence des « *limites inhérentes* » [708] du Conseil constitutionnel français ne connaitra point de progrès. Il faut donc distinguer l'amendement de l'article additionnel. Le premier a pour vocation de modifier un article donné, alors que le second crée une disposition nouvelle. La distinction de ces deux notions est établie par les règlements de diverses Assemblées. L'article 98 alinéa 5 du Règlement de l'Assemblée nationale française dit que les amendements *« ne sont recevables que s'ils s'appliquent effectivement au texte » ;* les articles additionnels le sont au contraire « *s'ils sont proposés dans le cadre du projet ou de la proposition* ». En revanche, il est soutenu que la distinction ainsi établie entre ces deux notions reste fictive dans la mesure où les articles additionnels sont présentés sous la forme d'amendement et il n'y existe quasiment aucune différence dans la pratique[709].

Le droit de proposer des sous-amendements est tout aussi admis en droit parlementaire. Il consiste à proposer une modification à un amendement. Le Conseil constitutionnel français a déclaré dans une décision du 17 mai 1973 que le droit de sous-amendement *« est indissociable du droit d'amendement reconnu aux membres du Parlement et au Gouvernement par l'article 44 alinéa 1er de la Constitution ».* Mais conformément à l'article 98 alinéa 4 du Règlement de l'Assemblée nationale, *« les sous-amendements ne peuvent contredire le sens de l'amendement ».* Cette disposition est confortée par la jurisprudence du juge constitutionnel français du 17 mai 1973, qui considère que le dépôt d'un sous-amendement qui contrarie le sens de l'amendement auquel il fait référence, *« équivaut en réalité à une prise de position défavorable à cet amendement (...), il ne saurait en conséquence être analysé comme une modalité véritable de l'exercice du droit d'amendement (...), droit qui consiste à pouvoir proposer la modification et non, par un détournement de procédure, l'annulation d'un texte soumis à la discussion d'une assemblée ».* Malgré le contenu de la jurisprudence précitée, le droit d'amendement est fréquemment mis en œuvre en vue de proposer « *l'annulation* » du texte discuté, et non sa

---

707 *Le Monde*, 29 janvier 1987, cité par AVRIL (P.), GICQUEL (J.), GICQUEL (J. E.), *Ibid.*

708 *Ibid.*

709 BAUFUMÉ (B.), cité par AVRIL (P), GICQUEL (J.), GICQUEL (J. E.), *Droit parlementaire…*, *op.cit.*, p. 231.

modification. Certains experts parlent à cet égard de *« l'amendement de suppression »* qui *« détourne »* dans la pratique, « *la procédure dans le but d'éviter que ne se poursuive inutilement la discussion d'un article que l'assemblée va finalement repousser* » [710] . C'est pourquoi les « *amendements de suppression* » sont priorisés et, donc, toujours recevables.

Le droit d'amendement pour son efficacité suppose une revisite de son exercice.

2. La revisite du droit d'amendement parlementaire

Il faut donc dire, au regard de ce qui précède, que le pouvoir d'initiative parlementaire reste une initiative quasiment non opérationnelle dans les démocraties parlementaires fragiles. Du point de vue pratique, la plupart des initiatives en matière législative sont exercées par l'Exécutif malgré la possibilité ouverte aux députés d'initier une loi. Les propositions de loi portant demeurent presque inexistantes au détriment des projets. Les quelques rares propositions de loi qui existent ne prospèrent que s'ils requièrent l'assentiment de l'Exécutif. C'est le pouvoir exécutif et notamment le Président de la République qui détient le monopole des initiatives législatives.

Les membres du Gouvernement bénéficient sans aucun doute de la plus haute bénédiction de la majorité à l'Assemblée nationale. C'est là que résident les véritables problèmes de la fonction de contrôle avec engagement de la responsabilité politique du Gouvernement. La conception de l'Exécutif sur les rapports entre le Gouvernement et le Parlement minimise la responsabilité du premier devant le second. Avec la gestion concertée du pouvoir qui prévalait sous les deux premières Législatures, le Président de la République avait la liberté de nommer le Premier Ministre et s'attendre à l'allégeance du Parlement. La 3e Législature et la 4e Législature ont connu comme mode de gestion du pouvoir le consensus politique. Tous participaient et tous adhéraient à l'action gouvernementale. Toutefois, depuis la 5e Législature on assiste à une instabilité gouvernementale.

Le droit d'amendement demeure l'un des moyens d'action dont disposent les parlementaires qui s'immiscent, à cet effet, dans les

---

[710] *Ibid.*

attributions de l'Exécutif. Cet exercice permet aux députés de s'immiscer de se substituer à l'Exécutif dans le cadre de la détermination et de la conception de la politique nationale du pays[711]. Il est clair qu'au regard de la Constitution du 25 février 1992, il appartient au Gouvernement et à son chef de « *déterminer et de conduire la politique de la Nation* ». Or, dans cette dynamique, peuvent, soit se substituer au Gouvernement, soit modifier la conception initiale de son projet[712]. C'est surtout lors de l'examen des lois de finances que les parlementaires ont tendance à user de leur droit d'amendement pour apporter des chamboulements aux différentes orientations budgétaires et aux priorités économiques et sociales du gouvernement. Toutefois, pour éviter toutes velléités d'ingérence des députés au cours de l'exercice du droit d'amendement, les constituants africains ont tenu à apporter des limitations à l'exercice de ce droit : « *les propositions de lois ou amendements présentés par les députés sont irrecevables lorsque leur adoption aurait pour conséquence, soit une diminution des recettes, soit la création ou l'aggravation d'une charge publique sans dégagement de recettes correspondantes* ». En dépit de la primauté de l'Exécutif, en l'occurrence le Président de la République sur le Parlement, il est clair que le Législatif dispose de moyens d'actions à même d'influer sur le fonctionnement du pouvoir exécutif[713].

Le Gouvernement occupe une place très largement majoritaire dans l'initiative des lois, au détriment des parlementaires. Ce monopole de l'Exécutif dans l'initiative législative est perceptible dans la plupart des démocraties contemporaines. Toutefois, il y ressort un constat que les parlementaires influencent de plus en plus le travail législatif de par l'exercice du droit d'amendement que par le biais de l'initiative originaire. Dans le cadre de l'adoption des lois par le parlement, le nombre d'amendements déposés et retenus par les députés dans les projets de loi ont atteint des proportions considérables au cours de dernières années au Mali.

De toutes les manières, les parlementaires gagneront plus à exercer un véritable contrôle objectif et constructif sur la base des propositions

---

[711] AIVO (F-J.), *Le Président de la République en Afrique Noire francophone..., op.cit.*, p. 190.

[712] *Ibid.*

[713] *Ibid.*, p. 191.

concrètes aux actions des gouvernants. Cela résulte de la nécessité de rééquilibrer les pouvoirs du Parlement et de l'Exécutif.

Paragraphe 2

La nécessité de rééquilibrer les pouvoirs du Législatif et de l'Exécutif

Le rééquilibrage des pouvoirs du Parlement par suite de la dévalorisation de celui-ci (A) suppose la revalorisation des députés à l'Assemblée nationale (B), en vue de réduire le niveau d'influence de l'Exécutif sur le Législatif.

A. La dévalorisation du Parlement

La dévalorisation du Parlement au Mali, trouve son origine dans le présidentialisme instauré par la Constitution de la IIIe République, qui a conduit à un grave déséquilibre entre les institutions parlementaire et exécutive (1). Ce déséquilibre institutionnel impacte négativement le contrôle de l'application des lois, leur évaluation par rapport à leurs objectifs par les parlementaires et, par conséquent, limite les moyens d'action du Parlement par rapport à l'Exécutif (2).

1. La primauté de l'Exécutif

Il est alors question de reconsidérer les coups portés à l'efficacité du contrôle parlementaire, résultant de la Constitution du 25 février 1992, qui consacre la primauté de l'Exécutif sur le législatif. Ce qui réduit considérablement le contrôle et le rôle législatif du Parlement qui se comporte à cet égard comme une Chambre d'enregistrement. L'article 78-3 permet ainsi au Gouvernement d'imposer un texte de son choix sans débats, ni vote ou de neutraliser toute capacité d'entreprise du Parlement et paralyse son action.

Dans l'hypothèse du phénomène majoritaire, il faut noter une impossibilité du Parlement résultant de l'article précité, de sanctionner le Gouvernement. Cette situation empêche, en conséquence, les Parlementaires d'exercer en toute efficacité leur mission de contrôle et d'évaluation largement dominée par le pouvoir exécutif. Le déficit d'une réelle sanction juridique érige le contrôle parlementaire du

Gouvernement en *« un contrôle d'opportunité sinon en une activité d'information »*. Cela compromet le rôle de censeur du Parlement de l'exécutif, les parlementaires se trouvant dans l'incapacité de sanctionner par le vote d'une motion de censure. Le Gouvernement s'arroge, dans ces conditions, le pouvoir discrétionnaire d'exécution des lois puisque les conditions juridiques de l'adoption de celles-ci, et le fait majoritaire, réduisent considérablement la probabilité d'une démission du Gouvernement[714]. Cette analyse est confortée par un auteur qui écrit :

> « Si l'on admet que le pouvoir législatif et le contrôle de l'Exécutif se situent au cœur de l'institution parlementaire, et que l'on reconnaisse que ces deux (2) pouvoirs se trouvent limités par la Constitution, et mis en veilleuse par un Gouvernement soutenu par une majorité qui lui est fidèle, il est clair que ce déséquilibre institutionnel augure mal les prétentions des propositions visant à revaloriser le Parlement »[715].

Depuis 1960, des majorités stables soutiennent l'action du Gouvernement désigné par le Président de la République dans presque tous les pays africains de tradition juridique française.

2. Les conséquences sur le Parlement

Ce phénomène majoritaire a eu des conséquences positives comme négatives sur le fonctionnement du Parlement. Pour qu'une Assemblée parlementaire exerce normalement sa fonction législative, il faut qu'elle dispose en son sein d'une majorité gouvernementale stable[716]. Cette affirmation mérite quand même d'être nuancée, car pour beaucoup d'auteurs, un Parlement qui ne remet pas en cause les propositions du Gouvernement ne représenterait qu'une simple chambre d'enregistrement.

Ainsi que l'a si bien constaté Paul CAHOUA :

> « La plupart des textes adoptés résultent des projets et non de propositions de loi ; les assemblées votent ce que le Gouvernement

[714] MIABOULA-MILANDOU (A.), « Les moyens d'action du Parlement à l'égard de la loi votée… », *op.cit.*, p. 68.

[715] *Ibid.*, pp. 68-69.

[716] CAHOUA (P.), « Les commissions, lieu du travail législatif », *in Pouvoirs*, n° 34, 1985, p. 46.

> leur propose ; donc, elles n'ont plus de pouvoir législatif et la cause est entendue »[717].

Les moyens de contrôle sont souvent entravés par la rationalisation du régime parlementaire. Comme le fait remarquer un auteur qui écrit :

> « Dans la mesure où le contrôle de l'application des lois et l'évaluation de la législation par le Parlement, agissent sur la loi votée (dont la mise en œuvre relève du pouvoir exécutif), et influencent par leurs résultats le processus de production des normes, ils ne peuvent pas être dissociés des rapports entre le Gouvernement et le Parlement. La promotion de ces deux actions s'inscrit d'ailleurs dans le droit fil des politiques visant à renforcer les pouvoirs de contrôle des assemblées sur le Gouvernement, et à revaloriser la fonction parlementaire. Or, comme tout le droit parlementaire, le contrôle et l'évaluation des lois se trouvent confrontés au parlementarisme rationnalisé. Celui-ci, par le fait majoritaire, et par le jeu des textes constitutionnels qui affirment la supériorité du Gouvernement sur le Parlement, limite sensiblement les moyens d'action des assemblées » [718].

Le type de régime politique instauré par les Constitutions du Mali se manifeste par la supériorité du Gouvernement sur le Parlement et répercute, par conséquent, sur l'efficacité du contrôle parlementaire. Sans conteste, le Gouvernement dispose d'une large attitude constitutionnelle de la suite à donner à un texte de loi voté par le Parlement. Les ministres accélèrent assez souvent le processus d'application des lois en tenant compte des priorités de la politique gouvernementale. Avec le fait majoritaire, le Gouvernement peut compter dorénavant sur une majorité cohérente et disciplinée, dévouée à sa cause.

Une revalorisation du Parlement est donc nécessaire pour plus de rééquilibre des pouvoirs législatif et exécutif.

B. Les modalités de bonification du Parlement

Les points d'attention portent sur la revalorisation (1) et la revitalisation (2) du Parlement.

---

717 *Ibid.*

718 MIABOULA-MILANDOU (A.), « Les moyens d'action du Parlement à l'égard de la loi votée… », *op. cit.*, p. 62.

1. La revalorisation du Parlement

Eu égard à la dévaluation du Parlement, une revalorisation est nécessaire pour un meilleur rééquilibrage institutionnel des pouvoirs exécutif et législatif dans lequel le Parlement pourrait exercer efficacement et effectivement sa mission de contrôle de l'action gouvernementale et d'adoption de la loi. Par exemple, les Commissions parlementaires pourraient avoir à leur disposition un pouvoir de sanction juridique en vue de contraindre les ministres chargés de l'application d'une loi, d'accélérer l'application des lois, par suite de la non publication de leurs textes d'application.

Les Gouvernements de la IIIe République ont pour missions de déterminer et de conduire la politique de la Nation. C'est ce qui résulte de l'article 53 de la Constitution du 25 février 1992. C'est dans ces conditions qu'ils disposent du pouvoir d'imposer au législateur l'examen de leur plan législatif. Les prérogatives de l'Exécutif se sont ainsi renforcées en matière législative au cours de la pratique constitutionnelle de la IIIe République au Mali. Le Premier Ministre dispose par conséquent de la latitude d'imposer l'ordre du jour aux parlementaires en fonction des priorités du Gouvernement. Eu égard à une coutume bien établie en France, le ministre présent dans l'hémicycle a la possibilité de faire connaître oralement des compléments, suppression ou permutation dans l'ordre de discussion des textes que le Gouvernement souhaite apporter à ses premières demandes, et ces chamboulements entrent immédiatement en vigueur[719]. Toutefois, au cours de la réunion de la conférence des présidents, les représentants de l'Opposition peuvent exprimer leur désaccord ou leur réserve par rapport aux propositions qui leur sont faites de débattre de tel ou tel texte, à tel moment ou à tel autre. Mais le Gouvernement reste le seul maître quant aux modifications à apporter ou à maintenir en l'état ses propositions[720]. Cette analyse est soutenue par une décision du Conseil constitutionnel français qui admet que l'Assemblée ne peut être sollicitée pour se prononcer sur l'ordre du jour prioritaire et sur les modifications qui lui sont apportées ultérieurement. Autant dire que celui-ci est, par nature, une *« décision gouvernementale »* qui s'impose comme telle aux Assemblées

---

[719] HONTEBEYRIE (P.), « La fixation de l'ordre du jour prioritaire : un pouvoir sans contre-pouvoirs », *in Pouvoirs*, n° 34, 1985, p. 14.

[720] *Ibid.*, p. 15.

parlementaires[721]. Dès lors qu'un texte a été inscrit à l'ordre du jour par le Gouvernement, le Président de l'Assemblée n'y peut rien et a *« compétence liée »*[722]. Il doit, par conséquent, le soumettre à l'examen des députés. Le rythme de travail dépend donc très largement de la volonté de l'exécutif. Ce travail reflète les priorités du Gouvernement en matière de réformes et plus spécifiquement de la matérialisation de ces priorités qui demandent l'intervention du législateur. Le Règlement intérieur de l'Assemblée nationale ne saurait ainsi faire bloc à la prééminence du Gouvernement en la matière, conformément aux dispositions de la Constitution.

Toutefois, les députés disposent d'une large latitude quant à l'appréciation d'un ordre du jour complémentaire. Cette possibilité ne s'étend pas comme une priorité et ne saurait donc empêcher les députés d'exprimer librement leur opinion. L'Assemblée dispose également de la possibilité d'adopter, de son propre chef, un ordre du jour en complément de celui du Gouvernement. L'initiative des demandes d'inscription à cet ordre du jour appartient aux présidents des groupes et aux présidents des commissions. Elle est décidée en conférence des présidents à la suite d'un vote. Toutefois, les résultats sont acquis d'avance en fonction de la composition de la conférence. Les propositions, une fois adoptées par la conférence des présidents, doivent être ensuite soumises à la plénière à l'Assemblée nationale pour approbation. La pratique est que celle-ci ne fait qu'entériner les propositions de la conférence des présidents[723]. Il faut donc distinguer l'ordre du jour prioritaire de l'ordre du jour complémentaire :

> « Alors que le Gouvernement peut inscrire des propositions de loi d'initiative parlementaire, la réciproque n'est pas certaine : l'Assemblée n'a jamais fait figurer à l'ordre du jour complémentaire de projets d'initiative gouvernementale » [724].

Si l'Assemblée partage avec le Gouvernement l'initiative quant à la détermination de l'ordre du jour, elle dispose des prérogatives exclusives quant à sa mise en œuvre, notamment en matière d'organisation des

---

[721] Décision du Conseil constitutionnel n° 59-3 DC des 24 et 25 juin 1959, cité par HONTEBEYRIE (P), *Ibid.*, p. 15.

[722] *Ibid.*

[723] HONTEBEYRIE (P.), *Ibid.* p. 17.

[724] *Ibid.*.

discussions[725]. Le Gouvernement dispose à partir de la Constitution de pouvoir de fixer l'ordre du jour des Assemblées. La Constitution, le Règlement intérieur de l'Assemblée nationale et la pratique confortent assez largement l'Exécutif en ce domaine. Ainsi, l'ordre du jour de l'Assemblée se trouve presque dans les faits entre les mains du Gouvernement qui s'arroge un pouvoir sans aucune possibilité de contre-pouvoir réel[726].

Certains auteurs comprennent raisonnablement le bien fondé du phénomène majoritaire dans un régime démocratique. Il soutient l'inexactitude intellectuelle d'un tel raisonnement, car :

> « Un régime parlementaire (…) ne fonctionne qu'à la condition que ses dirigeants, peu importe qu'il s'agisse de députés ou de ministres, parviennent à transcrire leur programme dans la loi ; pourquoi faudrait-il que des hommes issus des mêmes partis, qui partagent les mêmes convictions et qui se trouvent les uns au Gouvernement et les autres au Parlement, se séparent quand il s'agit de faire voter des lois. La situation anormale n'est pas qu'ils soient d'accord, mais seraient qu'ils ne le soient pas »[727].

S'il n'existe pas de majorité stable à l'Assemblée, l'incertitude s'accroit sur la capacité du Gouvernement à exécuter son programme. Malgré cette emprise gouvernementale sur le Parlement, il n'en demeure pas moins l'existence d'une séparation de rôle relativement aux dispositions de la Constitution, en matière législative. Pendant que le Parlement est chargé de voter la loi, le Gouvernement pour sa part la rend applicable par l'élaboration des décrets d'application. Or, la non-élaboration des décrets d'application ou leur retard par le Gouvernement est le signe d'un mauvais fonctionnement du contrôle parlementaire. Il est inacceptable, dans le cadre d'un Etat de droit, que le Gouvernement puisse user de son pouvoir pour empêcher l'application d'une loi. Cette analyse est soutenue par Arsène MIABOULA-MILANDOU qui avance l'idée selon laquelle *« dès que la loi est promulguée, le Gouvernement cesse d'être l'interlocuteur du Parlement ; il devient pouvoir subordonné. Retarder ou ne pas faire intervenir les textes d'application*

[725] *Ibid.*, p. 19.

[726] *Ibid.*, p. 21.

[727] CAHOUA (P.), « Les commissions, lieu du travail législatif… », *op. cit.*, p. 46.

revient à refuser la subordination et accentuer l'abaissement du Parlement »[728].

Pour éviter un tel blocage, une revitalisation du travail parlementaire apparaît plus que nécessaire.

2. La revitalisation du Parlement

Les Parlements sont disposés à partager, avec le Président de la République, certaines de ses prérogatives dans le domaine de la sécurité et de la diplomatie. Dans ces matières, il est du ressort des parlementaires de donner à l'issue de leur délibération une force exécutoire aux actes qui engagent la République au niveau international. Cette fonction est l'une des plus importantes des parlementaires en matière diplomatique. Les parlementaires disposent d'un droit de regard sans grande influence sur les activités diplomatiques du Président de la République qui engagent véritablement le destin de toute une Nation à l'échelle internationale.

Par rapport aux questions de Défense et de Sécurité, la Constitution confie aux parlementaires la responsabilité d'autoriser ou non l'engagement des Forces Armées nationales dans une guerre. Dans une formule presque consacrée, la plupart des constitutions africaines disposent : « *La déclaration de guerre est autorisée par l'Assemblée nationale* ». Ainsi, le Président de la République, bien qu'étant dépositaire des pouvoirs régaliens et chef suprême des armées, ne sera en mesure d'engager des troupes sur le théâtre d'une opération militaire contre un État, sans l'acquiescement des parlementaires. Autant dire que la matérialisation d'une telle prérogative par le chef de l'État est subordonnée à la volonté collective des parlementaires.

Même si la plupart des constitutions africaines ne font pas du Parlement un organe aux pouvoirs forts par rapport à l'Exécutif, le Parlement dispose toutefois de quelques moyens d'action lui permettant de partager avec l'Exécutif certaines prérogatives[729]. Il faut citer principalement les moyens de contrôle, le droit d'amendement et la participation à l'exercice des pouvoirs régaliens du chef de l'État. Le Constituant malien de 1992 permet aux parlementaires de mettre en

---

728 MIABOULA-MILANDOU (A.), « Les moyens d'action du Parlement… », *op. cit.*, p. 63.

729 AIVO (F-J.), *Le Président de la République en Afrique noire francophone…*, *op. cit.*, p. 187.

cause la responsabilité politique du Gouvernement ou pire encore de le renverser. Le chef de l'État à son tour peut écourter, par le biais de la dissolution, le mandat des députés à l'Assemblée nationale.

La revitalisation suppose également la survenance des éléments pour l'effectivité de la motion de censure. L'un des éléments positifs qu'on peut tirer de la censure des gouvernements dans les régimes politiques africains est l'effectivité des normes constitutionnelles qui consacrent la matérialisation de responsabilité du Gouvernement devant le Parlement. On pourrait penser sans doute à une appréciation optimiste du recours à la motion de censure de la part d'une des voix autorisées en droit constitutionnel africain :

> « Cette effectivité de la censure dans les nouveaux régimes africains tranche avec la nouvelle perception qu'on a d'elle dans les démocraties contemporaines qui sont, dans la plupart des cas, des régimes parlementaires majoritaires, c'est-à-dire des systèmes où l'Exécutif est systématiquement assuré d'une majorité parlementaire qui le soutient de façon inconditionnelle »[730].

C'est en cela que la motion de censure va perdre sa signification classique alors qu'elle devrait être « *la condamnation globale de la politique générale du gouvernement, la sanction qui marque la volonté d'une Opposition homogène et structurée de se substituer à la majorité gouvernementale* » [731] . Considérée auparavant comme une « *arme suprême* » permettant aux parlementaires de « *faire tomber* » à volonté des gouvernements au cours des IIIème et IVème Républiques françaises, la motion de censure n'est plus à mesure d'inquiéter gouvernements contemporains en ce sens « *qu'elle est tantôt considérée comme tombée en désuétude ou anachronique et relevant de « l'ère de la machine à voiles », tantôt considérée comme permettant simplement l'ouverture de grands débats sur les questions politiques majeures ou encore une manière solennelle pour l'Opposition de protester sur un aspect de la politique gouvernementale et d'y attirer l'attention de l'opinion publique ou bien un moyen de harcèlement utilisé par la minorité parlementaire aux fins d'infléchir la politique gouvernementale* »[732].

---

[730] FALL (I-M.), *Le pouvoir exécutif dans le constitutionnalisme…*, *op. cit.*, p. 264.

[731] *Ibid.*

[732] PACTET (P.), cité par FALL (I-M.), *Le pouvoir exécutif…*, *op. cit.*, pp. 264-265.

L'effectivité des mécanismes constitutionnels de mise en jeu de la responsabilité du Gouvernement devant l'Assemblée nationale et le refus des parlementaires de voter la loi expriment, à coup sûr, une certaine revitalisation des Parlements africains [733] . De par des pratiques institutionnelles inédites, les régimes constitutionnels doivent donner l'impression d'être des systèmes où les rapports entre l'Exécutif et le Législatif conduisent à un équilibre. Toutefois, par suite de la survenance des démocraties majoritaires où le pouvoir exécutif est systématiquement soutenu par une majorité parlementaire, « *il peut paraître curieux voire contre-nature que des Parlements africains censurent les gouvernements et refusent de voter les lois* »[734].

L'étude du droit et de la pratique de la responsabilité du Gouvernement devant le Parlement doit être à mesure de démontrer non seulement une certaine vitalité du Parlement, mais également une vitalité dans le fonctionnement des régimes politiques. Cette revitalisation du Parlement nécessite le recours à un remède d'ordre institutionnel, politique et culturel. Le remède institutionnel consiste en l'institutionnalisation des rapports majorité-opposition. Cette institutionnalisation aura pour but de garantir la stabilité de la majorité sortie des urnes, d'un côté, et, de l'autre, de définir un statut de l'Opposition qui définirait un ensemble de droits et devoirs, mais surtout une compilation d'avantages destinés à permettre à l'Opposition d'exercer sa mission de contre-pouvoir et non de séduction de l'Exécutif[735]. L'institutionnalisation de l'Opposition constitue un facteur de stabilisation des régimes africains. Cette analyse est confortée par un auteur qui admet que « *les révolutions ne deviennent nécessaires que si un régime n'a pas réussi à intégrer l'Opposition, ne lui a pas fourni un débouché et ne l'a pas reconnue comme rouage du processus politique* »[736].

En matière culturelle et politique, la Majorité doit respecter l'Opposition considérée comme la Majorité de demain. Toutefois, l'Opposition, pour sa part, doit s'armer de patience, construire un programme alternatif en vue d'une opposition constructive et

---

[733] FALL (I-M.), *Le pouvoir exécutif…*, *op. cit.*, p. 272.

[734] *Ibid.*

[735] *Ibid.*, p. 274.

[736] GIULI (S.), cité par FALL (I-M.), *Le pouvoir exécutif…*, *op.cit.*, p. 274.

responsable. Celle-ci doit être en mesure d'admettre, à l'image de Georges BURDEAU, que *« l'art de l'Opposition est un art subtil où les nuances sont souvent plus efficaces que les coups d'éclat... Une opposition qui corrige est globalement plus payante qu'une opposition qui casse tout »*[737]. De plus, l'Opposition qui s'emploie dans le dialogue et la correction, et qui a le sens d'un compromis se démocratise et se parlementarise positivement.

C'est dans ces conditions que les mesures d'atténuation à la crise de la démocratie représentative (Section 2) s'inscrivent dans la dynamique de stabilisation de la démocratie parlementaire au Mali.

SECTION 2

LES MESURES D'ATTÉNUATION À LA CRISE DE LA DÉMOCRATIE REPRÉSENTATIVE

D'après Pierre AVRIL, l'Assemblée *« resterait un simple théâtre sur la scène duquel continue de se jouer la comédie de l'apparence, tandis que la réalité se déroule en coulisse : côté cour, les intérêts, les forces sociales, et côté jardin le poids de l'administration »*[738]. Rien ne saurait éloigner les parlementaires de l'influence des citoyens qu'ils sont censés représenter. Le Parlement n'est donc plus un lieu de pouvoir indépendant ; il reste souvent dominé par le jeu des forces sociales et politiques du pays. La préoccupation de l'environnement sociopolitique affecte considérablement l'institution parlementaire qui reste, à cet égard, soumise à des pressions. Leur comportement reste ainsi déterminé par des contraintes sociopolitiques ou des circonstances de l'heure qui conduisent assez souvent à l'émergence de la crise de la démocratie représentative au niveau du Parlement. Et pourtant, le Parlement est une institution dotée d'une certaine autonomie, c'est-à-dire encadrée par des règles lui permettant d'assumer certaines fonctions.

En vue d'apporter une atténuation à la crise de la démocratie représentative au sein du Parlement, il importe, en premier lieu, de renforcer les mécanismes de démocratie directe (Paragraphe 1) et, en

---

[737] BURDEAU (G.), cité par FALL (I-M.), *Ibid. id.*

[738] PIERRE (A.), « L'Assemblée d'aujourd'hui », *in Pouvoirs*, n° 34, 1985, p. 11.

second, d'élargir le contrôle juridictionnel aux citoyens des actes des parlementaires (Paragraphe 2).

Paragraphe 1

Le renforcement des mécanismes de démocratie directe

La démocratie exige à ce que la volonté du Peuple soit le fondement de l'autorité des pouvoirs publics et parlementaires. Il suffit de se référer à l'article 21 de la déclaration universelle des droits de l'Homme de 1948 : *« Tout citoyen a le droit de prendre part à la direction des affaires publiques de son pays, soit directement, soit par l'intermédiaire des représentants librement choisis »*. La démocratie directe dans la gouvernance d'un pays tire l'une de ses sources de cette déclaration. Toutefois, dans le fonctionnement du Parlement, il est à déplorer une rupture de confiance entre parlementaires et citoyens.

La stabilité de la démocratie parlementaire résulte du renforcement de la confiance entre Parlement et citoyens (A) et l'adoption de la représentation proportionnelle pour les élections législatives (B).

A. Le renforcement de la confiance entre Parlement et citoyens

Le renforcement de la confiance entre parlementaires et citoyens, résulte du rétablissement de la confiance entre représentants et représentés (1) de la perception du Parlement comme de véritables relais des préoccupations citoyennes (2).

1. Le rétablissement de la confiance entre parlements et citoyens

Pour atténuer les dérives de la démocratie représentative au sein du Parlement au Mali, il est nécessaire de renforcer sinon de rétablir la confiance entre les citoyens et les parlementaires. Selon Gambetta :

> « La souveraineté nationale repose uniquement dans la généralité du Peuple (…). Cette souveraineté se délègue ; elle se confie

passagèrement aux mandataires définis par les Lois constitutionnelles (…) »[739].

Cette assertion est appuyée par Waldeck ROUSSEAU qui affirmait, à la suite d'un discours à Reims, que le pouvoir législatif :

> « n'est qu'un pouvoir et qu'il n'est pas le pouvoir (…) qu'il lui faut un contrepoids nécessaire, que ce contrepoids réside dans cette autre délégation que le pouvoir exécutif reçoit de la souveraineté nationale et que c'est seulement par une application sincère, intégrale de notre Constitution, par le libre jeu et le libre fonctionnement de tous ses ressorts, que le régime parlementaire peut être l'expression et non pas la contrefaçon d'un Gouvernement véritablement démocratique » [740].

Les députés représentent la Nation. Cette expression suppose un dialogue équilibré et institutionnalisé entre représentants et représentés. Le régime représentatif repose sur un système dans lequel le Peuple n'intervient pas au Parlement, où il se trouve être représenté par des élus. Jean GICQUEL et Jean-Éric GICQUEL donnent une précision particulière sur ce point en ces termes :

> « Même si la source du pouvoir politique est réputée se trouver dans le peuple, même si le principe de la souveraineté nationale ou populaire est affirmé, le Peuple charge des représentants élus de participer en son lieu et place, à l'action politique quotidienne, se réservant de ne pas réélire, le cas échéant, ceux dont il ne serait pas satisfait »[741].

De principe, la démocratie représentative au sein du Parlement comporte trois caractères essentiels : le mandat du député est national, représentatif et parfait[742]. Le caractère national du mandat suppose que les députés, bien qu'élus dans le cadre d'une circonscription électorale déterminée, reçoivent non pas de cette circonscription, mais de la Nation tout entière. Le caractère représentatif, pour ce qui le concerne, confère au député un pouvoir discrétionnaire ; ce qui lui permet d'agir à son gré, à sa guise. En d'autres termes, il n'est en aucun cas lié par des instructions quelconques, qu'il aurait obtenues des électeurs. Il faut dire pour être plus

---

739 Cité par PIERRE (A.), « L'Assemblée d'aujourd'hui… », *op. cit.,* p. 10.

740 *Ibid.*

741 GICQUEL (J.), GICQUEL (J-E.), *Droit constitutionnel et institutions politiques, op. cit.*, p. 108.

742 *Ibid.*, pp. 118-119.

concis que le mandat du député n'est jamais impératif. Le parlementaire reste un homme libre. Il doit l'être non seulement à l'endroit des électeurs, mais également vis-à-vis de son parti ou des groupes de pression[743].

Le caractère parfait du mandat signifie que celui-ci est insusceptible d'être révoqué par les électeurs avant son terme.[744] C'est en cela que certains auteurs ne croient pas à la transhumance des députés. Cette position est soutenue par Abdoulaye DIARRA qui soutient :

> « Qu'employer le terme entier "transhumance" pour qualifier politiquement le mouvement d'un député à l'intérieur du Parlement est, pour nous, une démarche intellectuelle inappropriée, notamment en ce qui concerne le contexte africain. Ce terme est apparu, ou du moins largement utilisé, suite à l'observation au sein des parlements africains des choix d'intégration des députés des groupes politiques différents de ceux de leurs partis politiques. Ces transferts volontaires d'un groupe politique à un autre sans autorisation ni avis d'un parti politique sont constitutionnels car le député, une fois installé dans l'hémicycle, est libre de toute dépendance politique »[745].

La fidélité ou non à un parti politique au niveau du Parlement résulte de la discipline au sein des formations politiques et du niveau de cohésion des partis politiques. Ainsi s'interroge un auteur, « *Comment peut-on appliquer ce terme de « transhumance ? », désignant le transfert des animaux d'un milieu hostile à un autre plus propice, à des députés ?* » [746]. Il faut dire que les députés africains ne sont pas les seuls à recourir à ce libre transfert d'une formation politique à une autre[747].

Toutefois, dans les démocraties contemporaines, nous assistons de plus en plus à l'émergence des mécanismes de démocratie directe. « *Si les citoyens se sont longtemps résignés à un comportement abstrait, ils aspirent présentement à un comportement concret* »[748]. Le Parlement ne

---

743 ANZIANI (A.), « La déontologie, condition du renouveau du Parlement », *in Pouvoirs*, n° 146, 2013, p. 93.

744 GICQUEL (J.) et GICQUEL (J-E.), *Ibid.*, p. 118.

745 DIARRA (A.), *Démocratie et droit constitutionnel…, op.cit.*, p. 193.

746 *Ibid.*, p. 194.

747 *Ibid.*

748 GICQUEL (J.), GICQUEL (J-E.), *Droit constitutionnel et institutions politiques…, op.cit.*, p. 120.

pourrait donc plus agir en toute souveraineté et devra, à cet égard, s'inscrire dans un dialogue permanent avec les citoyens.

L'initiative populaire permet en l'occurrence au Peuple de proposer l'adoption d'une disposition constitutionnelle ou législative. La procédure est enclenchée par le dépôt d'une pétition[749]. En revanche, l'initiative populaire en matière législative ou de révision constitutionnelle visible, dans certaines démocraties, demeure inexistante au Mali. Le référendum en tant que technique d'adoption de la loi a été retenu au Mali par la Constitution du 25 février 1992, notamment en son article 41 qui permet au Président de la République de passer outre l'Assemblée nationale, afin de soumettre à l'adoption directe tout projet de loi portant sur l'organisation des pouvoirs publics et toute question d'intérêt national. Cette disposition est reprise à l'article 60 de la nouvelle Constitution 2023 sans grands changements.

Dans certains pays, le Peuple même se transforme en censeur des élus en abrogeant une loi votée par le Parlement. C'est la technique du véto législatif utilisée notamment en Italie. Le véto populaire permet au peuple, par le dépôt d'une pétition revêtue du nombre requis de signatures et suivie d'une consultation, de s'opposer à la mise en vigueur ou d'obtenir l'abrogation totale ou partielle d'une loi déjà promulguée. Il est même habilité à révoquer certains élus avant que ces derniers n'arrivent au terme de leur mandat. La révocation populaire est une technique qui permet aux électeurs d'une circonscription, par le dépôt d'une pétition donnant lieu à révocation, de mettre fin avant le terme normal à un mandat électif[750]. La révocation populaire qu'elle soit individuelle ou collective, n'est pas prévue ni par la Constitution du 25 février 1992, ni par celle de 2023 qui, en leur principe, proscrit le mandat impératif. Cette technique existe toutefois en Californie à travers le système du *recall*. Ainsi, selon certains auteurs, « *la démocratie semi-directe s'analyse-t-elle, en définitive, comme une sorte de synthèse entre la démocratie directe, idéale mais irréaliste et le régime représentatif, défi théorique à la logique démocratique* »[751].

---

[749] MBODJ (E-H), *Cours de Théorie constitutionnelle*, Université Catholique de l'Afrique de l'Ouest, 2008, p. 61.

[750] *Ibid.*

[751] GICQUEL (J.), GICQUEL (J-E.), *Droit constitutionnel et institutions politiques…*, *op.cit.*, p. 121.

Avant de clore sur ce point, il nous semble important de partager ces remarques assez pertinentes d'un constitutionnaliste français, à propos du fonctionnement de la démocratie parlementaire :

> « (...) le député n'a pas l'omniscience qu'exigerait son mandat, ni la disponibilité qui lui permettrait de s'y suppléer. Même lorsqu'un intérêt préalable et parfois ancien pour le sujet traité le porte à briguer sa désignation comme rapporteur d'un texte, il lui faut organiser des auditions, s'entretenir avec le Gouvernement, forger son opinion sur le projet, l'expliquer à ses collègues, préparer ou examiner des amendements, rédiger son rapport, le présenter en séance et animer la discussion. Autant de missions qu'aucun élu ne peut faire seul et bien »[752].

Il sera donc appuyé dans sa mission par d'autres (fonctionnaires[753], collaborateurs, OSC, personnes-ressources, etc.).

Par ailleurs, le Parlement doit être perçu comme un véritable relai des préoccupations citoyennes.

2. Le Parlement comme véritables relais des préoccupations citoyennes

Le Parlement doit devenir de véritables relais des préoccupations des citoyens[754]. Celui-ci doit être à l'image des citoyens qu'il représente. Pour cela, *« Le temps du contrôle pour le compte du citoyen, à qui il prête ses moyens et ses armes, peut être le temps de l'écoute du citoyen, voire de sa participation, les trois étant, dans une démocratie majeure, difficilement dissociables »*[755].

Le Parlement doit pouvoir disposer très régulièrement d'un temps d'écoute des citoyens dont les informations serviront d'un point d'appui à de multiples débats en plénière le moment venu. Il s'agit là d'une *« programmation (qui) implique aussi de prendre acte d'une différence de nature entre ce que l'on pourrait appeler le contrôle*

---

752 CARCASSONNE (G), « L'appareil de l'Assemblée », *in Pouvoirs*, n° 34, 1985, p. 32.

753 Le rôle du fonctionnaire est un appoint technique et logistique très utile pour le parlementaire qui sait exactement ce qu'il veut d'un texte. Le fonctionnaire apporte sa compétence technique au soutien de la volonté politique de l'élu. Collaborant ainsi ensemble, ils peuvent alors se compléter assez utilement.

754 DELCAMP (A.), « La perception du contrôle parlementaire ..., *op. cit.*, p. 119.

755 *Ibid.*, p. 120.

d'investigation long et le contrôle de réaction ou d'actualité. Le premier est le seul à pouvoir vraiment s'inscrire, au moins en partie, dans le cadre d'une évaluation car il appelle une programmation discutée très en amont de manière collective. Le second participe davantage de l'essence de la vie politique et il doit pouvoir bénéficier d'espaces largement ouverts dans lesquels, en particulier l'Opposition, les groupes minoritaires, mais aussi la majorité, peuvent trouver matière à s'exprimer » [756].

A ces mécanismes s'ajoute la nécessité de basculer dans la représentation proportionnelle dans le cadre des élections parlementaires.

B. Vers la représentation proportionnelle

Le scrutin majoritaire à deux tours ne saurait être conservé seulement pour des raisons tenant au découpage territorial qui ne permettrait pas de garantir une représentation équitable des différentes circonscriptions électorales (1). Une Assemblée à contrôle efficient n'est acceptable que si l'on a des chances sérieuses d'y trouver des membres choisis en proportionnel avec le nombre de la population dans les circonscriptions concernées. Afin de résoudre le problème des circonscriptions électorales, la représentation proportionnelle pourrait être retenue dans le cadre de la circonscription électorale unique[757] (2).

1. Les limites résultant du scrutin majoritaire

Au Mali, la Constitution du 25 février 1992 et celle de 2023 ne définissent pas le mode de scrutin pour l'élection des députés à l'Assemblée nationale. Mais, ce mode est prévu par la loi du 21 octobre 2016 portant Loi électorale, notamment en son article 159 :

> « Les députés à l'Assemblée Nationale sont élus au scrutin majoritaire à deux (2) tours dans les Cercles et les Communes du District.
>
> Nul n'est élu au premier tour du scrutin s'il n'a pas réuni la majorité absolue des suffrages exprimés. Si celle-ci n'est pas obtenue, il est procédé à un second tour le vingt et unième (21e) jour qui suit la date du premier tour. Seuls peuvent y prendre part, les deux candidats ou

---

[756] DELCAMP (A.), « La perception du contrôle parlementaire… », *op. cit.*, p. 121.

[757] ROUSSILLON (H.), « Pour une mini-Assemblée nationale », *in Pouvoirs*, n° 64, p. 127.

les deux listes de candidats ayant obtenu le plus grand nombre de suffrages exprimés au premier tour.

Est déclaré élu le candidat ou la liste de candidats ayant obtenu le plus grand nombre de suffrages exprimés ».

La Loi fondamentale de 1992 et celle de 2023 restent muettes sur le mode de scrutin à propos de l'élection des députés à l'Assemblée nationale. Elles se contentent de définir la nature du suffrage.

Il a été unanimement reconnu par la classe politique que le scrutin majoritaire comporte de nombreuses insuffisances. Il est considéré comme injuste en ce sens qu'il favorise les grands partis politiques au détriment des petites formations politiques. Il favorise également le partage du pays en deux moitiés : une moitié qui exerce le pouvoir (51% du corps électoral) et une autre moitié qui est écartée de l'exercice pouvoir législatif (49%). Mais le plus gros inconvénient du scrutin majoritaire se situe au niveau de l'émergence du parti dominant qui aboutit très souvent en Afrique à la création d'un parti-État, qualifié par Abdoulaye Sékou SOW d'un *« parti unique vêtu du boubou de la démocratie »* [758].

Cette dynamique qui s'inscrit dans une dynamique d'exclusion d'une frange importante de la population, est loin de correspondre à l'image de la culture africaine qui repose essentiellement sur le dialogue, la conciliation et non l'exclusion [759]. C'est en cela qu'une réflexion approfondie est menée sur la nécessité de mettre en place le mode de scrutin proportionnel qui se trouve à même de favoriser la diversité des opinions au sein de l'hémicycle et comporte des avantages certains.

2. Les avantages du scrutin proportionnel

Pour une meilleure stabilité et efficacité du contrôle parlementaire, la représentation de l'ensemble des segments de la vie politique semble bien évidente. La technique de la représentation proportionnelle comporte des avantages certains en vue de la maîtrise de la crise de la démocratie représentative au Parlement. Henry ROUSSILLON nous conforte dans cette analyse en considérant que :

---

[758] SOW (A-S.), *L'État démocratique républicain...*, *op. cit.*, p. 297.

[759] *Ibid.*

> « La nécessité pour le Gouvernement d'obtenir par le dialogue et la négociation, au meilleur sens du terme, l'appui d'une majorité non acquise d'avance donnerait au Parlement tout son sens qui est d'être un lieu où l'on débat des problèmes fondamentaux de la société »[760].

Le scrutin proportionnel appelé également représentation promotionnelle consiste à attribuer aux partis un nombre de sièges au prorata des suffrages qu'ils ont obtenus.

La distinction entre le scrutin majoritaire et la représentation proportionnelle porte en l'occurrence sur le nombre de voix qu'il est nécessaire de réunir pour être élu. Le scrutin est majoritaire lorsque la totalité des sièges à pourvoir est attribuée aux candidats qui obtiennent le plus grand nombre de voix[761]. On distingue le scrutin majoritaire selon qu'il se déroule en un ou en deux tours. Dans le cadre du scrutin majoritaire à un tour, utilisé traditionnellement dans les démocraties anglo-américaines, le ou les sièges à pourvoir sont attribués au ou aux candidats qui recueille(nt) le plus grand nombre de voix. L'élection a lieu à la pluralité des voix, car la majorité relative suffit pour être élu au premier tour. Alors que dans le cadre du scrutin majoritaire à deux tours[762], le ou les candidats ne sont élus au premier tour que s'ils obtiennent la majorité absolue, c'est-à-dire la moitié plus un des suffrages exprimés. Les candidats arrivés en tête non élus au premier tour sont qualifiés pour le second tour. Au second tour, la majorité relative suffit ; autrement dit, celui qui a le plus grand nombre de voix est élu quel qu'en soit le chiffre[763].

La représentation proportionnelle, pour sa part, tend à assurer la représentation de toutes les opinions groupant un nombre raisonnable de suffrages. Chaque liste disposera d'un nombre de représentants en proportion avec le nombre de suffrages obtenus[764]. Le scrutin

---

760 ROUSSILLON (H.), « Pour une mini-Assemblée nationale… », *op. cit.*, p. 127.

761 GICQUEL (J.), GICQUEL (J-E.), *Droit constitutionnel et institutions politiques…*, *op. cit.*, p. 155.

762 Selon une formule mathématique surprenante, dans le cadre d'un scrutin à deux tours : 50,01% des voix = 100 et 49, 99%=0. Ici, la démocratie s'identifie au Gouvernement de la majorité. GICQUEL (J.), GICQUEL (J-E.), *Ibid.*, p. 162.

763 *Ibid.*, p. 156.

764 Un exemple fera comprendre la différence qui existe entre le scrutin de liste majoritaire et le scrutin de liste avec représentation proportionnelle. Supposons une circonscription dans laquelle il y avait six (6) députés à élire et 120 000 suffrages exprimés. Supposons

proportionnel attribue, à chaque formation politique, un nombre d'élus correspondant à son importance dans le corps électoral. Il est considéré comme le plus juste, le plus équitable, en ce qu'*« elle peut être comparée à une photographie de la circonscription ou à un miroir-plan, à partir du moment où la représentation de cette dernière est bigarrée à l'image de la diversité majorité-minorité »*[765].

Le scrutin proportionnel garantit une représentation complète à l'Assemblée nationale entre la majorité et l'Opposition. Par la chance offerte aux petits partis politiques, la représentation proportionnelle rend pratiquement difficile la formation d'une majorité cohérente et stable. Ce mode de scrutin privilégie la discipline au sein des formations politiques. Pour celles-ci, l'important est de se faire inscrire en bonne position, c'est-à-dire en rang utile. L'on peut affirmer sans risque de se tromper que le scrutin proportionnel structure les partis politiques, en renforçant la cohérence de ses objectifs, de manière à renforcer l'efficacité de la démocratie parlementaire[766]. Il contribue également au multipartisme affirmé. Autrement dit, chaque parti mène sa lutte sous sa « propre bannière », sans aucun souci de tisser des alliances avec d'autres entités politiques.

Au Mali, le seul mode de scrutin, pour les élections législatives, est à l'heure actuelle le scrutin majoritaire. Toutefois, très récemment les participants de la Table ronde sur la création de l'organe unique de gestion des élections et la validation de l'avant-projet des Termes de Reference des Assises nationales de la Refondation, organisée à Bamako, les 24, 25 et 26 septembre 2021, ont retenu à l'unanimité le scrutin proportionnel, comme mode de scrutin pour la future élection des députés à l'Assemblée nationale du Mali. Et ce scrutin, sous l'analyse de plusieurs experts et organisations féministes, semble défavorable aux femmes en raison de l'existence d'une difficulté liée à l'application des dispositions de la loi 052. Car, l'important pour ce mode de scrutin est de

---

également que deux listes soient en présence, la liste A qui obtient 80 000 voix et la liste B, qui 40 000 voix. Avec le scrutin de liste majoritaire, la liste A aura six députés, car elle aura obtenu la majorité absolue ; la liste B ne verra passer aucun de ses candidats, bien qu'elle ait obtenu 40 000 voix. Avec la représentation proportionnelle, la liste A aura quatre (4) députés élus, et la liste B deux. Voir GICQUEL (J), GICQUEL (J-E.), *Droit constitutionnel et institutions politiques…*, *op. cit.*, p. 156.

765 GICQUEL (J.), GICQUEL (J-E.), *Ibid.*, pp. 161-162.

766 *Ibid.*, p. 163.

se faire inscrire en bonne place sur la liste, c'est-à-dire en rang utile pour être élu. Ce qui ne serait pas évident pour les femmes du Mali qui vivent dans une société fortement dominée par les hommes. D'où l'appel à la parité au moment de la formation des listes de candidature dans le cadre d'un tel mode de scrutin, à l'instar du Sénégal, qui malheureusement, semble encore difficile à prospérer au Mali. De toutes les manières, en élisant les députés au scrutin proportionnel, *« l'impact de l'élection présidentielle serait suffisamment amorti pour que des coalitions indépendantes du résultat de cette élection deviennent nécessaires et que l'Assemblée nationale retrouve ainsi, avec une certaine autonomie, une influence directe sur la formation du Gouvernement »*[767].

Au Mali, le problème du scrutin est apparu comme une des conditions fondamentales de la stabilité des institutions de la République et du fonctionnement normal de l'État. C'est dans cette approche que la classe politique avait préconisé d'introniser dans un projet de loi électorale le scrutin mixte qui porterait des atténuations aux effets pervers du scrutin majoritaire de par l'introduction d'une dose de proportionnalité dans la représentation des populations au Parlement. Malheureusement, cette tentative fut rejetée par le juge constitutionnel malien au nom du principe d'égalité des candidats. Par suite de cette jurisprudence, certains auteurs admettent que seule une réforme constitutionnelle est à même d'élargir les modes de scrutin[768].

Une autre alternative pour atténuer la crise de la démocratie représentative repose sur la nécessité d'élargir le contrôle juridictionnel contre les actes des parlementaires.

Paragraphe 2

L'utilité d'élargir aux citoyens le contrôle contre les actes des parlementaires

Le défi de l'efficacité du contrôle parlementaire devra concerner aussi le mode de saisine de la juridiction constitutionnelle (A), en l'élargissant par exemple à d'autres organismes, aux organisations de la société civile,

---

767 AVRIL (A.), « Renforcer le Parlement… », *op. cit.*, p. 9.

768 SOW (A-S.), *L'État démocratique républicain…*, *op.cit.*, p. 297.

voire aux citoyens afin de démocratiser le contrôle des actes parlementaires (B).

A. La saisine populaire

La saisine pose la question de savoir qui en droit peut saisir le juge constitutionnel aux fins de contrôler et éventuellement de sanctionner les actes des parlementaires qui violeraient la norme juridique. Selon plusieurs auteurs, la saisine, par exemple, du juge constitutionnel à la suite du contrôle de constitutionnalité des lois, peut être reconnue à tous les citoyens ou à certains organes institutionnels[769]. Il faut donc les classer en deux catégories : saisine populaire et saisine institutionnelle. Mais la saisine populaire est celle qui répond le plus à l'idéal de démocratie directe dans le cadre du contrôle des actes parlementaires. Celle-ci consiste à élargir un tel mécanisme de contrôle à tous les sujets de droit pour donner des chances maximales d'extirper de l'ordonnancement juridique, la loi considérée être contraire à la Constitution. Ce mode de contrôle des actes parlementaires, ouvert à tous, constitue un moyen par excellence d'atténuation des dérives ou crises de la démocratie représentative au sein du Parlement. Il représente tout aussi un intérêt public en vue de la garantie des droits fondamentaux proclamés par la Constitution du 25 février 1992 et celle de 2023.

En République fédérale d'Allemagne (RFA) et en Suisse, le recours contre les lois des parlementaires est ouvert à tous les citoyens qui en sont les principaux intéressés. Toutefois, en Allemagne, il existe un système de filtre, car les citoyens doivent avoir complètement épuisé jusqu'à la dernière instance toutes les voies de recours devant les tribunaux[770]. En Suisse, les citoyens ont la possibilité de saisir sans conditions diverses, saisir directement la Cour suprême fédérale afin de faire invalider les lois votées par le Parlement. La Constitution du Bénin donne même la possibilité à tout citoyen de la saisir directement afin de contrôler directement la conformité des lois et d'autres actes du Parlement par rapport à la Constitution[771]. La Cour constitutionnelle du Mali est

---

[769] MBODJ (E-H.), *Cours de Théorie constitutionnelle…*, *op. cit.*, p. 13.

[770] Article 93 de la Loi fondamentale de la RFA.

[771] Article 22 de la Constitution béninoise du 11 décembre 1990.

demeurée une juridiction faible puisqu'elle ne peut être saisie par les citoyens, en matière de contrôle des lois votées par le Parlement.

Mais, ce mode de contrôle du Parlement offert aux citoyens peut entrainer des conséquences perverses qui sont de nature à affecter la stabilité de l'Institution parlementaire. Comme le fait admettre à juste titre le Professeur El Hadj MBODJ :

> « La loi étant susceptible de porter atteinte aux intérêts généraux ou particuliers des citoyens, ceux-ci risquent d'assaillir l'organe de contrôle de recours abusifs. La facilité des recours est de nature à affaiblir l'autorité et la majesté des lois »[772].

A travers l'élargissement du droit de saisine aux citoyens, on assiste, cependant par ricochet, à une augmentation du nombre de requêtes comme le fait apparaître le recueil des décisions et avis de la Cour constitutionnelle béninoise. C'est pour cette raison que le Constituant belge a prévu une chambre au sein de la Cour d'arbitrage qui est chargée de filtrer les requêtes des citoyens[773]. A la suite de la réforme de 1988-1989, cette chambre composée des membres de la Cour a été créée afin que celle-ci ne soit saisie que par *« toute personne physique ou morale justifiant d'un intérêt à agir »*. Il en est de même pour le Constituant espagnol à propos du recours *« d'amparo »*[774].

La préoccupation de stabilisation des situations juridiques nées des actes du Parlement conduit légitimement selon certains experts, à une limitation certaine de la saisine qui peut être, soit à des autorités politiques, soit à des autorités judiciaires. La saisine politique du juge chargé de contrôler les actes du Parlement peut être réservée à des autorités exécutives ou législatives, personnalités ou organes délibérants, etc.

---

[772] MBODJ (E. H.), *Cours de Théorie constitutionnelle…, op. cit.*, p.13.

[773] Le filtre des requêtes est effectué par une chambre restreinte pouvant à l'unanimité prendre un arrêt de rejet si le recours lui semble manifestement irrecevable ou bien transmettre la requête à la cour d'arbitrage pour qu'elle mette fin au litige si elle l'estime non fondé.

[774] Afin d'éviter un trop grand encombrement du tribunal constitutionnel, le recours *« d'amparo »* ouvert contre les actes des organes législatifs administratifs et judiciaires ne peut intervenir après exercice d'un recours préalable devant le tribunal ordinaire par une procédure basée sur les principes de priorité et d'urgence. Un filtrage assez sévère est organisé à cet effet.

En France, la saisine est exclusivement accordée à l'Exécutif et au Législatif. Le Mali s'est inspiré du modèle français en réservant la saisine de la Cour constitutionnelle aux fins de contrôler la conformité des lois votées par l'Assemblée, aux autorités limitativement énumérées à l'article 88 de la Constitution du 25 février 1992, à savoir le Président de la République, le Premier Ministre, le Président de l'Assemblée nationale, 1/10 des députés, le Président du Haut Conseil des Collectivités territoriales ou 1/10 des Conseillers nationaux, et le Président de la Cour suprême qui se trouve être la seule autorité judiciaire dans le lot.

Ces conditions de saisine ont été fortement politisées par la Constitution du 22 juillet 2023. Désormais, seuls les hommes politiques sont habilités à saisir la Cour constitutionnelle du Mali : le Président de la République, le Président de l'Assemblée Nationale ou 1/10 des Députés, le Président du Sénat ou 1/10 des Sénateurs[775].

De toutes les manières, l'impossibilité pour le citoyen d'accéder à la juridiction constitutionnelle est, selon le doyen René DEGNI-SEGUI, une chance ressentie surtout *« en matière de protection des droits de l'homme où celui-ci est la principale victime des violations »*[776]. Même le contrôle concret par voie d'exception adopté par bon nombre de pays africains n'existe pas encore au Mali même s'il a été prévu par toutes les tentatives de révisions constitutionnelles. Ce contrôle permet à la Cour constitutionnelle d'examiner une loi votée par le Parlement, au moment où on l'applique sur un particulier qui l'invoque au cours d'un procès le concernant, en vue d'invalider la loi en question. Dans l'hypothèse de la saisine par voie d'exception, le déroulement du procès est suspendu jusqu'à la décision du juge constitutionnel. Dominique ROUSSEAU le constate ainsi :

> « Le contrôle concret a l'immense avantage de permettre au droit d'épouser l'évolution de la société dans la mesure où la loi s'applique, non à celui, parfois ancien où elle a été conçue, et d'offrir aux personnes un moyen de Défense permanent de leurs droits fondamentaux »[777].

---

[775] Voir article 147 de la Constitution du 22 juillet 2023.

[776] René DEGNI-SEGUI, cité par DIARRA (A.), *Démocratie et droit constitutionnel…*, *op.cit.*, p. 26.

[777] D. Rousseau, cité par DIARRA (A.), *Ibid.*, p. 27.

En ayant recours au contrôle par voie d'exception, le citoyen s'intéresse dans le contrôle des actes parlementaires. Il devient participatif. Bien évidemment, il ne faut pas surestimer l'action des gouvernés dans ce cadre. Il n'y a pas lieu de penser que, par ce biais, le citoyen se verrait offrir un rôle immense dans le fonctionnement des institutions.

Par le biais du contrôle par voie d'exception, la Cour constitutionnelle du Mali devient le vecteur d'un contrôle citoyen sur les lois votées par l'Assemblée nationale. Elle s'érige ainsi en un relai entre les citoyens et l'Institution parlementaire tout en fournissant aux citoyens un moyen de s'exprimer dans le concert démocratique.

Aux lendemains de l'indépendance, il n'y a pratiquement pas de saisine *« populaire »* dans les Constitutions africaines. Mais seulement deux (2) seuls cas de *« saisine populaire »* avaient, cependant, été notés en Afrique francophone. Il s'agissait notamment de la Constitution de la République du Dahomey du 11 avril 1978 qui avait prévu, en son article 3, l'ouverture à tout citoyen le droit de se pourvoir contre toute loi votée par le Parlement et tout acte contraire à la norme constitutionnelle devant la Cour suprême. On peut aussi viser la loi congolaise du 21 avril 1983 dont l'article 69 autorisait tout citoyen intéressé de saisir la Cour suprême sur des cas de violations visant une loi adoptée par l'Assemblée, par rapport à la Constitution[778]. Cependant, malgré ces mesures d'ouverture du contrôle de constitutionnalité aux citoyens, l'influence de l'Exécutif sur l'organisation et le fonctionnement des juridictions constitutionnelles restaient toujours évidente.

Aussi aux lendemains des indépendances, il était très rare que la juridiction constitutionnelle puisse se saisir elle-même. Tout de même, cette situation était prévue par la loi du 19 mars 1965, au Mali où la Section constitutionnelle de la Cour suprême était autorisée à se saisir d'office des violations de la Constitution par une loi votée par le Parlement[779].

Il n'existe, au Mali, ni le contrôle du Parlement sur requête individuelle qui permet à un individu de saisir la Cour constitutionnelle, ni le contrôle résultant des litiges ou de l'application d'une loi votée par

---

778 MODERNE (F.), « Les juridictions constitutionnelles en Afrique », *in* CONAC (G.), *Les Cours suprêmes en Afrique*, Paris, Economica, 1988, p. 21.

779 *Ibid.*, p. 27.

les députés à l'Assemblée nationale. L'auto-saisine accordée à la Cour constitutionnelle béninoise en vue d'exercer un tel est également inexistante au Mali.

B. L'élargissement de la saisine au juge et autres organismes

La Cour constitutionnelle du Bénin élargit considérablement sa compétence d'attribution pour se saisir de toute violation de la loi votée par le Parlement, dont la non-résolution est susceptible de mettre en péril la démocratie parlementaire. La possibilité constitutionnelle donnée à la Cour de s'autosaisir peut-être de nature à corriger ou redresser une loi ou un projet de loi contraire aux libertés et droits fondamentaux. L'aménagement d'un tel mode de recours pourrait renforcer la protection des droits et libertés, et atténuer, par conséquent, la crise de la démocratie représentative.

Le législateur a même étendu la saisine de la Cour à *« toute association ou organisme non gouvernemental des droits de l'homme »*[780] que le Mali pourrait expérimenter.

Ces mécanismes de stabilisation doivent être confortés par le renforcement de la performance des députés.

---

[780] Loi n° 91-009 du 4 mars 1991 portant loi organique sur la Cour constitutionnelle du Bénin.

CHAPITRE 2

LES MÉCANISMES DE PERFORMANCE DU CONTRÔLE PARLEMENTAIRE

La performance des parlementaires dans le cadre du contrôle de l'action gouvernementale doit permettre à l'Exécutif d'être pleinement responsable de ses actes et en répondre devant la loi. Celui-ci doit simplement rendre compte de sa gestion et permettre, par conséquent, l'appréciation de la rationalité dans laquelle cette gestion est intervenue et les effets qu'elle a produits. Les contrôles de l'exécution des lois et du budget n'ont pas pour vocation d'empêcher l'administration de fonctionner, mais de permettre une rationalisation de celle-ci, dans le sens d'un meilleur service à rendre à la Nation. La survie du contrôle parlementaire de l'action gouvernementale dépend de la capacité de l'Assemblée nationale à s'adapter aux exigences de performances des contrôles.

Les mécanismes de performance d'un tel contrôle parlementaire passent successivement par la protection du mandat des parlementaires (Section 1) et la survenance d'autres mesures de performances (Section 2).

SECTION 1

LES MÉCANISMES DE PROTECTION DU MANDAT DES PARLEMENTAIRES

La protection du Parlement et du parlementaire est une garantie de la démocratie représentative. Dans ce sillage, il existe divers mécanismes de protection du mandat des parlementaires, en vue d'une stabilisation renforcée du contrôle des actions du Gouvernement. C'est en cela que nous mettrons l'accent, en premier lieu, sur la technique de renforcement de la protection statutaire des parlementaires (Paragraphe 1) et, en second, sur la nécessité de restreindre le droit de dissolution des députés à l'Assemblée nationale (Paragraphe 2).

Paragraphe 1

Le renforcement de la protection statutaire des parlementaires

Le renouveau du Parlement, qui provoquerait à coup sûr le renforcement de la protection statutaire des parlementaires, résulterait du rétablissement de la confiance avec les électeurs. Cela passera nécessairement par le renforcement de la protection statutaire à même d'attribuer des comportements irréprochables aux députés à l'Assemblée nationale.

Pour y parvenir, l'interdiction du cumul des mandats (A) et la rationalisation de l'immunité juridictionnelle par le renforcement de la déontologie parlementaire (B) fournissent des clés essentielles en vue d'une meilleure protection des mandats des parlementaires.

A. L'interdiction du cumul des fonctions et des mandats

Il faut noter que :

> « Le cumul se développe dans une triple dimension : verticale (cumul de charges, de fonctions ou d mandats dans le même champ), horizontal (cumul dans plusieurs champs différents, politique, économique, culturel, etc.) ; cumul temporel (absence de limitation à

la durée des mandats ou de fonctions renouvelables de manière illimitée. Ce polymorphisme du cumul n'est, par ailleurs, pas limité au champ politique : on peut le trouver dans le domaine économique (accumulation des présences dans les conseils d'administration), culturel, social, (…) »[781].

Certains auteurs justifient toutefois le cumul par le souci de l'expérience *« irremplaçable »* dans le cadre de l'exercice de responsabilités locales. Dans cette dynamique, la capacité du législateur se renforcerait par sa connaissance pratique des choses[782].

Il s'agira ainsi d'interdire non seulement le cumul des fonctions (1) et des mandats (2).

1. L'interdiction du cumul des fonctions

La plupart des sociétés contemporaines connaissent des formes d'interdictions plus ou moins rigoureuses à l'encontre du cumul. Il s'agit entre autres : interdiction du cumul/privé (on peut être à la fois agent public et exercer une activité privée) ; interdiction du cumul de fonction ou d'emplois publics ; interdiction normative du cumul des mandats, etc.[783]. De manière générale, ces interdits se traduisent par un système d'incompatibilités plus ou moins extensifs. La plupart des démocraties contemporaines ont depuis très longtemps instauré des limites au cumul horizontal, en l'occurrence entre mandats politiques et certaines fonctions. La séparation des pouvoirs n'a aucun sens, lorsque les parlementaires exercent en même temps des fonctions exécutives dans les collectivités territoriales, villes, départements ou régions. Comme le prétend un auteur, la concentration de pouvoir et d'influence, dont bénéficient les cumulant au niveau du Parlement, rend inopérants et vulnérables les mécanismes normaux d'équilibre et de contrôle de l'action gouvernementale au sein du Parlement [784] . De plus, les parlementaires cumulant sont souvent sollicités pour effectuer des arbitrages entre le Parlement et les entités pour lesquelles il occupe un poste. Le cumul des fonctions peut tout de même être un handicap majeur à l'efficacité du contrôle parlementaire, compte tenu de l'absentéisme

---

[781] MENY (Y.), « Le cumul des mandats », *in Pouvoirs*, n° 64, pp. 129-130.

[782] *Ibid.*, p. 134.

[783] *Ibid.*, p. 130.

[784] MENY (Y.), « Le cumul des mandats », *op. cit.*, p. 132.

récurrent des parlementaires, à cause de l'effet de cumul. A propos, Yves MENY fait savoir qu': *« il ne sert pas à grand-chose d'améliorer les capacités de discussion, d'amendement, de débat et de contrôle des membres du Parlement si, en fin de compte, ils persistent à être absents »*[785].

L'interdiction de cumuler le mandat de député avec tout autre mandat représenterait le meilleur cadre de revaloriser le contrôle parlementaire de l'action gouvernementale et le Parlement. Dans ce cadre, le parlementaire disposerait de plus de temps nécessaire à l'exercice digne et efficace de sa fonction de contrôle, et se réconcilierait dans sa capacité de pression et d'influence qu'il a perdue sur les actions de l'Exécutif. Ainsi pour Yves MENY :

> « L'Assemblée nationale en retrouvant la plénitude de ses prérogatives et de ses attributions, mériterait alors pleinement son nom au lieu de n'être trop souvent que le conglomérat hétéroclite d'intérêts locaux et sectoriels »[786].

L'interdiction du cumul des mandats rééquilibrerait plus les rapports entre le Législatif et l'Exécutif, redonnerait plus de vigueur et de qualité aux échanges lors du débat public national, et redéfinirait plus explicitement les attributions et les fonctions, dans le cadre du contrôle des actions gouvernementales.

Quid de la limitation des mandats des parlementaires dans le temps ?

2. La question de la limitation des mandats des parlementaires dans le temps

Le débat relatif à l'accumulation des mandats dans les démocraties contemporaines est toujours d'actualité. Pour beaucoup, le mandat des parlementaires doit être limité dans le temps pour une démocratie plus représentative, plus responsable et plus efficace[787]. En France, un projet de loi organique avait été déposé par le Gouvernement dans ce sens le 23 mai 2018. Ce texte consacrait un chapitre à la limitation dans le temps de l'exercice des mandats politiques, dont l'article 11 disposait que : « *Les*

---

[785] *Ibid.*, p. 133.

[786] *Ibid.*, p. 135.

[787] DEHARBE (K.) et *al.*, *Le cumul et la durée des mandats : débats, réformes et pratiques*, Nouvelle imprimerie de Laballery, 2017, p. 109.

personnes ayant exercé trois mandats consécutifs de député ne peuvent faire acte de candidature à l'élection organisée au terme du troisième mandat auquel elles pourvoient », en apportant cette précision que « *les mandats incomplets, y compris lorsque le député est appelé à exercer des fonctions gouvernementales, sont pris en compte si la durée pendant laquelle ils n'ont pas exercé est inférieure à une année* ». La reforme ainsi proposée concernait en occurrence, les parlementaires (députés, sénateurs) ainsi que les députés européens, mais également les titulaires des fonctions exécutives locales, y compris dans les collectivités régies par l'article 74 de la Constitution et en Nouvelle Calédonie[788]. Toutefois, cette réforme, avant même qu'elle ne fasse l'objet d'une discussion au sein du Parlement, a suscité beaucoup de tensions et de crispations. Le Sénat, par exemple, a fait de la limitation dans le temps des mandats l'une de ses « *lignes rouges* »[789] à ne pas franchir.

En perspective de la réforme proposée, seules les fonctions ou des mandats consécutifs devraient être pris en considération et la limitation ne devait s'appliquer qu'à la succession de mandats identiques ; ce qui permettrait au député sortant de rejoindre le Sénat ou d'être élu maire. Les mandats incomplets ne devraient pas non plus être comptabilisés, c'est-à-dire ceux qui ont été interrompus pendant plus d'un an, par suite d'une nomination ou de toute autre circonstance. On peut ainsi imaginer le cas d'un député qui n'a effectué que 3 ans de mandat parce qu'il a seulement terminé le mandat d'un député appelé au Gouvernement ou décédé : le mandat incomplet ainsi effectué ne sera pas comptabilisé. Ou encore le cas d'un député qui démissionne au terme de 4 ans de mandat, laissant la place à son suppléant pour le finir, évitant dans cette approche la comptabilisation du mandat réalisé partiellement[790].

Pour le moment, il n'existe aucun dispositif juridique malien qui encadre le processus d'accumulation des mandats des députés à l'Assemblée nationale. Le scénario en vigueur est celui de la rééligibilité indéfinie des parlementaires. Depuis la 1re Législature de la IIIe République intervenue en 1992 jusqu'à la 6e Législature de 2021, bon nombre de députés ont toujours conservé leur statut de parlementaire à l'hémicycle du Mali. Ainsi, en vue de favoriser la rotation des députés à

---

788 *Ibid.*

789 ZENNOU (A.), cité par DEHARBE (K) et *al.*, *Ibid.*, p. 110.

790 DEHARBE (K.) et *ali*, *Le cumul et la durée des mandats…*, *op.cit.*, pp. 110-111.

l'Assemblée nationale du Mali, le Constituant malien devrait limiter dans le temps le mandat des députés, à l'image du Président de la République, surtout dans l'hypothèse où les élections ne semblent pas constituer une garantie suffisante pour renforcer l'alternance parlementaire.

Qu'en est-il de la rationalisation de l'immunité juridictionnelle des parlementaires ?

B. La rationalisation de l'immunité juridictionnelle des parlementaires

La rationalisation de l'immunité juridictionnelle des parlementaires interpelle le renforcement de la déontologie parlementaire (1) et le respect des exigences de démocratie (2) de la part des parlementaires.

1. Le renforcement de la déontologie parlementaire

Le doyen Léon DUGUIT rappelait dans son ouvrage de droit constitutionnel :

> « L'inviolabilité et l'irresponsabilité n'est pas établie à vrai dire dans l'intérêt du député qui en profite, mais dans l'intérêt du Parlement, dans l'intérêt, peut-on dire, de la souveraineté nationale elle-même que le Parlement est censé représenter »[791].

L'inviolabilité et l'irresponsabilité des parlementaires ne doivent jamais devenir des remparts permettant à ces derniers de se retrouver en dehors de la loi qu'ils votent ou de la morale qui caractérise le pacte social[792].

Le parlementaire, qui profite de sa protection institutionnelle comme un privilège pour abuser, cristallise une crise dans la société qui va au-delà de sa personne. La Constitution malienne du 25 février 1992 et celles de 2023 ne font nulle part dans leurs contenus allusion à la déontologie des parlementaires à l'Assemblée nationale. La déontologie a paru longtemps être orientée vers les professions réglementées (médecins, enseignants, avocats, etc.). Le traitement de cette question a semblé

---

791 ANZIANI (A.), « La déontologie, condition du renouveau du Parlement », *op. cit.*, p. 94.

792 ANZIANI (A.), « La déontologie, condition du renouveau du Parlement », *op. cit.*, p. 94.

étranger à l'institution parlementaire qui, sous l'effet du principe de la séparation des pouvoirs, a longtemps décliné tout contrôle de ses membres ou de ses comptes en donnant ainsi le sentiment de préférer le désordre à la transparence des opérations. Alors que la surveillance doit être renforcée sur le patrimoine des députés, leur probité et leur impartialité, sur leurs incompatibilités, etc.

A cette exigence dans le respect des exigences de déontologie, s'ajoute le respect des exigences de la démocratie.

2. La nécessité de respecter les exigences de la démocratie

Toutefois, nombreux sont les parlementaires à considérer ces exigences inutiles à cause de l'indépendance qui caractérise le fonctionnement du Parlement, du sens de leurs responsabilités ou du respect de leur vie privée. Mais, ils sous-estiment les exigences fondamentales de la démocratie représentative constituées de la transparence, de l'égalité des devoirs, du respect de l'état de droit, de la bonne gouvernance, etc. Ces exigences sont hautement importantes à l'égard de la stupide immunité des parlementaires. Elles impliquent le respect de l'éthique et forment, par conséquent, le fondement essentiel de la déontologie parlementaire[793].

Plusieurs parlementaires français ont fait l'objet de multiples condamnations par suite d'une infraction pénale au cours de l'exercice de leurs mandats. Ces infractions sont entre autres : trafic d'influence, prise illégale d'intérêts, corruption passive, abus de bien social, détournement de fonds publics, blanchiment, favoritisme dans l'attribution des marchés, etc. [794]. Ces condamnations situent assez parfois les responsabilités exercées par le parlementaire dans une société plus respectueuse de l'état de droit. Il ne s'agit pas de supprimer son immunité ou son irresponsabilité, mais d'éviter que le parlementaire ne soit pas surprotégé par rapport aux nécessités de sa fonction. Qu'il puisse par exemple être poursuivi s'il commet une infraction grossière ou cause un préjudice sans que la victime n'attende la fin de son mandat. L'immunité ne doit pas faire obstacle aux poursuites pénales, surtout dans l'hypothèse des infractions de crime ou de délit flagrant commises

---

[793] *Ibid.*

[794] ANZIANI (A.), « La déontologie, condition du renouveau du Parlement », *op. cit.*, p. 95.

par les députés en cours de mandat. Même si les textes prévoient le plus souvent que la détention, les mesures privatives ou restrictives de liberté, ou la poursuite d'un parlementaire pourront être suspendues pour la durée de la session si l'Assemblée le requiert.

Depuis la 1re Législature de la IIIe République, l'Assemblée nationale du Mali a été saisi de plus d'une dizaine de demandes de levée d'immunité. Cependant, le Parlement ne donne pas suite favorable à ces requêtes. Par ailleurs, l'immunité ne comporte pas que des insuffisances, elle dispose tout de même des avantages certains. Aussi faut-il comprendre que « *dans son esprit, l'immunité assure l'indépendance du parlementaire face à un juge inquisiteur, éventuellement partisan, mais aussi face à l'Exécutif et ses éventuelles pressions* »[795].

Mais, rien ne justifie qu'un député soupçonné d'un trafic d'influence ou d'un détournement de fonds puisse s'arroger une protection contrairement à un citoyen ordinaire. L'immunité doit s'éteindre automatiquement dès lors que l'acte pour lequel le député est incriminé n'a aucun lien avec l'exercice du mandat parlementaire ou avec la liberté d'expression.

Il semble donc nécessaire pour l'Assemblée nationale du Mali de se doter d'un code d'éthique et de déontologie pour plus de droiture, de sagesse, de sincérité et de rigueur, dans le cadre de son contrôle des actions gouvernementales.

Un autre moyen de stabiliser le mandat des parlementaires est de restreindre le droit de dissolution.

Paragraphe 2

Les limites tenant au droit de dissolution

La nécessité de restreindre le droit de dissolution appelle à recourir aux restrictions au pouvoir de dissolution (A), par suite de conséquences résultant d'une facilité de dissolution (B).

---

[795] *Ibid.*, p. 96.

A. Des restrictions au pouvoir de dissolution

Le droit de dissolution Parlement est un des éléments essentiels du régime parlementaire reposant en l'occurrence sur une séparation souple des pouvoirs. Il se trouve être un des moyens de pression dont l'Exécutif dispose sur le Parlement. En contrepartie, ce dernier est à même de renverser le Gouvernement par l'intermédiaire de la motion de censure. Il appartient en général au Président de la République qui n'est pourtant pas visé par une motion de censure. Celle-ci vise spécifiquement le Gouvernement, mais c'est le Président de la République qui dispose de l'arme de dissolution[796]. Dans la pratique, la dissolution est invoquée pour résoudre des crises réelles ou latentes ou pour assurer la Majorité présidentielle. Les Présidents dissolvent assez souvent l'Assemblée afin de disposer d'une majorité confortable.

L'article 42 de la Constitution du 25 février 1992 donne une large liberté au chef de l'État de précipiter le départ des députés à l'Assemblée nationale du Mali, aux termes duquel :

> « Le Président de la République peut, après consultation du Premier Ministre et du Président de l'Assemblée nationale, prononcer la dissolution de l'Assemblée nationale. Les élections générales ont lieu vingt et un jours au moins et quarante jours au plus après la dissolution. L'Assemblée nationale ne peut être dissoute dans l'année qui suit ces élections ».

Cette facilité de dissolution est tout aussi perceptible à l'article 69 de la Constitution de la IVe République.

La dissolution est volontiers considérée, par les constitutionnalistes, comme le contrepoids ou la contrepartie au pouvoir de renversement du gouvernement que possède l'Assemblée législative. Normalement, donc, la plupart des Chambres basses devraient pouvoir être dissoutes par l'Exécutif. La Chambre haute n'est pas non plus à l'abri d'une telle menace.

En principe, seules devraient pouvoir être dissoutes les Chambres hautes qui ont la possibilité de renverser le Gouvernement. Et c'est le cas en Belgique, aux Pays-Bas, en Italie. C'est également le cas en Australie, lorsqu'il y a désaccord persistant entre les deux Chambres. C'est aussi le

---

[796] MARTEL (V.), *Le droit de dissolution*, Fiche pédagogique virtuelle, Faculté de Droit de Lyon, 2010, p. 2.

cas en Irlande où le Sénat est automatiquement dissous en cas de dissolution du Dail.

L'idée qu'en face de la possibilité de renversement du Gouvernement se trouve celle de dissolution, cette volonté d'équilibre se trouve dans tous les cas sauf deux : la Norvège où aucune dissolution et Israël où la Knesset ne pourra être dissoute que si elle le vote elle-même. Cette idée d'autodissolution se retrouve en Autriche où la Constitution permet à la Chambre de se dissoudre, pouvoir dont elle a usé en 1971. Sous la IVe République en France, la Chambre a procédé de la sorte pour avancer les élections de 1951.

Toutefois, il reste nécessaire de restreindre le pouvoir de dissolution pour la stabilité de l'institution parlementaire. Certaines Constitutions soumettent le droit de dissolution à de restrictions particulières. Sous la République précitée, la dissolution n'était possible que si deux (2) Gouvernements avaient été renversés par la Majorité parlementaire, dans le délai de 18 mois la précédant. En République fédérale d'Allemagne, la dissolution ne peut intervenir que dans deux cas : si le Bundestag a été incapable d'élire à la majorité absolue un chancelier ou s'il a refusé d'exprimer toujours à la majorité absolue au chancelier qui la sollicite. En Autriche, la Constitution permet au Président de la République de dissoudre la Chambre basse, mais seulement une seule fois pour le même motif. Enfin, la Constitution italienne prévoit en son article 88 que le Président ne peut dissoudre les Chambres que pendant les six (6) premiers mois de son mandat, c'est ce qu'on appelle le *« semestre blanc ».* Sous la Ve République en France, la Constitution interdit au Président de la République de dissoudre à nouveau la Chambre, pendant l'année qui suit les élections consécutives à une première dissolution. La même restriction est logée à l'article 42 de la Constitution malienne de 1992 et à l'article 69 de la Constitution du 22 juillet 2023.

Ces restrictions au pouvoir de dissolution nous conduisent à fustiger les conséquences d'une facilité de dissolution du Parlement.

B. Les conséquences d'une facilité de dissolution

La Constitution du 25 février 1992 et celles de 2023 restent sobres pour ce qui est de l'organisation des élections législatives. C'est la Loi organique et la Loi électorale qui tiennent compte de la compétition électorale pour les députés. Selon l'article 61 de la Constitution, les membres de l'Assemblée nationale sont élus pour un mandat de cinq ans au suffrage universel direct et « *une loi fixe les modalités de cette élection* ». Pour une autre part, « *tout mandat impératif est nul* ».

Il faut ajouter que le mandat des députés peut être écourté par la voie de dissolution. Celle-ci intervient sur décision du Président et après consultation du Premier Ministre et du Président de l'Assemblée nationale. La reprise des élections intervient vingt et un jours au moins et quarante jours au plus après la dissolution du Parlement. L'article 42 de la Loi fondamentale admet pour autant que l'Assemblée nationale ne peut faire l'objet de dissolution dans l'année qui suit les élections post dissolution.

Il nous semble particulièrement important de rappeler que la IIIe République a déjà connu une dissolution. Celle-ci est intervenue en 1997, l'année qui a consacré l'échec du scrutin législatif du 13 avril, sous la pression des délais qui sont manifestement inadaptés aux conditions géographiques, au faible niveau des infrastructures notamment de communication (transport de tous genres, télécommunications, etc.). Cet état de fait reste tout de même valable pour ce qui est de la suppléance qui conduit à des élections partielles coûteuses et qui paraissent difficilement matérialisable dans le contexte malien[797]. Il faut ainsi remarquer la Loi fondamentale, tout comme le Président de la République, fixe la durée du mandat des députés.

La prépondérance présidentielle a atteint son paroxysme dans les régimes africains avec notamment le droit du Président de la République de prononcer la dissolution de l'Assemblée nationale. Néanmoins, les parlementaires ne sont pas absolument dépourvus de moyens d'action sur l'Exécutif. Mais, il importe de considérer que d'autres mesures sont nécessaires pour les performances de l'Assemblée nationale en matière de contrôle.

SECTION 2

AUTRES MESURES DE PERFORMANCE

Il existe d'autres mesures de performances pour renforcer l'efficacité du contrôle parlementaire de l'action gouvernementale. Un meilleur contrôle parlementaire de l'application des lois nécessite le renforcement

---

[797] SOW (A-S.), *L'État démocratique républicain…*, *op. cit.*, p. 297.

des instruments de contrôle du Parlement des lois et du budget à l'abri de toute ingérence des structures gouvernementales. Le processus d'entrée en vigueur de la loi reste très décevant eu égard aux défauts et retards constatés dans l'élaboration des textes d'application par le Gouvernement. Et les moyens de contrôle parlementaire ne semblent pas en mesure de porter un remède à ces contraintes.

Le contrôle de l'application des lois tend à éliminer et à réduire le déficit d'inapplication des lois votées, faute d'élaboration des textes d'application par le gouvernement. Ces difficultés découlent très fortement du mauvais fonctionnement et des faiblesses des moyens de contrôle attribués aux députés, en matière de contrôle et du suivi de l'exécution des lois et du budget (Paragraphe 1), et de renforcement de la capacité des parlementaires (Paragraphe 2).

Paragraphe 1

Le contrôle et le suivi de l'exécution des lois et du budget

Une analyse plus judicieuse des instruments de contrôle parlementaire révèle des insuffisances quant au suivi général et régulier dans la mise en œuvre des lois. Les difficultés majeures, résultant de la prépondérance de l'Exécutif, cristallisent les obstacles et fragilisent davantage les moyens d'action du Parlement à l'égard de lois votées. Le contrôle et l'évaluation de la législation doivent être une priorité des actions du Parlement à l'égard de l'exécutif. Le contrôle et le suivi de l'application des lois ont pour vocation de garantir une meilleure et rapide publication des textes d'application et deviennent un moyen de pression sur les ministres, en vue d'accélérer le processus d'élaboration des textes d'application de la loi.

Pour s'en convaincre, nous admettons qu'il est nécessaire de renforcer le contrôle et le suivi de l'exécution des lois (A), puis du budget (B).

A. Le renforcement du contrôle et du suivi de l'exécution des lois

Le Parlement, dispose-t-il de moyens d'action à l'égard d'une loi votée ? La simple application suffit-elle ? Ne faudrait-il pas se préoccuper davantage de leur application ? Existe-il un contrôle parlementaire sur l'application des lois ? Il est arrivé que le Parlement se soit intéressé de l'application de telle ou telle loi, eu égard aux retards constatés dans l'élaboration et la publication des décrets d'application des lois[798]. Il existe, de plus en plus dans bon nombre d'État, des procédés parlementaires destinés à évaluer la qualité et les effets des lois. Ces initiatives traduisent *« la volonté des pouvoirs publics de conférer aux parlementaires des moyens d'action à l'égard de la loi votée »*[799]. Le Parlement ne doit pas rester en marge de l'application des textes qu'il adopte. Dans cette dynamique :

> « L'évaluation législative par le Parlement suppose, la mise en œuvre des outils spécifiques et indépendants, prompts à privilégier les choix destinés à réduire le déficit d'improvisation et d'incertitude qui affecte les lois, et en rend délicate l'application. L'évaluation de la loi votée est encore plus difficile dès lors qu'on sait qu'au-delà des effets attendus ou escomptés, les lois génèrent toujours des effets imprévus et parfois pervers : le bien-fondé d'une législation dépend de l'équilibre entre ces différents types d'effets »[800].

L'évaluation de la loi est une entreprise particulièrement difficile à mettre en œuvre, car les effets d'une loi s'avèrent un exercice complexe, en l'absence d'intention claire et univoque.

1. La portée du contrôle et du suivi de l'exécution des lois

Le suivi d'exécution des lois votées par le Parlement porte sur l'application de la législation en général. Ce suivi est qualifié de contrôle quantitatif puisqu'il se borne à suivre régulièrement la publication des textes d'application. Les Commissions permanentes parlementaires sont chargées d'un tel contrôle. Un autre suivi porte essentiellement sur la qualité des lois déjà promulguées. C'est dire que le suivi ne se limite plus à veiller uniquement sur la publication des décrets d'application des lois, mais vise dans le même temps à comprendre les difficultés rencontrées à l'occasion de la mise en œuvre de la loi en question.

---

798 MIABOULA-MILANDOU (A.), « Les moyens d'action du Parlement à l'égard de la loi votée… », *op. cit.*, p. 36.

799 *Ibid.*

800 *Ibid.* p. 59.

Le suivi d'exécution des lois, en général, s'est montré nécessaire consécutivement au retard régulièrement constaté dans l'élaboration et la mise en œuvre des textes d'application. Les lois adoptées par les Parlementaires ne sont pas bien appliquées dans la mesure où les décrets ne sont pas publiés ou le sont dans les délais trop longs[801]. C'est dans le but de pallier ces difficultés, qu'un bon nombre de régimes ont institué un mécanisme de contrôle parlementaire afin d'améliorer les conditions d'exécution des lois. Les parlementaires obligés souvent d'examiner des textes qui leur sont soumis, digèrent assez difficilement les longues périodes (mois, années) constatées par les départements concernés pour l'élaboration des textes d'application, les concernant particulièrement.

Le Sénat français, s'est très vite penché sur cette question dès 1972, quand le Président du Groupe centriste, Roger POUDONSON, interrogeait le Gouvernement, à la suite d'un débat public, sur les dispositions qu'il est à même de prendre pour accélérer le processus d'application des textes législatifs votés par le Parlement[802]. Cette deuxième chambre du Parlement français a pour objet de veiller de manière régulière à la parution des décrets d'application des lois et d'interpeller les ministères concernés afin qu'ils précipitent le processus de publication des documents nécessaires à la publication de la loi. Toutefois, c'est à partir de 1973 que les commissions permanentes ont été chargées de suivre de manière régulière les textes d'applications des lois. Au Sénat français, selon la tradition de 1972, le Président de chaque commission est chargée, au début de chaque session, de suivre l'exécution des lois et de faire état de leurs conditions d'application par le biais d'une communication.

Chaque commission permanente vérifie si tous les décrets d'application des lois précédemment votées, ont été pris en temps utile. A l'issue de ce contrôle, lorsqu'une commission constate que certaines lois n'ont pas fait l'objet d'un décret d'application, ou que ce décret n'est pas intervenu dans le cadre du délai exigé[803], elle peut prendre la décision

---

[801] MIABOULA-MILANDOU (A.), « Les moyens d'action du Parlement à l'égard de la loi votée … », *op.cit.*, p. 39.

[802] MAYNIAL (C.), cité par MIABOULA-MILANDOU (A.), *Ibid.*, p. 40.

[803] Il est important de préciser qu'il existe en France, une circulaire générale du Premier Ministre du 2 janvier 1993, relative à l'élaboration, à la signature et à la publication des textes. Aux termes de la présente circulaire : *« les ministres ne doivent pas prévoir un délai supérieur à six mois pour la publication des décrets d'application ».* Ce délai assez

qui lui semble la plus utile pour faire face à la situation. Toutefois, la commission ne dispose d'aucun pouvoir d'injonction pouvant contraindre le Gouvernement à prendre les décrets d'application exigés. Elle se trouve, en conséquence, dans l'obligation de recourir aux méthodes classiques de contrôle, en l'occurrence, en adressant une lettre au ministre concerné en vue de son audition en son sein[804]. Ce suivi ainsi effectué, même étant théorique eu égard à l'absence de pouvoirs d'investigation et de contrainte, est la conséquence d'une véritable détermination de la part des sénateurs d'exercer un suivi régulier de l'application des lois, au niveau du gouvernement.

A l'Assemblée nationale, le suivi d'exécution des lois a connu une naissance et une pratique difficile. Ce n'est qu'en 1990 que fut adoptée, en France, la modification de l'article 145 Règlement de l'Assemblée nationale attribuant à la mission d'information des commissions permanentes de l'Assemblée nationale la possibilité de suivre les conditions d'application d'une loi et d'en évaluer les effets[805]. Toutefois, cet arsenal juridique mis en place pour le contrôle de l'application des lois et leur évaluation n'est malheureusement pas à la hauteur des attentes avec la survenance de plusieurs signes de faiblesses[806]. Au regard d'un Gouvernement suffisamment fort par la Constitution et soutenu par sa Majorité au parlement, celui-ci se trouve dans l'incapacité d'exercer un contrôle d'application des lois, à même d'inciter le Gouvernement à précipiter la publication des décrets d'application des lois en souffrance. Ces contraintes majeures empêchent les parlementaires d'exercer un contrôle efficace avec effets juridiques. C'est dire que la responsabilité de l'inapplication d'une loi n'est pas seulement imputable aux parlementaires, mais résulte également des rapports institutionnels entre le Gouvernement et le Parlement et de la nature du régime politique.

Cette analyse est largement soutenue par Arsène MIABOULA-MILANDOU qui écrit : *« L'entreprise d'évaluation de la législation par*

---

raisonnable de six mois permet aux ministres de disposer du temps suffisant pour élaborer leurs textes, afin d'éviter tout retard dans l'application de la loi. MIABOULA-MILANDOU (A), « Les moyens d'action du Parlement à l'égard de la loi votée…, » *op.cit.*, p. 40.

804 *Ibid.*, p. 41.

805 Voir Rapport Sapin, AN, 17 mai 1990, Doc. Parlem., n° 1352, cité par MIABOULA-MILANDOU (A), *Ibid.*, p. 36.

806 *Ibid.*, p. 36.

le Parlement se trouve confrontée, elle aussi, aux contraintes de ce parlementarisme rationalisé » [807].

Conformément à la Constitution, le Parlement vote les lois, le Gouvernement en assure l'exécution. Le Gouvernement se sent assez souvent obligé de satisfaire aux attentes des structures parlementaires. Les parlementaires, bien qu'étant conscients de leurs faiblesses dans le domaine d'application de la loi, semblent tout de même exercer un suivi de l'application des lois, en vue de la revalorisation du travail parlementaire. A ce propos, il est écrit au sujet de la Ve République française qu'*« à partir de 1958, les rapports entre le Parlement et le Gouvernement ont changé : le pouvoir d'exécution des lois par le Gouvernement est transformé. En outre, tout se passe comme si le Parlement désirait recouvrer une partie de son ancien prestige, et trouvait dans le contrôle de l'application des lois, une précieuse occasion de rappeler sa présence et la spécificité de son rôle »*[808]. Ce qui était loin d'être le cas, sous les IIIe et IVe République, où l'Exécutif était manifestement assujetti au Législatif.

L'évaluation législative donne la possibilité aux parlementaires de suivre de manière active, l'application des lois votées, en mesurant leurs effets en fonction des circonstances du moment afin d'en proposer des corrections. Ces corrections sont à même d'anticiper ou de réduire le risque d'inapplication d'une loi votée. Les contrôles et évaluations des Parlementaires ont pour effets d'améliorer les conditions d'exécution de certaines lois. Ces moyens leur permettent de procéder à des investigations en vue de remédier à des défauts d'application des lois. Cette difficulté d'application des lois est fortement cristallisée par la rationalisation du régime parlementaire. Le Parlement est légalement présent au moment de la mise en exécution des lois, mais il est dépourvu de moyens juridiques pouvant lui permettre d'obliger le Gouvernement à appliquer la loi. C'est en cela que le contrôle effectué par les commissions et questions parlementaires reste *« trop théorique »,* et le contrôle effectué pour la publication des décrets d'application demeure difficile à se matérialiser.

Toutefois, la simple publication des textes d'application ne suffit pas. Si les règles sont abondantes, nombreuses, diffuses et revêtues

---

[807] *Ibid.*, p. 38.

[808] *Ibid.*, pp. 37-38.

d'ambiguïtés constructives, il s'avère fortement délicat de les appliquer et de les comprendre. L'évaluation de la législation est une entreprise délicate à mettre en œuvre. Quand les lois sont souvent mal rédigées, assez nombreuses et se développent assez rapidement, il devient très difficile d'en faire une meilleure évaluation. Ainsi, pour Arsène MIABOULA-MILANDOU :

> « Une meilleure application de la loi ne se résume donc pas seulement à une publication plus satisfaisante des textes d'application, mais exige aussi que soient résolus les problèmes qu'elle rencontre sur le terrain, et les résistances que peuvent lui opposer ses destinataires. La loi ne bénéficie plus du seul fait de son existence, d'un postulat d'efficacité ; il convient encore de s'interroger sur ses effets concrets, sur le degré d'application de ses dispositions par les destinataires, sur les résultats qu'elle obtient »[809].

A ce titre, une évaluation parlementaire de la législation s'avère importante dans le sens de remédier au déficit d'exécution des lois et de maîtriser l'inflation législative de mesurer leurs résultats par rapport aux résultats escomptés. Il faut dire que *« quelle que soit la qualité d'une loi, si son application se fait dans un milieu juridique opaque et encombrant (existence des textes législatifs mal rédigés, éparpillés et imparfaitement appliqués), celle-ci peut se neutraliser »*[810]. Les objectifs d'une loi doivent être formulés de manière claire et explicite.

2. Les conditions d'un contrôle et d'un suivi efficaces de l'exécution des lois

Le contrôle parlementaire sur l'application d'une loi ne s'accompagne pas d'un pouvoir de contrainte ou d'injonction, à l'endroit du gouvernement, en cas de défaut d'application d'une loi. L'on peut tout de même dire dans une certaine mesure que le Gouvernement dispose d'un pouvoir discrétionnaire pour faire appliquer une loi votée par le Parlement. Cela dénote la manifestation de son indépendance à l'égard du Parlement dans le cadre de l'application des lois[811]. C'est en cela

[809] MIABOULA-MILANDOU (A.), « Les moyens d'action du Parlement… », *op. cit.*, p. 39.

[810] *Ibid.*, p. 58.

[811] *Ibid.*, p. 64.

qu'un célèbre auteur, DUGUIT, a affirmé à propos de l'indépendance du Gouvernement à l'égard du Parlement :

> « La loi ne contient jamais un ordre formulé par le législateur à l'Exécutif, que celui-ci est libre de ne pas édicter les textes rendus nécessaires par les lois »[812]. Cette position a été clairement confortée par un autre qui écrit que : « le Gouvernement bénéficie d'une primauté politique sur le Législatif (...). Cette primauté politique lui donne un pouvoir discrétionnaire au niveau de l'élaboration des textes d'application des lois et il reste libre en tout état de cause d'apprécier l'opportunité des textes d'application » [813].

André HAURIOU, pour sa part, a considéré dans la même dynamique :

> « Le Gouvernement constitue une entité ayant face au Législatif, un pouvoir propre de décision et d'appréciation de l'opportunité d'un texte d'appréciation. Représentant autonome de la nation, le Gouvernement est jugé libre d'apprécier pour sa part, l'intérêt politique de son action ou de son inaction »[814].

Le Gouvernement dispose donc des ressources juridiques pour accélérer le processus d'élaboration de la loi et l'imposer. Au fond, le Parlement ne dispose constitutionnellement aucune prérogative pouvant lui permettre de rejeter un projet de loi présenté par un Gouvernement soutenu par une Majorité dévouée à sa cause. Les parlementaires ne disposent aucunement de réels moyens de pression, en dehors des instruments de contrôle et en l'absence de tout pouvoir contrainte cristallisé par le fait majoritaire et la rationalisation du régime parlementaire. Et cela constitue une atteinte à l'efficacité du contrôle parlementaire de l'action gouvernementale. Ainsi :

> « La persistance des mauvaises conditions de l'application des lois (phénomène de retard, lois inappliquées faute de textes d'application) qui en découle, porte des coups sévères à la fonction parlementaire, altère l'équilibre partiel établi par la Constitution, et accentue la mise en veilleuse du Parlement » [815].

---

[812] Cité par MIABOULA-MILANDOU (A), « Les moyens d'action du Parlement... », *op. cit.*, p. 64.

[813] *Ibid.*

[814] *Ibid.*

[815] *Ibid.*, p. 65.

Les missions d'évaluation législative, pour être efficaces, doivent pouvoir disposer de moyens spécifiques. Autant dire qu'elles doivent disposer de méthodes adéquates pour analyser, investiguer, enquêter et communiquer, en vue de parvenir à de résultats escomptés. Bon nombre de lois suscitent d'importantes contestations, en considération de leurs formalités très encombrantes et de leurs caractères difficiles à appliquer. L'évaluation législative pour son efficacité certaine doit s'intéresser au degré d'application du droit, au temps qui s'écoule entre l'adoption du texte et sa mise en œuvre, à la prise en compte du point de vue des citoyens. En cas de difficultés plus ou moins importantes décelées, la mission d'évaluation doit être en mesure de proposer des corrections à même de garantir une application plus satisfaisante des textes de loi. Or, la meilleure application des lois est une des composantes du respect dû à la volonté du législateur puisque respecter la loi est le premier des respects dus à l'institution parlementaire. [816] En refusant d'appliquer la loi, le Gouvernement porte un coup dur aux principes et aux valeurs de la démocratie représentative, alors qu'il est tenu d'appliquer systématiquement toutes les lois.

L'efficacité du contrôle parlementaire passe par l'intervention en amont du Parlement dans le processus de préparation des textes du Gouvernement. Dans le but de faciliter le contrôle de l'application des lois, il est utile que les projets de décrets d'application soient préparés dans le même temps que les projets de loi concernés[817]. Cette mesure renforcerait la diminution du taux du retard constaté dans l'application des lois. Pour cela, il doit exister, en amont, un dialogue institutionnel entre l'institution gouvernementale et l'institution parlementaire sur la procédure de préparation des textes d'application. L'expérience a montré que plusieurs lois ont du mal à entrer en application, dans les meilleurs délais, eu égard au délai trop court qu'on impose aux parlementaires pour l'adoption d'un projet de loi. Un amendement parlementaire au cas échéant, sur le projet de loi, est à même de retarder la publication d'un décret d'application. Si le Parlement était associé en amont à la préparation d'une telle loi, cela éviterait certainement une telle perturbation dans le processus d'application de la loi en question. Les parlementaires analyseront les projets de loi dans de bonnes conditions en s'imprégnant de leur contenu et en travaillant hors pression et

---

[816] *Ibid.*, p. 63.

[817] *Ibid.*, p. 66.

précipitation. Si le Parlement examinait les projets de loi en amont, s'il était associé à la réflexion pour la préparation desdites lois, on lui éviterait des amendements bâclés et précipités qui conduiraient à des difficultés techniques d'application de la loi. Il est opportun d'éviter que les lois soient élaborées dans des conditions qui perturbent l'efficacité du contrôle parlementaire. Les parlementaires doivent au préalable se familiariser avec le sens et la portée des dispositions des différents projets de textes, et en l'occurrence se renforcer dans le dispositif de contrôle et de suivi dans l'exécution du budget.

B. Le renforcement du contrôle et du suivi dans l'exécution du budget

Ce renforcement nécessite une analyse dans la portée du contrôle et du suivi dans l'exécution du budget (1), et celle des conditions de son efficacité (2).

1. La portée du contrôle et du suivi dans l'exécution du budget

Pour Pierre AVRIL, *« représenter les citoyens ne signifie pas seulement exprimer leurs revendications particulières, c'est aussi juger du bon usage qui est fait de leurs impôts »*[818]. Fonction essentielle pour le Parlement, le contrôle de l'exécution du budget revêt une place capitale pour le pouvoir législatif qui a souci de la transparence dans la gestion publique et la lutte contre les détournements des deniers publics. Le but du contrôle est d'apprécier et, éventuellement, de sanctionner les irrégularités éventuelles, voire des malversations. Le contrôle permet en l'occurrence de vérifier comment le Gouvernement a exécuté les crédits budgétaires autorisés par le Parlement. Il porte surtout sur la régularité et la sincérité des principes établis en vue de l'exécution de la loi de finances, pour la protection et le bon usage des deniers publics.

Les citoyens sont de plus en plus attentifs sur les questions relatives à l'exécution des recettes et des dépenses publiques. Ces questions relatives à l'utilisation des deniers publics ont été traitées très largement par de nombreux textes dont certains ont une valeur universelle à l'image de la Déclaration des droits de l'Homme et du Citoyen qui dispose en son

---

[818] AVRIL (P.), « Renforcer le Parlement… », *op.cit.*, p. 18.

article 14 que *tous les citoyens ont le droit de constater par eux-mêmes ou par leurs représentants, la nécessité de la contribution publique (...) et d'en suivre l'utilisation* ». Le contrôle de l'exécution des lois de finances est une prérogative reconnue au Parlement et consacrée par les dispositions législatives et règlementaires, notamment à travers sa commission chargée des finances. Le législateur malien a conforté cette vision dans le nouveau cadre de gestion budgétaire en mode programme en énonçant, à l'alinéa premier de l'article 73 de la loi n° 2013/028 du 11 juillet 2013, ce qui suit :

> « Sans préjudice des pouvoirs généraux du Parlement, les commissions chargées des finances veillent, au cours de la gestion annuelle, à la bonne exécution des lois de finances ».

La commission des finances, de par sa spécialisation et ses compétences, est la mieux placée pour assurer une telle fonction de contrôle.

Le Parlement dispose de divers moyens de contrôle de l'action gouvernementale comme : *« le débat sur les questions orales, d'actualité et les interpellations est retransmis en direct ou en différé intégral par les médias d'État »*[819]. Déterminé à asseoir le contrôle parlementaire sur des bases solides et à inciter les parlementaires à se préoccuper de l'emploi des fonds auxquels ils accordent leur autorisation, le baron Louis consigna dans le discours qu'il leur adressa le 22 juillet 1814 en ces termes :

> « Chaque ministre est garant de l'emploi régulier des fonds mis à sa disposition. Ces fonds sont dans la proportion la plus rigoureuse possible avec les besoins mûrement approfondis de son service, et nous croyons que la fixation qui vous en est présentée mérite toute votre confiance »[820].

A l'attention des parlementaires du début de la Restauration qui n'ont pas encore été véritablement confrontés au contrôle de l'action gouvernementale, il ajouta :

> « Si des éclaircissements vous sont nécessaires, chaque ministre sera empressé à vous le procurer, et à mettre sous vos yeux, tous les

---

[819] Article 94 du Règlement intérieur, 5e Législature 2014-2018 de l'Assemblée nationale, 13 octobre 2016.

[820] BOUHADANA (I.), cité par KONE (Y-D-M.), *La Commission des finances et les lois de finances au Mali,* Mémoire de Master, Faculté de Droit public, 2021, p. 74.

éléments qui pourront fixer votre opinion sur la modération des résultats que nous avions l'honneur de vous présenter »[821].

La fonction de contrôle parlementaire porte aussi *a posteriori* sur l'exécution du budget. Le contrôle budgétaire par l'Assemblée nationale consiste à faire l'état de la compatibilité des deniers publics avec les règles contenues dans la Loi de Finances. Au terme de la directive précitée de l'UEMOA sur la loi de finances, le Gouvernement transmet, par trimestre, un rapport sur l'exécution du budget au Parlement.

Le contrôle parlementaire de l'exécution du budget est exercé par les commissions parlementaires permanentes, mais plus précisément par la commission des Finances, de l'Economie, du Plan et de la Promotion du Secteur Privé qui, en la matière, est saisie au fond. A cette fin, le Gouvernement transmet trimestriellement au parlement, à titre d'information des rapports sur l'exécution du budget et l'application du texte de la loi de finances. Il peut en outre être procédé à l'audition des ministres, seuls responsables devant le Parlement de la mise en œuvre des programmes, et le Parlement peut, s'il le juge opportun, auditionner tout responsable de programme à des fins d'information (article 73 de la Loi 2013-028). Aux termes de l'article 74, aliéna 3 de la Loi-028, le Parlement peut œuvrer de concert avec la juridiction des comptes pour la réalisation de toutes enquêtes nécessaires à son information. A cet effet, la Section des comptes de la Cour suprême est pratiquement sollicitée. Mais seulement l'opérationnalisation d'une véritable Cour des Comptes pourra rendre efficace un tel rapport désormais soumis aux exigences communautaires. En outre, il n'est pas exclu qu'une commission d'enquête ou de contrôle effectif soit créée à cet effet (article 29 du Règlement intérieur).

Par les différentes techniques que nous venons de voir plus haut, l'Assemblée nationale serait en mesure de demander au Gouvernement toute explication nécessaire par la procédure des questions ou par une motion de censure en cas d'abus dans l'octroi des autorisations accordées par la loi de Finances de l'année. L'Assemblée nationale, à cet effet, peut s'appuyer sur l'état de lieu mensuel ou annuel des services compétents tels le Trésor, la Dette publique. D'autre part, la commission des Finances reçoit les rapports annuels contenant les observations faites par les contrôleurs financiers. La Section des comptes de la Cour suprême a

---

[821] *Ibid.*, p. 75.

un droit de communication directe avec la Commission des Finances, de l'Economie, du Plan et de la Promotion du Secteur privé. Le contrôle budgétaire a pour objet d'étudier et d'autoriser le budget de l'État et éventuellement de sanctionner les irrégularités constatées dans le processus budgétaire. Ainsi, cette compétence parlementaire intervient non seulement au début du processus, mais aussi à son court par la surveillance des Départements ministériels chargés de la gestion des crédits octroyés et, par-là, le fonctionnement des services publics.

Au regard de ce qui précède, il semble intéressant de rendre efficaces les mécanismes de contrôle et de suivi dans l'exécution du budget.

2. Les conditions d'efficacité du contrôle et du suivi du budget

Au regard de ce qui précède, le Parlement doit disposer des ressources humaines et matérielles nécessaires pour exercer un véritable examen sur le texte du budget, moyen de réalisation de l'action gouvernementale. Ces conditions n'étant pas réunies, le Parlement peine dans la pratique à assurer son rôle du garant de la vie du peuple. L'affirmation de M. VISEUR sous la 2e Législature interpelle sur ce point : « *Dans une logique de bonne gouvernance, il n'y a pas de bon budget sans intervention importante du Parlement* »[822]. En dépit de quelques progrès substantiels, on peut convenir avec l'idée que des lacunes persistent en matière notamment de couverture et de transparence du budget, de procédures d'exécution et de contrôle des dépenses, de fiabilité des procédures comptables, de gestion de la trésorerie, de production et de fiabilité des rapports financiers. Le Parlement contrôle, mais dans la pratique le suivi incombe beaucoup plus à la Commission des Finances qu'à chaque député pris individuellement. En l'état actuel, le Parlement ne dispose pas de ressources nécessaires pour effectuer un effectif sur l'exécution du budget.

Le contrôle parlementaire connait plusieurs modalités dont un contrôle *a priori*, contrôle avant l'exécution du budget, et un contrôle a posteriori, contrôle après l'exécution du budget. Dans les deux cas, on est en présence d'un contrôle de régularité et celui de qualité. Le contrôle sur la régularité a pour objet de vérifier que les recettes et les dépenses

[822] Propos tenu par M. VISEUR, membre de la Chambre des représentants de Belgique, *Séminaire régional des assemblées de l'espace francophone*, *op, cit,*, p. 31.

publiques ont été exécutées régulièrement. A la différence de celui-ci, le contrôle de qualité apprécie l'efficacité des gestions publiques par référence aux critères de bonne gestion[823]. Le jeu semble être fait d'avance dans une dictature de la Majorité. Jadis centré exclusivement sur les normes nationales, le contrôle parlementaire a aujourd'hui embrassé le cadre communautaire de l'espace UEMOA dans lequel il s'opère conformément aux principes du budget-programme.

C'est au regard de tout ce qui précède, que le renforcement du rôle de contrôle, de suivi et d'évaluation constitue une préoccupation majeure de la plupart des pays, une fonction presque longtemps ignorée malgré l'enjeu de l'efficacité des dépenses publiques. Tenant compte de l'inadaptation des moyens de contrôle et d'évaluation existants, face à une puissante administration dont il n'est pas toujours facile d'influencer les manœuvres, il est périlleux pour un parlementaire de vouloir procéder à l'évaluation du fonctionnement des politiques publiques[824]. Il se trouve donc nécessaire de procéder au renouvellement de la gestion des services publics en observant une culture axée sur les résultats en s'inspirant des approches et procédés utilisés par les entreprises. L'Exécutif et le Législatif sont ainsi appelés à collaborer étroitement pour la matérialisation de l'évaluation de la dépense publique. La collaboration étroite permet de mieux associer le Parlement dans les prises de décisions financières. Cela permettrait de mieux rééquilibrer les pouvoirs entre exécutif et législatif[825].

Les citoyens ont souci de la transparence dans la gestion des fonds publics. Ils veulent qu'on leur en fasse un compte rendu, à travers les députés sur l'exécution du budget de l'État. Ce droit des citoyens trouve, par l'évaluation de la performance, sa traduction contemporaine. Les pouvoirs publics n'auront d'autres choix que de s'adapter à cette nouvelle exigence[826]. L'évaluation de performance est une mission renouvelée pour les parlementaires qui ont, de par leur autorisation, permis à l'Exécutif d'utiliser les produits de leurs contributions. L'évaluation parlementaire de la gestion des fonds publics doit privilégier les aspects

---

[823] SOMALI (K.), *Le Parlement dans le nouveau constitutionnalisme en Afrique ...*, *op, cit*, p. 385.

[824] KONE (Y-D-M.), *La Commission des finances et les lois de finances au Mali...*, *op.cit.*, p. 75.

[825] *Ibid.*, *id.*

[826] *Ibid.*, *id.*

politiques, car « *ce n'est pas pour obtenir les compétences techniques que sont créées les Parlements. Leur mission essentielle est d'exprimer l'opinion moyenne des différentes classes de la Nation, sur la solution des grands problèmes sociaux* »[827]. L'article 73 de la loi n°013-028 du 11 juillet 2013 confère d'énormes prérogatives à la Commission des finances en matière de contrôle et de suivi de l'exécution des lois de finances. L'évaluation des politiques publiques devient également une prérogative de l'Assemblée à travers les commissions de finances. Ces nouvelles prérogatives assignées à la commission des finances entraînent forcement une transformation de son rôle.

L'État du Mali à l'instar des autres États est soumis aux exigences de l'efficacité de la gestion financière publique. Eu égard à la situation que traverse le pays, il est plus que jamais impératif de booster cette recherche dans le sens de l'efficacité de la gestion des finances publiques. La commission des finances de l'Assemblée nationale ne devrait donc plus se contenter uniquement de l'examen et de l'analyse des projets de loi[828].

L'évaluation des politiques publiques doit s'inscrire dans la dynamique d'un contrôle performant. Au Mali, il ne suffit pas d'assigner à la commission des finances les prérogatives qui sont aujourd'hui les siennes avec l'avènement du budget programmes. Une réflexion mérite d'être menée pour définir une structure à même d'appuyer le Parlement à travers la commission des finances dans le contrôle et l'évaluation des politiques publiques[829]. La loi des finances, en introduisant de nouveaux acteurs dans l'exécution du budget, permet dans le même temps à la commission des finances de pouvoir agir sur le contenu des programmes. Il lui est désormais loisible de procéder à des transferts de crédits à l'intérieur d'un même programme. Les programmes, étant assis sur des objectifs à atteindre, des résultats et des actions, il revient alors pour la commission des finances d'influer sur le contenu des politiques gouvernementales[830]. Cela participe de la prévention des dérives et de la déstabilisation de nos pays, et de la nécessité d'un Parlement contrôleur dominé à un Parlement innovateur gage de la bonne gouvernance

---

[827] BOUHADANA (I.), cité par KONE (Y-D-M.), *Ibid.*, pp. 75-76.

[828] KONE (Y-D-M.), La Commission des finances et les lois de finances…, *op.cit.*, p. 76.

[829] *Ibid.*, p. 78.

[830] *Ibid.*, p. 81.

parlementaire[831]. Il n'est pas, à l'heure actuelle, superflu de rappeler que « *le nouveau nom de la stabilité politique dans les États africains en plus du respect des dispositions constitutionnelles est la bonne gouvernance financière* »[832].

L'évaluation parlementaire du budget nécessite un temps plus long et une méthodologie assise sur une forme d'expertise. C'est en cela que la création par l'Assemblée nationale du Mali d'un comité d'évaluation et de contrôle parlementaire semble nécessaire en vue de soutenir l'action des commissions permanentes. La création d'une telle instance permettra au Parlement de veiller davantage à la lisibilité de ses organes internes. Le Comité d'évaluation et de contrôle aura pour compétence de mener des études pour le meilleur fonctionnement des structures permanentes de l'Assemblée nationale. Il s'agira ici d'une instance d'appui aux actions d'études et de contrôle des parlementaires.

Le pouvoir des commissions des finances s'en trouve renforcé, de même pour la capacité des parlementaires.

Paragraphe 2

Le renforcement de la capacité des parlementaires

La pratique parlementaire est fonction des équilibres politiques, au sein de la Majorité comme dans ses rapports avec l'Opposition[833]. La revitalisation de la fonction du Parlement appelle au niveau de l'Assemblée nationale à un effort de modernisation dans de différents niveaux. On peut citer, entre autres, la nécessité d'étendre des locaux, d'adapter le budget, d'encadrer la mission des assistants parlementaires, d'encadrer l'absentéisme chronique des parlementaires et d'organiser des services.

Tout cela passe par les nécessités d'adaptation budgétaires et de création d'un Service Etude et Documentation (A) et celles de renforcer la mission des assistants parlementaires et la lutte contre l'absentéisme chronique des parlementaires (B).

---

[831] *Ibid.*, p. 83.

[832] *Ibid.*

[833] PIERRE (A), « L'Assemblée d'aujourd'hui », *op. cit.*, pp. 7-8.

A. Les nécessités d'adaptation budgétaire et de création d'un service dédié

Il semble tout nécessaire de prévoir des mesures d'adaptation budgétaire (1) et de créer un Service dédié à l'Etude et à la Documentation parlementaire (2).

1. Des mesures d'adaptation budgétaire

Des reformes doivent être utilement envisagées afin d'aboutir à la rationalisation de certaines contraintes budgétaires. Ainsi que le fait considérer Guy CARCASSONNE qui écrit :

> « Théoriquement le secrétaire général de l'Assemblée et des services législatifs ne peut acheter un crayon sans l'autorisation de celui de la questure qui, à son tour, ne pourrait adresser la parole au Président sans passer par son collègue. Cette dualité est, de manière potentielle ou avérée, source de conflits et de difficultés de fonctionnement auxquels il serait opportun de mettre un terme (...) »[834].

On entend par le contrôle parlementaire sans engagement de la responsabilité politique du Gouvernement le contrôle comme moyen d'information du Parlement. Souvent les députés se croient obligés d'élaborer une loi de qualité, dans un minimum de temps, en raison des lourdeurs financières. Tous les systèmes juridiques donnent au Parlement une gamme de moyens permettant d'obtenir des informations pour contrôler les politiques, l'administration, protéger l'individu ou mettre en lumière, et éliminer les abus et les injustices[835].

L'Assemblée nationale doit avoir un budget conséquent pour son fonctionnement. Elle doit pouvoir ajuster son budget aux exigences de gestion d'un Parlement moderne. Son intervention dans ce domaine doit être largement facilitée par un principe d'autonomie totale. Ce principe est conforté par la théorie de la séparation des pouvoirs et la volonté de dissocier la gestion du Parlement du bon vouloir de l'Exécutif. Un minimum d'aisance matérielle doit être accordé au député. Celle-ci doit être liée par le prestige de la fonction. Cette faveur est de nature à garantir

---

[834] CARCASSONNE (G.), « L'appareil de l'Assemblée », *op. cit.*, p. 34.

[835] Union interparlementaire, « Mécanismes parlementaires applicables au secteur de la sécurité », *in Contrôle parlementaire du secteur de la sécurité* », *in* Guide pratique pour les parlementaires, n° 5 – 2003, p.

l'indépendance matérielle et organique de l'élu national. C'est en cela, qu'en France, le régime d'assurance – vieillesse auquel cotisent les députés leur procure une retraite convenable, surtout quand ils disposent d'un mandat successif.

Le député se trouve en phase directe avec l'actualité politique du pays. C'est au niveau de l'Assemblée nationale que sont déposés, de manière prioritaire, les textes politiques les plus importants. C'est devant cette chambre que s'exerce, avant tout, la fonction de contrôle de l'action gouvernementale. C'est en cela qu'il appartient au député de légiférer, d'expliquer, de commenter ou de critiquer auprès de la population, les actions du Gouvernement[836].

En plus des moyens d'engagement de la responsabilité gouvernementale, le Parlement dispose d'autres techniques, d'autres procédures de contrôle importantes qui lui permettent d'avoir à temps voulu les informations sur l'action gouvernementale. On les désigne par le terme de « *contrôle informatif* ». Le contrôle informatif est l'ensemble des procédures de contrôle qui n'entrainent par elles-mêmes aucune sanction à l'égard du Gouvernement ou d'un ministre[837]. Le souci est double. Le contrôle doit consister, d'abord, à renseigner le Parlement et, ensuite, à lui permettre de faire un jugement objectif par le biais de propositions. Dans ce dernier cas peuvent également entrer en ligne de compte d'autres moyens d'action du Parlement dominés notamment par la procédure de contrôle et de législation. Mais l'effectivité de ces moyens n'est pas pour autant synonyme de leur efficacité. Un réseau large de communication doit pouvoir être construit autour d'un député pour une meilleure efficacité du contrôle des actions de l'Exécutif. Cela lui permettrait d'être informé rapidement aussi bien des évènements survenus dans sa circonscription que des travaux parlementaires. Il doit pouvoir être opéré de l'état d'avancement de la discussion d'un texte sans quitter son bureau. L'innovation la plus importante pour l'avenir des Assemblées, se trouve indéniablement dans le développement de l'informatique parlementaire. Certains États telle la Grande-Bretagne, ont privilégié par exemple l'informatique parlementaire au détriment de l'informatique de gestion. D'autres, comme la France, ont décidé

---

[836] RENOUX (Th.), Les moyens d'action de l'Assemblée nationale…, *op.cit.*, p. 65.

[837] BURDEAU (G.), HAMON (F.), TROPER, *Droit constitutionnel op, cit,* p. 633.

d'avancer sur les deux (2) fronts[838]. En disposant et en gérant elle-même sa propre information, l'Assemblée renforce son indépendance et contre-pouvoir que la Constitution lui garantit.

A cela s'ajoute la nécessité de créer un Service des Etudes et de la Documentation.

2. La création d'un service dédié aux Études et à la Documentation

Le Parlement du Mali doit disposer à l'instar de la France, d'un Service des Etudes et de la Documentation, pour un contrôle plus performant des actions du Gouvernement. Composé de fonctionnaires hautement qualifiés, ce service doit être réputé pour la qualité de ses travaux. Il apporte en l'occurrence aux députés une aide très variée. Il s'agit entre autres de la préparation de dossiers, de la rédaction de notes dans les domaines juridique, économique, politique ou social. C'est en raison de ces études que le député pourra préparer efficacement des propositions de lois, faire des amendements, adresser des questions écrites, etc. Le député disposera en conséquence véritablement d'un bureau d'études auquel il soumettra les demandes de renseignements, souvent trop techniques, qui lui sont en l'occurrence adressées par les électeurs. L'on pourrait y dresser par exemple un catalogue sur l'étude de tous les projets et propositions déposés à l'Assemblée nationale depuis la 1re Législature intervenue en 1992. Par-là, les députés sont les mieux à exercer sur l'action gouvernementale un contrôle de suivi.

La création d'un tel service renforcerait positivement l'efficacité du travail parlementaire surtout dans un environnement juridique malien qui n'exige aucune capacité technique ou même un minimum de niveau intellectuel pour être élu à l'Assemblée nationale du Mali. Les quelques rares députés instruits du fait de leur manque de préparation, au plan des connaissances techniques, ne sont pas toujours en mesure de vérifier la validité des informations fournies les spécialistes auditionnés. Ensuite, le nombre croissant des auditions, dictées par la recherche de l'exhaustivité, ralentit le Travail des commissions avec comme conséquence le rallongement des études de projets de loi [839] .Il accroîtrait

[838] RENOUX (T.), « Les moyens d'action de l'Assemblée nationale... », *op.cit.*, p. 89.

[839]Z. MOULAYE, A. KEITA, *L'Assemblée nationale du Mali sous la 5e Législature, op. cit.*, p. 110.

considérablement à coup sûr le volume des questions écrites, le volume des propositions de lois, l'engouement dans le Travail des parlementaires, notamment dans le rang de l'Opposition. La plupart des questions écrites déposées sur le bureau de l'Assemblée nationale proviennent le plus souvent des députés de l'Opposition. Ce service pourrait, par ailleurs, apporter une assistance particulière aux commissions générales, les organes par lesquels tout passe pratiquement (étude des projets de loi, mission de terrain pour la régularité des opérations, séances d'audition du ministre ou de ses techniciens...), mais malheureusement font face à certaines contraintes qui impactent négativement le fonctionnement de l'Assemblée nationale, donc de l'activité législative en général.

L'existence d'une bibliothèque au sein de ce service de l'Assemblée nationale est à même d'offrir aux députés des conditions de travail remarquables et plus techniques. C'est un espace dans lequel les députés ou leurs assistants préparent le texte d'une intervention à la tribune ou compléter leur documentation en vue du dépôt d'une proposition de loi, d'une question écrite, d'un amendement ou d'une saisine du juge constitutionnel ; d'où les nécessités de renforcer la mission des assistants parlementaires de renforcer, l'absentéisme chronique au Parlement qui caractérise les députés.

B. Le besoin de renforcer et d'agir sur les ressources humaines parlementaires

Il reste primordial d'encadrer la mission des assistants parlementaires (1) et de lutter contre l'absentéisme chronique des députés (2).

1. L'encadrement des missions d'assistance parlementaires

Il est nécessaire d'encadrer la mission des assistants parlementaires. Il existe une certaine légèreté dans les attributions des assistants parlementaires au Mali. Leurs attributions sont rarement consignées dans un texte précis. C'est au député qu'il appartient de définir les attributions de son assistant. Celles-ci se limitent généralement à une simple tâche de secrétariat parlementaire (correspondance, intervention auprès des autorités administratives) ou à l'activité législative (rédaction des questions écrites, de propositions de loi, d'amendements, participations à des réunions de travail)[840]. Cela consiste à dire qu'il n'y existe aucune règle absolue par rapport aux attributions à confier aux assistants parlementaires. L'étendue des attributions est en fait subordonnée au degré de confiance dont le député accorde à son assistant. Celui-ci doit disposer de compétences techniques avérées pour accompagner son député. On a pu écrire à juste titre que *« celui-ci (l'assistant) doit faire preuve de suffisamment d'habileté et d'expérience pour savoir s'identifier au parlementaire-notamment pour rédiger dans le ton ses discours et interventions-sans toutefois jamais se substituer à lui, n'étant pas lui-même élu »*[841]. Les assistants parlementaires doivent apporter aux commissions un soutien professionnel, technique et administratif. A ce titre, ils sont des membres extérieurs aux commissions. Les fonctions de l'assistant parlementaire se résument, entre autres, comme suit : travail de recherche, Conseil en procédure parlementaire, Agent de liaison et d'information des députés, Gardien de la documentation et des archives de la commission[842].

2. La lutte contre l'absentéisme des députes

On pourrait par ailleurs réfléchir à remédier à l'absentéisme chronique des députés à l'hémicycle au cours des sessions parlementaires. Par l'effet du cumul des mandats, les parlementaires sont massivement absents au moment du vote des lois et travaux de Commissions, lors des interpellations du Gouvernement et des débats. Seuls quelques parlementaires compétents, assidus et motivés font tourner la machine parlementaire [843]. Les commissions générales connaissent plusieurs autres difficultés notamment l'absentéisme de ses membres pendant les séances[844]et un certain nombre de problèmes d'ordre humain comme le

---

840 RENOUX (T.), « Les moyens d'action de l'Assemblée nationale… », *op.cit.*, p. 86.

841 *Ibid.*

842 *JAMA*, n° 6 février 2018, p. 18.

843 MENY (Y.), « Le cumul des mandats », *op. cit.*, p. 133.

844 Dans l'Arrêt de la Cour constitutionnelle, n° 97-058 du 17 septembre 1997, le juge constitutionnel malien a déclaré non conforme à la Constitution l'article 62, al.4 de la loi n° 97-001/AN-RM du 8 septembre 1997 portant modification de la loi n° 92-001/AN-RM du 23 juillet 1992 relative au Règlement intérieur de l'Assemblée nationale sous la IIe Législature, qui disposait : « *Peut être considéré comme démissionnaire tout membre de l'Assemblée qui a manqué à deux (2) sessions ordinaires sans excuse légitime ou empêchement admis par l'Assemblée* ». Les cas de démission étant délimité par la loi et la

nombre réduit d'assistants parlementaires formés. Pour mettre un terme à un tel phénomène, l'on pourrait recourir à des incitations financières ou à des mesures disciplinaires. Il faudrait, dans cette dynamique, opérer des retenues sur les indemnités de fonction des députés absents, avec des mécanismes de pointage en début et en cours de séance. L'on pourrait tout aussi récompenser financièrement ceux d'entre eux qui brilleraient par leur présence remarquable au cours des travaux du Parlement. Même si certains parlementaires bien qu'étant présents physiquement aux séances, ne demeurent que de simples figurants au moment des contrôles. De toutes les manières, le travail parlementaire serait de meilleure qualité si tous les députés étaient présents en permanence et jouaient par conséquent leurs missions de contrôle des actions du Gouvernement.

Toutefois, certains experts admettent qu'il n'est pas nécessaire que tous les parlementaires soient présents dans l'hémicycle pour que les Assemblées remplissent convenablement leurs fonctions de contrôle. Bien au contraire, car même une Assemblée, bien qu'étant complète, ne sert si elle ne travaille pas comme elle se doit, ni ne débat dans le cadre de l'exercice de son contrôle du Gouvernement[845]. Un spécialiste de la question parlementaire *« voit mal comment raisonnablement soutenir que la séance publique, tant qu'elle demeurera ce qu'elle est, une pure représentation, le plus souvent de médiocre qualité, d'une problématique et de choix dégagés ailleurs, requiert la présence de plus d'une dizaine de parlementaires »*[846]. Autant qu'avec la présence du seuil minimum nécessaire, il semblerait que le contrôle pouvait s'effectuer correctement avec notamment la présence d'environ un dixième de l'effectif réel[847]. Ces derniers préconisent, d'ailleurs, une diminution drastique du nombre de députés pour une meilleure efficacité du contrôle parlementaire. En témoigne cette réflexion de Henry ROUSSILLON :

> « L'hypothèse de travail de travail serait la mise en place de ce qu'on pourrait appeler une « mini-assemblée » d'une centaine de membres environ. Une telle solution est moins choquante qu'il n'y paraît, si on veut bien remarquer que par le monde les assemblées paraissent obéir à la règle suivant la quelle leur efficacité est inversement

---

Constitution, le Règlement de l'Assemblée Nationale ne peut en aucun cas imposer la démission d'un député, a soutenu le juge constitutionnel dans le Considérant 24.

[845] ROUSSILLON (H.), « Pour une mini-Assemblée nationale », *op.cit.,* p. 126.

[846] Cité par ROUSSILLON (H.), *Ibid.*

[847] *Ibid.*

> proportionnelle à l'importance de leurs effectifs : le Parlement soviétique rassemblait des milliers de membres et ne servait à rien, alors que le Sénat américain, avec seulement 100 membres, est considéré par tous comme l'une des assemblées politiques les plus performantes du monde »[848].

La présence des députés à l'Assemblée nationale est une obligation morale. C'est une marque de respect envers leurs électeurs, leurs collègues et l'institution parlementaire. Cette contrainte devrait être légale. Toutefois, pour Alain ANZIANIE, *« l'absentéisme est un mal honteux qui gangrène la vie parlementaire. La fameuse expression :*

> « Moi, je suis sur le terrain », ne peut justifier qu'un parlementaire renie sa fonction de parlementaire : faire la loi et contrôler l'action du gouvernement. Même si cette fabrication législative implique d'écouter, de dialoguer et d'expliquer, donc également de demeurer proche de ses électeurs. Même si nous savons aussi que, pour être réélu, mieux vaut serrer des mains dans sa circonscription que les mettre dans le cambouis de textes. L'électeur, moraliste parfois acerbe, n'est pas sans contradiction »[849].

Le Règlement intérieur de l'Assemblée nationale du Mali doit être en mesure de sanctionner sévèrement l'absentéisme des députés au cours des activités parlementaires.

---

848 *Ibid.*

849 ANZIANI (A.), « La déontologie, condition du renouveau… », *op. cit.*, p. 101.

CONCLUSION

En considération du diagnostic porté sur le contrôle de l'action gouvernementale par le Parlement au Mali, une vérité semble faire l'objet d'un consensus : c'est celui du déséquilibre évident, qui n'a fait que se cristalliser ces dernières années, entre un Exécutif tout-puissant et un Parlement condamné à un simple rôle de figurant dans l'architecture institutionnelle du pays. Le Parlement est très malade au Mali et il mérite des soins appropriés et prioritaires. Les symptômes sont connus : le Parlement fait de moins en moins la loi et le contrôle de l'action gouvernementale. La conséquence est le désintérêt des parlementaires pour leur fonction nationale et les frustrations populaires qui cristallisent la crise de la démocratie représentative. Les citoyens s'interrogent de plus en plus sur le sens et l'intérêt de leur suffrage, et l'on ne doit point s'étonner qu'ils réagissent, en retour, en prenant la rue et en désertant, par conséquent, les bureaux de vote. Face à de telles situations, toute réponse sérieuse du contrôle parlementaire doit avoir pour objectif essentiel de rendre le travail parlementaire plus efficace et plus attrayant.

L'échec des tentatives de réformes de nature législative et constitutionnelle de ces dernières années illustre, si besoin est, que la *« décrépitude du Parlement »* au Mali est la résultante de la faiblesse des pratiques démocratiques et la forte dépendance de l'Institution parlementaire à l'égard du Président de la République. Alors que *« le rôle d'une Assemblée nationale est de dépasser les points de vue particuliers, l'esprit de chapelle, le clientélisme local »* [850]. Au moment où la classe politique souffre d'une désaffection profonde au sein de l'opinion nationale, il serait opportun de définir les voies et moyens à même de restaurer son image et son rôle au sein du Parlement. Il est alors temps de continuer à mener des réflexions approfondies par rapport à la faiblesse du contrôle parlementaire dans le fonctionnement de la jeune démocratie malienne.

Le contrôle classique s'exerce, à l'heure actuelle, à l'occasion du débat législatif où se dessinent les clivages politiques. C'est par ici que se construisent les contestations les plus violentes, car, n'ayant plus la possibilité de renverser le gouvernement, l'Opposition se contente de perturber le cours de réalisation de son programme en le retardant. Il est remarqué que la préoccupation première d'une Majorité rentrant est de démonter la législation adoptée par la Majorité sortante. De sorte, la loi cesse d'être l'expression de la volonté générale pour s'ériger à celle d'une Majorité momentanée ou de circonstances [851]. Un changement de comportement parlementaire s'impose.

Le contrôle ne doit plus être le monopole de la seule Opposition parlementaire à l'hémicycle. Le contrôle doit être l'apanage de l'ensemble des députés, Majorité et Opposition confondues, qui exercent leurs attributions communes d'apprécier la gouvernance du pays. Cette nouvelle conception du contrôle *« implique un changement de comportement tant dans la Majorité que dans l'Opposition : la Majorité doit s'interroger sur la manière d'appliquer les textes et donc sur l'action administrative du Gouvernement (...), et du côté de l'Opposition, il ne faut pas se tromper de débat (...) car contrôler l'action du gouvernement, (c'est) simplement vérifier que les choses se passent correctement. Il faut donc que Majorité et Opposition apprennent à travailler ensemble, avec un double regard, mais à partir des propositions communes et en suivant le même objectif »*[852]. L'Opposition et la Majorité doivent s'accepter mutuellement dans le cadre du fonctionnement de l'Assemblée nationale. La première doit accepter que la seconde soit fondée à mettre en œuvre son programme. Mais la seconde doit admettre que le contrôle est la vocation de la première. La minorité doit être privilégiée et participer à

---

[850] MENY (Y.), « Le cumul des mandats... », *op. cit.*, p. 134.

[851] AVRIL (P.), « Renforcer le Parlement... », *op.cit.*, p. 18.

[852] DOSIERE (R.), cité par AVRIL (P.), *Ibid.*

part égale dans les activités de contrôle de l'action gouvernementale[853]. Toutefois, la culture politique d'affrontement entre l'Opposition et la Majorité parlementaire rend difficile une collaboration d'une telle nature. Le contrôle n'est pas effectué pour embarrasser le Gouvernement, mais pour vérifier que les textes votés sont appliqués de manière satisfaisante, tant au regard de leur contenu que des dépenses publiques[854].

---

853 BERGOUGNOUS (G.), « Les binômes majorité-opposition », *in Pouvoirs*, n° 146, 2013, p. 46.

854 Cité par AVRIL (P.), *Ibid.*, p. 17.

CONCLUSION GÉNÉRALE

Au terme de notre étude, l'on s'aperçoit que le contrôle parlementaire de l'action gouvernementale est, à juste titre, considéré comme une des missions essentielles du parlement[855] et un élément catalyseur du jeu démocratique[856]. Il permet de rendre l'Exécutif comptable de ses actions et d'assurer l'application efficace et effective des politiques par ce dernier. Pour ce faire, le Parlement dispose des moyens d'action sur l'Exécutif, des moyens souples de contrôle au quotidien, alliant l'information et le contrôle proprement dit. Au titre de ces moyens, on peut évoquer : les commissions d'enquête parlementaire, les missions d'information, les questions au Gouvernement, les délégations et d'évaluation des lois[857]. Au terme de cette contribution, on peut affirmer que le contrôle de l'action gouvernementale demeure une réalité au Mali.

Les mécanismes du contrôle parlementaire sont déjà posés dans les dispositions constitutionnelles, législatives et règlementaires. En effet, le Parlement peut mettre en œuvre un contrôle-information qui peut déboucher sur la collecte d'informations ou un contrôle-sanction à travers la mise en jeu de la responsabilité politique du Gouvernement. Il

---

855 AMELLER (A.), *Parlements*, 2e éd. revue et corrigée, Paris, PUF, 1966, p. 10.

856 N'GUESSAN (K.), « Les moyens parlementaires de contrôle de l'action gouvernementale dont les moyens d'interpellation dans l'espace francophone », *op. cit.*, p. 13.

857 VALETTE (J. P.), *Droit constitutionnel*, Paris, L'Harmattan, 2013, p. 316.

est établi que l'Assemblée nationale pourrait très certainement jouer son rôle de contrepoids tout en s'appuyant sur les commissions des finances qui ont un rôle de contrôle permanent de l'exécution du budget, et elles disposent de prérogatives et de pouvoirs plus étendus dédiés à cet effet, notamment des moyens d'information et de contrôle. Il faut souligner que certains sont plus spectaculaires que réels. Comme nous le savons, les pouvoirs des commissions peuvent comprendre la citation de témoins pour procéder à des dépositions sous serment, la confrontation de témoins, la demande ou la saisie de pièces, la possibilité d'ordonner des perquisitions, l'organisation de visites de terrain, etc. Dans certains pays, elles peuvent jouir des mêmes pouvoirs qu'un magistrat qui mène une enquête judiciaire. Les commissions d'enquête constituent un instrument de contrôle parlementaire courant et peuvent être utilisées pour enquêter sur des cas de corruption ou d'abus de pouvoir majeurs.

L'Exécutif a, ainsi, l'entière liberté de faire devant le Parlement des déclarations ou des communications sur un sujet qu'il choisit et qui sont suivies d'un débat, par exemple, sur la politique étrangère ou l'immigration. Les débats peuvent être, la plupart du temps, dénués de passion, car ils n'étaient pas suivis d'un vote.

Aussi, tout effort visant à accroître l'efficacité des activités de contrôle et à promouvoir la responsabilité comporte deux étapes : donner aux parlementaires les outils de contrôle de l'action du pouvoir exécutif et les inciter à les utiliser. L'on peut affirmer que le contrôle parlementaire doit, en principe, constituer un processus rigoureux, constructif et fondé sur des données probantes, destiné à favoriser le bien-être des populations des États concernés par notre analyse, à suivre la réalisation des finalités poursuivies et des priorités en matière de développement et à améliorer la gouvernance. Il est vrai que chaque pays met en œuvre le contrôle parlementaire en fonction du contexte politique, culturel et historique qui lui est propre.

La pratique africaine du contrôle parlementaire varie considérablement d'un État à un autre. Dans certains contextes, l'obligation du Gouvernement de fournir des informations en temps utile est bien établie et la collaboration du Gouvernement aux activités de contrôle fait partie intégrante de la culture politique[858]. La capacité et la volonté qu'ont les parlementaires d'examiner et de contrôler l'action de l'Exécutif varient plus ou moins considérablement d'un État à un autre. En effet, les prérogatives des parlementaires semblent limitées dans la mesure où ils n'ont pas le monopole de l'initiative des lois[859]. Certes, ils le partagent avec le Président de la République ou le Gouvernement et parfois avec le peuple[860]. A l'instar de beaucoup d'autres Constitutions africaines, la Constitution du Bénin précise que l'initiative des lois appartient concurremment au Président de la République et aux membres de l'Assemblée nationale[861].

Les initiatives du Gouvernement prennent le nom de « *projets de loi* » et celle des députés de « *propositions de loi* ». Ces projets et propositions de loi sont inscrits et numérotés dans l'ordre de leur arrivée, sur un rôle général portant mention de la suite qui leur a été donnée. En réalité, la plupart des lois votées par le Parlement résultent plus des projets du pouvoir exécutif que des propositions des députés, et la concordance entre la Majorité parlementaire et la Majorité présidentielle accentue le phénomène et transforme le Parlement en une chambre d'enregistrement et de légalisation de la volonté présidentielle, d'autant plus que la recevabilité des amendements des députés est subordonnée à l'accord préalable du pouvoir exécutif. A titre d'illustration, l'article 76 de la Constitution malienne du 25 février 1992 précise :

> « Les membres de l'Assemblée nationale et Gouvernement ont le droit d'amendement… Après l'ouverture du débat, le Gouvernement peut s'opposer à l'examen de tout amendement qui ne lui aurait pas été antérieurement soumis ».

Dans d'autres, les règles ne sont pas appliquées de manière systématique ; par exemple, les ministres peuvent refuser de se présenter devant les parlementaires et le Parlement peut ne pas recevoir les

---

[858] Union interparlementaire pour la démocratie pour tous, *Rapport parlementaire mondial*, 2017, *www.ipu.org/fr/ressources/publications/rapports*, consulté le 30 septembre 2022.

[859] Aux termes de l'article 75 de la Constitution malienne du 25 février 1992 qui énonce : « *L'initiative des lois appartient concurremment au Gouvernement et aux membres de l'Assemblée nationale* ».

[860] Voir CARRE DE MALBERG (R.), *La loi, expression de la volonté générale, in Etude le concept de la loi dans la Constitution de 1875*, Paris, Sirey, 1931, p. 219.

[861] Article 105 de la Constitution du Bénin du 11 décembre 1990.

informations demandées, les délais fixés pour répondre aux questions peuvent ne pas être respectés. Dans les États concernés par notre étude, les questions parlementaires sont perçues comme une contestation de l'autorité de l'Exécutif (et les députés qui osent s'exprimer, en général des membres de l'Opposition, risquent parfois de perdre leur mandat, voire d'être jetés en prison). La protection sans condition de la liberté d'expression des députés est un élément essentiel pour que le contrôle parlementaire soit possible et efficace.

L'action des formations politiques joue un rôle déterminant pour définir les activités de contrôle. Les rôles bien arrêtés des partis politiques au Gouvernement et dans l'Opposition se caractérisent, le plus souvent, par une combinaison dynamique de confrontation et de coopération. Les Parlements du Bénin, du Mali et du Sénégal sont persuadés de l'importance du contrôle et ils citent souvent le renforcement des systèmes de contrôle parmi les objectifs de développement parlementaire. Mais, dans chaque pays, les modalités de surveillance et de contrôle du Gouvernement par le Parlement sont issues de traditions et de l'histoire politique et institutionnelle qui leur sont propres.

Dans le cadre de cette étude, la question qui se pose est de savoir si le contrôle parlementaire produit vraiment, en pratique, des effets.

Pour Armel LE DIVELLEC, « *quoi qu'il en soit, l'interrogation est tout de même légitime* »[862]. L'efficacité des moyens du contrôle parlementaire doit, à notre avis, être relativisée, dans la mesure où la Majorité parlementaire peut être acquise au pouvoir exécutif, mais les instruments de contrôle parlementaire peuvent s'avérer limités dans la conduite des investigations par les commissions parlementaires. Ainsi, pour préserver la séparation des pouvoirs et l'indépendance des magistrats, les commissions du Parlement ne peuvent contrôler des faits déterminés qui sont en cours d'examen devant une juridiction. A titre d'illustration, si une commission avait déjà été mise en place, sa mission prend fin en cas d'ouverture d'une information judiciaire portant sur les faits faisant l'objet de son enquête[863]. Mieux, la question de l'efficacité du contrôle parlementaire doit évidemment être posée dans toutes les

---

[862] LE DIVELLEC (A.), « Des effets du contrôle parlementaire », *op. cit.*, p. 123.

[863] SOMA/KABORE (V. E.), « La perceptibilité du contrôle parlementaire du pouvoir exécutif en Afrique noire francophone », (note de bas de page n° 201), *in Revue Burkinabé de Droit*, n °53, 2017, p. 257.

démocraties aussi bien établies qu'en construction, puisque le principe selon lequel le pouvoir des gouvernants doit être limité, et donc contrôlé, leur est inhérent. C'est un des aspects de leur « *génie propre* » : la responsabilité de l'Exécutif conditionne sa légitimité.

Le mandat de contrôle parlementaire est inscrit dans la Constitution[864] et dans la législation de tous les pays couverts par notre étude. Mais, les Parlements des pays étudiés manquent parfois de moyens ou de la volonté nécessaire d'utiliser les pouvoirs dont ils disposent pour contraindre l'Exécutif à agir. La perception par les députés de la réactivité de l'Exécutif au contrôle parlementaire est influencée par la situation de leur parti politique (selon qu'il est au pouvoir ou dans l'Opposition). Les membres du parti au pouvoir paraissent, par exemple, plus optimistes quant à la capacité du Parlement d'exercer, tandis que les membres de partis d'Opposition ont tendance à considérer que l'Exécutif est moins réactif et que le contrôle est moins efficace. Les Parlements doivent protéger les droits des citoyens en contrôlant les politiques et en examinant d'éventuels abus de pouvoir, comportements arbitraires et conduites illégales ou anticonstitutionnelles de la part du pouvoir exécutif.

En somme, pour que le contrôle de l'action gouvernementale soit efficace et effectif, il faut qu'un certain nombre d'obstacles ci-après soient levés :

- Doter le Parlement d'expertises et de ressources avérées dans le domaine du contrôle parlementaire ;

---

[864] Article 113 de la Constitution du Bénin du 11 décembre 1990 qui dispose : « *Le Gouvernement est tenu de fournir à l'Assemblée nationale toutes explications qui lui seront demandées sur sa gestion et sur ses activités. Les moyens d'information et de contrôle de l'Assemblée nationale sur l'action gouvernementale sont : - l'interpellation conformément à l'article 71 ; - la question écrite ; - la question orale avec ou sans débat, non suivie de vote ; - la commission parlementaire d'enquête. Ces moyens s'exercent dans les conditions déterminées par le Règlement intérieur de l'Assemblée nationale* » ; article 78 de la Constitution du Mali du 25 février 1992 qui énonce : « *L'Assemblée nationale met en cause la responsabilité du Gouvernement par le vote d'une motion de censure. Une telle motion n'est recevable que si elle est signée par un dixième au moins des membres de l'Assemblée nationale. Le vote ne peut avoir lieu que quarante-huit heures après son dépôt. Seuls sont recensés les votes favorables à la motion de censure qui ne peut être adoptée qu'à la majorité des deux tiers des membres composant l'Assemblée nationale. Si la motion de censure est rejetée, les signataires ne peuvent en proposer une nouvelle au cours de la même session* ».

- Éradiquer la déperdition d'expériences et d'expertises à travers les renouvellements suite aux élections ;
- Insuffler une réelle volonté politique pour conduire le contrôle parlementaire de l'action gouvernementale ;
- Lever la restriction ou limite à l'information ;
- Mettre un terme à l'invocation abusive de la notion du *« secret administratif »* par les hauts gradés des services publics ;
- Élever le niveau de prise de conscience des exigences de la bonne gouvernance ;
- Développer une connaissance approfondie des attributions et missions du Parlement, et du dispositif légal et règlementaire régissant le contrôle parlementaire de l'action gouvernementale ;
- Faire preuve d'audace de la part des parlementaires dans la mise en œuvre de leurs attributions institutionnelles ;
- Sensibiliser et mobiliser la société civile et les citoyens au contrôle parlementaire ;
- Demeurer vigilants et actifs dans la gestion des affaires publiques, notamment les questions budgétaires ;
- Renforcer les prérogatives et attributions des commissions parlementaires ;
- Nouer des relations et échanges avec d'autres Parlements en matière de contrôle de l'action gouvernementale ;
- Développer un esprit pragmatique et de collaboration avec les acteurs impliqués dans la gestion des affaires de la cité ;
- Démontrer par les actes et la constance que le Parlement est digne de confiance dans son rôle de contrôle de l'action du Gouvernement.

Si ces obstacles étaient levés dans un régime de représentation démocratique, le déclin du Parlement n'est pas aussi accentué qu'on le prétend souvent. En d'autres termes, le contrôle parlementaire de l'action gouvernementale, ne déboucherait-il pas sur un contrôle plus visible, effectif et efficace ?

RÉFÉRENCES BIBLIOGRAPHIQUES

OUVRAGES GÉNÉRAUX

ACQUAVIVA (J. C.), *Droit constitutionnel et institutions politiques*, 18e éd., Paris, Gualino, 2016, 236 p.

AMELLER (M.), BERGOUGNOUS (G.), *L'Assemblée nationale*, 2e éd., Paris, PUF, Collection Que sais-je ?, Juillet 2000, 128 p.

ARDANT (Ph.), MATHIEU (B.), *Institutions politiques et droit constitutionnel*, 33e éd., Paris, LGDJ, 2021-2022, 640 p.

BALLADUR (E.), *Une Ve République plus démocratique*, Paris, Fayard, 2007, 288 p.

BENETON (Ph.), *Les régimes politiques*, Paris, PUF, Que sais-je ?, 1996, 128 p.

BIRNBAUM (P.), HAMON (F.) et *al.*, *Réinventer le Parlement*, Paris, Flammarion, 1977, 224 p.

BOUSSAGUET (L.), et *al.*, *Dictionnaire des politiques publiques*, Presses de Science Po, 2010, 776 p.

BURDEAU (G.), HAMON (F.), TROPER, *Droit constitutionnel*, 25e éd., Paris, LGDJ, 1997, 759 p.

CARCASSONNE (G.), *La Constitution*, Paris, Seuil, 2014, 480 p.

CHAGNOLLAUD (D.), *Droit constitutionnel contemporain*, Paris, Armand Colin, 2003, 390 p.

CHANTEBOUT (B.), *Droit constitutionnel*, Paris, Sirey, 2014, 636 p.

CISSE (A.), *Mali : une démocratie à refonder*, Paris, L'Harmattan, 2006, 206 p.

COHENDET (A-M.), *Droit constitutionnel*, Paris, LGDJ, 2013, 826 p

COHENDET (A-M.), *Droit constitutionnel*, Paris, LGDJ, 2021, 826 p.

CONSTANTINESCO (V.) PIERRE-CAPS (S.), *Droit constitutionnel*, Paris, PUF, 2004, 550 p.

CORNU (G.), *Vocabulaire juridique*, Paris, PUF, 2011, 1336 p.

DE BELLESCIZE (R.), *L'essentiel du Droit administratif général*, Paris, Gualino / Lextenso, 2015-2016, 160 p.

DE CHATEAUBRIAND (R. V.), *De la monarchie selon la Charte*, Paris, Le Normand, 1816, 124 p.

DE VILLIERS (M.), LE DIVELLEC (A.), *Dictionnaire de droit constitutionnel*, Paris, Dalloz, 2022, 422 p.

DESPORTES (F.), LE GUNEHEC (F.), *Droit pénal général,* Paris, 12e éd., Economica, 2005, 1118 p.

DIAKHATE (M.), *Les lois au Sénégal*, Dakar, volume 1. *La procédure législative*, Dakar, CREDILA, 2020, 209 p.

DIARRA (A.), *Démocratie et droit constitutionnel dans les pays francophones d'Afrique, le cas du Mali depuis 1960*, Paris, Karthala, 2010, 372 p.

DU BOIS DE GAUDUSSIN (J.), CONAC (G.), DESOUCHES (Ch.), *Les constitutions africaines publiées en langue française*, Tome 2, Bruxelles, Bruylant, 1998, 458 p.

DUHAMEL (O.), MENY (Y.), *Dictionnaire constitutionnel,* Paris, PUF, 2015, 1120 p.

DUHAMEL (O.), *Droit constitutionnel et institutions politiques,* Paris, SEUIL, 2e éd., 2011, 1072 p.

DURVIAUX (A. L.), *Droit constitutionnel et institutions politiques*, Cours, 2019, 284 p.

GELARD (P.), MEUNIER (J.), *Institutions politiques et droit constitutionnel*, 4e éd. Paris, LGDJ, 2001, 416 p.

GICQUEL (J.), GICQUEL (J. E.), *Droit constitutionnel et institutions politiques*, 20e éd., Paris, Montchrestien, 2005, 984 p.

GICQUEL (J.), GICQUEL (J.-E.), *Droit constitutionnel et institutions politiques*, 35e éd., Paris, LGDJ, 2022, 992 p.

GINESTE (H. S.), *Le droit constitutionnel en schémas*, Paris, Ellipses, 2021, 432 p.

GUINCHARD (S.), DEBARD (T.) (dir.), *Lexique des termes juridiques*, 19e éd., Paris, Dalloz, 2011, 2158 p.

HAQUET (A.), *Droit constitutionnel*, Paris, Dalloz, 2021, 472 p.

HAURIOU (M.), *Précis de droit constitutionnel*, Paris, Sirey, 1929, 759 p.

KELSEN (H.), *La démocratie, sa nature, sa valeur*, Paris, Dalloz, 2004, 120 p.

LATH (Y. S.), *Droit constitutionnel : Théorie générale du Droit Constitutionnel. Systèmes Politiques Contemporains*, Abidjan, ABC, 2020, 153 p.

MATHIEU (B.), *La loi*, Paris, Dalloz, 2004, 601 p.

MBODJ (E. M.), *Cours de Théorie constitutionnelle*, Université Catholique de l'Afrique de l'Ouest, 2008, 146 p.

MIRKINE-GUETZEVITCH (B.), *Les Constitutions européennes*, Paris, PUF, 1951, 488 p.

MONTESQUIEU, *De l'esprit des lois*, Paris, Gallimard, 1995, 560 p.

OURAGA (O.), *Droit constitutionnel et science politique*, Abidjan, ABC, 2007, 245 p.

PACTET (P.), MELIN-SOUCRAMANIEN (F.), *Droit constitutionnel*, Paris, Sirey, 2008, 716 p.

PASCAL (J.), *Le Conseil constitutionnel vu du Parlement*, Paris, Ellipses, 1997, 192 p.

QUERMONNE (J.-L.), *Les régimes politiques occidentaux*, Paris, Seuil, 1994, 345 p.

QUILLIEN (J. P), *Lexique de droit public*, Paris, Ellipses, 2005, 432 p.

SALAMI (I. D.), GANDONOU (D. O. M.), *Droit constitutionnel et institutions du Bénin*, Cotonou, CEDAT, 2014, 492 p.

SCHMITT (C.), *Le Tribunal du Reich comme gardien de la Constitution*, Paris, Dalloz, 2017, 116 p.

SENAC (Ch. E.), *La révocation populaire des élus*, Paris, Mare&Martin, 2022, 308 p.

DESANDRE (J.), *Les commissions parlementaires d'enquête et de contrôle en droit français*, La Documentation française, NED, 1976, 100 p.

SOW (A.-S.), *L'État démocratique républicain, la problématique de sa construction au Mali, Grandvaux*, Août 2008, 456 p.

TROPER (M.), CHAGNOLLAUD (D.), *Traité international de droit constitutionnel,* Tome 2, Paris, Dalloz, 2012, 816 p.

TÜRK (P.), *Théorie générale du droit constitutionnel*, Paris, Gualino, 2007, 216 p.

TURPIN (D.), *Droit constitutionnel*, Paris, PUF, 2007, 846 p.

VERPEAUX (M.), *Droit constitutionnel français*, Paris, PUF, 2013, 624 p.

VERPEAUX (M.), *Droit constitutionnel*, Paris, Dalloz, 2020, 259 p.

OUVRAGES SPÉCIALISÉS

AKINDES (F.), TOPANOU (V.), *Le contrôle parlementaire de l'action gouvernementale en République du Bénin : une lecture sociologique*, Cotonou, Démocratie, gouvernance et droits de l'homme, Document du programme, n° 18, Octobre 2005, 48 p.

AMELLER (M.), *Les questions, instrument du contrôle parlementaire*, Paris, éd. LGDJ, 1964, 227 p.

AVRIL (P.), GICQUEL (J.), GICQUEL (J. E.), *Droit parlementaire*, 5e éd., Paris, LGDJ, 2014, 418 p.

BAGUENARD (J.), *Le sénat*, 1re éd., Paris, PUF, collection Que sais-je ?, n° 2529, 1990, 126 p.

BATHILY (N. A.), *L'éveil des Parlements africains*, Paris, Karthala, 2020, 252 p.

BEAUD (O.), BLANQUER (J.-M.) (dir.), *La responsabilité des gouvernants*, Paris, Descartes et Cie, 1999, 323 p.

BERLAND (N.), *Le contrôle budgétaire*, Paris, Pearson, 2002, 122 p.

BONNARD (R.), *Le contrôle juridictionnel de l'Administration*, Paris, Dalloz, 2005, 266 p.

CAQUERAY (S.), *Le Conseil constitutionnel et les règlements des assemblées*, Paris, Economica, 2001, 465 p.

CONNIL (D.), *Les groupes parlementaires en France*, Paris, LGDJ, 2016, 152 p.

DELVOVE (P.) et LESGUILLONS (H.), *Le contrôle parlementaire sur la politique économique et budgétaire*, Paris, PUF, 1964, 250 p.

DER HULST (M. V.), *Le mandat parlementaire : étude comparative mondiale*, Genève, 2000, 166 p.

GAUDEMET (Y.), *Droit parlementaire*, Paris, Economica, 1996, 577 p.

GUCHET (Y.), *Le contrôle parlementaire*, Paris, Economica, Paris, 1996, 203 p.

IMBEAU (L. M.) STAPENHURST (R.), *Le contrôle parlementaire des finances publiques dans les pays de la francophonie*, Laval, éd. Presses de l'Université Laval, 2019, p. 166.

LAUVAUX (Ph.), *Le parlementarisme*, Paris, PUF, 1987, 127 p.

LE DIVELLEC (A.), *Le Gouvernement parlementaire en Allemagne*, Paris, LGDJ, 2004, 612 p.

MADISTIN (S.), *Les attributions du Parlement dans une société démocratique*, CRESFED, Juillet 2013, 32 p.

MONGE (P. J.), *Le contrôle parlementaire dans les traités d'Eugène Pierre : permanence et limites du principe de responsabilité politique. Etudes parlementaires*, Bruxelles, Bruylant, 2019.

MOULAYE (Z.), KEITA (A.), *L'Assemblée nationale du Mali sous la 5e Législature (édit. Actualisée par Dr Salabary DOUMBIA)*, Bamako, Fondation Friedrich-Ebert-Stiftung, 2015.

MOULAYE (Z.), KEITA (A.), *L'Assemblée nationale du Mali sous la troisième République*, Bamako, Fondation Friedrich Ebert Stiftung, 2015, 272 p.

NIANE (I.), RAKOTONIRINA (O.), *Guide aide-mémoire sur les rôles et fonctions des parlementaires*, Madagascar, éd. Raj hassanaly-Unité-Communication/PNUD, 2014, 24 p.

ONDO (T.), *Le droit parlementaire gabonais*, Paris, L'Harmattan, 2008, 235 p.

POPTCHEVA (E.-M.), *Commissions d'enquête et commissions spéciales du Parlement européen*, Parlement européen, Presse européenne, 2016, 108 p.

ROSEN (M. W.), *Contrôle parlementaire de l'action gouvernementale épicentre de la démocratie représentative congolaise*, Paris, Edilivre, 2019, 336 p.

ROZENBERG (O.), THIERS (E.), (dir.), *Traité d'études parlementaires*, Bruxelles, Bruylant, 2018, 752 p.

SEILLER (B), *Le contrôle parlementaire de l'administration*, Paris, Dalloz, 2010, 172 p

SOKOME (S.), *La responsabilité politique du Gouvernement devant le Parlement en France, en Allemagne et au Sénégal*, Paris, Edilivre, 2020, p. 42.

SY (A.), *La transparence dans le droit budgétaire de l'État en France*, Paris, LGDJ, 2017, 405 p.

TACEA (A. M.), *Des Gouvernements sous le regard de leur Parlement. La participation des Parlements français, italien et britannique à l'élaboration et au contrôle des politiques européennes de justice et de sécurité intérieure*, Tome 154, Paris, LGDJ, 2020, 414 p.

TSALISSAN OKOMBI (D. E.), *Guide des relations Gouvernement-Parlement en République du Congo*, Paris, L'Harmattan, 2017, 144 p.

TURK (P.), *Le contrôle parlementaire en France*, Paris, LGDJ, 2011, 264 p.

THÈSES ET MÉMOIRES

ADJACOTAN (S.), *La licéité en Droit constitutionnel*, Thèse de Doctorat en Droit public, Université Paris 1 Sorbonne, 2017, 672 p.

ARNAUD (M.), *Les présidents de l'Assemblée nationale sous la Cinquième République,* Thèse de Doctorat, Université de Perpignan, 1994, 632 p.

BIAGUI (C. J.), *La responsabilité du chef de l'État africain*, Thèse de doctorat en Droit public, Université Cheikh Anta Diop de Dakar, 2017, 402 p.

DIAKHATE Meïssa, *La Constitution du Sénégal. La lettre, le politique et le juge*, L'Harmattan-Sénégal, 316 p.

DODIOUMA (Y.), KONE (M.), *La Commission des finances et les lois de finances au Mali*, Mémoire de Master, Faculté de droit public, 2021, 91 p.

GUINDO (M.), *L'évolution du système de contrôle des finances publiques au Mali*, Thèse de Doctorat, Université de Strasbourg, 2020, 438 p.

GUINDO (M.), *Le système de contrôle des finances publiques du Mali et le principe d'efficience de l'action publique*, Mémoire de Master, Université de Strasbourg, 2015, 52 p.

KEITA (M.), *L'efficacité du contrôle de constitutionnalité des lois au Mali*, Thèse de Doctorat en Droit, Université Cheikh Anta DIOP de Dakar, 2016, 407 p.

PAUVERT (B.), *Droit constitutionnel : théorie générale, Ve République*, Paris, Groupe Studyrama, 2015, 391 p.

REIGIER (D.), *La discipline de vote dans les Assemblées parlementaires sous la cinquième République*, Thèse de Doctorat en Droit public, Université de Lille 2, 2011, 1108 p.

RADOUANI (R.), *Le Règlement intérieur de la Chambre des représentants au Maroc : approche comparée droit franco-marocain*, Thèse de doctorat, Université de Perpignan Via Domitia, 2020, 295 p.

Sène Cheikh, *L'implication des forces de sécurité et de défense dans le processus de démocratisation de l'Etat au Sénégal*, Thèse de doctorat, Université Cheikh Anta Diop, 2019, 289 p.

SOMALI (K.), *Le Parlement dans le nouveau constitutionnalisme en Afrique. Essai d'analyse comparée à partir des exemples du Bénin, du Burkina Faso et du Togo*, Thèse de Doctorat en Droit public, Université de Lille 2, 2008, 495 p.

SOUMANA (B.), *Le Parlement au Niger*, Thèse de Doctorat en Droit public, Université de Lyon 2, 2016, 1194 p.

SOW Oumar, *La haute trahison*, Thèse de doctorat, Université Cheikh Anta Diop, 2017, 419 p.

STRICHER (D.), *La durée des mandats politiques, approche institutionnelle et comparative*, Thèse de Doctorat en Droit Public, Université de Lorraine, 2015, 478 p.

THIAM (K.), *Le contrôle de l'Exécutif dans la création de l'État de droit en Afrique francophone*, Thèse de Doctorat en Droit, Université de Bordeaux, 2018, 407 p.

TOULEMONDE (G.), *Le déclin du Parlement sous la Vème République : mythe et réalités*, Thèse de Doctorat en Droit public, Université de Lille II, septembre 1998, 500 p.

VALETTE (J. P.), *Droit constitutionnel*, Paris, L'Harmattan, 2013, 460 p.

Articles, Contributions et Communications

ABLARD (Th.), « Le statut pénal du Chef de l'État », *in RFDC*, n° 51, 2002, pp. 637-661.

ADELOUI (A. J.), « Le Parlement dans le régime politique béninois », *in Actes du colloque international sur la Constitution béninoise*, *Association Béninoise de Droit Constitutionnel*, 7-11 août 2012, 32 p.

AKAKPO (M. B.), « Loi de règlement et bonne gouvernance au Bénin, *in La Nation*, n° 3738 du 11 mai 2005.

AKINDES (F.), TOPANOU (V.), « Le contrôle parlementaire de l'action gouvernementale en République du Bénin : Une lecture sociologique, in *Démocratie, gouvernance et droits de l'homme Document du programme*, n° 18, octobre 2005, pp. 1-48.

AMELLER (M.), « L'heure de question au Palais Bourbon », *in Mélanges en l'honneur de Georges BURDEAU, Le Pouvoir*, Paris, LGDJ, 1977, p. 376.

ANZIANI (A.), « La déontologie, condition du renouveau du Parlement », *in Pouvoirs*, n° 146, 2013, pp. 93-105.

ARDANT (Ph.), « Responsabilité politique et pénale des chefs d'État, des chefs de Gouvernement et des ministres », *in Revue Internationale de Droit Comparé*, Vol. 54, n° 2, Avril-Juin 2002, pp. 465-485.

ASKIM (J.) « An Adaptive Model of Bureaucratic Politics », *in American Political Science Review*, 79, 2007, pp. 755-774.

AVRIL (P.), « L'introuvable contrôle parlementaire », *in Jus Politicum*, n° 3, 2009, pp. 1-7.

AVRIL (P.), « La majorité parlementaire ? », *in Pouvoirs*, n° 68, Janvier 1994, pp. 45-53.

AVRIL (P.), « Renforcer le Parlement : Qu'est-ce à dire ? », Le renouveau du Parlement, *in Pouvoirs*, n° 146, 1er janvier-31 mars 2013, p. 17.

BA (B.), « La destitution des chefs d'État : Fortunes et infortunes d'une pratique aléatoire », *in Mélanges en l'honneur de Babacar KANTÉ. Actualités du droit public et de la science politique*, L'Harmattan - Sénégal, 2017, p.

BACHSCHMIDT (P.), « La diversification des méthodes du contrôle parlementaire », Constitutions, *in Revue de Droit constitutionnel appliqué*, n° 3, 2014, pp. 407-421.

BADINTER (R.), « La responsabilité pénale du Président de la République sous la Ve République », *in Mélanges en l'honneur Patrice GELARD*, 1999, p. 151.

BALTHAZAR (L.), « Le déclin du Parlement est-il irréversible ? », *in Revue Parlementaire canadienne*, n° 4, 2002-2003, pp. 1-25.

BAUME (S.), « Le Parlement face à ses adversaires. La réplique allemande au désenchantement démocratique dans l'entre-deux-guerres », *in RFSP*, n° 6, Vol. 56, 2006, pp. 985-998.

BELLO (S.), « Le système de contrôle de la gestion des finances publiques au Bénin », article publié *www.nomos-elibrary.de/agb*.

BERGOUGNOUS (G.), « Les binômes majorité-opposition », *in Pouvoirs*, n° 146, 2013, pp. 43-55.

BERGOUGNOUS (G.), « L'initiative parlementaire entre affirmation d'une fonction tribunicienne et recherche de la sécurité juridique », *Constitutions, in Revue de droit constitutionnel appliqué*, n° 1, Janvier-Mars 2010, pp. 47-49.

BLANC (F.), « La publicité des débats parlementaires : un triomphe pour l'argumentation ? », *in Revue Raison Politique*, n° 65, 2017, pp. 49-66.

BOMANA MAVUNGU (M.), « Les avatars du contrôle parlementaire en République Démocratique du Congo », *in International Journal of Innovation and Applied Studies*, Vol. 36, n° 1, Avril 2022, pp. 235-244.

BOUMAKANI (B.), « La prohibition de la transhumance politique des parlementaires », *in RFDC*, n° 75, 2008, pp. 499-512.

CABANIS (A.), MARTIN (M. L.), « L'élément dominant : la dissolution comme issue à une crise », *in La Dissolution Parlementaire à la Française*, 2001, pp. 109-164.

CAHOUA (P.), « Les commissions, lieu du travail législatif », *in Pouvoirs*, n° 34, 1985, pp. 37-49.

CAMARA (B.) « L'Assemblée Nationale au Mali sous la Troisième République : 1992-2009 », *in La francophonie parlementaire*, Presses de l'Université Laval, Québec, Canada, 2013, 27 p.

CARCASSONNE (G.), « L'appareil de l'Assemblée », *in Pouvoirs*, n° 34, 1985, pp. 31-36.

CARCASONNE (G.), « La place de l'opposition : le syndrome français », *in Pouvoirs*, n° 85, 1998, pp. 75-87.

CHAGNOLLAUD (D.), « Le Président de la République et la doctrine, à propos de la responsabilité pénale du chef de l'État », *in RDP*, 1999, pp. 1669-1679.

CHAMPAGNE, (M.), « Les questions écrites dans le processus parlementaire », *in Revue Politique*, n° 1, 1982, pp. 143-152.

COLLIARD (J. C.), « Le rôle parlementaire de la majorité », *in Revue Presses de Sciences Po*, 1978, pp. 238-258.

CONAC (G.), « Le processus de démocratisation en Afrique », *in Parlements et Francophonie*, n° 83-84, 4e trimestre, 1991.

COSTA (O.), KERROUCHE (E.), MAGNETTE (P.), « Vers un renouveau du parlementarisme en Europe ? », *in Les Parlements face aux nouveaux modes de gouvernance*, Bruxelles, Université de Bruxelles, 2004, p. 11.

DELCAMP (A.), « La perception du contrôle parlementaire : comment le rendre plus attractif ? », *in Pouvoirs*, n° 134, 2010, pp. 109-122.

DESANDRE (J.), « Les commissions d'enquête ou de contrôle : secret ou publicité des travaux ? », *in Pouvoirs*, n° 34, 1985, p. 51.

DIALLO (I.), « La légitimité du juge constitutionnel africain », *in Revue juridique et politique des États francophones*, n° 2, Vol. 69, 2015, pp. 147-175.

DOSIERE (R.), « Le contrôle ordinaire », *in Pouvoirs*, n° 134, 2010, pp. 37-46.

DU BOIS DE GAUDUSSON (J.), « Les solutions constitutionnelles des conflits politiques », *in Afrique contemporaine*, n° spécial, 4e trimestre, 1996, p. 250.

DUPART (J. P.), « Le contrôle parlementaire de l'Administration : présentation générale », *in Le contrôle parlementaire de l'Administration*, Paris, Dalloz, 2010, p. 31.

DUVERGER (M.), « La République parlementaire : stabilité », *in Les Constitutions de la France*, Paris, PUF, Coll. Que sais-je ?, 2004, pp. 73-97.

EISENMANN (Ch.), « L'esprit des lois et la séparation des pouvoirs », *in Mélanges en l'honneur de Carré de MALBERG*, Paris, Sirey, 1933, pp. 163-192.

ESTAING (V. G.), « Le droit de dissolution sous la Ve République », *in RDP*, 1998.

FALL (I. M.), « La loi organique dans les ordonnancements juridiques des États d'Afrique francophone, Réflexion sur une norme particulière », *in Revue Béninoise des Sciences Juridiques et administratives*, n° 32, 2014, pp. 173-216.

FAVOREU (L.), « De la responsabilité pénale à la responsabilité politique du Président de la République », *in RDFC*, n° 49, 2002, pp. 7-29.

FAVOREU (L.), « De la responsabilité pénale à la responsabilité politique du Président de la République », *in RFDC*, n° 49, 2002, pp. 7-29.

FAVOREU (L.), « Le Conseil constitutionnel, régulateur de l'activité normative des pouvoirs publics », *in RDP*, 1967, *in La Constitution et son juge*, Paris, Economica, 2014, pp. 57-132.

FLAVELLE (L.) et KAYE (Ph.), « La discipline de parti et le vote en chambre », *in Revue parlementaire canadienne*, été 1986, p. 6.

FRAGO (A.), « Les infrastructures. Tableaux commentés », *in Pouvoirs*, n° 64, 1993, pp. 75-87.

MODERNE (F.), « Les juridictions constitutionnelles en Afrique », *in Les Cours suprêmes en Afrique*, Paris, Economina, 1988, p. 40.

GAUDILLERE (B.), « La publicité des débats parlementaires (1852-1870) », *in Dans Parlement(s), in Revue d'Histoire Politique*, n° HS 4, 2008, pp. 27-49.

GODBOUT (J. F.) et HOYLAND (B.), Unity in Diversity ? *The Development of Political Parties in the Parliament of Canada*, 1867-2011 » *British Journal of Political Science*, Vol. 47, n° 3, Juillet 2017, p. 546.

GREGOIR (S.), « L'évaluation des politiques publiques : qui et comment ? », *in Revue Economie et Prévision*, 2014/1 n° 204-205, pp. 211-224.

GUEYE (B.), « La démocratie en Afrique : succès et résistances », *in Pouvoirs*, n° 129, 2009, pp. 5-26 ;

Havas (n.), « De la maniere de penser la responsabilité des ministres sous la restauration », *in jus politicum*, n° 1, 2000, 24 p.

HESSELING (G.), « La réception du droit constitutionnel en Afrique trente ans après : quoi de neuf ? », *in Constitutionalism in Africa : a quest for autochthonous principles*, 1996, pp. 33-47.

HOLO (Th.), « Le Parlement : le cœur de la démocratie », Leçon inaugurale, *in Le Parlement en Afrique, Actes du colloque international organisé au Bénin* du 23 au 26 septembre 2019, pp. 27-56.

HONTEBEYRIE (P.), « La fixation de l'ordre du jour prioritaire : un pouvoir sans contre-pouvoirs », *in Pouvoirs*, n° 34, 1985, pp. 5-12.

HOUILLON (Ph.), « Le contrôle extraordinaire du Parlement », *in Pouvoirs*, n° 134, 2010, pp. 59-69.

HOURQUEBIE (F.), « Le contre-pouvoir, enfin connu », *in Mélanges en l'honneur de Slobodan MILACIC. Démocratie et liberté : tension, dialogue, confrontation*, Bruxelles, Bruylant, 2008, pp. 99-115.

JENNAR (R. M.), « Le Parlement : une institution en crise », *in Courrier hebdomadaire du CRISP*, 1983/28, n° 1013-1014, pp. 2-66.

KABAKA (P. I.), « Le contrôle non juridictionnel de l'exécution des dépenses publiques et du budget de l'État », *https://hal.archives-ouvertes.fr*.

KAKESA MALUNDANGOU (R.), « Le contrôle parlementaire comme vecteur de bonne gouvernance des finances publiques, outil de lutte contre l'impunité et d'adhésion populaire du citoyen à l'impôt en République Démocratique du Congo », *in International Journal of Innovation and Applied Studies*, Juillet 2017, n° 4, pp. 1210-1220.

KERLEO (J. F.), « Le fait majoritaire, chronique d'une mort annoncée ? », *in Jus Politicum,* n° 18, Juillet 2017, *www.juspoliticum.com/article/Le-fait-majoritaire-chronique-d-une-mort-annoncee-1172.html*.

LAQUIEZE (A.), « Responsabilités des ministres et droit de dissolution », *in Les origines du régime parlementaire en France 1814-1848*, Paris, PUF, 2002, pp. 293-389.

LAUVAUX (Ph.), « Le contrôle, source du régime parlementaire, priorité du régime présidentiel », *in Pouvoirs*, n° 134, 2010, pp. 23-36.

LE BRIS (C.), « Le droit de regard du Parlement français sur la norme supranationale en formation », *in RDP*, n° 4, Juillet-Août 2012, pp. 947-986.

LE DIVELLEC (A.), « La problématique du contrôle parlementaire de l'administration », *in Le contrôle parlementaire de l'administration*, Paris, Dalloz, 2010, pp. 3-18.

LE DIVELLEC (A.), « L'articulation des pouvoirs dans les démocraties parlementaires européens : fusion et mitigations », La séparation des pouvoirs, *in Pouvoirs*, n° 143, 2012, pp. 123-140.

LE DIVELLEC (A.), « Le Parlement en droit constitutionnel », *in Traité d'études parlementaires*, Bruxelles, Bruylant, 2018, 752 p.

LE DIVELLEC (A.), « Vers la fin du "parlementarisme négatif" à la française ? », *in Jus Politicum*, n° 6, Hors-Série, 2012, pp. 1-31.

LOADA (A. M. G.), « Le contrôle de l'action gouvernementale », *in Communication donnée devant l'Assemblée nationale du Burkina Faso,* 10 septembre 2002.

LOONGYA (N. N.), « La haute trahison en droit constitutionnel congolais », *www.congoforum.be*.

MAGDY (M. S.), « La réforme parlementaire en Afrique et dans le monde. Dernières tendances », Programme des Nations-Unies pour le Développement (PNUD), *www.undp.org*.

MAGNON (X.), « Quel renouveau de la fonction de contrôle du Parlement sur l'action du Gouvernement ? », *in Rapport de synthèse de la journée d'études du centre d'études et de recherches sur les transformations de l'action publique*, 13 décembre 2010, p. 5.

MARTIEZ-SOLIMA (M.), « La réforme parlementaire en Afrique et dans le monde. Dernières tendances », *in Programme des Nations Unies pour le Développement*, *www.users/user*.

MASSINA (P.), « La responsabilité pénale du chef de l'État africain, l'édifice se fissure », *in Revue Burkinabè de Droit*, n° 53, 2e Semestre 2017, pp. 189-229.

MATHIEU (B.), « Transformer la Ve République sans la trahir », *in AJDA*, 2008, pp.1858.-1865.

MBALLA OWONA (R.), « Les commissions parlementaires dans les Assemblées des États d'Afrique Subsaharienne francophone », *in Actes du colloque international sur Le Parlement en Afrique*, Bénin du 23, 26 septembre 2019, pp. 241-270.

MEDARD (J. F.), « Le rapport de clientèle : du phénomène social à l'analyse politique », *in RFSP*, n° 1, 1976, pp. 103-131.

MEDE (N.), « La nouvelle gestion budgétaire : l'expérience des budgets de programme au Bénin », *in Afrilex*, n° 4, 2004, 31 p.

MELEDJE (D. F.), « Principe majoritaire et démocratie en Afrique », *in Revue Ivoirienne de Droit*, n° 39, 2008, pp. 55-67.

MENY (Y.), « Le cumul des mandats », *in Pouvoirs*, n° 64, février 1993, pp.129-136.

MIABOULA-MILANDOU (A.), « Les moyens d'action du Parlement à l'égard de la loi votée », *in RFDC*, n° 33, 1998, pp. 35-70.

MICHEL (Y.), « Les initiatives parlementaires », *in Pouvoirs*, n° 34, 1985, pp. 89-98.

MILACIC (S.), « Le contre-pouvoir, cet inconnu », *in Etudes à la mémoire de Christian Lapoyade-Deschamps*, Presses universitaires de Bordeaux, 2003.

MILLARD (E.), « La signification juridique de la Responsabilité politique », *https://halshs.archives-ouvertes.fr/halshs-00126322*.

MOMO (C.F.), ERIC-ADOL GATSI (T.), « L'Exécutif dualiste dans les régimes politiques des États d'Afrique noire francophone », *in Les Annales de droit*, n° 14, 2020, pp. 123-166.

MONACO (R.), « Note sur l'intégration juridique dans les communautés européenne », *in Misceldanea, WJ Gams hof van der Meersch*, tome II, Bruxelles, Bruylant, 1972.

MONGE (P. J.), « Le contrôle parlementaire dans les traités d'Eugène PIERRE : permanence et limites du principe de responsabilité politique », *in* GHEVONTIAN (R.) (dir.), *Eugène Pierre, Précurseur du droit parlementaire contemporain,* (Actes du colloque), Bruxelles, Bruylant, 2019.

MONTEAGLE (B.), « Parlements, histoire », www.universalis.fr.

MOUSSOUNDA MOUTOUNOU (S.), « Le contrôle parlementaire de l'action gouvernementale », *in Annales de l'Université Marien N'Gouabi,* n° 20, 2020, pp. 115-125.

NABLI (B.), « L'opposition parlementaire : un contre-pouvoir politique saisi par le droit », *in Pouvoirs*, n° 133, 2010, pp. 125-141.

NANAKO (C.), « La fonction parlementaire d'évaluation à la lumière de l'expérience française », *in Actes du colloque international organisé au Bénin, du 23 au 26 septembre 2019*, Paris, L'Harmattan, 2021, pp. 59-86.

NATOLI (F.), « Le recours à l'article 49 al. 3 dans le cadre de la réforme des retraites : les limites constitutionnelles à la rationalisation parlementaire », *in Revue des droits de l'homme, www.journals. openedition. org.*

NGUELE ABADA (M.), « La Constitution béninoise du 11 décembre 1990 et la responsabilité pénale des gouvernants », *in Communication donnée au colloque international sur la Constitution Béninoise*, Cotonou, 7-11 août 2012.

NIANGALY (A.), « Le contrôle de l'action gouvernementale par l'Assemblée nationale du Mali », *in Vues africaines de droit public et de science politique. A partir des thèses dirigées par le Professeur Ismaila Madior FALL*, L'Harmattan-Sénégal, 2022, pp. 499-523.

NORTON (Ph.), « La nature du contrôle parlementaire », *in Pouvoirs*, n° 134, 2010, pp. 5-22.

NZOUANKEU (J. M.), « Problématique de la gouvernance. Vue du Sud », Ministère des Affaires étrangères - Direction générale de la coopération internationale et du développement, *Table ronde*, Paris, 25 mars 2002, p. 19-20.

OUEDRAOGO (S. M.), « L'évolution de la responsabilité du contrôleur financier dans la gouvernance financière en Afrique de l'Ouest : le cas du Burkina Faso », *in Revue Burkinabé de Droit*, n° 53, 2017, pp. 9-38.

PALONEN (K.), « Une histoire conceptuelle du Parlement », *in Traité d'études parlementaires*, Bruxelles, Bruylant, 2018.

PERRET (B.), « L'évaluation des politiques publiques », *in Regards croisés sur l'économie*, n° 18, 2016, pp. 45-57.

PEZ (T.), « Le contrôle parlementaire de l'Administration : les éléments du contrôle », *in Le contrôle parlementaire de l'Administration*, Paris, Dalloz, 2010.

PIERRE (A.), « L'Assemblée d'aujourd'hui », *in Pouvoirs*, n° 34, 1985, pp. 5-12.

POUTHIER (T.), « La révocation populaire des élus dans la théorie constitutionnelle jacobine, de Robespierre à Louis Blanc : itinéraire d'une procédure introuvable », *www.archives-ouvertes.fr*.

QUERMONNE (J. L.), « Le référendum. Essai de typologie prospective », *in RDP*, n° 3, 1995, p. 579.

RANGEON (F.), « La notion d'évaluation », *in* RANGEON (F.) et al., *L'évaluation dans l'administration*, Paris, PUF, 1993.

RENARD (J.- G.), POPOVIC (M.) et LARENG (P.) « Les activités de contrôle du pouvoir exécutif », *in Actes du séminaire régional sur le travail parlementaire*, Cotonou, 5-6 juin 2012.

RENOUX (Th.), « Les moyens d'action de l'Assemblée nationale », *in Pouvoirs*, n° 34, 1985, pp. 16-24.

ROSANVALLON (P.), « La contre-démocratie », *in Politiques et Sociétés*, n° 1, Vol. 26, 2007, p. 151.

ROUSSEAU (D.), « L'article 49 al-3 : un déni de démocratie ? », *in Le Monde*, 12 mai 2016.

ROUSSILLON (H.), « Pour une mini-Assemblée nationale », *in Pouvoirs*, n° 64, 1993, pp.123-128.

SALL (A.), « Le droit de dissolution en question : l'article 75 *bis* de la Constitution sénégalaise à l'épreuve de l'alternance », *in Revue internationale de droit africain EDJA*, n° 46, 2000, pp. 437-443.

SAMUELS (D. J.), SHUGART (M.), « La nomination et la révocation du Premier Ministre en régime semi-présidentiel : l'impact de la présidentialisation des partis », *in Revue Internationale de Politique Comparée*, Vol. 17, n° 1, 2010, pp. 67-91.

SAOUDI (M.), « Le consentement de l'impôt en Afrique. Quelle compétence du Parlement à l'ère de l'administration fiscale numérique ? », *in Actes du colloque international organisé au Bénin* du 23 au 26 septembre 2019, pp. 115-150.

SENAC (Ch.-E.), « Le contrôle populaire des élus », *in Claudia Senik, Crises de confiance ? La découverte*, 2020, pp. 56-72.

SIDIBE (M.) et THERA (S.), « Le budget-programme : qu'en est-il au Mali ? Cas des départements ministériels », *in Revue Internationale des Sciences de Gestion*, Vol. 4, n° 3, 2021, pp. 143-160.

SOMA (A.), « Réflexion sur le changement insurrectionnel au Burkina », *in Revue CAMES/SJP*, n° 001, 2015.

SOMA (A.), « Le Peuple comme contre-pouvoir en Afrique », *in RDP*, n° 130, 2014, pp. 1019-1049

SOMA/KABORE (V. E.), « La perceptibilité du contrôle parlementaire du pouvoir exécutif en Afrique noire francophone », (note de bas de page n° 201), *in Revue Burkinabé de Droit*, n °53, 2017, pp. 229-258.

SOMA KABORE (V.), « Le contrôle parlementaire du pouvoir exécutif en Afrique subsaharienne », *in Annales Africaines*, n° 3, Vol. 2, Nouvelle Série, 2015.

SOUMARE (M.) « Sénégal : la révision constitutionnelle provoquerait un basculement de régime inédit », *www.jeuneafrique.com.*

TAILLON (T.), « Le veto populaire comme mode d'expression directe d'un pouvoir constituant québécois », *in Revue Québécoise de Droit Constitutionnel*, n° 2, 2008, pp. 150-173.

THATCHER (M.) & STONE SWEET (A.), « Theory and Practice of Delegation to Non-Majoritarian Institutions », *in West European Politics*, n° 25, 2002, pp. 1-22.

THIERS (E.), « Le contrôle parlementaire et ses limites juridiques : un pouvoir presque sans entraves », *in Pouvoirs*, n° 134, 2010, pp. 71-81.

TIERCELIN (Cl.), « La métaphysique et l'analyse conceptuelle », *in Revue de Métaphysique et de Morale*, n° 36, 2002, pp. 529-554.

TOURE (L.), « Le Parlement et le processus budgétaire, notamment dans une perspective d'enquête entre hommes et femmes », *in Actes du séminaire régional de l'Union interparlementaire*, Bamako, 1er au 3 novembre 2001.

Union interparlementaire, « Mécanismes parlementaires applicables au secteur de la sécurité », *in Contrôle parlementaire du secteur de la sécurité », in* Guide pratique pour les parlementaires, n°5 – 2003, pp. 80-85.

VALLET (E.), « Les commissions d'enquête parlementaires sous la Cinquième République », *in RFDC*, n° 54, 2003, pp. 249-250.

VANDENDRIESSCHE (X.), « Le Parlement entre déclin et modernité », *in Pouvoirs*, n° 99, 2001, pp. 59-70.

Rapports et Journal des Débats

*Journal des Débats (*Compte rendu *in-extenso),* Assemblée nationale du Sénégal, XIe Législature, 185 p

Rapport final de la Mission d'Information parlementaire sur le dossier des inondations, Assemblée nationale du Sénégal, XIIIe Législature, 341 p.

Rapport de la Commission d'enquête parlementaire portant sur les faits, évènements et actes relatifs au titre foncier n°1451/R et ayant abouti à l'affaire dite « affaire des 94 milliards (Résumé), XIIIe Législature, 20 p

Rapport de l'atelier du Pôle-Stratégie de développement et finances publiques intégré, Centre régional du PNUD, Dakar, *www.the-pole.org.*

Rapport de l'Union parlementaire, Journée internationale de la démocratie, réunion-débat sur les parlements et les défis auxquels doit faire face la démocratie, La maison des Parlements, Genève, 15 septembre 2008.

Rapport de la commission des affaires parlementaires, l'Assemblée parlementaire de la francophonie, Suisse, Juillet 2015

-*Rapport de la commission parlementaire d'enquête sur la gestion de l'ex-complexe cimentier d'ONIGBOLO*, la SCB-LAFARGE, 2006.

Rapport de la Politique Nationale d'Evaluation du Bénin 2012-2021, Décembre 2012.

Rapport de synthèse de l'Assemblée nationale française, Novembre 2012.

-*Rapport de synthèse*, Assemblée parlementaire de la francophonie, n° 15, 2005.

-*Rapport du séminaire régional pour les Parlements francophones d'Afrique, Le Parlement et le processus budgétaire, notamment dans une perspective d'équité entre hommes et femmes*, Bamako, 1er-3 novembre 2001.

Rapport général sur les travaux du séminaire sur « Le Parlement et le processus budgétaire, notamment dans une perspective d'équité entre hommes et femmes, Bamako, 1er-3 novembre 2001.

Rapport sur le budget-programme axé sur les performances en Afrique de l'Initiative Africaine Concertée sur la Réforme Budgétaire, Afrique du Sud, 2013.

Rapport parlementaire mondial 2017, publié ce jour à l'occasion de la 137ème Assemblée de l'UIP, Saint-Pétersbourg (Fédération de Russie) du 14 au 18 octobre 2017, *www.undp.org/content/undp/fr.*

Rapport sur l'évaluation des politiques et des institutions en Afrique : comprendre le rapport CPIA en cinq graphiques, 12 août 2020.

Rapport sur la Performance de la Gestion des Finances Publiques sur la période 2013-2015 selon le cadre méthodologique PEFA 2016, République du Mali.

Rapport sur le plan stratégique 2015-2025 pour le développement institutionnel de l'Assemblée nationale du Mali, Décembre 2014.

CONSTITUTIONS, DIRECTIVES, LOIS, RÈGLEMENTS

Constitution béninoise du 11 décembre 1990.

Constitution burkinabé du 2 juin 1991.

Constitution française du 4 octobre 1958.

Constitution ivoirienne du 1er août 2000.

Constitution malienne du 22 septembre 1960.

Constitution malienne du 2 juin 1974.

Constitution malienne du 25 février 1992.

Constitution malienne du 22 juillet 2023.

Constitution nigérienne du 18 juillet 1999.

Constitution sénégalaise du 22 janvier 2001.

Directive n° 06/2009/CM/UEMOA du 26 juin 2009.

Loi n° 2001-21 portant Charte des partis politiques du Bénin du 24 juillet 2001.

Loi n° 2013-028 du 11 juillet 2013 relative aux lois de finances au Mali.

Règlement intérieur de l'Assemblée nationale du Bénin.

Règlement intérieur de l'Assemblée nationale du Mali.

Règlement intérieur de l'Assemblée nationale du Sénégal.

TABLE DES MATIÈRES

Structures éditoriales du groupe L'Harmattan

L'Harmattan Italie
Via degli Artisti, 15
10124 Torino
harmattan.italia@gmail.com

L'Harmattan Hongrie
Kossuth l. u. 14-16.
1053 Budapest
harmattan@harmattan.hu

L'Harmattan Sénégal
10 VDN en face Mermoz
BP 45034 Dakar-Fann
senharmattan@gmail.com

L'Harmattan Congo
219, avenue Nelson Mandela
BP 2874 Brazzaville
harmattan.congo@yahoo.fr

L'Harmattan Cameroun
TSINGA/FECAFOOT
BP 11486 Yaoundé
inkoukam@gmail.com

L'Harmattan Mali
ACI 2000 - Immeuble Mgr Jean Marie Cisse
Bureau 10
BP 145 Bamako-Mali
mali@harmattan.fr

L'Harmattan Burkina Faso
Achille Somé – tengnule@hotmail.fr

L'Harmattan Togo
Djidjole – Lomé
Maison Amela
face EPP BATOME
ddamela@aol.com

L'Harmattan Guinée
Almamya, rue KA 028 OKB Agency
BP 3470 Conakry
harmattanguinee@yahoo.fr

L'Harmattan Côte d'Ivoire
Résidence Karl – Cité des Arts
Abidjan-Cocody
03 BP 1588 Abidjan
espace_harmattan.ci@hotmail.fr

L'Harmattan RDC
185, avenue Nyangwe
Commune de Lingwala – Kinshasa
matangilamusadila@yahoo.fr

Nos librairies en France

Librairie internationale
16, rue des Écoles
75005 Paris
librairie.internationale@harmattan.fr
01 40 46 79 11
www.librairieharmattan.com

Librairie des savoirs
21, rue des Écoles
75005 Paris
librairie.sh@harmattan.fr
01 46 34 13 71
www.librairieharmattansh.com

Librairie Le Lucernaire
53, rue Notre-Dame-des-Champs
75006 Paris
librairie@lucernaire.fr
01 42 22 67 13

www.ingramcontent.com/pod-product-compliance
Lightning Source LLC
LaVergne TN
LVHW021153061026
849535LV00002B/447
9782336409634